新时代经济管理特色教材

# 产业发展理论与实践

孙晓华　王昀　马雪娇◎编著

U0369201

# INDUSTRIAL DEVELOPMENT
# THEORY AND PRACTICE

清华大学出版社
北京

## 内 容 简 介

本书遵循科学性、现代性和应用性的原则,关注产业发展领域的最新热点问题。本书共分为五篇十六章。每一章详细介绍了相关概念、基本理论、研究方法等,并且加入了时事热点案例供分析讨论,章末还辅以课后习题供练习巩固。

本书主要适用对象为经济学等相关专业的本科生及研究生,也可供有兴趣了解产业经济学的其他专业师生以及社会各界人士阅读和参考。

**图书在版编目(CIP)数据**

产业发展理论与实践 / 孙晓华,王昀,马雪娇编著.
北京 : 清华大学出版社,2024.7. -- (新时代经济管理特色教材). -- ISBN 978-7-302-66761-2
Ⅰ. F260
中国国家版本馆 CIP 数据核字第 2024NX6763 号

责任编辑:张　伟
封面设计:孙至付
责任校对:王荣静
责任印制:丛怀宇

出版发行:清华大学出版社
　　　　网　　　址:https://www.tup.com.cn,https://www.wqxuetang.com
　　　　地　　　址:北京清华大学学研大厦 A 座　　　　邮　　编:100084
　　　　社 总 机:010-83470000　　　　　　　　　　邮　　购:010-62786544
　　　　投稿与读者服务:010-62776969,c-service@tup.tsinghua.edu.cn
　　　　质量反馈:010-62772015,zhiliang@tup.tsinghua.edu.cn
　　　　课件下载:https://www.tup.com.cn,010-83470332
印 装 者:艺通印刷(天津)有限公司
经　　销:全国新华书店
开　　本:185mm×260mm　　印　张:21.5　　　　　字　　数:505 千字
版　　次:2024 年 8 月第 1 版　　　　　　　　　　印　　次:2024 年 8 月第 1 次印刷
定　　价:69.00 元

产品编号:104928-01

产业（industry）是社会分工的产物，也是生产力不断发展的必然结果。从经济学的学科体系看，产业经济是介于宏观总量与微观个体之间的中观经济，对于研究一国或者地区经济可持续发展具有重要意义。在西方市场经济发展的进程中，伴随着市场机制的功能显现和不同市场结构下企业行为的差异化倾向，企业经营决策日趋复杂，所产生的经济绩效也越发不确定。为了寻求解决这些问题的方案，以梅森和贝恩为代表的经济学家创立和发展了产业经济理论。早期的研究都是在产业组织的框架内，聚焦于产业内企业之间的组织问题。随着新型工业化国家的兴起和新现象新方法的不断出现，产业经济研究的关注点向产业与产业之间的数量关系及空间布局等更广泛的领域拓展。

我国对产业经济学的教学与研究起步相对较晚，对于产业经济学理论体系的构成问题，存在两种基本观点：一是认为产业经济学等同于产业组织理论，以特定产业为研究对象，考察产业内部微观经济主体之间相互影响、相互制约的市场关系和竞争策略，与欧美传统比较一致；二是认为产业经济学不仅是产业组织问题，还应该包括产业与产业之间关系的产业发展问题，涉及产业结构、产业关联、产业布局、产业演进和产业政策等一系列内容，更加符合以我国和日本为代表的新兴国家研究传统。相应地，目前国内出版的产业经济学教材，根据研究对象的不同，大体上可以分为产业组织和产业发展两部分。

产业组织理论由两种思想流派的争论长期主导。哈佛大学的"结构—行为—绩效"范式强调，不同的市场结构会导致不同的厂商定价和竞争行为，从而带来不同的行业绩效，政府应该制定反垄断政策，限制具有支配性市场地位的企业行使有害的策略性行为，形成结构主义的政策主张。芝加哥学派抨击了哈佛学派结构主义过于关注市场结构而忽略了市场绩效的表现，认为市场绩效或市场行为决定了市场结构，即使市场处于垄断或不完全竞争状态下，只要政府不实施进入规制，市场也会达到长期竞争均衡状态，主张市场至上的自由主义。可以说，产业组织理论已经形成范畴明确、理论完整、方法成熟的体系。

产业发展有狭义与广义之分。狭义的产业发展是指一个产业要经历诞生、成长、成熟、衰退的生命周期，以及各个发展阶段需要具备的条件和环境。广义的产业发展则涉及产业与产业之间的关联、数量结构、空间布局、转型升级、产业安全、产业政策等一系列问题。产业发展理论更多来自市场经济体制不断健全的新兴国家，虽然经过几十年的发展，但迄今并没有形成一套成熟的理论体系和研究方法。而且，随着工业化进程的不断深入和资源环境约束日益突出，出现了诸多产业发展的新问题和新现象，需要研究者们不断进行理论探索，并将其应用到产业发展实践中来。我们经过十余年的理论研究、教学应用和广泛研讨，编写出这本《产业发展理论与实践》，遵循科学性、现代性和应用性的原则，一方面尽量将国内外产业发展的经典理论和前沿学术成果融会贯通，合理有序地安排到对应章节，另一方面关注产业发展领域的最新热点问题，尤其是将进入中国特色社会主义新时代以来我国产业发展的有益实践展现给读者。

本书由五篇共十六章构成，第一章为导论，介绍了产业的形成、分类方法和产业生命周期理论，为全面学习产业发展理论其他章节奠定基础，其余五篇内容组成如下。

第一篇是产业结构（第二章至第四章）。从数量比例关系的视角，介绍产业关联分析的基本方法和主要工具，揭示经济发展过程中产业结构由低级向高级演进的基本规律，论述产业结构优化的目标和机理，为产业发展规划与政策制定提供理论依据。

第二篇是产业空间（第五章至第七章）。从地域空间的视角，介绍产业布局的基本原理和影响因素，分析产业集聚的经济效应、发展模式与衡量方法，讨论产业转移的动力机制和中国发展实践，为产业资源的空间配置与优化提供理论依据及方法论基础。

第三篇是产业升级（第八章至第十章）。从产业升级的视角，介绍产业创新的模式和动力机制，分析产业融合的动因和经济效应，根据产业生态化的目标与中国产业发展面临的资源环境约束，梳理产业生态化的发展路径。

第四篇是全球产业分工与产业安全（第十一章、第十二章）。在开放经济的视角下，介绍产业价值链的基本理论和动力机制，围绕参与全球产业分工过程中出现的产业安全问题展开讨论。

第五篇是产业政策（第十三章至第十六章）。按照产业结构、产业空间、产业升级和产业安全的顺序，分别介绍产业政策的目标、特征和原则，考察每一类产业政策的类型和措施，针对中国产业发展政策的实践进行拓展分析。

参与本书编写工作的还有郭旭、李明珊、刘小玲、罗艳、付琳、孙款款、田涵之、范世龙、张昂、苏小彤、张竣喃、任俊林、于婷、李浩荣、董艳、伊珺瑶、车天琪、冀浩正、罗茜文。在此，对他们的辛勤工作表示感谢。

产业发展理论是一门新兴的学科，有许多理论、方法和实践问题尚在探索之中，书中内容如有不当之处，请读者给予批评指正。

孙晓华
于大连理工大学海川楼
2024 年 1 月

# 目录

第一章 导论 ·························································· 1
　第一节　产业的形成与发展 ································· 1
　第二节　产业分类 ············································ 4
　第三节　产业生命周期 ······································ 10
　第四节　产业发展理论的分析框架 ······················ 18
　本章要点 ······················································ 21
　关键术语 ······················································ 22
　习题 ··························································· 22
　即测即练 ······················································ 22

## 第一篇　产业结构

第二章 产业关联 ·················································· 25
　第一节　产业关联概述 ······································ 25
　第二节　产业关联分析工具 ································· 27
　第三节　产业波及效果 ······································ 38
　本章要点 ······················································ 47
　关键术语 ······················································ 47
　习题 ··························································· 48
　即测即练 ······················································ 48

第三章 产业结构演进 ·············································· 49
　第一节　产业结构演进的理论概述 ······················ 49
　第二节　产业结构演进的趋势 ····························· 56
　第三节　产业结构演进的动因 ····························· 59
　本章要点 ······················································ 64
　关键术语 ······················································ 65
　习题 ··························································· 65
　即测即练 ······················································ 65

第四章 产业结构优化 ·············································· 66
　第一节　产业结构优化概述 ································· 66

第二节　产业结构优化的目标 ………………………………………………… 68

第三节　产业结构优化的分析方法 …………………………………………… 75

第四节　区域产业结构优化 …………………………………………………… 77

本章要点 ………………………………………………………………………… 85

关键术语 ………………………………………………………………………… 86

习题 ……………………………………………………………………………… 86

即测即练 ………………………………………………………………………… 86

# 第二篇　产业空间

第五章　产业布局 ……………………………………………………………… 89

第一节　产业布局概述 ………………………………………………………… 89

第二节　产业布局的影响因素 ………………………………………………… 97

第三节　中国产业布局的实践历程 …………………………………………… 101

本章要点 ………………………………………………………………………… 105

关键术语 ………………………………………………………………………… 106

习题 ……………………………………………………………………………… 106

即测即练 ………………………………………………………………………… 106

第六章　产业集聚 ……………………………………………………………… 107

第一节　产业集聚概述 ………………………………………………………… 107

第二节　产业集聚的基本理论 ………………………………………………… 115

第三节　产业集聚的测算方法 ………………………………………………… 119

本章要点 ………………………………………………………………………… 123

关键术语 ………………………………………………………………………… 123

习题 ……………………………………………………………………………… 123

即测即练 ………………………………………………………………………… 124

第七章　产业转移 ……………………………………………………………… 125

第一节　产业转移概述 ………………………………………………………… 125

第二节　产业转移的基本理论 ………………………………………………… 128

第三节　产业转移的动力机制 ………………………………………………… 132

第四节　产业转移的测算方法 ………………………………………………… 136

本章要点 ………………………………………………………………………… 142

关键术语 ………………………………………………………………………… 143

习题 ……………………………………………………………………………… 143

即测即练 ………………………………………………………………………… 143

# 第三篇　产业升级

## 第八章　产业创新 ·········································· 147

第一节　产业创新概述 ·········································· 148

第二节　产业技术创新的模式 ·········································· 152

第三节　产业技术创新的动力机制 ·········································· 161

本章要点 ·········································· 163

关键术语 ·········································· 164

习题 ·········································· 164

即测即练 ·········································· 165

## 第九章　产业融合 ·········································· 166

第一节　产业融合概述 ·········································· 166

第二节　产业融合的模式 ·········································· 170

第三节　产业融合度的测算 ·········································· 175

第四节　产业融合的经济效应 ·········································· 177

本章要点 ·········································· 181

关键术语 ·········································· 182

习题 ·········································· 182

即测即练 ·········································· 182

## 第十章　产业生态 ·········································· 183

第一节　产业生态化概述 ·········································· 183

第二节　产业发展的资源环境约束 ·········································· 189

第三节　产业生态化的发展路径 ·········································· 194

本章要点 ·········································· 200

关键术语 ·········································· 200

习题 ·········································· 201

即测即练 ·········································· 201

# 第四篇　全球产业分工与产业安全

## 第十一章　产业价值链 ·········································· 205

第一节　产业价值链概述 ·········································· 205

第二节　产业价值链的基本理论 ·········································· 208

第三节　产业价值链升级的动力机制 ·········································· 212

第四节　中国产业价值链的发展实践 ·········································· 216

本章要点 ………………………………………………………………… 220

关键术语 ………………………………………………………………… 221

习题 ……………………………………………………………………… 221

即测即练 ………………………………………………………………… 221

**第十二章　产业安全** ……………………………………………………… 222

第一节　产业安全概述 ………………………………………………… 222

第二节　产业安全的基本理论 ………………………………………… 224

第三节　产业安全的影响因素 ………………………………………… 231

第四节　产业安全评价与预警 ………………………………………… 236

本章要点 ………………………………………………………………… 242

关键术语 ………………………………………………………………… 242

习题 ……………………………………………………………………… 242

即测即练 ………………………………………………………………… 243

# 第五篇　产业政策

**第十三章　产业结构政策** ………………………………………………… 247

第一节　产业结构政策概述 …………………………………………… 247

第二节　主导产业选择政策 …………………………………………… 250

第三节　战略性新兴产业扶植政策 …………………………………… 254

第四节　衰退产业调整政策 …………………………………………… 257

第五节　幼稚产业保护政策 …………………………………………… 261

本章要点 ………………………………………………………………… 265

关键术语 ………………………………………………………………… 265

习题 ……………………………………………………………………… 266

即测即练 ………………………………………………………………… 266

**第十四章　产业空间政策** ………………………………………………… 267

第一节　产业布局政策 ………………………………………………… 267

第二节　产业集聚政策 ………………………………………………… 274

第三节　产业转移政策 ………………………………………………… 280

本章要点 ………………………………………………………………… 284

关键术语 ………………………………………………………………… 284

习题 ……………………………………………………………………… 284

即测即练 ………………………………………………………………… 285

**第十五章　产业升级政策** ······················································ 286

　　第一节　产业创新政策 ·························································· 286

　　第二节　产业融合政策 ·························································· 293

　　第三节　产业绿色发展政策 ···················································· 300

　　本章要点 ···································································· 307

　　关键术语 ···································································· 307

　　习题 ······································································ 307

　　即测即练 ···································································· 308

**第十六章　产业安全政策** ······················································ 309

　　第一节　产业安全政策概述 ···················································· 309

　　第二节　产业安全政策的类型和措施 ············································ 313

　　第三节　产业安全政策实践 ···················································· 318

　　本章要点 ···································································· 327

　　关键术语 ···································································· 327

　　习题 ······································································ 327

**参考文献** ································································ 329

# 第一章 导论

科学技术进步推动社会生产力发展,导致生产关系发生相应的变革,也催生了浪潮迭起的产业革命。新产业不断出现并逐渐成长壮大,旧产业衰落甚至走向消亡,对于产业发展规律的认知也日益完善和成熟。为了深入浅出地向读者展示现代产业发展理论与实践的全貌,本章作为导论将从最基本的产业概念入手,重点介绍产业的形成方式、分类方法和产业生命周期理论,对全书内容进行简要介绍,为后续内容的全面展开奠定基础。

## 第一节 产业的形成与发展

### 一、产业的概念界定

产业是一个被广泛使用的概念,在国民经济中,从各类物质生产部门到提供服务的各行各业,都可以称为产业,因此经常与"部门"和"行业"通用。然而,产业的涵盖范围并不是一开始就如此广泛,最早《韩非子·解老》有著:"上内不用刑罚,而外不事利其产业,则民蓄息。"此时"产业"一词指的还是居民私人财产,如田地、房屋等。随着社会生产力不断发展,产业的范围不断向外扩展。在重农学派时期,产业主要指代农业;在重商学派时期,产业主要表征商业;自资本主义工业产生之后,产业的定义开始扩展到工业。随着近代商品市场的不断完善,金融、医疗、教育等服务业逐渐成为国民经济的核心部门,产业的范围也涵盖农业、工业、服务业三大产业。近些年,随着技术创新和全球化的发展,产业的范围进一步扩展,并与其他领域相互交叉,如今产业还包括知识密集型产业、创意产业等。

可以看出,产业是社会分工不断细化的产物,其含义的演变反映了经济结构的变化和社会发展的需要。虽然产业的定义因时代背景不同而有所差异,但它们都暗示了一组相互关联的经济活动和组织形式。产业经济学家从产业构成的视角出发界定了"产业"的概念,提出产业是一组相互关联的企业和机构的集合。产业内主体的经营方式、经营形态、盈利模式和流通环节并不完全相同,但它们的经营对象和经营范围均围绕着共同产品展开,涵盖了从原材料供应到产品分销等一系列环节,涉及的经济活动不仅包括物质资料部门的生产、流通、运输和服务,也包括非物质资料部门(服务、信息、知识)的生产、流通和服务活动。本书介绍的现代产业发展理论采用的均是企业集合的概念。

需要注意的是,国内外学者在界定企业集合时稍有区别。欧美的主流产业经济学者认为,"产业"与"市场"是同义语,是指一定区域内(如一国或一个地区)生产(或提供)具有相同功能和替代功能的产品与服务的企业的集合,实质上就是具有竞争关系的卖方企业的集合。在我国,产业主要包含两层含义:当分析同一产业内企业间的市场关系时,"产业"是指生产同类或有密切替代关系的产品、服务的企业集合,这一概念与欧美产业经济学者使用的概念相同。当考察整个产业链的状况,以及不同产业间的结构和关联关系时,产业的含义则更为宽泛,可以定义为使用相同原材料、相同工艺技术或生产相同用途产品的企业的集合。以关联企业组成的产业为研究对象,有助于认识各产业部门间的经济技术联系、比例关系及其变化规律,从而设计科学的产业政策优化产业结构、提高资源在产业间的配置效率。

综上所述,产业的概念相对复杂,其边界也并非一成不变。对于产业的概念界定,应服从于具体的研究目标。在研究产业结构等问题时,产业的定义有较大的弹性,既可以使用较宽泛的含义,如第一产业、第二产业和第三产业,也可以指特定部门,如石油产业、汽车产业等。当研究产业组织等问题时,可根据研究需要采取企业集合的概念。当研究产业内企业的竞争行为时,产业可以被定义为生产类似产品或具有密切替代关系的企业的集合。在产品存在较大差异的情况下,两个企业是否属于同一产业,取决于产品之间的替代程度,通常可以使用两种产品的需求交叉价格弹性来衡量,但交叉价格弹性的值达到多少时,就可认定两个企业同属一个产业,仍需具体分析。

## 二、产业的形成方式

产业的形成是一个非常复杂的过程,具有不同的形成方式。一般来说,可以分为产业新生、产业分化、产业派生和产业融合四种类型。

### (一)产业新生

产业新生是指新产业的形成既不是孕育于原有产业,也不依附于原有产业而存在,而是以相对独立的方式完成了从萌芽到形成的进化。产业新生常常依赖于先进的技术创新,这些技术创新可以改变现有产业格局,引发新的商业模式和产业链延伸。例如,互联网、人工智能、大数据、区块链等技术的应用促进了电子商务、智能制造和数字货币等新的产业领域发展。随着大众消费市场的逐渐成熟,市场需求在决定技术创新方面扮演着越来越重要的角色。企业既要寻找技术上的可能性,即技术支持;又要确定市场机会的存在与否,即市场需求支持。为了应对环境问题和能源需求的新趋势,新能源和新材料等反映了全新市场需求的产业形态应运而生。

### (二)产业分化

产业分化指的是处于萌芽中的新兴产业经过充分发育后,从原有产业中分离出来,分解为一个独立的新产业的过程。产业分化是生产力发展和社会分工深化的必然结果。从人类发展的过程看,三次社会大分工的发展,相继出现了农业、畜牧业、手工业和商业的分化。第一次大分工发生在原始社会的新石器时代,使畜牧业从农业中分离出来;第二次社会大分工发生在原始社会末期,使手工业从农业中分离出来;第三次社会大分工发生在原始社会瓦解、奴隶制社会形成时期,出现了专司商品买卖的商人阶层,形成了独立的商业。在农业、工业和商业内部,这种产业分化也比比皆是,如电子工业从机械工业中分离出来,石化工业从石油工业中分离出来,服装业从纺织业中分离出来,等等。

### (三)产业派生

产业派生是指由于产业之间存在技术联系,一个产业的发展带动另一个与之相关、相配套的新产业产生。例如,汽车产业形成后,与之相关的围绕汽车产业服务、配套的汽车修理业、高速公路产业等应运而生。根据美国经济学家华尔特·惠特曼·罗斯托(Walt Whitman Rostow)在《从起飞进入持续增长的经济学》中对产业扩散效应的分类,产业派生主要有三种形式:一是后向派生,即一个产业部门的快速发展刺激其投入要素的生产,如果该要素原来不存在自然,就会诞生新的产业。二是前向派生方式,即一个产业部门的发展能够引起新的产业活动,从而诱发新产业的形成。比如一个产业部门的发展受到其他瓶颈产业的制约,吸引企业家对瓶颈产业进行技术创新。三是旁侧派生方式,即一个产业部门的发展吸引更多相同产业聚集,从而出现相关部门的派生。派生出的新产业与原产业有很强的相关性,表现为"一荣俱荣,一损俱损"。

### (四)产业融合

产业融合是不同产业或同一产业内的不同行业相互渗透、相互交融,最终融为一体,逐步形成新产业的动态发展过程。产业融合一般发生在有一定技术关联性的产业的边界和交叉处。例如,电池、电机、控制系统、充电设备等领域的技术融合,形成了新能源汽车产业完整的产业链。不过,新技术的使用也可能改变产品间的替代关系,使本来属于不同产业的企业演变成为同一产业、同一市场的竞争关系,出现所谓产业融合的现象。例如,互联网和医疗健康产业相互融合而形成新的产业形态,医院通过互联网技术(internet technology,IT)和大数据分析,即可实现医疗信息化、远程诊断、智能医疗等多项创新,形成多个产业领域。无论是何种方式,产业融合的结果都改变了企业之间的竞争合作关系,从而导致产业界限的模糊化,甚至重新划分产业界限。

## 三、产业发展的内涵

产业发展是一个国家经济发展的重要方面,也是人们生活水平提高的重要保障。从定义上,它既可以描述单一产业产生、成长和进化的过程,如新能源汽车产业从无到有、从弱到强的发展历程,也可以表示特定领域内产业体系的完善和成熟,如我国提出的海洋产业发展战略,旨在通过加强技术创新、提高生产效率、优化资源配置等手段,逐步形成一定规模和竞争力的海洋产业体系。本部分将分别从单一产业和产业体系两个层次对产业发展的内涵展开论述。

就单一产业而言,产业发展的内涵可以分解为"质"和"量"两个维度。产业发展不仅要求企业数量、产品和服务种类、产品产销规模等数量上的增长,还应包括产品技术进步、企业盈利能力提高、产业集中度等质量上的改进,是产业各个方面由低级到高级、由简单到复杂、由不成熟到比较成熟的演化过程。产业发展以产业增长为前提,如果没有增长这个前提和先导,产业发展的各方面都会失去基础。但产业增长不一定带来产业发展,举例来说,我国石油资源产业的传统发展模式过于重视规模增长,而忽略了能源效率和环境保护,结果带来资源浪费、环境破坏和产业布局雷同,陷入产业发展的瓶颈。

从产业体系的视角出发,产业发展即整个产业体系的进化过程,包括多方面的内涵。一是产业规模不断壮大,反映了产业发展基础实力的提升,以及产业体系的完整程度与规模效益改善。二是产业竞争力不断增强,表现为产品附加价值决定的国际产业链位置持续攀升。三是产业结构不断优化,即一、二、三产业结构合理,不断深化融合发展。四是产业创新能力不断提高,包括技术创新、市场创新、管理创新等方面的综合能力得到增强。五是产业发展模式可持续,即注重环境保护和生态建设。综上所述,产业总体发展的内涵包括规模增长、质量提升、结构优化、创新和科技进步、可持续五个方面,这些因素相互关联,共同决定着产业总体的发展水平。

党的十八大以来,为解决好我国产业结构性供需失衡突出、质量效益不高、核心竞争力不强等问题,以习近平同志为核心的党中央提出要聚焦产业高质量发展,通过提升产业的质量、效益和竞争力,实现产业从规模增长向规模与质量并举发展的历史性转变,为今后我国产业发展道路指明了方向。产业高质量发展在经济社会发展中具有重要的意义,不仅是实现经济可持续发展和社会和谐稳定的关键,也有助于改善人民生活品质,增强社会幸福感。实现产业高质量发展,必须经过政府、企业和社会各方共同努力,加快形成推动产业高质量发展的体制机制和政策体系。

# 第二节 产业分类

产业分类是把具有不同特点的产业按照一定标准划分成各种不同类型的产业,以便进行产业研究和管理。传统的产业分类方法包括两大部类分类法、农轻重产业分类法、三次产业分类法,新兴的产业分类方法可按生产要素密集程度、产业发展阶段、产业战略地位进行产业划分。

## 一、传统的产业分类方法

### (一)两大部类分类法

两大部类分类法是卡尔·马克思(Karl Marx)提出的产业分类方法。按照产品在社会再生产过程中的用途,可将产品分为用于再生产的生产资料和用于消费的消费资料,进一步可把社会生产部门划分为两大部类,第一部类指从事物质资料生产并创造物质产品的部门,包括农业、工业、建筑业、运输邮电业、商业等;第二部类指不从事物质资料生产而只提供非物质性服务的部门,包括科学、文化、教育、卫生、金融、保险、咨询等部门。这种分类法能够清楚地说明社会再生产的实现条件和社会经济需要的满足程度,它是研究区域产业结构的基本理论基础,其他分类法都是对两大部类分类法的拓展和深化,但随着现代经济发展,产业范围不断扩展,这种分类难以涵盖所有产业、不足以满足对产业经济的全面分析。

### （二）农轻重产业分类法

农轻重产业分类法以马克思主义关于两大部类的原理为依据，在实践上是苏联经济活动的产物。它按产品的主要生产部门把产业分为农业、轻工业和重工业三大类，通常把主要生产消费品的工业部门称为轻工业，把主要提供生产资料的工业部门称为重工业。从产业内部看，农业包括农作物种植业、林业、畜牧业、渔业。轻工业包括纺织、食品、毛皮、家具、造纸等。重工业包括采矿、燃料、冶金、煤炭、石油、化工、电力等。横向对比来说，农轻重产业在国民经济中具有不同的地位。农业是国民经济的基础，工业是国民经济的主导。轻工业的发展要以农业为基础，重工业的发展要以农业和轻工业为基础，所以这种产业分类方法不仅有一定的理论意义，而且对发展中国家和落后国家的经济活动具有参考价值。当然，这种分类方法也具有明显的局限性，特别是随着经济的进步和服务业的发展，它越来越不能反映国民经济活动的全貌。

### （三）三次产业分类法

三次产业分类法是产业经济学理论最重要的分类法之一。新西兰经济学家费希尔（Fisher）首次提出三次产业分类法，英国经济学家科林·克拉克（Colin Clark）推广普及了三次产业分类法。按照产业经济活动发展的先后次序，产业可以分为第一次产业、第二次产业和第三次产业。第一次产业是指产品直接取自自然的物质生产部门，即广义的农业，主要包括农业（狭义的农业主要是种植业）、林业、畜牧业和渔业。第二次产业是指加工取自自然的物质和第一次产业产品的物质生产部门，即制造业或工业，主要包括采矿业、制造业、建筑业、电力、燃气及水等工业部门。第三次产业是指派生于有形物质财富生产活动之上的无形财富的生产部门，即广义的服务业，包括商业、金融业、保险业、生活服务业、旅游业、科教文卫生、政府行政以及其他公共事业等。这种分类是产业分类中最重要的分类法之一，它使人们对社会经济活动的认识更全面，为经济的统计和管理工作提供了现实与方便的方法，同时也为认识和划分社会经济活动提供了一种富有价值的思路。

## 二、新兴的产业分类方法

### （一）按生产要素密集程度分类

按生产过程中使用的要素类型，产业可以分为劳动密集型产业、资本密集型产业和技术密集型产业。劳动密集型产业是指在生产过程中对劳动力的需求依赖程度较大，总资本中用于购买劳动力的支出比例较高的产业，典型的如纺织业、服装业等。资本密集型产业是指在生产过程中对于资本的需求依赖程度较大，总资本中用于购买生产资料的支出比例较高的产业，如钢铁、机械、化工等产业。技术密集型产业是指在生产过程中对技术的需求依赖程度较大、总资本中用于购买技术的支出比例较高的产业，如IT（信息技术）、航空、金融服务等产业，技术密集型产业又可称为知识密集型产业。

### （二）按产业发展阶段分类

按产业发展的阶段，产业可以分为朝阳产业、成熟产业和夕阳产业。朝阳产业也称新兴产业,是指产品需求量逐步上升,产业增长率高于国民经济各产业的平均增长率且呈上升趋势的产业。成熟产业是指具有技术成熟性和市场成熟性,产业的生产和需求具有相当大的稳定性,构成一定时期国民经济和产业体系的主体和支柱的产业。夕阳产业也称衰退产业,是指产品需求逐步下降,产业增长率低于国民经济各产业的平均增长率且呈下降趋势的产业。朝阳产业、成熟产业和夕阳产业是产业生命周期演变与产业结构有序变动的结果。产业衍生成为朝阳产业,然后变为成熟产业,最终转化为夕阳产业,此时如果对夕阳产业进行技术改造,有机会重新蜕变为朝阳产业,再经历新的一轮从成熟到衰退的过程。

### (三)按产业战略地位分类

按产业在国民经济和产业体系中的战略地位,产业可以分为基础产业、瓶颈产业、支柱产业、主导产业和先行产业五种类型。一般而言,基础产业主要指基础设施产业,是其他产业赖以发展的基础和前提条件。瓶颈产业是产业体系发展中的短板,会对其他产业和国民经济形成严重制约。支柱产业在产业体系的总产出中占据较大比例,是一国国民经济的支柱,构成财政收入的主要来源,通常由一些发展成熟的传统产业担任。主导产业是指在产业体系中处于主导地位,对未来产业体系发展起着支撑和引领作用的产业。主导产业的关联性强,能带动其他产业一起发展,决定着整个产业体系的基本特征和发展方向,因而一般是产业体系中发展水平较高的产业,如高新技术产业等。先行产业是指产业体系中需要先行发展以带动和引导其他产业发展,为国民经济拓展未来发展空间和潜力的产业,如新材料、新能源产业。

## 三、国际产业分类标准

国际标准产业分类(International Standard Industrial Classification of All Economic Activities,ISIC),是由联合国制定的产业分类标准,旨在统一各国的产业分类办法,以便进行国际经济统计的分析和比较。它的初稿完成于1948年,之后经历了多次改进和版本更新。1958年发布的第一版国际产业分类标准将经济活动分为"部门、主组和组"3个层次,采用3位十进制阿拉伯数字作为主要分类符号。1971年公布的第二版国际产业分类标准进行了较大调整,该版本引入非生产性行业的分类,分别用1位、2位、3位和4位数字表示主要部门、部门、主组和组4个层级。具体分类示例可以参考表1-1。

表1-1　1971年国际产业分类标准的示例

| 主要部门 | 编号为3的部门示例 | 编号为38的主组示例 | 编号为384的组示例 |
|---|---|---|---|
| 1. 农业、狩猎业、林业和渔业 | 31. 食品、饮料、烟草 | 381. 除机械和工业设备以外的机械 | 3841. 造船及修理 |
| 2. 矿业和采石业 | 32. 纺织、服装、制革 | 382. 电器机械以外的机械 | 3842. 铁路机车与车辆 |
| **3. 制造业** | 33. 木材与木制品 | 383. 电机、电器及供电设备 | 3843. 汽车 |
| 4. 电力、煤气、供水业 | 34. 造纸与纸制品、印刷与出版 | **384. 运输工具** | 3844. 摩托车与自行车 |

| 主 要 部 门 | 编号为 3 的部门示例 | 编号为 38 的主组示例 | 编号为 384 的组示例 |
|---|---|---|---|
| 5. 建筑业 | 35. 化工产品和药品、石油加工、煤炭加工、塑料制品、橡胶制品 | 385. 不包括除以上行业的科学仪器、测试仪器、控制仪器、感光和光学器 | 3845. 航空工业 |
| 6. 批发与零售业、餐馆与旅店业 | 36. 非金属矿产品（除石油、煤炭加工产品以外的） | | 3846. 其他运输工具 |
| 7. 运输业、仓储业和邮电通信业 | 37. 冶金工业 | | |
| 8. 金融业、不动产业、保险业及商业性服务业 | **38. 金属制品、机械和工业设备** | | |
| 9. 社会团体、社会及个人的服务 | 39. 其他制造业 | | |
| 10. 不能分类的其他活动 | | | |

1990 年和 2002 年的修订版本进一步完善了 ISIC 的分类体系，引入字母和 4 位十进制阿拉伯数字作为分类符号体系。其中，大类用 1 个 A 到 O 的英文字母表示，部门用 2 位十进制阿拉伯数字表示，组用 3 位十进制阿拉伯数字表示，子组用 4 位十进制阿拉伯数字表示。最新版本的 ISIC—4 于 2008 年发布，相对于前一版本，该版本对门类、大类、中类和小类部分进行了调整，结构更为详细，同时增加了反映世界经济发展变化的新概念，如信息业、专业技术服务等，如表 1-2 所示。

表 1-2　2008 年第 4 版国际产业分类标准中的门类

| A 农业、林业和渔业 | H 运输和储存 | O 公共行政和国防；强制性社会保障 |
|---|---|---|
| B 采矿和采石 | I 食宿服务活动 | P 教育 |
| C 制造业 | J 信息和通讯 | Q 人体健康和社会工作活动 |
| D 电、煤气、蒸汽和空调供应 | K 金融和保险活动 | R 艺术、娱乐和文娱活动 |
| E 供水；污水处理、废物管理和补救活动 | L 房地产活动 | S 其他服务活动 |
| F 建筑业 | M 专业和科技活动 | T 家庭作为雇主的活动；家庭自用、未加区分的生产货物及服务的活动 |
| G 批发和零售贸易；机动车辆和摩托车的修理 | N 行政和支助服务活动 | U 域外组织和机构的活动 |

联合国颁布的国际标准产业分类在思路上与三次产业分类法保持了一致性，但是与三次产业分类法相比，它具有规范、精确的特点，因而更宜进行广泛的应用分析，同时也为管理活动以及跨时期、跨国界的比较提供了极大的方便。经过多次修订，ISIC 已成为世界上对经济活动进行分类的最成熟、最权威、最有影响力的国际标准之一。联合国、国际

劳工组织、教科文组织、经济合作与发展组织等国际机构均采用 ISIC 公布和分析统计数据,中国是全世界唯一拥有其中所有工业门类的国家。西方国家多根据联合国国际标准产业分类制定供官方使用的标准产业分类法,如北美产业分类体系(NAICS)、澳大利亚和新西兰标准产业分类体系(ANZSIC)、欧共体经济活动分类体系(NACE)。

## 四、中国产业分类标准

中国的产业分类经历了一个相机调整、不断完善的过程。新中国成立至改革开放这个阶段,一直采用物质产品平衡表体系(System of Material Product Balance)分类法,简称 MPS 分类法。MPS 分类法是依据马克思主义的再生产理论制定的,适用于计划经济国家的国民经济核算方法。它将国民经济活动划分为农业、工业、建筑业、运输业和商业5 个部门。其中,农业、工业和建筑业是物质产品的生产部门,运输邮电业和商业饮食业是物质服务的生产部门。其他非物质部门不从事生产活动,不创造国民收入,因此不在产业分类体系中。

随着国民经济的不断发展,特别是第三产业的不断衍生,五部门分类法已远远不能反映现实国民经济活动的现实。20 世纪 80 年代初,我国引入国际通行的三次产业分类法,参照国际标准产业分类,国家统计局联合财政部等多部门制定了《国民经济行业分类与代码》(GB 4754—84),这是国民经济行业分类国家标准的最初版本。随着国内新经济、新业态的不断涌现,国民经济行业分类国家标准分别在 1994 年、2002 年、2011 年、2017 年历经 4 次修订,并更名为《国民经济行业分类》。

现行《国民经济行业分类》(GB/T 4754—2017)于 2017 年 6 月 30 日由国家质量监督检验检疫总局和国家标准化管理委员会联合发布,并于 2017 年 10 月 1 日起实施。该标准保留了 2011 年版本的主要内容,参考联合国 ISIC 第 4 版对个别大类及若干中类、小类的条目、名称和范围做了调整,共包含门类 20 个、大类 97 个、中类 473 个和小类 1 382 个,具体比较如表 1-3 所示。

表 1-3　2017 年与 2011 年中国产业分类标准比较

| 门类 | 产业门类名称 | 2017 版本 | | | 2011 版本 | | |
|---|---|---|---|---|---|---|---|
| | | 大类 | 中类 | 小类 | 大类 | 中类 | 小类 |
| A | 农、林、牧、渔业 | 5 | 24 | 72 | 5 | 23 | 60 |
| B | 采矿业 | 7 | 19 | 39 | 7 | 19 | 37 |
| C | 制造业 | 31 | 179 | 608 | 31 | 175 | 532 |
| D | 电力、热力、燃气及水生产和供应业 | 3 | 9 | 18 | 3 | 7 | 12 |
| E | 建筑业 | 4 | 18 | 44 | 4 | 14 | 21 |
| F | 批发和零售业 | 2 | 18 | 128 | 2 | 18 | 113 |
| G | 交通运输、仓储和邮政业 | 8 | 27 | 66 | 8 | 20 | 40 |
| H | 住宿和餐饮业 | 2 | 10 | 15 | 2 | 7 | 12 |
| I | 信息传输、软件和信息技术服务业 | 3 | 17 | 37 | 3 | 12 | 17 |
| J | 金融业 | 4 | 26 | 48 | 4 | 21 | 29 |
| K | 房地产业 | 1 | 5 | 5 | 1 | 5 | 5 |

| 门类 | 产业门类名称 | 2017 版本 | | | 2011 版本 | | |
|------|-------------|------|------|------|------|------|------|
| | | 大类 | 中类 | 小类 | 大类 | 中类 | 小类 |
| L | 租赁和商务服务业 | 2 | 12 | 58 | 2 | 11 | 39 |
| M | 科学研究和技术服务业 | 3 | 19 | 47 | 3 | 17 | 31 |
| N | 水利、环境和公共设施管理业 | 4 | 18 | 33 | 3 | 12 | 21 |
| O | 居民服务、修理和其他服务业 | 3 | 16 | 32 | 3 | 15 | 23 |
| P | 教育 | 1 | 6 | 17 | 1 | 6 | 17 |
| Q | 卫生和社会工作 | 2 | 6 | 30 | 2 | 10 | 23 |
| R | 文化、体育和娱乐业 | 5 | 27 | 48 | 5 | 25 | 36 |
| S | 公共管理、社会保障和社会组织 | 6 | 16 | 34 | 6 | 14 | 25 |
| T | 国际组织 | 1 | 1 | 1 | 1 | 1 | 1 |
| | 合计 | 97 | 473 | 1 380 | 96 | 432 | 1 094 |

考虑到 2018 年《中华人民共和国宪法修正案》在"国家机构"中增设了监察委员会,国家标准化管理委员会于 2019 年 3 月发布并实施了 GB/T 4754—2017《国民经济行业分类》国家标准第 1 号修改单,对 15 个小类定义进行了修正。门类代码用字母 A 至 T 表示,大类代码用两位阿拉伯数字表示,从 01 开始按顺序编码;中类代码用 3 位阿拉伯数字表示,前两位为大类代码,第三位为中类顺序代码;小类代码用 4 位阿拉伯数字表示,前 3 位为中类代码,第四位为小类顺序代码。以住宿和餐饮业为例,表 1-4 展示了最新的中国产业分类标准。

表 1-4　2019 年住宿和餐饮业的分类标准

| 产　业 | 大类产业 | 中类产业 | 小类产业 |
|--------|---------|---------|---------|
| H 住宿和餐饮业 | 61 住宿业 | 611 旅游饭店 | 6110 旅游饭店 |
| | | 612 一般旅馆 | 6121 经济型连锁酒店 |
| | | | 6129 其他一般旅馆 |
| | | 613 民宿服务 | 6130 民宿服务 |
| | | 614 露营地服务 | 6140 露营地服务 |
| | | 619 其他住宿业 | 6190 其他住宿业 |
| | 62 餐饮业 | 621 正餐服务 | 6210 正餐服务 |
| | | 622 快餐服务 | 6220 快餐服务 |
| | | 623 饮料及冷饮服务 | 6231 茶馆服务 |
| | | | 6232 咖啡馆服务 |
| | | | 6233 酒吧服务 |
| | | | 6239 其他饮料及冷饮服务 |
| | | 624 餐饮配送及外卖送餐服务 | 6241 餐饮配送服务 |
| | | | 6242 外卖送餐服务 |
| | | 629 其他餐饮业 | 6291 小吃服务 |
| | | | 6299 其他未列明餐饮业 |

新版《国民经济行业分类》增加了体现新经济发展特征的新行业活动,为及时、准确地反映我国经济新常态和产业结构转型升级涌现出来的新产业、新业态、新商业模式,监测经济增长动能转换进程,派生性产业分类提供了可操作的基础行业分类。

# 第三节　产业生命周期

与生命体一样,产业也具有生命周期,它要经历形成期、成长期、成熟期和衰退期。产业生命周期是产业内外部因素共同作用的结果,对一个地区或国家产业发展具有重要的影响。本节将以单一产业为研究对象,对产业生命周期的内涵、理论发展、形态与特征、阶段识别方法等方面进行论述。

## 一、产业生命周期的内涵

作为生物学的概念,生命周期是指具有生命现象的有机体从出生、成长到成熟衰老直至死亡的整个过程。这一概念引入经济学理论中,首先被应用在产品领域,发展出了"产品生命周期"概念,以后又扩展到企业和产业。"产品生命周期",是产品从准备进入市场开始到被淘汰退出市场为止的全部运动过程。在这一过程中,产品在市场上的销售情况和获利能力会随着时间的推移而发生变化,与生物的生命历程一样,经历了形成、成长、成熟和衰亡的几个阶段。产品生命周期的长短反映了产品或商品在市场运动中的经济寿命,主要是由消费者的消费方式、消费水平、消费结构和消费心理的变化所决定。

20世纪50年代,"产业生命周期"的概念由以理查德·赫克特(Richard Hekkert)和理查德·弗洛拉(Richard Frola)为代表的经济学家提出。他们认为,每个行业的发展都可以归类为一个特定的模式,产业作为生产同类产品企业的组合,从产生到成长再到衰落的发展过程就是产业生命周期的发展过程。产业生命周期具有阶段性,形成、成长、成熟和衰退的各个阶段紧密相关,上一个阶段为下一个阶段奠定基础,下一个阶段又是上一个阶段的必然延伸。产业在各个阶段停留的时间不一,有些产业可能经历快速的变化和衰退,有些产业则可能经历更长时间的持续稳定,但毫无疑问,产业不能保持永久繁荣,这是产业发展的基本规律。

产业生命周期与产品生命周期的概念经常被混用,需要注意二者之间的联系与区别。产品生命周期和产业生命周期都受到市场需求、竞争状况、技术进步、消费行为等因素的影响。随着市场需求的变化,产品和产业都可能经历不同的阶段。但是,产品生命周期主要关注单个产品在市场上的生命周期和表现,包括产品设计、生产、推广销售和退出等方面的活动;而产业生命周期则关注整个产业在市场上的发展过程,包括市场规模、竞争状况、技术创新和市场需求等因素的变化。产品生命周期是产业生命周期的一个组成部分。此外,产品生命周期通常较短,从产品引入市场到退出市场可能只有几年或更短的时间;而产业生命周期通常较长,从一个产业的发展初期到成熟阶段再到衰退可能需要几十年甚至更长的时间。了解产品生命周期和产业生命周期的关系与区别,可以帮助企业制定更有效的市场战略和产品策略。

## 二、产业生命周期理论的产生与发展

产业生命周期理论源于市场营销学的产品生命周期理论，是 20 世纪 80 年代以后才逐步兴起的。产业生命周期理论与产品生命周期理论有区别，但产品生命周期理论的许多研究成果可以为产业生命周期理论所借鉴。

产品生命周期理论最早是美国哈佛大学教授雷蒙德·弗农（Raymond Vernon）在研究产品国际贸易和对外直接投资的时候提出的。弗农认为，产品生命周期存在三个阶段，第一阶段是产品创新阶段。在这个阶段，由于技术垄断，产品价格偏高而弹性较低，生产成本的差异对公司生产区位的选择影响不大。第二阶段是产品成熟阶段。这时市场上出现了仿制者和竞争者，产品的需求价格弹性增大，降低成本成了竞争的关键。第三阶段是产品的标准化生产阶段。在这一阶段，价格竞争显得更为重要，因成本考量可能会发生产业转移。弗农的产品生命周期理论，具有较强的适应性和广泛的影响力，对产业生命周期研究具有开创性意义。

1975 年和 1978 年，美国哈佛大学的威廉·J. 阿伯纳西（William J. Abernathy）和麻省理工学院的詹姆斯·M. 厄特拜克（James M. Utterback）在大量案例研究的基础上，提出了基于技术创新的产品生命周期，即 A-U 模型。该模型认为企业的产品创新和工艺创新是相互关联的，企业的创新类型和创新频率取决于产业成长的不同阶段：在行业发展的早期即流动阶段，企业创新的焦点在产品创新；随着主导设计的出现，行业进入过渡阶段，此时企业创新重点转向了工艺创新；当行业进入稳定阶段，则以渐进性的产品创新和工艺创新为主。A-U 模型反映了行业成长的创新分布规律，为理解技术创新与产业演化之间的关系提供了重要线索，向产业生命周期理论的建立迈出了坚实的一步。

1982 年，高特（Gort）和克莱珀（Klepper）在对 46 个产品最多长达 73 年的时间序列数据进行分析的基础上，按产业中的厂商数目对产品生命周期进行划分，即引入、大量进入、稳定、大量退出和成熟五个阶段，从而建立了产业经济学意义上第一个产业生命周期模型，即 G-K 模型。他们认为，大量进入源于来自外部的产品创新，大量退出是由于价格战、外部创新减少和通过"干中学"方式所引起的激烈竞争，最后一个阶段为产业成熟期，直到有重大技术变动或重大需求变动产生，开始新一轮生命周期。G-K 模型的突出贡献在于，强调了产业生命周期阶段对创新的特征、重要性和来源的重大影响。

1990 年，克莱珀和格莱狄（Graddy）对 G-K 模型进一步加以发展。他们按厂商数目重新将产业生命周期划分为成长、淘汰和稳定三个阶段。起源于重大技术创新的产业会吸引一系列的潜在进入者，进入者会携带产品创新或过程创新。产品创新会很快扩散，过程创新会把成本降低到当时所能达到的最低程度。随着时间的推移，进入者越来越少，而成本竞争导致的退出会越来越多。在整个产业发展的过程中，需求增长的停滞不再成为淘汰发生的必要条件，而过程创新所产生的成本竞争效应是厂商退出的主要因素。潜在进入者、产品创新的扩散速度，以及在位厂商过程创新的成功率等都是决定产业发展状况的重要变量。

1996 年，阿加瓦（R. Agarwal）和高特又沿着另一条路径对 G-K 模型进行了发展。他们对产业生命周期的划分与 G-K 模型相似，但阶段长度有所不同，并且引入危险率的概念,研究了产业生命周期的阶段性对厂商进入与退出的综合影响。分析结果表明,危险率与厂商存续时间成反比,早期进入者的危险率在淘汰发生时开始上升,而所有厂商在淘汰阶段的危险率平均较高,在最后阶段,所有厂商的危险率均上升。他们着重强调产业生命周期阶段和厂商存续时间对厂商存活的影响。

其后,许多学者从不同角度对产业生命周期进行了深入研究,主要集中在以下四个方面:一是从实证的角度来考察产业生命周期曲线的形态;二是考察产业生命周期不同阶段,企业的进入、退出以及进入壁垒和退出壁垒等;三是分析推动产业生命周期演化的动力;四是研究如何根据产业生命周期来制定相应的产业政策。由于产业的生命周期构成了企业外部环境的重要因素,不少学者从战略管理的角度研究产业生命周期,主要集中在产业生命周期的阶段性变化对企业战略决策的影响,以及生命周期不同阶段如导入期、成长期、成熟期可供企业选择的战略决策。

## 三、产业生命周期的一般形态与特征

产业生命周期是单一产业所经历的一个由成长到衰退的演变过程,是指从产业出现到完全退出社会经济活动所经历的时间,一般分为形成期、成长期、成熟期和衰退期四个阶段,呈现出 S 曲线模型(图 1-1)。一个产业往往集中了众多相似产品,从某种意义上说,其生命周期是所有这些产品各自生命周期的叠加,故产业生命周期曲线比单个产品更加平缓。下面就根据产业生命周期的 S 曲线模型,对各阶段产业发展的特征进行分析。

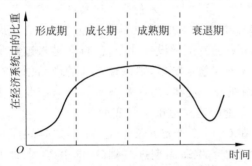

图 1-1　产业生命周期的 S 曲线模型

在形成期,由于产业的创立投资和产品的研发费用较高,而产品市场需求狭小,初创企业面临很大的投资风险,甚至有因财务困难而引发破产的危险。产业技术存在很大的不确定性,在产品、市场、服务等方面留有很大的发展空间。同时,由于企业规模较小且发展不成熟,市场竞争强度相对较弱,企业进入壁垒较低。随着初创企业逐步加入,产业中各细分行业的企业主要致力于开辟新用户和占领市场,产品的市场需求增长会加快。在形成期后期,随着生产技术水平的提高、生产成本的降低和市场需求的扩大,整个产业逐步由高风险低收益的形成期转向高风险高收益的成长期。

在成长期,产品经过广泛宣传和消费者试用,市场需求开始上升,产品也逐步从单一、低质、高价向多样、优质和低价方向发展,市场竞争强度开始上升,企业进入壁垒开始提高。尽管行业利润增长很快,但是新进企业由于产品成本较高或不符合市场需要等存在被淘汰或被兼并的风险,破产率与合并率相当高。根据产业特性不同,成长阶段会持续数年或者数十年不等。在成长阶段的后期,由于产业中生产厂商与产品竞争优胜劣汰规律的作用,市场上生产厂商的数量在大幅度下降之后便开始稳定下来。随着市场需求趋于饱和,产品的销售增长率减慢,迅速赚取利润的机会减少,整个产业开始进入成熟期。

在成熟期,经过激烈竞争生存下来的少数大厂商垄断了整个市场,每个厂商都占有一定比例的市场份额。由于厂商之间彼此势均力敌,市场份额变化程度较小。厂商与产品之间的竞争逐渐从价格手段转向各种非价格手段,如提高质量、改善性能和加强售后维修服务等。产业利润由于一定程度的垄断达到了较高水平,新企业难以打入成熟期市场,因此市场风险较小、产品价格较低。在产业成熟阶段,产业增长速度降到一个更加适度的水平。在某些情况下,整个产业的增长可能会趋于停止甚至下降,而某些细分行业由于技术创新的原因,也可能出现新的增长。处于成熟阶段的产业特征,突出表现为:市场增长率不高,需求增长率不高,技术上已经基本成熟,产业竞争状况和用户特点比较清楚与稳定,产业盈利能力下降,新产品和产品的新用途开发较为困难,行业进入壁垒很高。

产业发展在经历过较长的成熟阶段以后,就会步入衰退期。一个产业是否进入衰退期,有三个显著的标志:综合生产能力的大量过剩;主要产品开始滞销和长期积压;部分厂家开始退出这一产业。至于一个产业何时消亡,则是难以预见的。也就是说,经济中很少存在对某一种产业完全不需要的情形,尽管该产业的市场需求严重萎缩,但仍能延续一定的时间。如果出现了根本性的技术革新出现或者市场需求发生剧烈变动,某些产业会再次显现出成长期或成熟期的一些特征,否则,进入衰退期的产业迟早会消亡,只是消亡的形式不一定就是绝迹,可能并入其他产业中,不再具有产业的独立性。

## 扩展阅读 1-1

### 产业生命周期的特殊形态

对产业生命周期四个阶段的划分,只表现产业发展的一般长期趋势,而不表现各个阶的具体时间。对于不同产业,生命周期所经历的阶段,以及各阶段延续时间的长短,往往是不同的,从而使产业生命周期具有各种不同的特殊形态。

(1)漫长型产业生命周期。某些产业的生命周期特别长,甚至不会退出市场,最典型的是两类产业:一是人类基本生活必需的产业,如粮食产业、纺织业、建筑业等。这些产业提供了人类生存必不可少的物资资料,其发展规模和速度与人口规模和增长速度有关。二是基础产业,如邮政业、电信产业、电力产业等,其发展速度取决于国民经济发展的水平和速度。其特殊性在于,它随经济社会发展和工业化进程而兴盛,但却不一定出现衰退。

(2)快速型产业生命周期。某些产业进入市场后快速发展,但很快就衰退,甚至退出市场。快速型产业生命周期,多出现在热潮型产品中,主要是因为它只是满足人类一时的好奇心或需求,所吸引的只限于少数寻求刺激、标新立异的人,通常无法满足更强烈的需求。这类产业往往具有投资少、工艺简单,适合短期内大量生产。

(3)夭折型产业生命周期。某些产业进入市场后,经过一段时间的成长,还没有进入成长期就被市场淘汰。夭折型产业生命周期主要有三种情况:一是新技术的发展,出现了功能更好的替代产品,使原来的产品退出市场而夭折;二是某些新产品投入市场,但由于技术不完善或存在功能障碍,在大批量生产前就不得不退出市场;三是在开放的环境下新产品的进入对国内技术落后的产业造成冲击,从而退出市场而夭折。

(4)突变型产业生命周期。某些产业在进入成熟期或衰退期后,实现了重大技术创新或开拓了新的市场,从而带动该产业快速发展,进入新一轮的成长期。突变型产业生命周期主要有四种情况：一是某个产业在进入成熟期或者衰退期后出现了重大技术创新。二是国内新市场的开辟。三是国际市场的开拓。四是某些产业开辟了新的应用领域，带动该产业进入一个新的增长期。

资料来源：芮明杰.产业经济学[M].2版.上海：上海财经大学出版社，2012.

## 四、产业生命周期的识别方法

由于产业生命周期的 S 曲线是一条经过抽象化的典型曲线，各产业按照实际发展情况绘制出来的曲线形式远远不是这样光滑且规则的。因此，单纯就曲线的特征简单判断产业发展处于哪一阶段是困难的，需要更为科学精确的产业演化阶段识别方法来加以分析。本小节将分别对产业演进阶段的指标判别法、二维识别法和曲线拟合法进行阐述。通过对产业演化阶段进行科学定位，可以判断目前产业所处的阶段和发展趋势，有利于提升产业政策的针对性和实施效果，促进产业健康发展。

### （一）指标判别法

#### 1. 销售增长率法

销售增长率法是通过产业内代表性产品销量的年增长率来划分产业生命周期的各个阶段的。以 $\Delta y$ 表示产品销量的增长量，$\Delta x$ 表示时间上的增加量，产品销售增长率 $\eta$ 的计算公式如下：

$$\eta = \Delta y / \Delta x \tag{1-1}$$

由于产品所处的生命周期阶段与产品销售量的增长率关系密切，通过分析销量和销售增长率的变化情况，就可大致判断出产品所处阶段。产业生命周期阶段划分的一般标准是：若产品销售量少，且 $\eta < 10\%$，则产业处于形成期；若产品销售量大，且 $\eta > 10\%$，则产业处于成长期；若产品销售量大，且 $0.1\% < \eta < 10\%$，则产业处于成熟期；若 $\eta < 0$，亦即销售量逐年下降，则产品处于衰退期。当然，以上划分标准只是一种经验数据，具体分析时要结合产业特点灵活运用。

#### 2. 社会普及率法

社会普及率法是根据产品在某一地区人口或家庭的平均普及率，来判断产业所处阶段的一种判定方法，主要适用于高档耐用消费品产业。一般来说，产品的社会普及率越高，产业的生命周期越趋于成熟。社会普及率的计算公式如下：

$$按人口平均普及率 = 社会持有量 / 人口总数 \times 100\% \tag{1-2}$$

$$按家庭平均消费率 = 社会持有量 / 家庭户数 \times 100\% \tag{1-3}$$

其中，社会持有量的计算方法主要有两种，一是根据产品历年的生产量或销售量的资料来计算社会平均持有量，社会持有量＝历年生产累计量＋历年进口累计量－历年出口累计量－历年集团购买累计量。此方法虽然计算方式简明，但在实际操作时需要掌握大量的统计资料，并且要注意审查资料的真实性。二是用居民家庭收支调查结果来推算。在某一地区抽取一定的家庭为样本进行家庭收支调查，根据调查得到的产品保有量可以推断出全地区的持有量，此种方法要注意抽取样本量的大小和代表性。

根据经验数据,产品的社会普及率小于5%时为产业形成期;普及率在5%～50%时为产业成长期;普及率在50%～90%时为产业成熟期;普及率在90%以上时为产业衰退期。

### 3．产出增长率法

产出增长率法从产业规模视角对产业演化阶段进行识别,将产业生命周期划分为成长、成熟和衰退三个阶段,通过比较所考察产业年产出增长率与国民经济所有行业平均增长率来判断产业演进阶段。如果该部门的产出增长率在两个时期均高于平均增长率,则处于成长阶段;若前一时期高于平均增长率,而后一时期低于平均增长率,则处于成熟阶段;如果两个相邻时期的增长率都低于平均增长率,则处于衰退阶段(表1-5)。

表1-5　产出增长率法的判别标准

| 增长率比较 | | 产业所处阶段 |
|---|---|---|
| 前一时期 | 后一时期 | |
| 产业部门增长率＞平均增长率 | 产业部门增长率＞平均增长率 | 成长阶段 |
| 产业部门增长率＞平均增长率 | 产业部门增长率＜平均增长率 | 成熟阶段 |
| 产业部门增长率＜平均增长率 | 产业部门增长率＜平均增长率 | 衰退阶段 |

产出增长率法是一种相对衡量方法,采用此方法进行产业演进阶段识别时,不论经济增长抑或下降,都可以排除国民经济整体状况对具体行业产出增长的短期冲击。需要指出的是,产出增长率法判断标准本身并不十分明确,尤其是针对那些产出增长率与所有行业平均增长率相差不大的产业来说,演进阶段的判别需要结合产业发展情况做具体分析,由此可能产生因主观因素而导致的结论差异。但在进行产业演进阶段的识别时,该方法仍然不失为一种可行的选择。

### （二）二维识别法

二维识别法由特瑟和斯多里提出,他们在分析某一产业发展过程中就业人数和企业数的关系时,发现就业人数会随着企业数发生阶段性变化,进而结合这两个维度对产业演进阶段进行了定位。图1-2显示了二维识别法对产业演进阶段和演进路径的判别过程,横轴表示产业内企业数,纵轴为产业就业人数,矩阵对角线上产业平均就业人数保持不变,沿着对角线产业内的企业数和就业人数变化一致,对角线以上区域就业人数增加更快或减少更慢,对角线以下区域则刚好相反,其中类型1、类型2和类型3所处的区域分别对应于克莱珀和格莱狄定义的产业成长阶段、淘汰阶段和稳定阶段。

一个新兴产业开始出现时,无论是产业内的企业数还是就业人数都呈上升趋势,属于典型的类型1产业;随着市场需求趋于稳定,产

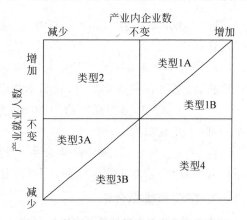

图1-2　基于二维识别法的产业演进路径

业逐步走向成熟,表现为企业数目开始减少而就业人数仍继续增加,产业进入类型 2 阶段;当市场需求出现下降的时候,产业进入稳定时期,企业数和就业人数皆出现下降趋势,对应类型 3 产业;类型 4 阶段的特征是就业人数减少而企业数增加,尽管与早期产业演进的生命周期模型并不一致,但是欧洲的高技术制造业部门普遍存在此种情形,一些小型高技术企业的出现使产业内企业数目增加,而大型企业的减少导致产业就业人数下降。

### (三) 曲线拟合法

尽管指标评价法和二维识别法能够大致判断某一时期产业演进所处的阶段,但定位并不十分明确,为此学者们引入了更为精确的曲线拟合法。曲线拟合法根据产业生命周期各阶段产出或销售增长率由缓慢到快速、再由快速到缓慢的特征,总结出产业演进曲线的 S 形规律,并运用计量经济工具对某一产业产出或销售的时间序列进行拟合,以曲线拐点作为产业生命周期阶段的分界点定位产业阶段。当然,由于产业属性的差别,各类产业 S 形成长图式并不是由唯一函数表达,包括龚伯兹曲线、皮尔曲线、逻辑斯蒂曲线、限制性指数曲线和对数抛物线等。本小节主要以前三种为示例对曲线拟合法加以说明。特别要指出的是,在运用拟合曲线分析法,首先要根据历史数据的特征,正确选择恰当的数学模型,然后进行曲线拟合,判断产业生命周期各个阶段的特征。

#### 1. 龚柏兹曲线拟合法

龚柏兹曲线是英国人寿保险专家龚柏兹(B. Gompertz)1820 年为预测人口增长而提出的一条曲线,并由美国学者普莱斯科特(R. Prescott)在 1922 年首次应用于市场预测。龚柏兹曲线是根据观察样本具有龚柏兹曲线变动趋势的历史数据拟合而成的一条曲线。龚柏兹曲线的数学模型为

$$y_t = ka^{b^t} \quad (k > 0) \tag{1-4}$$

其中,$y_t$ 为第 $t$ 期的指标值;$t$ 为时间变量;$k$、$a$、$b$ 为参数。式(1-4)两边取对数得

$$\lg y_t = \lg k + b^t \lg a \tag{1-5}$$

为了分析和判别龚柏兹曲线模型的特征,令 $t = 1, 2, 3, \cdots, n$,便可得到相应的 $\lg y_t$ 值,进而就可分析出 $\lg y_t$ 值随 $t$ 变化而变化的趋势,也就是龚柏兹曲线模型的特征,结果如下:

$\lg a > 0, b > 1$,为产品生命周期的形成期阶段,生产成本较高,市场占有率低,销售缓慢成长;

$\lg a < 0, 0 < b < 1$,为产品生命周期的成长期阶段,生产工艺和质量趋向稳定,销量快速增长,市场占有率持续扩大,利润不断增加;

$\lg a < 0, b > 1$,为产品生命周期的成熟期阶段,市场逐渐饱和,销售稳中有降,市场竞争加剧,企业利润稳定;

$\lg a > 0, 0 < b < 1$,为产品生命周期的衰退期阶段,市场基本饱和,生产能力过剩,市场占有率收缩,销售出现负增长,积压滞销,利润下降。

#### 2. 皮尔曲线拟合法

皮尔曲线是一种特殊曲线,最早由比利时数学家哈尔斯特(P. F. Verhulst)于 1938 年

提出。该曲线具有初期增长速度缓慢,随后增长速度逐渐加快,达到一定程度后又逐渐减慢,最终趋于饱和状态的特点。后来,近代生物学家皮尔(R. Pearl)和瑞德(L. J. Reed)将皮尔曲线应用于人口增长规律的研究,使之广为人知,因此得名为皮尔曲线。

皮尔曲线形态的特点使其在经济学领域也具有广泛的应用,常见于耐用消费品增长趋势研究。当产品销售的历史数据表现出皮尔曲线变动趋势,可结合拐点坐标和预测精度数据确定皮尔曲线模型的具体形式,从而进行增长趋势和产品生命周期的预测。皮尔曲线的一般数学模型为

$$y_t = \frac{L}{1 + a\,\mathrm{e}^{-bt}} \tag{1-6}$$

其中,$L$、$a$、$b$ 都是待估参数,$L$ 为产品的市场饱和量。当产品销量达到其饱和量的一半时,销量的增长速度最快,其后增长速度将开始下降。

实际应用中,皮尔曲线模型具有多种推广形式。具体的皮尔曲线形状和参数可能因研究对象和数据而有所差异,在使用时需要根据实际情况进行调整和分析。

**3. 逻辑斯蒂曲线拟合法**

假设 $X$ 为某产业的产品销售收入,则产品销售收入的增长速度方程为

$$\frac{\mathrm{d}X}{\mathrm{d}t} = \alpha X(N - X) \tag{1-7}$$

其中,$\alpha$ 为产业成长速度系数($\alpha > 0$),与产业系统的要素投入结构、生产率和投资相对盈利率等因素有关;$N$ 为某产业产品销售收入的饱和值($N > 0$),即产品市场需求的极限,该参数取决于产品需求收入弹性、产品价格等。$X$ 称为动态因子,随时间推移而增加,$(N - X)$ 为减速因子,随时间推移而减少,也就是说,模型假定一个产业的成长速度与状态变量 $X$ 正相关,但同时会随着接近于增长极限而减弱,说明产业系统的演化机制是非线性的,存在正负反馈机制。经过对式(1-7)分离变量和积分等求解过程,可得通解:

$$X = \frac{N}{1 + c\exp(-\alpha t)} \tag{1-8}$$

式(1-8)即为逻辑斯蒂曲线方程,其中 $c$ 为常数,由产业系统演化的初始条件决定。逻辑斯蒂曲线有两个对称拐点 $\left(t_1, \frac{\alpha N}{6}\right)\left(t_2, \frac{\alpha N}{6}\right)$,对应的销售收入为 $\frac{N}{3 + \sqrt{3}}$ 和 $\frac{N}{3 - \sqrt{3}}$,第一个拐点为形成期和成长期的分界点,第二个拐点为成长期和成熟期的分界点。当然这里只考虑上升阶段,没有研究衰退时期。

进一步,对式(1-8)两边求对数变换,得

$$\ln\left(\frac{N - X}{X}\right) = \ln c - \alpha t \tag{1-9}$$

令 $Z = \ln\left(\frac{N - X}{X}\right)$,$A_0 = \ln c$,$A_1 = \alpha$,则式(1-9)可转化为线性模型:

$$Z = A_0 - A_1 t \tag{1-10}$$

在式(1-10)中,$A_0$、$A_1$ 为常参数,$Z$ 含有参数 $N$,因此与普通线性方程不同,不能直接用最小二乘法求参数 $A_0$、$A_1$,需要先估计产业销售收入的饱和值 $N$。对于饱和值 $N$

的估计,有非线性回归法、三点法、四点法和拐点法四种方法可供选择。为了得到更为精确的估计值,可以基于四点法估计出参数 $N$,利用线性回归方法求出 $c$ 和 $\alpha$ 的估计值,再以此估计值为初始值进行非线性回归拟合,通过迭代最大限度地提高曲线方程的拟合精度。

# 第四节　产业发展理论的分析框架

在认识单一产业生命周期的基础上,还需要围绕产业之间的数量关系、空间布局、转型升级、全球价值链嵌入、产业政策等方面深入探讨。本书将产业发展理论的内容分为五个篇章逐步展开,即产业结构篇、产业空间篇、产业升级篇、全球产业分工与产业安全篇、产业政策篇。

## 一、产业结构篇

产业结构是产业发展理论的一个重要组成部分,考察了经济体中不同产业之间的相互作用和影响,以及产业结构的特征和演变规律,可以划分为产业关联理论、产业结构演进理论和产业结构优化理论。

### (一)产业关联理论

产业关联理论聚焦于不同产业间的技术经济联系及其对产业发展的影响,强调经济发展和竞争力的根源来自产业之间的紧密联系与协同作用。投入产出分析是产业关联理论最常用的研究方法,既可评估产业间静态关系结构的特征,又可进行产业波及的动态效果分析,为产业关联的定量研究提供有力支持。综合运用产业关联的分析工具,可以深入了解不同产业之间的相互影响,对于制定产业政策、优化产业布局和促进产业发展具有重要意义。

### (二)产业结构演进理论

产业结构演进理论是一系列用于解释和分析产业结构变化的学说,主要探讨了产业结构变动的趋势和原因,产业结构演进的一般规律以及不同因素对产业结构演进的影响,包括但不限于马克思的产业按比例协调发展规律、配第—克拉克定理、库兹涅茨法则等。产业结构演进理论提供了对产业发展和经济结构进行分析和解释的工具,对于明确当前产业结构的特征和可能存在的问题,从而科学地制定产业规划和产业结构政策具有借鉴价值。

### (三)产业结构优化理论

产业结构优化理论是指通过调整和优化产业结构,提高经济效益和竞争力的一系列理论和方法。它以实现产业结构的高级化和合理化为研究目标,研究内容主要包括供给结构的优化、需求结构的优化、国际贸易结构的优化、国际投资结构的优化四方面。通过科学应用产业结构优化理论,可以更有效地配置产业资源,使得不同产业在经济中的规模、职能和关系更加协调与高效。

## 二、产业空间篇

产业空间布局研究如何安排和组织产业在地域空间上的分布配置,涉及产业在地域分布、区域经济发展和资源配置等方面的问题,可以划分为产业布局理论、产业集聚理论和产业转移理论。

### (一)产业布局理论

产业布局理论关注产业在稳定状态下的空间分布特征和组织模式,通过对产业布局的地理特征、要素配置和空间关系进行分析,揭示产业布局的规律和特点。目前,形成了产业布局的区位理论、环境承载力理论、国际贸易理论、马克思主义产业布局理论等相关理论,为政府和企业进行地区经济发展规划与战略选址,实现不同地区、城乡之间的产业协调发展提供了重要参考。

### (二)产业集聚理论

产业集聚理论围绕产业的集聚现象形成了古典、新古典和现代产业集聚理论框架,发展了包括外部规模经济、新竞争优势、"中心—外围"、创新产业集聚、集聚外部性、产业集聚最佳规模等经典理论,并相继提出了三代测度指标用以评估产业集聚(industrial agglomeration)程度。通过深入分析产业集聚现象的模式、成因和其背后的机制,可以为区域产业发展战略的制定和实施提供指导。

### (三)产业转移理论

产业转移理论是一种从动态视角研究产业资源空间配置的理论,它主要关注产业在时空变迁中的转移现象,形成了基于传统比较优势的产业转移理论和全球化背景下的产业转移理论。无论是国际产业转移,还是一国内部区域间的产业转移,都有其内在的动力机制。学者们提出了测度产业转移的诸多方法,为科学衡量产业转移的程度提供了可靠的工具箱。

## 三、产业升级篇

产业升级考察了如何通过技术创新、产业融合和产业生态等途径,实现传统产业转型升级的理论体系,主要由三部分构成,分别是产业创新理论、产业融合理论与产业生态理论。

### (一)产业创新理论

产业创新理论研究产业创新的内涵、模式和影响因素,关注如何促进和引导产业创新,以实现经济增长、竞争力提升和可持续发展的目标。产业创新理论可分为传统和现代两大学派,传统学派包括熊彼特理论学派和新古典理论学派,现代学派在传统学派的基础上发展而成,其代表学派有新熊彼特理论学派、制度创新理论学派、国家创新系统理论学派等。

### （二）产业融合理论

产业融合是不同产业或同一产业不同行业相互渗透、相互交叉的动态发展过程。产业融合理论关注产业融合的动因、模式和效应，以及如何实现产业间的良性互动和协同创新。产业融合理论能够为以产业边界模糊化为标志，越来越广泛出现的产业之间融合现象提供理论解释。在实践中，可以运用产业融合理论和方法，促进不同行业之间的合作交流，推动产业间的融合与协同发展。

### （三）产业生态理论

产业生态理论研究在日益增强的资源环境约束下，传统产业如何实现可持续发展。产业生态理论将产业系统视为一个生态系统，内部各子系统与自然、社会和谐共存、协调发展的状态和过程即为产业生态化。产业生态理论介绍了产业生态化的基本特征和发展路径，包括产业生产模式生态化、产业组织方式生态化和产业结构生态化。

## 四、全球产业分工与产业安全篇

全球产业分工与产业安全研究经济全球化背景下，各国或地区通过产业分工嵌入全球生产网络，如何实现产业价值链攀升和产业安全。

### （一）产业价值链理论

产业价值链理论通过分析产业价值链上的角色与分工，探讨促进产业价值链升级的动力机制。产业价值链升级的动力机制可以来自产业链内部企业间的竞争互动，也可以来自产业链外部市场需求、政策环境和科技创新的变化。不同国家或地区根据自身比较优势和条件，在全球产业价值链中扮演特定角色，实现资源优化配置和协同发展。

### （二）产业安全理论

产业安全理论是指一套用于管理和维护生产活动的安全性和可靠性的原理与方法，包括产业控制力说、产业竞争力说、产业损害理论和产业保护理论。产业安全必须综合考虑整个产业链上各个环节的安全性和可靠性，可以分为产业组织安全、产业结构安全、产业布局安全以及产业政策安全，强调产业安全评价和预警，通过识别潜在风险和制订相应的控制措施来防止事故的发生。

## 五、产业政策篇

产业政策是引导产业发展方向、优化产业结构和空间布局、引导产业转型升级、确保产业安全以促进国民经济可持续发展的政策总和。产业政策主要包括产业结构政策、产业空间政策、产业升级政策和产业安全政策。

### （一）产业结构政策

产业结构政策是指政府为了优化产业结构而制定的政策措施，通过引导资源和投资的流向,调整不同产业之间的相对比重和关系,以适应经济发展的需求和前景。产业结构政策包括主导产业的选择政策、战略性新兴产业的扶植政策、衰退产业的调整政策以及幼稚产业的保护政策。

### (二)产业空间政策

产业空间政策是指政府为了优化产业空间布局而制定的政策措施,通过合理安排不同产业在特定地域的分布,达到资源配置的有效性和区域经济的协调性。产业空间政策不仅包括宏观和区域两个层面的产业布局政策,还包括产业转移政策和产业集聚政策。

### (三)产业升级政策

产业升级政策是指政府为提高产业竞争力而采取的一系列政策措施,其目标是通过产业创新、产业融合与产业生态化,实现由低技术水平、低附加价值向高新技术、高附加价值生产状态变迁。产业升级政策包括产业创新政策、产业融合政策和产业绿色发展政策。

### (四)产业安全政策

产业安全政策是指政府为了保障产业运行的安全性和稳定性而制定的政策和措施,强调对关键战略性产业的安全控制以及对国家经济的安全保障,主要包括防御型、竞争型以及应急响应型三种类型。产业安全政策需要对产业安全预警体系、管理机制、法律法规、救济援助渠道进行定期评估和维护,以保证其有效性和适应性。

## 本章要点

1. 产业是一组相互关联的企业和机构的集合。

2. 产业的形成方式包括产业新生、产业分化、产业派生和产业融合。

3. 产业发展以产业增长为前提,但产业增长不一定带来产业发展。

4. 两大部类分类法将社会生产部门划分为从事物质资料生产和非物质性服务的部门,农轻重产业分类法把产业分为农业、轻工业和重工业三大类,三次产业分类法将产业分为第一次产业、第二次产业和第三次产业。

5. 按生产过程中使用的要素类型,产业可以分为劳动密集型产业、资本密集型产业、技术密集型产业和知识密集型产业。

6. 按产业发展的阶段,产业可以分为朝阳产业、成熟产业和夕阳产业。

7. 按产业在国民经济和产业体系中的战略地位,产业可以分为基础产业、瓶颈产业、支柱产业、主导产业和先行产业五个类型。

8. 中国产业分类标准将产业分为门类、大类、中类、小类四个层次。

9. 产业生命周期一般分为形成期、成长期、成熟期和衰退期四个阶段,呈现出 S 形生产曲线形态。

10. 产业生命周期阶段的划分方法包括指标判别法、二维识别法和曲线拟合法。

## 关键术语

产业  产业新生  产业分化  产业派生  产业融合  产业发展  产业增长  产业分类  两大部类分类法  农轻重产业分类法  三次产业分类法  劳动密集型产业  资本密集型产业  技术密集型产业  知识密集型产业  瓶颈产业  支柱产业  主导产业  先行产业  国际产业分类标准  产业生命周期  社会普及率  二维识别法  龚伯兹曲线  皮尔曲线  逻辑斯蒂曲线

 ## 习题

1. 产业发展和产业增长有什么区别？
2. 产业的形成方式有哪些？
3. 按照战略地位的区别，产业可以划分为哪几类？
4. 产业生命周期的四个阶段是什么？阐述每个阶段的特点。
5. 可以用哪些方法识别产业生命周期的阶段？
6. 产业发展理论的主要构成包括哪些？

## 即测即练

练1

第一篇

产业结构

一个国家或地区的经济发展不仅表现为经济总量的增长,而且必然伴随着经济结构的变迁,特别是进入工业化中期阶段,经济增长以经济结构的加速转换为重要特征。作为经济结构的一个重要方面,产业结构反映出产业间的技术经济联系与联系方式。产业结构不仅表现为不同产业间的"投入"与"产出"的数量的比例关系,而且蕴含着国民经济各产业中起主导或支柱作用的产业部门的不断替代规律及其相应的结构效益。本篇将介绍产业关联分析的方法和主要工具,揭示经济发展过程中产业结构由低级向高级演进的基本规律,论述产业结构优化的目标和机理,为产业发展规划与政策制定提供理论依据。

# 第二章 产业关联

在一个国家或地区的经济系统中,产业门类众多,产业之间的关系错综复杂,各产业间通过要素市场和产品市场存在着广泛的联系。例如,汽车制造业需要大量的钢铁用于车身和零部件的制造,汽车制造业的需求直接影响着钢铁工业的产能和销售,而钢材的强度与刚度有利于增强车身的抗变形能力,从而决定着汽车的性能和安全性。也就是说,一个产业的发展往往需要以其他一些产业的发展为前提,同时该产业的发展也会限制或促进其他产业的发展。要揭示产业间联系与联系方式的量化比例,就必须首先了解产业关联理论。本章将围绕产业关联分析的方法、基本工具和主要内容展开分析。

## 第一节　产业关联概述

### 一、产业关联的实质

一般来说,产业关联是指在经济活动中,产业之间存在广泛、复杂和密切的技术经济联系。具体而言,产业关联是指产业之间通过产品市场和要素市场供求关系形成的互相关联、互为依存的内在联系。

在经济活动中,各产业都需要其他产业为其提供各种产出,以作为其要素供给;同时,又把自身的产出作为一种市场需求提供给其他产业进行消费。正是由于这种错综复杂的供给与需求关系,各产业才得以在经济活动的过程中生存和发展。相反,若某一产业没有其他产业为之提供各种要素的供给,或其产出不能满足其他产业的消费需求,则该产业是没有生命力的。因此,可以认为,产业关联的实质为各产业在经济活动中形成的相互供给和需求关系。

### 二、产业关联的纽带

产业关联的纽带为不同产业间发生联系的依托,主要包括以下几方面。

#### (一)产品、劳务联系

产品、劳务联系即产业之间的供给和需求关系。在社会再生产过程中,一些产业部门为另一些产业部门提供产品或劳务,一些产业部门相互提供产品或劳务。例如,一个产业的产出品(除最终消费品的生产之外),为其他产业的生产提供如原材料、能源、设备等投入品;同时,它也需要其他产业的产品作为生产的投入品。在现代社会中,任何一个产业都不能脱离其他产业的支持而存在。产品、劳务联系是产业间最基本的联系,是产业关联的基础。

### (二)生产技术联系

不同产业部门产品结构不同,对生产技术的要求也不同。产业协调发展不仅要求产业间相互提供的产品和服务在数量上相对均衡,也要求在质量和技术上满足关联产业的需要。这一要求使得产业之间在生产工艺、操作技术等方面有着必然的联系。一个产业的生产,需要其他产业为其提供技术水平层次相当的生产手段,同时它的发展也推动了其他产业的技术进步,从而使整个产业系统的技术水平不断向更高层次推进。因此,生产技术联系是推动产业结构变动的最活跃、最积极的因素。

### (三)价格联系

在市场经济中,产业间的投入产出联系主要通过等价交换来实现,从而使产业间具有价格联系。产业间的价格联系,实质上是产业间产品和劳务联系的价值量的货币表现。价格联系反映了不同产业之间产品和劳务的相对价值,同时也反映了市场供求关系的变化。当某个产业的产品需求增加,其价格往往会上涨,这会影响与其他产业的价格联系。

### (四)劳动就业联系

在社会化大生产中,产业间的劳动就业机会存在必然联系。在不同的经济状态下,劳动就业联系产生的影响不同。在非充分就业状态下,某一产业的发展不仅会相应地增加自身产业的劳动就业机会,还会通过乘数效应带动相关产业的就业增长。在充分就业状态下,某一产业增加劳动力,意味着其他产业减少劳动力,这会导致社会经济在产业间重新配置人力资源,引发产业结构的全面调整。

### (五)投资联系

一国或地区经济发展,不可能仅仅通过加快某产业部门的发展来实现,而是通过相关产业部门的协调发展来实现。产业协调发展要求所有产业同步发展,这使得产业间必然存在着投资联系。对一个产业进行投资以扩大其生产规模,必然要求同时投资于关联产业。否则在经济运行过程中必然会出现瓶颈产业,所投资的产业的新增生产能力难以被充分利用,投资目的难以实现。

## 三、产业关联方式

产业之间关联关系的维系方式因各产业在产业链中的位置不同而有所差异。例如,在长流程的炼钢工艺中,炼钢业向炼铁业提出了生产消费的需求,同时向轧钢业提供了生产要素的供给。依据这种不同的维系关系,可将产业关联方式进行如下分类。

### (一)单向关联和多向关联

#### 1. 单向关联

单向关联是指 A、B、C、D 等一系列产业间,上游产业为下游产业提供产品,以供其生产时直接消耗,但下游产业的产品不再返回上游产业的生产过程。例如棉花→棉纱→色布→服装。

**2. 多向关联**

多向关联是指 A、B、C、D 等一系列产业间,上游产业为下游产业提供产品,作为下游产业的生产性直接消耗,同时下游产业的产品也返回相关的上游产业的生产过程。例如煤炭采掘→钢铁冶炼→采矿设备制造→煤炭采掘。

### (二)前向关联和后向关联

**1. 前向关联**

前向关联是指一个产业向其他产业提供产品或服务而发生的关联。当甲产业在经济活动过程中需要吸收乙产业的产出时,对于乙产业来说,甲产业便是前向关联产业。例如,在钢铁产业链中,轧钢业是炼钢业的前向关联产业。

**2. 后向关联**

后向关联是指一个产业需要其他产业的产品或者服务而发生的关联。当丙产业在经济活动过程中向乙产业提供了产出,则对于乙产业来说,丙产业便是其后向关联产业。例如,在钢铁产业链中,炼铁业是炼钢业的后向关联产业。

### (三)直接关联和间接关联

**1. 直接关联**

直接关联指两个产业之间存在着直接的产品和技术联系。例如,电子设备制造业需要软件开发产业提供的软件来运行其产品。同时,软件开发业根据电子设备制造业的需求来开发定制软件解决方案。两个产业之间的直接关联使得它们紧密合作,共同提供完整的产品和服务。

**2. 间接关联**

间接关联是指两个产业本身不发生直接的生产技术联系,而是通过其他产业间接联系。例如,汽车工业与采油设备制造业之间并不存在直接联系,但实际上存在一定的间接联系,这种联系是由于汽车需要汽油做燃料,汽油与石油开采有关,石油开采又与采油设备制造有关。这样,汽车工业通过上述中介产业部门,最后影响到采油设备制造业的发展,即汽车工业与采油设备制造业之间存在间接联系。

# 第二节 产业关联分析工具

## 一、投入产出分析

投入产出分析由美国经济学家华西里·里昂惕夫(Wassily Leontief)在 20 世纪 30 年代提出,能够有效揭示产业间技术经济联系的量化比例关系,已经成为产业关联分析的基本方法。"投入",是指产品生产所消耗的原材料、燃料、动力、固定资产折旧和劳动力,是任何产业从事某种经济活动都必须耗用的物质资料和必须使用的劳动力;"产出",是指产品生产的总量及其分配使用的方向和数量,如用于生产消费(中间产品)、生活消费、积累和净出口等(后三者称为最终产品),是任何产业从事某种经济活动所得到的成果,即产品或劳务。

从方法论的角度而言,投入产出分析是利用投入产出表、投入产出系数和投入产出模型,对国民经济各部门之间的技术经济联系和影响进行分析的一种经济数据分析方法。无论是用于分析宏观、中观还是微观经济,投入产出分析这种数量分析方法的基本原理都是相同的。它主要运用线性代数等数学方法和电子计算机运算求解。某一经济系统的各个部分间的数量依存关系,是通过一个线性方程组来描述的,具体的经济结构的特点则由这些方程中的系数来反映。这些系数是由统计、预测或者其他数学推导方法测定的。

在本章的剩余部分,我们将逐步介绍投入产出分析所用到的投入产出表、投入产出系数和投入产出模型,并阐述投入产出分析的应用研究。

## 二、投入产出表

投入产出表也称里昂惕夫表或产业联系表,是以矩阵的形式记录和反映某一经济系统在一定时期内各部门之间发生的产品及服务流量和交换关系的工具,包括实物型和价值型两种类型。

### (一)实物型投入产出表

实物型投入产出表是以产品的标准单位或自然单位计量的,用于显示国民经济各部门主要产品的投入与产出关系,即这些主要产品的生产、使用情况,以及它们之间在生产消耗上的相互联系和比例关系。表 2-1 展示了实物型投入产出表的具体形式。

**表 2-1    实物型投入产出表**

| 中间投入 | | 计量单位 | 中间产品 | | | | | 最终产品 | | | | 总产品 |
|---|---|---|---|---|---|---|---|---|---|---|---|---|
| | | | 产业 1 | 产业 2 | ⋯ | 产业 $n$ | 合计 | 消费 | 积累 | 净出口 | 合计 | |
| 物质投入 | 产业 1 | | $q_{11}$ | $q_{12}$ | ⋯ | $q_{1n}$ | $\sum_{i=1}^{n} q_{1i}$ | | | | $Y_1$ | $Q_1$ |
| | 产业 2 | | $q_{21}$ | $q_{22}$ | ⋯ | $q_{2n}$ | $\sum_{i=1}^{n} q_{2i}$ | | | | $Y_2$ | $Q_2$ |
| | ⋮ | | ⋮ | ⋮ | ⋮ | ⋮ | ⋮ | | | | ⋮ | ⋮ |
| | 产业 $n$ | | $q_{n1}$ | $q_{n2}$ | ⋯ | $q_{nn}$ | $\sum_{i=1}^{n} q_{ni}$ | | | | $Y_n$ | $Q_n$ |
| 劳动投入 | | | $q_{01}$ | $q_{02}$ | ⋯ | $q_{0n}$ | $\sum_{i=1}^{n} q_{0i}$ | | | | | $V$ |

### 1. 实物型投入产出表的结构

实物表的横行反映了各类产业的产品和劳动力的分配使用情况,包括作为中间产品的分配使用和作为最终产品的分配使用。实物表的纵列反映了各类产品在生产过程中所消耗的各种产品数量和劳动力数量,反映了整个社会主要最终产品的构成和各种产品的总量。由于采用实物单位计量,表的纵列各项元素不能相加,不能反映产品的价值运动。

实物型投入产出表分为两部分来理解。

左边第一部分的中间产品部分是基本部分,也可以称为产业间产品的流量表。这部分的"行"和"列"数目相同,产业分类的名称和顺序也完全一致。这一部分的数字表示在本期生产的而又在本期生产过程中被消耗了的产品量,故也被称为中间产品。这些消耗量数字实质上反映的是产业间的物质技术联系,数字的大小是由产业的工艺技术结构决定的。例如,$q_{21}$表示产业2流向产业1的产品数量,等价于产业1消耗产业2的产品数量,是两个产业间的产品消耗流量。每行消耗流量之和为对应产业的中间产品数量。例如,$\sum_{i=1}^{n} q_{1i}$, $i=1,2,\cdots,n$,表示产业1的中间产品数量。实物表中最后一行数据表示各个产业消耗的劳动力数量。劳动力数量的单位可以用小时、日等时间来表示,也可用货币单位表示,其总量为$V$。

右边第二部分是最终产品部分。最终产品是本期生产的而在本期不再进一步加工的,可用于最终使用的产品。最终产品包括消费、积累和出口,最终产品在各个用途上的分配主要是由社会经济因素决定的。$Y_i$和$Q_i$分别表示产业$i$的总产品数量和最终产品数量。

### 2. 实物型投入产出表的平衡关系

(1)总产品数量=中间产品数量+最终产品数量,即

$$Q_i = \sum_{j=1}^{n} q_{ij} + Y_i, j=1,2,\cdots,n \tag{2-1}$$

(2)劳动力总量=各产品生产所需劳动力数量之和,即

$$V = \sum_{i=1}^{n} q_{0i}, i=1,2,\cdots,n \tag{2-2}$$

两个平衡式构成方程组:

$$\begin{cases} Q_i = \sum_{j=1}^{n} q_{ij} + Y_i, & j=1,2,\cdots,n \\ V = \sum_{i=1}^{n} q_{0i}, & i=1,2,\cdots,n \end{cases} \tag{2-3}$$

方程组的展开式为

$$\begin{cases} Q_1 = q_{11} + q_{12} + \cdots + q_{1n} + Y_1 \\ Q_2 = q_{21} + q_{22} + \cdots + q_{2n} + Y_2 \\ \qquad\qquad\qquad \cdots \\ Q_n = q_{n1} + q_{n2} + \cdots + q_{nn} + Y_n \\ V = q_{01} + q_{02} + \cdots + q_{0n} \end{cases} \tag{2-4}$$

## （二）价值型投入产出表

价值型投入产出表记录了全部用货币计量的中间产品价值、最终产品价值、毛附加价值以及总投入,是在实物型投入产出表的基础上进行扩充得到的。表 2-2 展示了实物型投入产出表的具体形式。

表 2-2　价值型投入产出表

| 中间投入 | | 中间产品 | | | | | 最终产品 | | | | | 总产值 |
|---|---|---|---|---|---|---|---|---|---|---|---|---|
| | | 产业 1 | 产业 2 | … | 产业 $n$ | 合计 | 固定资产更新改造 | 消费 | 积累 | 出口 | 合计 | |
| 生产资料转移价值 | 产业 1 | $q_{11}$ | $q_{12}$ | … | $q_{1n}$ | $\sum_{i=1}^{n} q_{1i}$ | | | | | $Y_1$ | $Q_1$ |
| | 产业 2 | $q_{21}$ | $q_{22}$ | … | $q_{2n}$ | $\sum_{i=1}^{n} q_{2i}$ | | | | | $Y_2$ | $Q_2$ |
| | ⋮ | ⋮ | ⋮ | ⋮ | ⋮ | ⋮ | | | | | ⋮ | ⋮ |
| | 产业 $n$ | $q_{n1}$ | $q_{n2}$ | … | $q_{nn}$ | $\sum_{i=1}^{n} q_{ni}$ | | | | | $Y_n$ | $Q_n$ |
| | 折旧 | $D_1$ | $D_2$ | … | $D_n$ | | | | | | | |
| 新创造价值 | 劳动报酬 | $V_1$ | $V_2$ | … | $V_n$ | | | | | | | |
| | 社会纯收入 | $M_1$ | $M_2$ | … | $M_n$ | | | | | | | |
| 总投入 | | $Q_1$ | $Q_2$ | … | $Q_n$ | | | | | | | |

### 1. 价值型投入产出表的结构

价值表的横行体现了各产业的产出结构,包括中间产品和最终产品的产出数量,并反映了这些产品的销路或分配去向。每一横行的总计即为相应产业部门一定时期内的总产值。价值表的纵列反映了各产业的价值投入情况,由三部分组成:生产资料转移价值(物质消耗)、新创造价值(活劳动消耗)和总投入(总产值)。生产资料转移价值是由所消耗生产资料的价值构成的,包括劳动对象的消耗(如原材料、辅助材料和动力等的价值)和固定资产消耗(体现为折旧)。新创造价值是活劳动的消耗,包括劳动报酬和社会纯收入。每一纵列反映了相应产业部门的投入构成,其总计就是总投入。

根据投入的来源和产出去向,可以用纵横两条线将价值表分为四个部分。将四个部分按照"左上、右上、左下、右下"的顺序分别命名为Ⅰ、Ⅱ、Ⅲ、Ⅳ象限,其经济含义分别如下。

1) Ⅰ象限

第Ⅰ象限也称为中间需求部分和内生部分,是投入产出表的核心部分。它是由 $n$ 个产业部门分别作为物质生产部门和中间产品消耗部门,纵横交叉组成的一张棋盘式表格。它反映了国民经济各产业部门之间在生产与分配上的联系。这种联系为我们分析部门间的比例和运用数学方法进行平衡计算提供了重要数据。折旧也是一种物质消耗。如果把折旧包括在第Ⅰ象限,第Ⅰ象限就不再是方阵的形式,给投入产出的数学描述带来不便。因此,为方便计算,我们将折旧归入第Ⅲ象限中。

在该象限中,横向数据表示某一产业向包括本产业在内的所有产业提供其产出的中间产品的状况,也就是所有产业生产中所需该产业产品的概况,亦即中间需求情况。纵向的数据表示某一产业向包括本产业在内的各产业购进中间产品的状况,也就是所有产业向该产业的中间投入情况。例如,$q_{11}$ 为产业 1 生产产品时消耗本产业产品产值的情况;$q_{12}$ 为产业 2 生产产品时消耗产业 1 产品产值的情况,也是产业 1 在一定时期内分配给产业 2 的产品产值。

2)Ⅱ象限

第Ⅱ象限也称为最终需求部分,是一种外生部分,反映各产业部门生产的产品或服务中成为最终产品的部分的去向。最终产品所占的比例主要取决于社会经济因素。最终去向大致分为三个部分:一是消费部分,具体可分为个人消费与社会消费两部分,前者是指家庭消费的总和,后者是指公共福利、社会保障、政府等行政性支出的各种社会性消费。二是投资部分,分为固定资产更新与新增固定资产(积累)两部分。其中新增固定资产又可分为生产性固定资产和非生产性固定资产。三是净出口部分,等于一定时期内的出口总值减去进口总值。

在该象限中,$Y_i$ 为产业 $i$ 在一定时期内最终产品产值,其数值等于该象限横行数值的合计。

3)Ⅲ象限

第Ⅲ象限也称为毛附加价值部分,是一种外生部分。这一部分包括各产业部门的折旧以及各产业部门在一定时期内新创造的价值。新创造的价值可分为劳动者报酬和社会纯收入两部分。所以,毛附加价值部分反映了各产业提取折旧基金的价值和其创造的国民收入的价值构成,以及国民收入的初次分配在各产业部门间的分布比例。

第Ⅱ象限和第Ⅲ象限从总量上来说应相等,即 $\sum_{i=1}^{n} Y_i = \sum_{j=1}^{n} D_j + V_j + M_j, i = 1, 2, \cdots, n; j = 1, 2, 3, \cdots, n$。$D_j$ 为产业 $j$ 的折旧,$V_j$ 为产业 $j$ 需要的劳动者在一定时期内所得到的劳动报酬,$M_j$ 为产业 $j$ 的劳动者通过社会劳动而创造的新价值,即纯收入。但对某部门来说,最终产品价值与该部门的新创造价值加固定资产折旧之和并不一定相等。

4)Ⅳ象限

第Ⅳ象限是投入产出表中剩余的部分,反映了某些国民收入的再分配过程,如非生产领域的职工工资、非生产性企事业单位的收入等。对该部分的分析编制非常复杂,因此我们常常把第Ⅳ象限略去。

**2. 价值型投入产出表的平衡关系**

价值型投入产出表,可以按行、列和在行与列之间分别建立起平衡关系。为方便表述,我们令 $i(i = 1, 2, \cdots, n)$ 表示横行产业 $i$;令 $j(j = 1, 2, \cdots, n)$ 表示纵列产业 $j$。平衡关系主要如下。

(1)各行的平衡关系:总产值=中间产品产值+最终产品产值,即

$$Q_i = \sum_{j=1}^{n} q_{ij} + Y_i, \quad j = 1, 2, \cdots, n \tag{2-5}$$

展开式为

$$\begin{cases} Q_1 = q_{11} + q_{12} + \cdots + q_{1n} + Y_1 \\ Q_2 = q_{21} + q_{22} + \cdots + q_{2n} + Y_2 \\ \qquad\qquad \cdots \\ Q_n = q_{n1} + q_{n2} + \cdots + q_{nn} + Y_n \end{cases} \tag{2-6}$$

（2）各列的平衡关系：生产资料转移价值＋新创造价值＝总投入，即

$$Q_j = \sum_{i=1}^{n} q_{ij} + D_j + V_j + M_j, \quad i = 1, 2, \cdots, n; \quad j = 1, 2, 3, \cdots, n \tag{2-7}$$

展开式为

$$\begin{cases} Q_1 = q_{11} + q_{21} + \cdots + q_{n1} + D_1 + V_1 + M_1 \\ Q_2 = q_{12} + q_{22} + \cdots + q_{n2} + D_2 + V_2 + M_2 \\ \qquad\qquad \cdots \\ Q_n = q_{1n} + q_{2n} + \cdots + q_{nn} + D_n + V_n + M_n \end{cases} \tag{2-8}$$

（3）行、列之间平衡关系：横行各产业部门的总产出等于相对应的同名称的纵列各产业部门的总投入，即

$$\sum_{j=1}^{n} q_{i'j} + Y_{i'} = \sum_{i=1}^{n} q_{ij'} + D_{j'} + V_{j'} + M_{j'}, \quad i = 1, 2, \cdots, n; \quad j = 1, 2, 3, \cdots, n, \text{当 } i' = j' \tag{2-9}$$

最终产品总量等于国民收入总量和固定资产折旧总量之和，最终需求部分和毛附加价值部分相等，即

$$\sum_{i=1}^{n} Y_i = \sum_{j=1}^{n} D_j + V_j + M_j, \quad i = 1, 2, \cdots, n; \quad j = 1, 2, 3, \cdots, n \tag{2-10}$$

## 三、投入产出系数

在产业关联分析中，需要计算反映各产业之间生产技术联系的各种系数，以揭示各产业在生产中的内在规律。显然，某产业产品的生产既要直接消耗某些产品，又要间接消耗某些产品。这就是生产中的直接消耗和间接消耗。

### （一）直接消耗系数

直接消耗系数又称投入系数，反映一个产业对另一个产业的直接消耗程度。我们用 $a_{ij}$ 表示每生产一单位 $j$ 产业产品所直接消耗的 $i$ 产业产品，由实物型投入产出表可以确定实物直接消耗系数，由价值型投入产出表可以确定价值直接消耗系数。

$a_{ij}$ 的符号表示为

$$a_{ij} = \frac{q_{ij}}{Q_j}, \quad i = 1, 2, \cdots, n; \quad j = 1, 2, \cdots, n \tag{2-11}$$

矩阵表示为

$$A = Q\hat{X}^{-1} \tag{2-12}$$

$$
\begin{bmatrix}
a_{11} & a_{12} & \cdots & a_{1n} \\
a_{21} & a_{22} & \cdots & a_{2n} \\
\cdots & \cdots & & \cdots \\
a_{n1} & a_{n2} & \cdots & a_{nn}
\end{bmatrix}
=
\begin{bmatrix}
q_{11} & q_{12} & \cdots & q_{1n} \\
q_{21} & q_{22} & \cdots & q_{2n} \\
\cdots & \cdots & & \cdots \\
q_{n1} & q_{n2} & \cdots & q_{nn}
\end{bmatrix}
\begin{bmatrix}
\dfrac{1}{Q_1} & 0 & \cdots & 0 \\
0 & \dfrac{1}{Q_2} & \cdots & 0 \\
\cdots & \cdots & & \cdots \\
0 & 0 & \cdots & \dfrac{1}{Q_n}
\end{bmatrix}
\tag{2-13}
$$

其中，$A$ 为直接消耗系数矩阵，反映了投入产出表中各产业部门间技术经济联系和产品之间的技术联系。直接消耗系数是建立模型的最重要、最基本的系数。$Q$ 为中间产品流量矩阵。$\hat{X}$ 为总产品对角矩阵。$\hat{X}^{-1}$ 为 $\hat{X}$ 的逆矩阵。

### （二）完全消耗系数

各产业的产品在生产过程中除了与相关产业有直接联系外，还与有关产业有间接联系。因此，各产业的产品在生产中除了直接消耗外，还存在着间接消耗。例如，生产汽车除了直接消耗电力外，还同时消耗钢铁、轮胎、木材等产品，而生产这些产品也需要消耗电力。这便是间接消耗。完全消耗系数则是直接消耗与间接消耗的全面反映，体现了一个产业部门的生产与本产业部门和其他产业部门发生的经济数量关系，比直接消耗系数更本质、更全面地反映产业部门内部和产业部门之间的技术经济联系。

接下来，我们进行完全消耗系数的推导。我们用 $b_{ij}$ 表示每生产 1 单位 $j$ 产业产品所直接和间接消耗的 $i$ 产业产品之和。产业 $j$ 对产业 $i$ 的消耗会有很多次，如果用一次一次计算间接消耗的办法去确定完全消耗系数，需要的工作量太大以至于无法做到。但是，产业 $j$ 对产业 $i$ 的直接消耗系数是容易计算的。如果我们能找到完全消耗系数与直接消耗系数之间存在的某种相互关系，就能够比较简便地从直接消耗系数来推算出完全消耗系数。

根据这一设想，产业 $j$ 对产业 $i$ 的完全消耗系数 $b_{ij}$ 的计算可以分为三步：第一步，计算产业 $j$ 对产业 $i$ 的直接消耗系数 $a_{ij}$。第二步，计算产业 $j$ 对产业 $i$ 的间接消耗系数。假定所有产业对产业 $i$ 的完全消耗系数 $b_{ik}(k=1,2,\cdots,n)$ 已知，计算产业 $j$ 对所有产业的直接消耗系数 $a_{kj}(k=1,2,\cdots,n)$。如产业 $j$ 对某个产业没有直接消耗，则产业 $j$ 对该产业的直接消耗系数为零。在此基础上，计算出产业 $j$ 通过直接消耗每个产业 $k$ 的产品而形成的对产业 $i$ 的全部间接消耗系数 $b_{ik}a_{kj}(k=1,2,\cdots,n)$，将其加总可得到产业 $j$ 对产业 $i$ 的间接消耗系数。第三步，将直接消耗系数与间接消耗系数相加，计算出产业 $j$ 对产业 $i$ 的完全消耗系数 $b_{ij}$。

下面以求上文提到的汽车生产（设为产业 $j$）对电力（设为产业 $i$）的完全消耗系数 $b_{ij}$ 为例做进一步说明：第一，求出汽车生产对电力的直接消耗系数 $a_{ij}$。第二，求出汽车生产通过各种媒介产业对电力的间接消耗系数。例如，先求汽车生产对钢材的直接消耗系数 $a_{1j}$。再假设钢材生产对电力的完全消耗系数是 $b_{i1}$，则汽车生产通过中间产品钢材对电力的间接消耗量为 $b_{i1}a_{1j}$；其次，求出汽车生产直接消耗轮胎的数量为 $a_{2j}$，同时假设轮胎生产对电力的完全消耗系数 $b_{i2}$，则汽车生产通过中间产品轮胎对电力的间接消耗系数为 $b_{i2}a_{2j}$。以此类推，直至假设汽车生产对最后一种产业的产品（设为第 $n$ 种产品）的直接消耗系数为 $a_{nj}$，假设该最后一种产品对电力的完全消耗系数为 $b_{in}$，那么汽车生产通过最后一种中间产品对电力的间接消耗系数为 $b_{in}a_{nj}$，并将所有间接消耗系数相加得到汽车生产对电力的间接消耗系数。第三，将第一步得出的直接消耗系数与第二步得出的间接消耗系数相加，计算出完全消耗系数。

完全消耗系数 $b_{ij}$ 的符号表示为

$$b_{ij} = a_{ij} + \sum_{k=1}^{n} b_{ik}a_{kj}, \quad i=1,2,\cdots,n; \quad j=1,2,\cdots,n \tag{2-14}$$

矩阵表示为

$$\boldsymbol{B} = \boldsymbol{A} + \boldsymbol{BA} \tag{2-15}$$

变换得[①]

$$\boldsymbol{B} = (\boldsymbol{I} - \boldsymbol{A})^{-1} - \boldsymbol{I} \tag{2-16}$$

其中，$\boldsymbol{A}$ 为直接消耗矩阵；$\boldsymbol{B}$ 为完全消耗系数矩阵；$\boldsymbol{I}$ 为单位矩阵；$(\boldsymbol{I}-\boldsymbol{A})^{-1}$ 为矩阵 $(\boldsymbol{I}-\boldsymbol{A})$ 的逆矩阵，通常称为里昂惕夫逆阵，其元素一般用 $c_{ij}$ 表示。$c_{ij}$ 与 $b_{ij}$ 拥有不同的经济含义。$c_{ij}$ 是生产单位最终产品对各种产品的完全消耗，$b_{ij}$ 是生产单位最终产品对中间产品的完全消耗，两者的差别在于前者除了包含生产单位最终产品对某种中间产品的完全消耗以外，还反映各部门所生产的最终产品本身。从矩阵的具体形式上看，除了在主对角线上 $c_{ij}$ 比 $b_{ij}$ 的对应系数多 1 外，其余的是完全相同的。即

$$b_{ij} = \begin{cases} c_{ij}, & i \neq j \\ c_{ij} - 1, & i = j \end{cases} \tag{2-17}$$

上述系数的确立，为投入产出模型的建立做了准备。

## 四、投入产出模型

投入产出模型由系数、变量的函数关系组成的数学方程组构成。其模型建立一般分两步：一是先依据投入产出表计算各类系数；二是在此基础上，再依据投入产出表的平衡关系，建立起投入产出的数学函数表达式，即投入产出模型。按行平衡关系式建立的投入产出模型为投入产出行模型；按列平衡关系式建立的投入产出模型为投入产出列模型。

### （一）投入产出行模型

由直接消耗系数 $a_{ij} = \dfrac{q_{ij}}{Q_j}$ 可得：$q_{ij} = a_{ij}Q_j$。将其代入行平衡关系所得的式（2-5）得到

$$Q_i = \sum_{j=1}^{n} a_{ij}Q_j + Y_i, \quad j=1,2,\cdots,n \tag{2-18}$$

---

① $\boldsymbol{B}=(\boldsymbol{I}-\boldsymbol{A})^{-1}-\boldsymbol{I}$，在上式两边分别左乘、右乘 $(\boldsymbol{I}-\boldsymbol{A})$，整理得到 $\boldsymbol{B}=\boldsymbol{A}+\boldsymbol{BA}$。

展开式为

$$\begin{cases} Q_1 = a_{11}Q_1 + a_{12}Q_2 + \cdots + a_{1n}Q_n + Y_1 \\ Q_2 = a_{21}Q_1 + a_{22}Q_2 + \cdots + a_{2n}Q_n + Y_2 \\ \qquad\qquad\qquad \cdots \\ Q_n = a_{n1}Q_1 + a_{n2}Q_2 + \cdots + a_{nn}Q_n + Y_n \end{cases} \tag{2-19}$$

矩阵表示为

$$\boldsymbol{Q} = \boldsymbol{A}\boldsymbol{Q} + \boldsymbol{Y} \tag{2-20}$$

$$\begin{bmatrix} Q_1 \\ Q_2 \\ \cdots \\ Q_n \end{bmatrix} = \begin{bmatrix} a_{11} & a_{12} & \cdots & a_{1n} \\ a_{21} & a_{22} & \cdots & a_{2n} \\ \cdots & \cdots & & \cdots \\ a_{n1} & a_{n2} & \cdots & a_{nn} \end{bmatrix} \begin{bmatrix} Q_1 \\ Q_2 \\ \cdots \\ Q_n \end{bmatrix} + \begin{bmatrix} Y_1 \\ Y_2 \\ \cdots \\ Y_n \end{bmatrix} \tag{2-21}$$

变换得

$$(\boldsymbol{I} - \boldsymbol{A})\boldsymbol{Q} = \boldsymbol{Y} \tag{2-22}$$

进一步变换得[①]

$$\boldsymbol{Q} = (\boldsymbol{I} - \boldsymbol{A})^{-1}\boldsymbol{Y} \tag{2-23}$$

式(2-22)或式(2-23)即为投入产出行模型。式(2-22)或式(2-23)通过矩阵$(\boldsymbol{I}-\boldsymbol{A})$揭示了总产值$\boldsymbol{Q}$与最终产品产值$\boldsymbol{Y}$之间的关系。其中,$(\boldsymbol{I}-\boldsymbol{A})$为里昂惕夫矩阵。其经济含义是:矩阵中的纵列表明每种产品的投入与产出关系;每一列都说明某产业为生产一个单位产品所要投入各相应产业的产品数量;负号表示投入,正号表示产出,对角线上的各元素则是各产业的产品扣除自身消耗后的净产出。

$$\boldsymbol{I} - \boldsymbol{A} = \begin{bmatrix} 1 - a_{11} & -a_{12} & \cdots & -a_{1n} \\ -a_{21} & 1 - a_{22} & \cdots & -a_{2n} \\ \cdots & \cdots & & \cdots \\ -a_{n1} & -a_{n2} & \cdots & 1 - a_{nn} \end{bmatrix} \tag{2-24}$$

## (二)投入产出列模型

由直接消耗系数 $a_{ij} = \dfrac{q_{ij}}{Q_j}$ 可得:$q_{ij} = a_{ij}Q_j$。将其代入列平衡关系所得的式(2-7)得到

$$Q_j = \sum_{i=1}^{n} a_{ij}Q_j + D_j + V_j + M_j, \quad i = 1, 2, \cdots, n; \quad j = 1, 2, 3, \cdots, n \tag{2-25}$$

展开式为

$$\begin{cases} Q_1 = a_{11}Q_1 + a_{12}Q_2 + \cdots + a_{1n}Q_n + D_1 + V_1 + M_1 \\ Q_2 = a_{21}Q_1 + a_{22}Q_2 + \cdots + a_{2n}Q_n + D_2 + V_2 + M_2 \\ \qquad\qquad\qquad \cdots \\ Q_n = a_{n1}Q_1 + a_{n2}Q_2 + \cdots + a_{nn}Q_n + D_n + V_n + M_n \end{cases} \tag{2-26}$$

---

① $(\boldsymbol{I}-\boldsymbol{A})\boldsymbol{Q}=\boldsymbol{Y}$,以$(\boldsymbol{I}-\boldsymbol{A})^{-1}$左乘等式两边得到$\boldsymbol{Q}=(\boldsymbol{I}-\boldsymbol{A})^{-1}\boldsymbol{Y}$。

记 $f_j = D_j + V_j + M_j$ ,式(2-26)可简记为

$$
\begin{cases}
Q_1 = \left(\sum\limits_{i=1}^{n} a_{i1}\right) q_1 + f_1 \\
Q_2 = \left(\sum\limits_{i=1}^{n} a_{i2}\right) q_2 + f_2 \\
\cdots \\
Q_n = \left(\sum\limits_{i=1}^{n} a_{in}\right) q_n + f_n
\end{cases}
\tag{2-27}
$$

矩阵表示为

$$
Q = \hat{A}Q + F
\tag{2-28}
$$

$$
\begin{bmatrix} Q_1 \\ Q_2 \\ \cdots \\ Q_n \end{bmatrix} =
\begin{bmatrix}
a_{c1} & 0 & \cdots & 0 \\
0 & a_{c2} & \cdots & 0 \\
\cdots & \cdots & \cdots & \cdots \\
0 & 0 & \cdots & a_{cn}
\end{bmatrix}
\begin{bmatrix} Q_1 \\ Q_2 \\ \cdots \\ Q_n \end{bmatrix} +
\begin{bmatrix} f_1 \\ f_2 \\ \cdots \\ f_n \end{bmatrix}
\tag{2-29}
$$

其中, $a_{cj} = \sum\limits_{i=1}^{n} a_{ij}$ ,为各产业部门单位总产品中的中间产品投入系数之和,即不包括折旧系数在内的物质消耗系数之和,也称为产业 $j$ 劳动对象消耗系数。

将式(2-28)进行变换得

$$
(I - \hat{A})Q = F
\tag{2-30}
$$

进一步变换得[①]

$$
Q = (I - \hat{A})^{-1} F
\tag{2-31}
$$

式(2-30)或式(2-31)即为投入产出列模型。式(2-30)或式(2-31)通过矩阵 $(I - \hat{A})$ 揭示了总投入 $Q$ 与新创造价值 $F$ 之间的关系。其中, $(I - \hat{A})$ 为最终产值系数对角矩阵,矩阵元素为 $1 - a_{cj}$ 。 $(I - \hat{A})^{-1}$ 为其逆阵,该矩阵中的元素为 $1/(1 - a_{cj})$ 。

## 五、投入产出分析应用

以整个国民经济社会再生产的均衡关系为基础所建立的投入产出表、系数及其模型,为一国在一定时期内的社会再生产过程和产业之间的联系提供了有力的量化分析工具。本节主要运用这一工具对产业关联中产业的投入结构和产出结构以及产业间联系广度、深度进行阐述。

### (一)产业的投入结构和产出结构

在社会化大生产过程中,任何一个产业部门的生产都无法离开其他产业部门产品的投入而独立进行;同样,任何一个产业部门的产品不仅会用于满足本产业部门的消费,而

---

① $(I - \hat{A})Q = F$ ,以 $(I - \hat{A})^{-1}$ 同时左乘等式两边得到 $Q = (I - \hat{A})^{-1}F$ 。

且会以中间产品或最终产品的形式销向其他产业部门。前者是"投入结构"问题,后者是"产出结构"问题。

**1. 产出结构**

在投入产出表中,横行表示每个产业的总产值或总产品是由中间产品和最终产品组成。每个产业产品的需求都可以分为所有产业对该产业的需求(中间需求)以及由积累、消费以及净出口组成的最终需求两部分。中间需求和最终需求的相对比例反映了经济结构的一个重要特征,称该特征参数为中间需求率 $I_i$,定义为

$$I_i = \frac{\sum\limits_{j=1}^{n} q_{ij}}{Q_i}, \quad i=1,2,\cdots,n; \quad j=1,2,\cdots,n \tag{2-32}$$

中间需求率是产业 $i$ 的中间需求 $\sum\limits_{j=1}^{n} q_{ij}$ 和产业 $i$ 的总产值 $Q_i$ 的比率,反映了某产业的总产值中作为其他产业投入的占比是多少。中间需求率越高,该产业总产值中用于其他产业投入的比率就越大,该产业生产的产品就越接近于原材料。

类似地,最终需求率为最终需求占某产业总产值的比例,也就是

$$最终需求率 = 1 - 中间需求率 \tag{2-33}$$

**2. 投入结构**

在投入产出表中,横行表示每个产业的总投入是由中间投入和最初投入(毛附加价值)组成。中间投入和最初投入(毛附加价值)的比例关系则反映了经济结构的另一重要特征,称之为中间投入率 $I_j$,定义为

$$I_j = \frac{\sum\limits_{i=1}^{n} q_{ij}}{Q_j}, \quad i=1,2,\cdots,n; \quad j=1,2,\cdots,n \tag{2-34}$$

中间投入率是产业 $j$ 的中间投入和产业 $j$ 总投入 $Q_j$ 的比率,反映了单位产值产品中其他产业的投入产品的比例是多少。

类似地,定义附加价值率为附加价值占产业总产值的比例,那么

$$附加价值率 = 1 - 中间投入率 \tag{2-35}$$

中间需求率和中间投入率在产业关联分析中的重要应用在于:按照不同的中间需求率和中间投入率划分不同产业群,界定不同产业在国民经济中的地位。霍利斯·钱纳里(Hollis Chenery)、渡边等经济学家曾根据美国、意大利、日本、挪威等国的投入产出表,将不同的中间需求率和中间投入率的各产业进行了划分,具体见表 2-3。

表 2-3　按中间需求率和中间投入率划分的产业群

| 中间需求率/<br>中间投入率 | 中间需求率小 | 中间需求率大 |
|---|---|---|
| 中间投入率大 | Ⅲ. 最终需求型产业<br>日用杂货、造船、皮革及皮革制品、食品加工、粮食加工、运输设备、机械、木材、木材加工、非金属矿物制品、其他制造业 | Ⅱ. 中间产品型产业<br>钢铁、纸及纸制品、石油产品、有色金属冶炼、化学、煤炭加工、橡胶制品、纺织、印刷及出版 |

| 中间需求率/中间投入率 | 中间需求率小 | 中间需求率大 |
|---|---|---|
| 中间投入率小 | Ⅳ. 最终需求基础产业<br>渔业<br>运输、商业、服务业 | Ⅰ. 中间产品型基础产业<br>农业、林业、煤炭、金属采矿、石油及天然气、非金属采矿、电力 |

### （二）产业间的联系广度与深度

我们可以从产业间的联系广度和联系深度两方面考察各产业部门间的关联程度。

联系广度可用直接消耗系数 $a_{ij}$ 来度量。当 $a_{ij}=0$ 时，表明产业 $i$ 与产业 $j$ 没有直接联系；当 $a_{ij}>0$ 时，且 $j(j=1,2,\cdots,n)$ 所涉及的产业越多，表明产业 $i$ 与其他产业的联系越广，反之亦然。注意，$a_{ij}=0$ 并不等同于产业 $i$ 与产业 $j$ 没有完全联系，因为可能有间接消耗的存在。

联系深度可通过计算投入产出表各列中各自的流量（即产业间的直接消耗）在总的直接消耗中所占比重的大小来度量，定义为

$$r_{ij}=\frac{q_{ij}}{\sum_{i=1}^{n}q_{ij}}, \quad i=1,2,\cdots,n; \quad j=1,2,\cdots,n \tag{2-36}$$

$r_{ij}$ 越大，表明产业 $j$ 在生产过程中对产业 $i$ 产品的消耗量越大，进而说明产业 $j$ 与产业 $i$ 的关联深度越深。

产业波及效果也是投入产出分析应用的重要内容之一，我们将在第三节进行详细的分析。

## 第三节 产业波及效果

### 一、产业波及效果概述

投入产出法不仅可以用来研究产业之间的静态比例关系和关系结构的特征，还可以用来研究某些产业的发展变化如何影响到其他产业。这便是产业关联的动态分析——产业波及效果分析。

### （一）产业波及效果

当某一产业发生变化时，这种变化会通过不同的产业关联方式，对与该产业直接相关的产业产生连锁反应，进而影响到与这些产业直接相关的其他产业，且影响力在依次传递中逐渐减弱。波及对国民经济产业体系的影响，就是产业波及效果。

### （二）波及源

波及源是产生产业波及效果的原因。在投入产出分析中，波及源大致分为两类：一

是最终需求的变化。某一产业最终需求发生变化，必将导致包括本产业在内所有产业的产出水平的变化。这种波及效果反映在投入产出表中，就是表中Ⅱ象限横行数据的变化及将要发生变化，并通过Ⅰ象限的产业间的中间产品联系，波及或将要波及所有产业。二是毛附加价值（折旧费＋净产值）发生了变化。当某一或某些产业的毛附加价值部分的构成项目（如折旧、工资、利润等）发生或将要发生变化时，会对国民经济各产业部门的产出水平发生或将要发生影响。这种波及效果在投入产出表中表现为Ⅲ象限中的某一或某些数据的变化，并通过Ⅰ象限产业间的中间联系导致对国民经济各产业的影响。

### （三）波及线路

产业波及线路用于描述某一或某些产业的变化是按照什么样的走向波及各产业部门。容易想到，产业关联方式就是产业波及的线路。产业间的联系方式规定了产业间的波及的具体线路及其波及总效果。一些波及沿着产业间的单向联系线路进行，一些波及则是沿着双向联系线路传递。某产业变化发生的波及效果，既与该产业和其他产业的联系方式有关，又与该产业和其他产业的联系程度和广度有关。

此外，产业间的波及效果必然也会在产业联系的纽带上反映出来。当某一产业发生变化，不仅会使本产业的生产技术、产品技术性能、成本开支、价格、就业等方面发生变化，也会通过产业间的生产技术、价格等联系纽带，波及其他产业的生产技术、价格等方面。于是产生了技术波及效果、价格波及效果、就业波及效果、投资波及效果等。

## 二、产业波及效果分析

### （一）产业的感应度系数和影响力系数

感应度系数描述一个产业受到其他产业影响的程度，指国民经济各产业均增加一个单位最终产品时某产业增加的产出量的多少。它是衡量某产业前向关联广度和深度的指标，也称为前向关联系数。在经济快速增长时期，感应度系数较大的产业受到的社会需求压力较大，可能成为瓶颈产业，制约社会经济的发展。

影响力系数描述一个产业影响其他产业的程度，指国民经济某产业增加一个单位最终产品时，对国民经济各产业所产生的生产需求波及程度。影响力系数越大，该产业对其他产业的拉动作用也越大。它是衡量产业后向关联广度和深度的指标，也称为后向关联系数。利用影响力系数，可以测算某项大型工程项目投资、重大事件（如地震）等对国民经济需求的影响。

感应度系数和影响力系数的计算均依据里昂惕夫逆矩阵$(I-A)^{-1}=C=(c_{ij})$。矩阵横行上的数值反映了该产业受其他产业的影响程度，即感应度系数的系列，它表明其他产业最终需求的变化使该产业生产发生变化的程度。横向系数的平均值可看作该产业受其他产业影响的平均程度。矩阵纵列上的数值反映了该产业最终需求的变化对其他产业的影响程度即影响力系数系列，也就是该产业最终需求变化而使其他产业生产发生相应变化的程度。纵列系数的平均值是该产业对其他产业施加影响的平均程度。把里昂惕夫逆矩阵中某一产业的横行和纵列系数的平均值与全部产业横行和纵列系数的平均值相

比，就可以计算该产业的感应度系数和影响力系数，即

$$S_i = \frac{\frac{1}{n}\sum_{j=1}^{n} c_{ij}}{\frac{1}{n^2}\sum_{i=1}^{n}\sum_{j=1}^{n} c_{ij}}, \quad i=1,2,3\cdots,n; \quad j=1,2,3,\cdots,n \tag{2-37}$$

$$T_j = \frac{\frac{1}{n}\sum_{i=1}^{n} c_{ij}}{\frac{1}{n^2}\sum_{j=1}^{n}\sum_{i=1}^{n} c_{ij}}, \quad i=1,2,3\cdots,n; \quad j=1,2,3,\cdots,n \tag{2-38}$$

其中，$S_i$ 为产业 $i$ 的感应度系数，$T_j$ 为产业 $j$ 的影响力系数。$i$ 代表横行，$j$ 代表纵列，$n$ 为产业部门数目。$c_{ij}$ 里昂惕夫逆矩阵 $(I-A)^{-1}$ 中的元素。如果产业感应度系数 $>1$，表明该产业的感应度在全部产业中处于平均水平之上；如果产业感应度系数 $=1$，表明该产业的感应度在全部产业中处于平均水平；如果产业感应度系数 $<1$，表明该产业的感应度在全部产业中处于平均水平之下。影响力系数的大小也可以进行类似的分析。

各个产业的感应度系数和影响力系数，因工业化的不同阶段以及不同国家产业结构的差异而有所区别。一般来说，在工业化过程中，重工业的感应度系数较高，而轻工业的影响力系数较高。

### （二）产业的生产诱发系数与最终需求的依赖度系数

生产诱发系数用于衡量产业的最终需求项目（如消费、投资、出口等）对生产的诱导作用程度。生产诱发系数的经济含义是当某一最终需求项目的合计数（如消费的各产业合计数）增加 1 单位，能够诱发某一产业多少单位的生产额。通过求出每一产业的某项目的最终需求的生产诱发系数，便可得到有关该最终需求项目的一张生产诱发系数表。该表揭示了最终需求项目对各产业的生产"诱发"作用的大小。

生产的最终需求的依赖度系数用来测量各产业部门的生产对最终需求项目（如消费、投资、出口等）的依赖程度大小，既包括产业生产对某最终需求项目的直接依赖，也包括间接依赖。其作用在于认识各产业的生产对市场需求的依赖程度。其经济含义是各产业的生产受到了哪种最终需求多大的支持。借助最终需求的依赖度系数，我们不仅可以分析各产业的生产直接依赖于哪一种市场需求，而且可以分析间接的最终需求项目对各产业生产的影响力度，使我们能够清晰地了解产业对最终需求的依赖程度与存在的问题，并据此把各产业分类为"依赖投资型产业""依赖消费型产业"和"依赖出口型产业"等。

生产诱发系数和最终依赖度的计算同样依赖于里昂惕夫逆矩阵 $(I-A)^{-1}$。生产诱发系数的计算方法：矩阵 $(I-A)^{-1}$ 系数表上该产业行向量分别乘以某项最终需求的列向量，加总得生产诱发额。生产诱发系数等于生产诱发额除以全部产业该项最终需求的总和。

$$W_i^L = \frac{\sum_{k=1}^{n} c_{ik} f_k^L}{\sum_{k=1}^{n} f_k^L}, \quad k=1,2,3,\cdots,n \tag{2-39}$$

其中，$W_i^L$ 为第 $L$ 种最终需求项目对产业 $i$ 的生产诱发系数；$\sum_{k=1}^{n} c_{ik} f_k^L$ 为里昂惕夫逆矩阵中第 $i$ 行的向量乘以最终需求中第 $L$ 种项目的列向量之和，经济含义为第 $i$ 产业最终需求项目的诱发产值额；$\sum_{k=1}^{n} f_k^L$ 为第 $L$ 种最终需求项目的合计数。

某产业最终需求的依赖度系数的计算方法是：将该产业某最终需求项目的生产诱发额除以该产业所有最终需求项目的生产诱发额之和所得的商，便是该产业对最终该需求项目的依赖度，即依赖系数。

$$Z_i^L = \frac{\sum_{k=1}^{n} c_{ik} f_k^L}{\sum_{L=1}^{z} f_k^L}, \quad k = 1, 2, 3, \cdots, n; \quad L = 1, 2, 3, \cdots, z \tag{2-40}$$

其中，$Z_i^L$ 为产业 $i$ 对第 $L$ 种最终需求项目依赖度系数；$\sum_{k=1}^{n} c_{ik} f_k^L$ 的解释同上；$z$ 为最终需求项目个数；$\sum_{L=1}^{z} f_k^L$ 为产业 $i$ 所有最终需求项目的生产诱发额之和。

### 三、产业波及效果分析的其他应用

#### （一）最终需求变动的波及效应预测

制定产业政策时，需要考虑针对某些产业的政策对全部产业部门的影响。这种复杂的系统运动不仅涉及被调整产业本身，也涉及与被调整产业有直接和间接关联的其他产业。例如，为改善居民住宅水平，政府欲进行大规模的投资。但如果建设期间建筑材料工业、钢铁工业及其他与住宅建设有直接和间接关联的产业没有得到相应的发展，那么住宅建设的大规模投资只会导致建材价格的飞涨，原有计划的住宅投资资金远不能满足需要，原计划也不能完成。因此，在制定产业政策时，有必要纳入投入产出模型以进行预测。

为了测算多个产业最终需求的变动对各产业生产的全部影响，可把投入产出行模型：

$$\boldsymbol{Q} = (\boldsymbol{I} - \boldsymbol{A})^{-1} \boldsymbol{Y} \tag{2-41}$$

改写为增量形式：

$$\Delta \boldsymbol{Q} = (\boldsymbol{I} - \boldsymbol{A})^{-1} \Delta \boldsymbol{Y} \tag{2-42}$$

其中，$\Delta \boldsymbol{Q}$ 和 $\Delta \boldsymbol{Y}$ 分别为各产业总产品和最终需求变化量的列向量。

使用此法需要注意的有以下几点。

（1）如果要预测某个特定产业以外的所有产业的变动对全部产业生产的波及影响，则可将该特定产业以外的所有产业的最终需求变化看作零，单独预测该特定产业的变动对全部产业生产的波及影响。

（2）在计算诸如某建设项目或某项产品出口对全部产业生产的波及影响时，需要使用产业分类较细的投入产出表，否则很难保证计算的精度。

（3）某产业某一项最终需求的变化，往往会引起其他最终需求项目的变化，投入产出分析方法无法解决这种连锁影响关系。因为投入产出分析所依据的最终需求项目的变化必须在模型体系外生给定,不能在模型体系中内生地解决。这就需要把投入产出分析与其他分析方法结合起来应用。如用计量经济模型来解决各产业最终需求各项目在预测期内的赋值问题。

（4）投入产出模型 $Q=(I-A)^{-1}Y$ 对生产的效应的分析不考虑各产业的波及吸收能力,即不考虑各产业是否具有相应的生产能力。如果由最终需求的增加所决定,$Q$ 必须增大,但如果各产业没有相应的生产能力,这种波及传导就会发生阻塞。另外,受波及需要相应增大产量的产业如果库存量较大或有相应的进口条件,这时尽管有增产的波及要求,但该产业可通过释放出库存或进口来满足增产的要求。这样就有可能中断或减弱该产业的后续波及效应。

（5）对生产的波及效应的预测还必须考虑波及效应的时滞问题。在实际经济生活中,某产业或某些产业最终需求的变化导致全部产业产出量的变化不会立即表现出来,一般会有一段时间滞后。例如,对某产业产品的需要增加往往在短期内表现为该产业产品的库存的减少和进口的增加;如果短期内供给不足,新增投资又不能立即形成生产能力,需求变动的波及效应可能表现为该产业产品的价格上涨。直到供给有所增加时,价格上升的趋势才有可能被熨平。

综上所述,投入产出预测模型并非万能,它总是在一定的假设条件下运行。在产业经济管理中,必须把投入产出分析与其他分析手段有机地结合起来。

### （二）综合就业系数和综合资本系数

综合就业系数是某产业创造 1 单位的生产产值,在本产业和其他产业直接和间接共需要多少人参加生产。根据综合就业系数,可以对不同产业中的劳动投入情况进行比较。此外,根据不同时期的综合就业系数,可以得到产业的劳动投入情况如何随时间推移变化。

综合资本系数是某产业进行 1 单位产品的生产,在本产业和其他产业直接和间接地总共需要多少资本量。一般而言,电力、运输、邮电通信、煤气供应等公共性产业和基础性产业的投资的资本系数都较大;在制造业中,资本系数较高的产业为水泥、钢铁、化工、造纸等装备性产业。

扩展阅读 2-1

### 互联网产业的投入产出分析

互联网产业是以现代新兴的互联网技术为基础,专门从事网络资源搜集和互联网信息技术的研究、开发、利用、生产、储存、传递和营销信息商品,可为经济发展提供有效服务的综合性生产活动的产业集合体,是现阶段国民经济结构的基本组成部分。随着社会经济的突飞猛进,互联网产业已成为促进区域经济发展的龙头产业。在国家和地方政策的扶持下,以庞大的网民数量为发展基础,互联网与各行业渗透融合的范围日益拓展、深度不断加强,推进了传统产业的网络化转型,在引领和支撑我国数字经济发展方面发挥着日趋重要的作用。在农业生产领域,农村电商消除了农产品产销信息不对称,促进了农产品供求市场有效对接,打开了农产品上行的快速通道。在工业生产领域,互联网在研发、制造、服务、营销等环节加速渗透融合,众包研发、定制生产、协同制造等新兴生产模式不断创新,改造和提升了传统的工业生产方式。在生活服务领域,互联网的融合应用推进网络零售、网络约车、远程办公、互联网金融、在线教育等领域迅速发展,给人们的生活和消费方式带来了重大变革。

接下来,我们以互联网产业为例进行投入产出分析。2017 年中国投入产出表首次列出了互联网产业的投入产出数据,我们基于 2017 年和 2018 年中国投入产出表进行产业关联分析。在 2017 年、2018 年中国投入产出表中,由于部门分类的数量较大且存在着差异,参考 2012 年、2015 年中国投入产出表中的部门分类,将 2017 年和 2018 年中国投入产出表中的部门进行合并处理,将互联网产业以外的其他部门合并为 42 个部门。

## 一、直接消耗系数、完全消耗系数

### (一)直接消耗系数

使用式(2-11),测算出互联网产业对各部门的直接消耗系数,其中排名前 10 的产业和全部产业的合计见表 2-4。

表 2-4　互联网产业对各部门的直接消耗系数

| 排名 | 2017 年 | 直接消耗系数 | 比重/% | 2018 年 | 直接消耗系数 | 比重/% |
|---|---|---|---|---|---|---|
| 1 | 信息传输、软件和信息技术服务 | 0.158 1 | 30.29 | 信息传输、软件和信息技术服务 | 0.167 0 | 31.17 |
| 2 | 租赁和商务服务 | 0.068 9 | 13.20 | 租赁和商务服务 | 0.070 5 | 13.16 |
| 3 | 通信设备、计算机和其他电子设备 | 0.052 4 | 10.04 | 通信设备、计算机和其他电子设备 | 0.057 4 | 10.71 |
| 4 | 互联网和相关服务 | 0.051 3 | 9.83 | 互联网和相关服务 | 0.046 4 | 8.66 |
| 5 | 房地产 | 0.037 2 | 7.13 | 房地产 | 0.040 0 | 7.47 |
| 6 | 交通运输、仓储和邮政 | 0.030 5 | 5.84 | 交通运输、仓储和邮政 | 0.031 4 | 5.86 |
| 7 | 电器机械和器材 | 0.022 0 | 4.21 | 电器机械和器材 | 0.021 1 | 3.94 |
| 8 | 金融 | 0.021 4 | 4.10 | 金融 | 0.020 1 | 3.75 |
| 9 | 电力、热力生产和供应 | 0.014 6 | 2.80 | 电力、热力生产和供应 | 0.015 3 | 2.86 |
| 10 | 批发和零售 | 0.011 3 | 2.16 | 批发和零售 | 0.011 5 | 2.15 |
| | 全部部门合计 | 0.522 0 | 100.00 | 全部部门合计 | 0.535 8 | 100.00 |

直接消耗系数体现了产业的后向直接关联度。由表 2-4 可知,互联网产业与各产业部门的后向直接关联度表现出以下特征。

(1)互联网产业对煤炭开采和洗选产品、石油和天然气开采产品、金属冶炼和压延加工品等 6 个产业部门的直接消耗系数为 0,而互联网产业对其他产业部门的直接消耗系数均大于 0,说明互联网产业与社会经济大多数产业部门均存在着后向直接关联。其中,互联网产业与信息传输、软件和信息技术服务业的后向直接关联度最高。2018 年互联网产业对信息传输、软件和信息技术服务业的直接消耗系数为 0.167 0,前者在生产中对后者产品的直接消耗量占前者对所有部门的直接消耗总量的 31.17%。互联网产业与租赁和商务服务业具有较高的后向直接关联度,2018 年前者对后者的直接消耗系数为 0.070 5,直接消耗量所占的比重为 13.16%。此外,互联网产业与本部门、通信设备、计算机和其他电子设备制造业以及房地产业存在着较紧密的后向直接关联,2018 年互联网产业对这 3 个部门的直接消耗系数分别为 0.057 4、0.046 4、0.040 0。

(2) 在 2017 年和 2018 年,对互联网产业与各产业部门的后向直接关联度进行排名,发现位于前 10 的部门中,第三产业的部门有 7 个,第二产业的部门有 3 个,且排在前列的部门大多属于第三产业,说明互联网产业与第三产业具有较强的后向直接关联效应。也就是说,互联网产业在生产过程中使用的投入要素主要来源于第三产业,从而表现出互联网产业的发展对第三产业存在着较强的直接生产依赖性。

### (二) 完全消耗系数

使用式(2-14),测算出互联网产业对各部门的完全消耗系数,其中排名前 10 的产业和全部产业的合计见表 2-5。

表 2-5 互联网产业对各部门的完全消耗系数

| 排名 | 2017 年 | 完全消耗系数 | 比重/% | 2018 年 | 完全消耗系数 | 比重/% |
|---|---|---|---|---|---|---|
| 1 | 信息传输、软件和信息技术服务 | 0.201 1 | 15.08 | 信息传输、软件和信息技术服务 | 0.214 6 | 15.76 |
| 2 | 通信设备、计算机和其他电子设备 | 0.164 8 | 12.35 | 通信设备、计算机和其他电子设备 | 0.154 3 | 11.33 |
| 3 | 租赁和商务服务 | 0.126 5 | 9.48 | 租赁和商务服务 | 0.132 7 | 9.74 |
| 4 | 交通运输、仓储和邮政 | 0.072 9 | 5.47 | 交通运输、仓储和邮政 | 0.077 0 | 5.65 |
| 5 | 金融 | 0.071 8 | 5.38 | 金融 | 0.076 4 | 5.61 |
| 6 | 房地产 | 0.071 1 | 5.33 | 房地产 | 0.076 3 | 5.60 |
| 7 | 互联网和相关服务 | 0.063 1 | 4.73 | 互联网和相关服务 | 0.072 6 | 5.33 |
| 8 | 化学产品 | 0.062 8 | 4.71 | 化学产品 | 0.060 2 | 4.42 |
| 9 | 电气机械和器材 | 0.051 1 | 3.83 | 电气机械和器材 | 0.051 7 | 3.80 |
| 10 | 批发和零售 | 0.049 0 | 3.67 | 批发和零售 | 0.048 0 | 3.52 |
| | 全部部门合计 | 1.333 9 | 100.00 | 全部部门合计 | 1.362 0 | 100.00 |

完全消耗系数体现了产业的后向完全关联度。由表 2-5 可知,互联网产业与各产业部门的后向完全关联度表现出以下特征。

(1) 互联网产业对各部门的完全消耗系数均大于 0,说明互联网产业通过直接和间接的消耗,对所有部门的产品均产生了需求拉动作用,从而互联网产业与各部门均存在着后向完全关联。其中,互联网产业与信息传输、软件和信息技术服务业具有最高的后向完全关联度。2018 年互联网产业对信息传输、软件和信息技术服务业的完全消耗系数为 0.214 6,前者在生产中对后者产品的完全消耗量占前者对所有部门的完全消耗总量的 15.76%。互联网产业与通信设备、计算机和其他电子设备制造业的后向完全关联度较高,2018 年前者对后者的完全消耗系数为 0.154 3,完全消耗量所占的比重为 11.33%。此外,互联网产业与租赁和商务服务业、房地产业以及交通运输、仓储和邮政业具有较紧密的后向完全关联,2018 年互联网产业对这 3 个部门的完全消耗系数分别为 0.132 7、0.077 0、0.076 4。

(2) 在 2017 年和 2018 年,对互联网产业与各部门的后向完全关联度进行排名,发现位于前 10 的部门中,第二产业的部门有 3 个,第三产业的部门有 7 个。与直接消耗系数相比,互联网产业对第二产业各部门的完全消耗系数明显提高,说明互联网产业对第二产业各部门产品的间接消耗高于直接消耗,从而使得互联网产业与第二产业的后向完全关联度明显高于后向直接关联度。

## 二、波及效应分析

产业波及是指在某产业部门的变化会引起与其直接联系或间接联系的其他部门的变化,从而产生对社会生产的波及影响。产业波及效应可以使用影响力系数和感应度系数等指标进行定量分析,其中影响力系数是后向效应的综合体现,表现出某部门对国民经济的拉动能力;感应度系数是前向效应的综合体现,表现出某部门对国民经济的推动能力。

### (一) 感应度系数

使用式(2-37),测算出各产业部门的影响力系数,列出排名前 10 的部门和互联网产业的感应度系数,结果见表 2-6。

表 2-6    各产业部门的影响力系数

| 排名 | 2017 年 | 感应度系数 | 2018 年 | 感应度系数 |
|---|---|---|---|---|
| 1 | 石油和天然气开采产品 | 2.855 4 | 石油和天然气开采产品 | 3.184 4 |
| 2 | 金属矿采选产品 | 2.617 2 | 金属矿采选产品 | 2.708 6 |
| 3 | 废弃资源和废旧材料回收加工品 | 1.782 2 | 废弃资源和废旧材料回收加工品 | 1.692 9 |
| 4 | 煤炭开采和洗选产品 | 1.661 7 | 煤炭开采和洗选产品 | 1.660 7 |
| 5 | 非金属矿和其他矿采选产品 | 1.531 6 | 非金属矿和其他矿采选产品 | 1.538 7 |
| 6 | 电力、热力生产和供应 | 1.372 9 | 电力、热力生产和供应 | 1.326 2 |
| 7 | 石油、炼焦产品和核燃料加工品 | 1.309 6 | 石油、炼焦产品和核燃料加工品 | 1.271 0 |
| 8 | 仪器仪表 | 1.297 3 | 仪器仪表 | 1.234 7 |
| 9 | 化学产品 | 1.251 8 | 化学产品 | 1.228 8 |
| 10 | 金属冶炼和压延加工品 | 1.209 4 | 金属冶炼和压延加工品 | 1.200 0 |
| 22 | 互联网和相关服务 | 0.921 1 | 互联网和相关服务 | 0.892 3 |

从测算结果可以看出:

(1) 在 2017 年和 2018 年,互联网产业的感应度系数分别为 0.921 1、0.892 3,说明互联网产业的感应度低于各产业部门感应度的平均水平。对所有产业部门的感应度系数进行排名,发现互联网产业的排名稳定在 22 位,位次位于中游,反映出互联网产业对国民经济的前向推动能力还较弱。近年来我国数字经济快速发展,未来应进一步加强互联网在各行各业中融合应用的广度和深度,提升互联网产业对各行业网络化发展的推动力。

(2) 在 2017 年和 2018 年,感应度系数排名前 10 的产业部门均属于第二产业,说明第二产业对国民经济发展具有较强的前向推动能力。而第三产业的大多数产业部门的感应度均低于各产业部门感应度的平均水平,说明第三产业对经济发展的供给推动程度较弱。

### (二)影响力系数

使用式(2-38),测算出各产业部门的影响力系数,列出排名前 10 的部门和互联网产业的影响力系数,结果见表 2-7。

表 2-7 各产业部门的影响力系数

| 排名 | 2017 年 | 影响力系数 | 2018 年 | 影响力系数 |
| --- | --- | --- | --- | --- |
| 1 | 通信设备、计算机和其他电子设备 | 1.459 1 | 通信设备、计算机和其他电子设备 | 1.479 4 |
| 2 | 电气机械和器材 | 1.301 8 | 电气机械和器材 | 1.298 7 |
| 3 | 纺织服装鞋帽皮革羽绒及其制品 | 1.284 6 | 纺织服装鞋帽皮革羽绒及其制品 | 1.297 7 |
| 4 | 仪器仪表 | 1.273 2 | 交通运输设备 | 1.286 3 |
| 5 | 交通运输设备 | 1.269 7 | 仪器仪表 | 1.277 0 |
| 6 | 通用设备 | 1.263 4 | 通用设备 | 1.253 3 |
| 7 | 金属制品、机械和设备修理服务 | 1.258 8 | 金属制品、机械和设备修理服务 | 1.245 4 |
| 8 | 专用设备 | 1.253 2 | 纺织品 | 1.244 3 |
| 9 | 纺织品 | 1.242 4 | 专用设备 | 1.232 0 |
| 10 | 其他制造产品 | 1.196 8 | 其他制造产品 | 1.199 7 |
| 11 | 互联网和相关服务 | 0.862 3 | 互联网和相关服务 | 0.882 3 |

从测算结果可以看出:

(1) 在 2017 年和 2018 年,互联网产业的影响力系数分别为 0.862 3、0.882 3,其数值均小于 1,说明互联网产业的影响力低于全部产业部门影响力的平均水平。对所有产业部门的影响力系数进行排名,发现互联网产业的排名稳定在 31 位,位次相对靠后,反映出互联网产业对国民经济发展的后向拉动能力较弱。

(2) 在 2017 年和 2018 年,影响力系数排名前 10 的产业部门全部属于第二产业,且第二产业多数产业部门的影响力系数大于 1,说明第二产业对国民经济发展具有较强的需求拉动能力,第二产业的发展能够有效拉动国民经济总产出的增长。相反,第一产业的产业部门和第三产业的多数产业部门的影响力均低于所有产业部门影响力的平均水平,表明第一产业和第三产业对经济发展的需求拉动能力较弱。

资料来源:冯居易,魏修建. 基于投入产出法的中国互联网行业经济效应分析[J]. 统计与决策,2021,37(15):123-127.

## 📑 本章要点

1. 产业关联，宽泛地说，是指在经济活动中，产业之间存在广泛的、复杂的和密切的技术经济联系。具体而言，产业关联是指产业之间通过产品市场和要素市场供求关系形成的互相关联、互为存在的内在联系。

2. 产业关联纽带，主要指产业间发生联系的依托或基础，包括产品和劳务联系、生产技术联系、价格联系、劳动就业联系和投资联系等。产业关联方式有单向联系和多向联系、前向联系和后向联系、直接联系和间接联系等。

3. 投入产出分析由美国经济学家里昂惕夫在20世纪30年代提出，能够有效揭示产业间技术经济联系的量化比例关系，已经成为产业关联分析的基本方法。从方法论的角度而言，投入产出分析是利用投入产出表、投入产出系数和投入产出模型，对国民经济各部门之间的技术经济联系和影响进行分析的一种经济数据分析方法。

4. 投入产出表也称里昂惕夫表或产业联系表，是以矩阵的形式记录和反映某一经济系统在一定时期内各部门之间发生的产品及服务流量和交换关系的工具，包括实物型和价值型两种类型。实物型和价值型投入产出表具有不同的结构形式和平衡关系。

5. 直接消耗系数是指生产单位产品对某一产业产品的直接消耗量，它反映了两个产业间的直接消耗关系。但一种产品对另一种产品的消耗不仅有直接消耗，而且有间接消耗。一种产品对某种产品的直接消耗和全部间接消耗的总和被称为完全消耗，相应地，直接消耗系数和全部间接消耗系数的总和就是完全消耗系数。

6. 投入产出模型是由系数、变量的函数关系组成的数学方程组构成。其模型建立一般分两步：一是先依据投入产出表计算各类系数；二是在此基础上，再依据投入产出表的平衡关系，建立起投入产出的数学函数表达式，即投入产出模型。

（1）按行平衡关系式建立的投入产出模型为投入产出行模型。

（2）按列平衡关系式建立的投入产出模型为投入产出列模型。

7. 投入产出法不仅可以用来研究产业之间的静态比例关系和关系结构的特征，还可以用来研究某些产业的发展变化如何影响到其他产业。这便是产业关联的动态分析——产业波及效果分析。

8. 当某一产业发生变化时，这种变化会通过不同的产业关联方式，对与该产业直接相关的产业产生连锁反应，进而影响到与这些产业直接相关的其他产业，且影响力在依次传递中逐渐减弱。波及对国民经济产业体系的影响，就是产业波及效果。常用的产业波及效果分析有：感应度系数和影响力系数、产业的生产诱发系数与最终需求的依赖度系数等。

## ✒ 关键术语

产业关联　产业关联方式　投入产出分析　投入产出表　投入产出模型　直接消耗系数　完全消耗系数　产业波及效果　感应度系数　影响力系数　生产诱发系数　最终

需求依赖度系数

 **习题**

1. 简述产业关联的含义与实质。

2. 简述产业关联的纽带和产业关联方式。

3. 简述投入产出表中"中间产品"和"最终产品"的经济含义。

4. 简述实物型、价值型投入产出表及其平衡关系。

5. 阐述实物投入产出模型和价值投入产出模型各自最重要的优点,并说明原因。

6. 什么是直接消耗系数和完全消耗系数？其经济含义是什么？

7. 产业波及效果分析的基本工具有哪些？

8. 什么是产业波及？

9. 感应度系数与影响力系数的经济含义是什么？

10. 什么是生产诱发系数和最终需求依赖度系数？

 **即测即练**

# 第三章 产业结构演进

一国或地区经济发展的过程,不仅体现在经济总量的增长,而且体现在经济结构的演变。产业结构演进是经济发展过程中的一个重要现象,其与经济发展所处的阶段密切相关。在经济发展的不同阶段,产业结构都有着与之相应的典型特征。只有正确把握产业结构演进规律,才能科学地制定产业规划和产业政策,从而促进产业结构优化和经济高质量发展。本章主要阐述产业结构演进的理论、一般趋势和动因,揭示产业结构变动的一般规律。

## 第一节　产业结构演进的理论概述

产业结构演进是指产业结构本身所固有的从低级到高级的变化趋势。自产业革命以来,经济学家对产业结构的变动规律进行了大量研究,总结出一系列解释产业结构演进的理论。

### 一、产业结构演进的思想渊源

#### (一)马克思的产业按比例协调发展规律

马克思运用高度抽象的科学方法,以产品的最终经济用途为依据,围绕解决人类生存和发展所须进行的生产和消费两项基本活动,将纷繁复杂的各类物质产品划分为两大部类。Ⅰ生产资料:具有必须进入或至少能够进入生产消费形式的商品;Ⅱ消费资料:具有进入资本家阶级和工人阶级的个人消费形式的商品。在此基础上,马克思还对每一部类做了进一步划分,把第Ⅰ部类分为生产生产资料的生产资料和生产消费资料的生产资料,把第Ⅱ部类分为必要消费资料和奢侈消费资料,这是对两大部类划分的进一步引申,也是深入研究两大部类协调发展的客观要求。

马克思对社会总产品进行两大部类划分后,接着对其进行价值构成分析。他将每一部类的资本部分都分成可变资本($V$)和不变资本($C$)两个部分。其中,可变资本是指生产部门使用的社会劳动力的价值,同时劳动力还创造了超过本身价值而形成的剩余价值($M$);不变资本($C$)是指生产部门在生产上使用的全部生产资料的价值,包括固定资本:机器、工具、厂房、役畜,以及流动资本:原料、辅助材料、半成品等。每一部类的全部年产品和每单个商品的价值一样,都可表示为 $C+V+M$。其中,社会资本扩大再生产的实现条件是第Ⅰ部类1年内所生产的生产资料必须多于两大部类1年内所消耗的生产资料,以便第 2 年有多余的生产资料用于扩大再生产,可用公式表达为$\mathrm{I}(C+V+M)>\mathrm{I}(C)+\mathrm{II}(C)$,也可简化表达为$\mathrm{I}(V+M)>\mathrm{II}(C)$。

## (二)列宁的生产资料生产优先增长规律

列宁结合资本有机构成理论和社会再生产公式指出,在扩大再生产过程中,增长最快的是制造生产资料的生产资料生产,其次是制造消费资料的生产资料生产,最慢的是消费资料生产,进而完整地提出了生产资料优先增长规律。列宁指出,在资本主义社会中,生产的增长或是靠消费品的增加,或是靠技术进步,即靠机器劳动排挤手工劳动,因为可变资本和不变资本的比值变化表明了手工劳动作用的降低。列宁进一步提出,机器劳动代替手工劳动根本不是"荒谬",相反,这正表现出整个人类技术的进步。技术越发展,人的手工劳动就越受排挤并被许多越来越复杂的机器所代替,就是说,机器和制造机器的必需品在国家全部生产中所占的地位也越来越重要。

列宁同时也明确指出,绝不能由此得出结论说,生产资料的生产可以完全不依赖消费资料的生产而发展,也不能说两者毫无关系。生产消费(生产资料的消费)归根到底总是同个人消费联系着,总是以个人消费为转移。

## (三)配第-克拉克定理

最早注意到产业结构变动规律的是英国经济学家威廉·配第(William Petty),其在著作《政治算术》中描述了这样的现象:制造业比农业进而商业比制造业能够得到更多的收入。比如,他比较了英国农民的收入和船员的收入,发现后者是前者的 4 倍。同时,他还指出荷兰人口的大部分从事制造业和商业,因此荷兰的人均国民收入比欧洲大陆其他国家高得多。"人往高处走",这种不同产业之间相对收入上的差异,促使劳动力向高收入的产业部门流动。

20 世纪 40 年代,英国经济学家克拉克验证并发展了配第发现的规律,在《经济进步的条件》一书中对此做了详细的分析。克拉克的理论有三个重要的前提:第一,克拉克对产业结构演变规律的探讨是以若干国家在时间推移中经济发展为依据的,即是与不断提高的人均国民收入水平相对应的;第二,克拉克在分析产业结构演变时使用的是劳动力这一指标,考察了劳动力在各产业中分布的变化;第三,克拉克对产业结构的研究运用了三次产业分类法,即将全部经济活动分为第一次产业、第二次产业和第三次产业。在这三个重要前提的基础上,克拉克收集整理了若干国家按照时间的推移,劳动力在第一次、第二次和第三次产业之间转移的统计资料,得出如下结论:随着经济的发展,即随着人均国民收入水平的提高,劳动力首先由第一次产业向第二次产业转移。当人均国民收入水平进一步提高时,劳动力便向第三次产业转移。劳动力在第一次产业的分布将减少,而在第二次、第三次产业中的分布将增加。劳动力在不同产业间流动的原因在于不同产业之间收入的相对差异。由于克拉克的研究印证了配第的发现,因此,这一研究成果被称为"配第-克拉克定理"。

### （四）库兹涅茨法则

克拉克只用单一的劳动力要素反映产业结构的变化,没有从经济的综合方面反映产业结构的变化。鉴于此,美国经济学家、被誉为"GNP 之父"的西蒙·库兹涅茨(Simon Kuznets)在克拉克研究成果的基础上,进一步收集和整理了欧美主要国家的长期统计数据,从劳动力和国民收入在产业间的分布两个方面对产业结构进行分析,从而在深化产业结构演变的诱因方面取得了突出成就。库兹涅茨把三次产业分别称为 A(agriculture)、I(industry)、S(service)。以此为基础,将国民收入和劳动力在各产业之间的分布结合起来,分析了各产业相对生产率的变动趋势,加深了对国民经济增长与产业结构演变之间互动关系的研究,从而得出如下结论。

第一,第一产业的相对国民收入[①]在大多数国家都低于1,而第二、第三产业的相对国民收入则大于1。从时间序列分析来看,农业的相对国民收入下降趋势表明:在劳动力相对比重和国民收入相对比重下降的情况下,国民收入相对比重下降的程度超过了劳动力相对比重下降的程度。

第二,第二产业的国民收入相对比重上升是普遍现象。由于不同国家的工业化水平存在差异,第二产业的劳动力相对比重综合来看则是微增或没有太大的变化。在一个国家的经济发展中,国民收入特别是人均国民收入的增长主要由第二产业贡献较大。

第三,第三产业的相对国民收入从时间序列来看,一般表现为下降趋势,然而劳动力的相对比重几乎在所有国家都是上升的。这说明第三产业具有很强的吸纳劳动力的特性,但劳动生产率的提高并不快。

### （五）霍夫曼的工业化过程中的重工业化规律

第二产业是国民收入的主要来源,是一个国家经济发展的主导部门。因此,对第二产业内部结构的演变规律做更深层次的探讨研究是极为必要的。对此,德国经济学家瓦尔特·G. 霍夫曼(Walther Gustav Hoffmann)在这个领域做了开拓性的研究,其于 1931 年出版的《工业化的阶段和类型》一书中,依据近 20 个国家的时间序列数据,分析了制造业中消费资料工业和资本资料工业的比例关系。这一比例关系即为"霍夫曼比例",用公式表示为

$$霍夫曼比例 = \frac{消费资料工业的净产值}{资本资料工业的净产值} \tag{3-1}$$

根据这一比例进行测算,在工业化过程中,霍夫曼比例是不断下降的。因此,霍夫曼认为随着工业化的推进,工业的重心将逐渐从消费资料工业占主导转向资本资料工业占主导。根据霍夫曼比例的变化趋势,整个工业化过程可以划分为四个阶段,如表 3-1 所示。

---

① 即比较劳动生产率,比较劳动生产率＝该产业的国民收入的相对比重÷该产业的劳动力的相对比重。

表 3-1 霍夫曼对工业阶段的划分

| 工业阶段 | 霍夫曼比例的范围 | 主 要 特 征 |
|---|---|---|
| 第一阶段 | 5.0(±1.0) | 消费资料工业的生产在制造业中占主导地位,资本资料工业的生产是不发达的,在制造业中所占比重较小 |
| 第二阶段 | 2.5(±1.0) | 资本资料工业的增长快于消费资料工业的增长,但消费资料工业的规模比资本资料工业的规模要大得多 |
| 第三阶段 | 1.0(±0.5) | 资本资料工业比消费资料工业更快地增长,消费资料工业和资本资料工业的规模达到大致相等的状况 |
| 第四阶段 | 1 以下 | 资本资料工业规模将大于消费资料工业的规模,已经处于主体地位,是实现工业化的重要标志 |

霍夫曼分类的标准是产品用途:某产品的用途中有 75% 以上是消费资料,则归入消费资料工业;有 75% 以上的用途是资本资料,则归入资本资料工业;难以用上述标准分类的,则统列入其他工业。据此,霍夫曼测算出在 20 世纪 20 年代,巴西、智利、印度等尚处于工业化第一阶段;日本、荷兰、丹麦、加拿大等处于工业化第二阶段;英国、瑞士、美国、法国、德国等国已处于工业化第三阶段,资本资料工业规模已大致与消费资料工业规模平齐;当时并没有国家发展到第四阶段。

霍夫曼定理关于工业化过程中工业结构演变的探究及其关于工业化阶段的划分,是符合产业发展规律的,使得分析研究各国工业化进程有了统一的标准,在经济学界产生了广泛的影响。

## 二、产业结构调整理论

### (一)刘易斯的二元结构转变理论

英国经济学家威廉·阿瑟·刘易斯(William Arthur Lewis)于 1954 年在《劳动无限供给条件下的经济发展》一书中,提出了用以解释发展中国家经济问题的二元结构转变理论。他指出传统农业部门存在着无限的劳动供给,因此他建立了劳动力无限供给条件下的二元经济结构模型。一方面,劳动力相对于土地和资本存在大量剩余,农业劳动的边际生产率为零或负数;另一方面,农业劳动者的工资仅能够维持最低生活水平。而现代工业部门的劳动生产率较高,面对农业部门的低工资水平,现代工业部门只要提供略高于农业部门的工资,便可得到近乎无限的劳动力供给。

据此,刘易斯认为,二元经济结构的转换过程实际就是现代部门不断扩大发展的过程,它是通过剩余劳动力从劳动生产率很低的传统农业部门,向劳动生产率较高的现代工业部门转移实现的。他认为,资本家会以不变的工资率得到更多的剩余价值,完成资本积累,从而推动生产规模扩张。在经济发展的下一期,由于生产规模扩张过程,更多的劳动力会被吸引进入生产过程,从而创造更多的资本剩余。只要农业部门尚有过剩劳动力存在,这个过程将一直继续下去,一直到农业过剩劳动力全部被吸纳为止。这时劳动力供给曲线及工资水平线将由水平直线变为具有正斜率的曲线,工业劳动者的工资和农村劳动者的收入都将随投资增加而逐步提高,工农业趋向均衡发展,国民经济结构趋向逐步转变。从而实现传统经济向现代经济转化,城乡处于平衡发展的状态,最终使二元经济结构转变为一元经济结构。

但是,他的理论存在一定的争议,主要表现在以下两个方面。

第一,无限劳动供给的假定前提是否成立。经济学家舒尔茨认为,尽管传统农业部门生产率低,但资源配置是有效率的,不存在边际生产率等于零的剩余劳动力。对于传统农业部门的边际生产率很低甚至为零的假定不成立,无限劳动力供给也就不成立。

第二,刘易斯二元经济理论模型的假设与发展中国家现实不符。二元结构转变理论要求从农村转移出来的劳动力能够全部被工业吸纳,但在许多发展中国家,农村劳动力向城市转移往往存在城市工业的容纳量有限,或者城市工业要求其所吸纳的劳动力具有相应的技能素质。而农村劳动力不能适应城市工业的需要,或者城市中也存在劳动力供给可以满足或超量供给的问题,这些都会阻碍农村劳动力向城市工业有效转移。

### (二)罗斯托的主导产业理论

在经济发展阶段理论中,主导产业部门的成长被置于十分重要的地位。华尔特·惠特曼·罗斯托(Walt Whitman Rostow)在1960年出版的《经济增长的阶段》一书中,提出了主导产业扩散效应理论和经济成长阶段理论。他认为,无论在任何时期,甚至在一个已经成熟并继续成长的经济体系中,经济增长之所以能够保持,都是因为为数不多的主导部门迅速扩大的结果,而且这种扩大又产生了具有重要意义的对其他产业部门的作用,即产生了主导产业的扩散效应,包括回顾效应、旁侧效应和前向效应。罗斯托的这些理论被称为罗斯托主导产业扩散效应理论。

他还根据技术标准把经济成长阶段划分为六个阶段,每个阶段都存在主导的产业部门,经济阶段的演进就是以主导产业交替为特征的。

(1)传统社会阶段。科学技术水平和生产力水平低下,主导产业部门为农业部门。

(2)起飞前提阶段。近代科学技术开始在工农业中发挥作用,占人口75%以上的劳动力逐渐从农业转移到工业、交通、商业、服务业,投资率的提高明显地超过人口的增长水平。

(3)起飞阶段。相当于产业革命时期,积累率在国民收入中所占比例由5%增加到10%以上,1个以上的主导部门带动国民经济增长。

(4)成熟挺进阶段。现代科学技术已经有效地应用于生产过程,投资率在10%～20%之间,由于技术创新和新兴产业的不断涌现与发展,产业结构发生了巨大的变化。

(5)高额民众消费阶段。工业高度发达,主导部门转移至耐用消费品和服务部门。

(6)追求生活质量阶段。主导部门从耐用消费品部门转移至提高生活质量的部门,如文教、医疗、保健、福利、文娱、旅游等部门。

## 三、产业结构演进模式

### (一)赤松要的雁行形态理论

雁行形态理论是由日本经济学家赤松要于1935年最先提出,揭示了后发国家参与国际分工实现产业结构高级化的途径。赤松要在考察日本的棉纺工业史时发现：日本为满足经济发展的需要，对棉线、棉织品的进口急剧增加。与此同时，国内的棉纺工业迅速发展，棉产品的产量猛增，使进口量逐步下降。在此之后，随着国内产量的进一步增加，棉产品逐渐由进口转变为出口，且出口量越来越大。这一过程概括地说就是，产业发展由国外进口转变为国内自行加工生产，再转变为向国外出口。赤松要将这种模式称为"雁行形态"。

随着研究的进一步深入，赤松要发现，产业发展由国外进口转变为国内自行加工生产，再转变为向国外出口这一过程，最早是从棉线、棉纺织品开始的，进而转向纺织机械等器具。也就是从消费资料转向生产资料，即从轻工业逐渐转向重工业。此外，他基于对日本机械工业的实证研究，认为所谓的"产业发展的雁行形态"包含很多意义，其中之一是指后发国家或者新兴工业国家获取先进工业国家的产业技术，沿着先进工业国的经济成长足迹追赶的情况下，通常都会遵循产业发展的雁行形态这样一条追赶规律。因此他把雁行形态论定义为一种追赶理论，并指出雁行形态有原形和引申形之分。

其具体如图 3-1 所示，①原形表现的是：在后发国产业发展的过程中呈现出进口（导入阶段）→国内生产（进口替代阶段）→出口三个阶段的继起图形。②引申形 A 反映的是：后发国国内不同产业间的兴衰变化过程，表现为从国内消费品的雁行发展转向资本品的雁行发展，或从低附加值产品的雁行发展转向高附加值产品的雁行发展，这种一前一后的产业更迭现象，反映了后发国国内产业结构的优化升级。③引申形 B 反映的是：产业在国与国之间转移的情况，具体表现为某一产业按照动态比较优势在各国之间依次传递。[①] 原形和引申形 A 可以看作一国国内的产业发展形态；引申形 B 则可以看作雁行形态在国家间传播的国际版。如今，"雁行形态理论"已被用来说明一国产业结构的变动趋势。

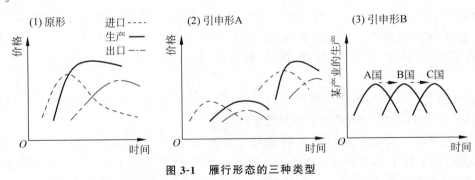

图 3-1    雁行形态的三种类型

## （二）产品循环发展模式

1966 年，美国经济学家弗农在其《产品周期中的国际投资与国际贸易》一文中首次提出了产品生命周期理论。他认为，工业先行国的产业结构演变模式要与国际市场的发展变化紧密结合，并通过参与国际分工来实现本国产业结构升级，从而实现产业结构的国际

---

① 为直观起见，一国的进口、生产、出口三条曲线简化为生产一条曲线。

一体化。这种产品循环顺序是"新产品开发＋国内市场形成＋出口资本和技术＋进口＋更新的产品开发＋……"，产品经过这样的顺序不断循环，带动了工业结构由劳动、资源密集型向资金、技术密集型演进，实现产业结构的升级。这一过程可以通过以下四个阶段来加快本国的工业化进程。第一阶段：研究开发新产品，逐渐占领国内市场；第二阶段：国内市场饱和后，开拓国际市场，增加该产品的出口；第三阶段：产品占领了国外市场后，输出资本和该产品生产技术，促成资本和技术与当地的廉价劳动力和其他资源相结合，就地组织生产和销售；第四阶段：国外生产能力形成后，又会使这种产品以更低的价格返销国内市场，迫使开发新产品的先行国削减或放弃该产品的生产，从而促进新产品的开发。因而，产业结构政策应根据不同时期的特点来制定。

产品循环发展模式和产品的生命周期密切相关。就同一种产品的生产而言，先行国Ⅰ和先行国Ⅱ相比，产品的生产处于生命周期的成长阶段，这时先行国Ⅰ向先行国Ⅱ出口该产品。

随着成熟期的临近，先行国Ⅰ将该产品的生产技术向世界范围普及，逐渐失去了生产和销售这种产品的优势地位。随着先行国Ⅱ对这种产品的仿制和研究，先行国Ⅰ的成本优势也逐渐消失，这时其在该产品的竞争中处于不利地位。为了维持其在国际市场中的竞争地位，只能靠较低的劳动力成本和地区资源优势加以维持。

为此，只有将投资转向具有这种优势的国家，于是就出现了由以往的国内投资转向国外投资，利用经济欠发达国家或地区的廉价劳动力和其他资源，就地组织生产和销售。由于在经济欠发达的国家或地区生产具有成本优势，因而就出现了先行国反而从经济欠发达的国家或地区进口该产品。因此，经济欠发达的国家或地区可以回避风险大、花费多的技术开发过程，充分利用先行国的资金和技术，并与本国廉价劳动力资源和其他优势资源相结合，以成本优势返销到工业先行国的市场，大大缩短经济欠发达国家的工业化进程。

### （三）同时开发发展模式

同时开发发展模式是后起的经济发达国家在发展技术集约型产业中所采取的一种主要发展模式。随着技术的集约化发展，产业基础不断更新，传统产业的主导地位逐渐被新兴产业取代，产业结构正面临一场大的变革。在这种形势下，各经济发达国家都投入巨额资金，竞相开发高技术产品和建立高技术产业，以抢占技术"制高点"，加速产业结构高级化进程，在激烈的国际竞争中取得主动地位。因此，后起的经济发达国家在这些技术的开发和产业的建立上，和先行的经济发达国家大致是同期进行的。

由于基本上处于相同水平，因此这类产业的产品进口较少，今后也不会有太大的增长。出口随着技术基础的建立和巩固将有所增加，但产品、技术的开发和产业的建立主要还是根据本国产业的特点展开的。开发发展模式是像日本这种后起国家在对先行的经济发达国家的赶超已接近尾声时，为使本国高技术领域处于领先地位，只有继续不断地将更多的资金投向研究和开发环节，持续地保持自身的技术竞争优势，才能保证经济发展具有更强劲的增长。目前日本生产数控机床、机械加工中心、工业机器人等微电子机械和精密陶瓷等新型材料的一些技术集约型工业，就是以这种模式发展起来的。

## 第二节　产业结构演进的趋势

### 一、从工业化发展的阶段来看

#### （一）工业化及其阶段判定

张培刚在《农业与工业化》一书中认为：工业化可以被定义为一系列基要的"生产函数"连续发生变化的过程。这种变化可能最先发生于某一个生产单位的生产函数，然后再以一种匹配的形态形成一种社会的生产函数而遍及整个社会。从已经工业化的各国的经验来看，这种基要生产函数的变化，最好是用交通运输、动力工业、机械工业、钢铁工业诸部门说明。[1] 关于工业化阶段的划分，钱纳里根据第二次世界大战后发展中国家，特别是其中的 9 个准工业化国家（地区）1960—1980 年的历史资料，以人均收入为判断依据，将工业化阶段分为初期、中期与成熟期三个阶段，具体如表 3-2 所示。

表 3-2　工业化阶段的划分

| 阶　　段 | 人均收入（1970 年美元） | 时间间隔/年 |
|---|---|---|
| 初级产品生产阶段 | 100～140 | 27 |
| | 140～280 | 35 |
| 工业化初期阶段 | 280～560 | 22 |
| 工业化中期阶段 | 560～1 120 | 17 |
| 工业化成熟阶段 | 1 120～2 100 | 14 |
| 发达经济阶段 | 2 100～3 360 | 10 |
| | 3 360～5 040 | 9 |

#### （二）各阶段产业特征及变动趋势

根据上述的工业化阶段划分原则，本书总结归纳各工业化阶段产业特征及其变动趋势。

在初级产品生产阶段，第一产业产值和就业比重在国民经济中占主导地位，第二产业有一定程度的发展，第三产业产值和就业比重极小。

在工业化初期阶段，第一产业产值和就业人数在国民经济和社会就业总人数中的比重逐渐缩小，其地位不断下降；第二产业产值和就业比重在国民经济和社会就业总人数中占主导地位。其中，工业重心从轻工业主导型逐渐转向基础工业主导型；第三产业虽有一定发展，但在国民经济中的比重还比较小。

在工业化中期阶段，第一产业产值和就业比重继续下降；第二产业产值和就业比重仍然最高，工业重心由基础工业向高加工度工业转变；第三产业产值和就业比重逐渐上升。

[1]　张培刚.农业与工业化[M].北京：中国人民大学出版社，2014.

在工业化成熟阶段,第一产业比重继续下降,第二产业比重开始下降,第三产业继续快速发展,其中信息产业增长加快,第三产业比重在三次产业中占有支配地位,甚至占有绝对支配地位。

在发达经济阶段,第一产业比重下降缓慢或者基本稳定在较低水平,第二产业比重继续下降,第三产业比重占有绝对支配性地位。产业知识化成为这个时期产业结构的主要特征。产业结构的发展就是沿着这样的一个发展进程由低级向高级走向高度现代化。

## 二、从主导产业的转换过程来看

### (一)新兴产业不断取代传统产业并成为主导产业

主导产业是在产业结构中处于主体地位、发挥引导和支撑作用的产业。一国或地区的产业结构会随主导产业的转换而演变。科技进步引致的产业革命催化出新兴产业,淘汰传统产业,从而使得产业结构的格局不断发生变化。在不同阶段,主导产业及产业结构的转换如下。

(1)农业为主导的阶段。农业在国民经济中占绝对优势,处于主导地位,制造业和服务业都相当落后,产业结构以农业为主。

(2)轻纺工业为主导的阶段。轻纺工业由于需求拉动、技术要求比较低、利用廉价劳动力、投资少、见效快等有利因素得到快速发展;相应地,第一产业的发展速度有所下降,地位有所削弱;重化工业和服务业也得到了一定程度的发展,但速度较慢。这时轻纺工业取代农业成为主导产业。

(3)以原料和燃料动力等基础工业为重心的重化工业阶段。轻纺工业继续发展,但发展速度有所减缓;而以原料、燃料、动力、基础设施等基础工业为重心的重化工业首先得到较快发展,其增长速度和在国民经济中的比重超过轻纺工业,并取代轻纺工业成为主导产业。这些基础工业都是重化工业的先行产业或制约产业,基础工业在这一时期的先行加快发展为其他重化工业的发展奠定了坚实基础。

(4)以低度加工组装型重化工业为主导的阶段。随着生产技术的发展和制造水平的提高,制造业中传统型、技术要求不高的机械、钢铁、造船等低度加工组装型重化工业发展速度较快,其产值和就业人数在国民经济中的比重越来越大,并成为国民经济的主导产业。

(5)以高度加工组装型工业为主导的阶段。生产力水平和制造技术进一步发展,加上高新技术成果在工业生产中的大量应用,传统工业得到改造。此时,技术要求更高、加工度更高、附加值更高的加工制造业迅速发展起来,如精密机械、精细化工、石油化工、机器人、电子计算机、飞机制造、航天器、汽车及机床等高度加工组装型工业成为国民经济增长的主要推动力。其在国民经济中的比重占有较大份额,同时增幅较大,从而取代低加工度工业成为国民经济的主导产业。

(6)以现代服务业为主导的阶段。第二产业的发展速度有所减缓,比重有所下降,特别是传统产业的下降幅度较快。但内部的新兴产业和高新技术产业仍有较快发展。整个第二产业内部结构变化较快,但比重已不占有主导地位。而随着全社会高层次、多样化需求的迅速增长,第三产业中物流业、旅游业、房地产业、金融保险业、信息业等现代服务业的发展速度明显加快,其在国民经济中的比重上升到优势地位,取代工业成为主导产业。

(7)以信息产业为主导的阶段。随着信息技术和知识经济时代的来临,信息产业在这一时期获得了长足发展。特别是信息高速公路的建设和国际互联网的普及,进一步推动了信息业的快速发展,商品生产逐步从以物质商品生产为主向信息产品生产为主过渡。这一时期,信息产业已成为国民经济的支柱产业和主导产业。

### (二)我国主导产业演进过程

我国自改革开放以来,经济增长所依赖的主导部门也呈现不断升级演替的过程。20世纪80年代到90年代,经济体制改革和经济发展战略开始了大的调整,产业发展重点从以发展重工业为主的发展战略转变为大力发展生产消费品的轻工业。家用电器产业和纺织工业迅速成长为这一时期带动中国经济高速增长的主导产业。同时,由于存在巨大的市场需求,电力、石油化工、交通运输、第三产业中的商业、饮食业等,以及基础设施产业也是这一发展阶段的主导产业。

20世纪90年代初经济增长放缓的情况下,国家实行积极的财政政策,通过发行国债,加大对基础设施、农业、科技、教育的投资,从而扩大总需求。这一时期,基础产业和以信息技术为代表的高新技术产业成为带动经济增长的主导产业。

进入21世纪,特别是自2002年下半年以来,中国经济进入新一轮上升周期。在新一轮经济增长中,主导产业主要是汽车制造业、电子信息产业、住宅房地产业、基础设施产业及其带动的高增长产业群。

## 三、从三大产业的内在变动来看

产业结构的演进依次沿着以第一产业为主导、第二产业为主导、第三产业为主导的路径发展。

在第一产业内部,产业结构从低技术水平的粗放型农业向技术要求较高的集约型农业,再向生物、环境、生化、生态等技术含量较高的绿色农业、生态农业发展;种植型农业向畜牧型农业、野外型农业向工厂型农业方向发展。

在第二产业内部,产业结构的演进沿着轻纺工业、基础型重化工业、加工型重化工业方向发展。从资源结构变动情况来看,产业结构沿着劳动密集型产业、资本密集型产业、技术密集型产业方向演进。从市场导向角度来看,产业结构沿着封闭型、进口替代型、出口导向型、全球化方向演进。

在第三产业内部,产业结构沿着传统服务业—多元化服务业—现代服务业的方向演进。

产业结构由低级阶段向高级阶段逐渐演进,各个阶段难以逾越,但各个阶段的发展过程可以缩短。具体而言,后一阶段产业的发展是以前一阶段产业充分发展为基础的。只有第一产业的劳动生产率得到充分提高,第二产业的轻纺工业才能得到应有的发展。加工组装型重化工业的发展又是建立在原料、燃料、动力等基础工业发展基础之上的。同样,只有第二产业得到充分发展,第三产业的发展才具备成熟的条件和坚实的基础。产业结构的超前发展会加速一国经济的发展,但有时也会带来一定的后遗症。

## 第三节 产业结构演进的动因

制约和影响产业结构演进的因素有很多,主要包括供给因素、需求因素、制度因素和国际因素等。

### 一、供给因素

#### (一)自然资源禀赋

自然资源是指存在于自然界且在一定的技术经济条件下能为人类所利用的生产要素,主要包括土地资源、水资源、气候资源、生物资源和矿产资源等。一般而言,不同的自然资源往往形成不同的产业部门,比如:气候条件优越、水资源丰富、土地广阔肥沃的国家和地区,农业就能得到较快的发展;自然人文景观独特、旅游资源丰富的国家和地区,主导产业就是旅游服务业;石油、煤、金属矿产资源丰富的国家和地区,资源开发型产业成为主导的产业。可以看出,自然资源是产业发展的物质基础,一般国家在发展产业时,都先注意发挥资源优势,优先发展可以开发利用的丰富资源的相关产业,以积累资金进一步发展其他产业,这样才能更好地促进国民经济的高效快速发展。因此,产业结构都带有本国资源结构的印记。但自然资源对产业结构的影响是相对的,科学技术的进步将使原来难以挖掘的资源得到开发,并能综合利用和节约代用天然原料,从而减小自然资源对一国的产业结构的影响。

#### (二)劳动力资源

劳动力是最主要的生产要素,劳动力的数量和质量等劳动力资源的状况及其变化也是决定和影响一国产业结构形成与演进的重要因素。首先,劳动力数量对产业结构演进的影响。在劳动力资源丰富的区域,劳动力供给量较大,劳动力价格较低,这导致投资者更倾向于发展劳动密集型产业。那么地区的产业结构呈现为以劳动密集型为主导的产业结构,从而可以最大限度地利用资源优势,使区域经济获得稳定增长;而劳动力资源较为短缺,劳动力价格昂贵的区域,投资者则选择用资本代替劳动力,使地区的产业结构呈现以资本密集型为主导的特征。其次,劳动力质量对产业结构演进的影响。在劳动量投入不变的情况下,劳动力质量的提高,使劳动力可以较快地接受新工艺,适应新技术。因此,在劳动力素质高、受教育程度高的地区,有利于发展技术密集型产业,更有利于提高产业发展的水平,实现产业结构高级化,从而带来更高的经济效益。

#### (三)资本供应状况

资本是生产和经济增长的重要因素禀赋。任何产业的形成和发展,都离不开资本的投入。可以说,资本供应状况是制约产业结构的重要因素。资本供应对产业结构变动的影响主要包括两个方面。一方面是资金的充裕程度对产业结构的影响。在一定技术条件下,投入某产业的资金的多少决定了该产业的生产规模和发展速度。一般而言,产业投入生产的资金越多,所生产的产品就越多,同时产业所能容纳的劳动力就越多,意味着产业生产的增长也就越快。而资本短缺往往是发展中国家经济发展的重要瓶颈,资本短缺使这些国家无法发展具有资本密集型特点的高技术和高附加值的产业,从而制约了地区产业结构的优化调整。另一方面是资金在不同产业部门的投资方向偏好对产业结构的影响。资金在各产业之间的投资分布和比例的不同,则会引起各产业发展程度的差异,使产业之间的数量比例关系发生变化,进而导致产业结构的相应变化。

### (四)科学技术因素

扩展阅读 3-1

#### 数字技术赋能实体经济转型发展

随着大数据、云计算、人工智能、区块链等前沿技术的加速创新,以新一代 ICT (information and communication technology,信息通信技术)为基础的数字技术发展正在引领新一轮产业变革,赋能实体经济转型发展。《中华人民共和国国民经济和社会发展第十四个五年规划和 2035 年远景目标纲要》中明确提出"加快数字化发展 建设数字中国"。数字技术是国家数字经济新型基础设施的核心,面向现阶段我国经济高质量发展的需要,为企业的数字转型、智能升级、融合创新提供支点,对提高生产效率发挥乘数倍增作用,助推产业结构优化调整,构建经济增长新动能,将成为我国经济提质增效和构建"双循环"发展格局的新引擎。

作为典型的通用目的技术,数字技术具有渗透性、替代性和协同性的三大技术—经济特征。数字技术能够嵌入各种类型的生产活动和技术类型中,覆盖产业链的各个环节,提高企业生产和管理效率,进而提升各部门要素投入的协同应用,改善资源配置效率,促进产业结构转型;数字技术的快速更新迭代带动 ICT 投资,ICT 资本对传统资本的替代提高了企业资本质量,推动资本深化进程,有利于企业降低生产成本、提高产能。数字技术在各行业的创新应用推动企业持续发展,赋能实体经济数字化转型:利用云端促进企业数字化、网络化转型;数据治理与应用形成数据生产力、释放要素价值;通过"赋智"实现降本增效、推进企业智能化改造。数字技术的发展应用在加速技术创新内在驱动经济转型发展的同时,也带来了信息通信技术在金融行业推动金融创新的新范式——数字金融。数字技术应用于金融产业链,创造新的业务模式、业务流程和金融产品,重构了服务提供渠道、数据使用方式、信息系统架构和风险识别策略。数字金融不只是以数字技术赋能金融业务,更是对金融底层逻辑的改变,通过缓解信息不对称、拓展金融边界、优化资本配置为产业结构转型升级和实体经济发展提供动力支持。

资料来源:田秀娟,李睿. 数字技术赋能实体经济转型发展——基于熊彼特内生增长理论的分析框架[J]. 管理世界,2022,38(5):56-71.

#### 1. 技术革命催生新产业

技术革命、技术创新和技术扩散都对产业结构的升级产生影响,特别是技术革命,往往导致一些新的产业部门的诞生。按照一般的划分,人类社会经历了四次技术革命。第一次技术革命以纺织机的改革为起点,以蒸汽机的发明与使用为标志。这次革命表现在以机器代替人力、以大规模工厂化生产代替个体工场手工生产,在生产力和生产关系方面均发生巨大的变革。这导致了纺织业、冶金业、机械制造业、采矿业以及蒸汽车、蒸汽轮船为代表的交通运输业等新型产业的崛起,打破了以农业为主的产业结构,经济生产转向工业为主。第二次技术革命始于 19 世纪 70 年代,以内燃机、电力的发明和广泛运用为主要标志。这场技术革命把人类从动力供给中解放出来,使人类进入电气化时代。在内燃机技术基础上建立了汽车工业和航空工业;电力工业崛起(发电、输电、配电系统),"弱电"工业产生("弱电"技术出现,相应产生了电信业、广播业等)。在这一时期,工业生产进一步集中化,垄断企业不断涌现,企业内部管理出现了"泰勒制",形成了流水线等先进的生产组织形式。第三次技术革命始于 20 世纪 50 年代,以原子能、电子计算机和空间技术的发展为主要标志,以计算机技术、生物工程技术、激光技术、空间技术、新能源技术和新材料技术的应用为特征,把人类社会推进到"信息时代"。这一次的技术革命使生产力超越传统经济组织局限,形成以新技术为动力的新型产业关联体系,继续推动产业结构演进。第四次技术革命始于 20 世纪 80 年代,以互联网产业化、工业智能化等为标志。具体包括互联网、物联网、大数据、云计算、智能化、传感技术、机器人、虚拟现实等科技进步。这些高新技术的涌现和高新技术产业的崛起,对产业结构升级产生了重大影响,也为知识经济的兴起和发展提供了技术基础。例如,人工智能可以处理和分析复杂信息,使得机器可以自主学习和解决问题;物联网可以将各种设备和物品联网,形成一个智能化的生态系统;大数据和云计算可以将海量数据进行挖掘和分析,为企业和政府提供决策支持。

## 2. 技术创新促进产业发展

从宏观角度看,产业结构表现为与社会需求结构相适应的供给结构。因此,技术创新对产业演进的影响可以从供给和需求两方面进行分析。从供给方面看,不同产业出现的技术创新,使各产业的要素投入配比发生变化,进而影响到各产业产出的变化。首先,技术创新使产业具有更高的生产效率,使其在规模扩展的同时,发生了质量上的结构变动。其次,技术创新使得生产过程的社会化、专业化程度不断提高,大规模生产成为可能。最后,技术创新提高了劳动者的素质,为产业的发展提供了高素质的劳动力。从需求方面看,社会需求和需求结构的变动,直接影响到有关产业的要素投入,推动各产业部门出现不同程度的技术创新,从而促使产业结构发生相应变动。技术创新能够引起需求结构的变动,从而推动产业系统的有序演化。同时,技术进步使原有产业已有产品不断更新换代,获得更大发展空间。技术创新对产业系统产品发展空间的影响可以分为以下三种情况:一是产品成本降低型。技术创新不改变产品的性能,但使产品的生产成本降低,从而增加了产品的需求量。二是产品品种功能增加型。技术创新使产业系统的产品功能或品种增加,从而增加了产品的需求量,扩展了产品的市场需求范围,使产业系统发展空间增大。三是产品质量升级型。技术创新改进了产品的性能,其结果不仅是提高了产品的质量,而且使产品用途扩展、需求增加,使产业系统的发展空间增大。

## 二、需求因素

### （一）消费需求

#### 1. 消费需求总量

需求总量是产业数量的多少及规模的大小，总量的多少会影响产业规模的大小。当需求总量较大时，需要提供更多的产品和劳务，从而推动产业总体规模扩大；反之，则越小。随着人口数量的增加、经济发展的加快、人们收入水平的提高以及投资规模的扩大，需求总量也会相应增加。这将推动产业规模的增长，并必然推动产业结构发生相应的变化。可以看出，需求总量的增加往往对于产业发展具有积极的推动作用。因此，了解和预测需求总量的变化对于产业发展的规划与决策至关重要。

#### 2. 个人消费结构

个人消费需求结构对产业结构变动的影响最为显著。经济学家曾指出，最优的经济增长率即为最优的消费增长率。这是因为个人消费需求结构不仅直接影响最终产品的生产结构和生产规模，还间接影响中间产品的需求，进而影响中间产品的产业结构。大量的统计分析表明，在低收入阶段，人们的消费需求主要是解决温饱问题，此时与饮食和穿着相关的产业便存在一定的发展机会；在温饱问题基本解决后，个人消费需求从生活必需品转向非必需品的消费，主要指的是耐用品的消费，此时的生产将随着消费需求的改变而调整。当人均收入水平持续提高，人们对精神文化、生活质量、生活环境的要求大幅提高，个人需求趋向多层次和多样化。多层次的消费需求结构将会带动多层次的产业结构的递进升级。

#### 3. 中间需求和最终需求的比例

中间需求和最终需求的比例是需求结构的重要方面。中间需求指的是对中间产品的需求，而最终需求指的是对最终产品的需求。中间产品是指尚需继续投入生产过程，并在生产过程中一次转移其全部价值的产品，如原材料和零部件等；最终产品则是指不需要再进入生产过程，可以供人们消费或投资的产品。中间产品的需求结构决定着生产中间产品的产业内部结构；最终产品的需求结构决定着生产最终产品的产业内部结构。因此，中间需求和最终需求比例的变化将使社会生产的产业结构发生相应变化。中间需求与最终需求比例的确定主要受到以下因素的影响：一是专业化协作水平。专业化程度越高，相同产出的最终产品对中间产品的依赖程度就越大。二是生产资源利用率。生产资源利用率越高，相同产出的最终产品对中间产品的需求量就越大。三是最终产品的性能和制造技术的复杂程度。一般来讲，复杂程度越高，对中间产品的需求量就越大。

#### 4. 消费和投资的比例

消费与投资的比例结构是一种重要的需求结构，也是制约产业结构的直接因素。消费和投资的比例关系直接决定了消费资料产业与资本资料产业的比例关系；消费和投资的比例变化则会直接引起生产消费资料产业与资本资料产业的比例发生变化。在工业化过程中，通常存在着生产资料产业增长更快且比重逐步增大的趋势，而消费资料产业增长相对缓慢且比重相对缩小,这种产业结构演变趋势正是消费和投资比例结构变化的结果。

## (二)投资需求

投资是企业扩大再生产和产业扩张的重要条件之一。投资在国民经济的各部门、各行业、各地区之间的分配情况和比例就是投资结构。投资结构是改变已有产业结构的直接原因。投资在各产业之间的分布和比例的不同,会引起各产业不同程度的发展,导致产业结构的相应变化。而且,投资作为增量可以引起产业存量的变化,也会导致产业之间数量比例关系的变化。因此,政府往往采用一定的投资政策,通过调整投资结构,来达到产业结构调整的目标。

## 三、制度因素

制度是影响经济发展的重要因素,同时也是制约产业结构演进的重要因素。这里的制度主要是指经济制度、经济体制、经济发展战略和包括产业政策在内的经济政策等。这些因素将对产业结构的形成和演变产生深远的影响。其中,有些因素直接影响产业结构,比如市场机制或计划机制、重工业优先的不平衡经济发展战略或农轻重协调的平衡发展战略、出口导向战略或进口替代战略等,能够直接影响产业结构的形成和演变;有些因素则通过影响制约产业结构的需求、供给、科学技术等其他因素的变化,间接地导致产业结构的演变,比如微观企业制度、财政金融制度、收入分配政策、人力政策、技术政策等。建立和健全合理的经济制度,形成有效的经济运行机制和管理体制,制定和实施正确的经济发展战略,以及制定和执行恰当的经济政策,都是产业结构优化的必要条件。

## 四、国际因素

### (一)国际产业转移

国际分工能够发挥各国的比较优势,实现比较利益,合理的产业结构必然能发挥本国的比较优势。在经济日益全球化的条件下,国际分工越来越发达,任何一个国家都不能置身于国际分工之外,都必须积极参与国际分工,促进本国经济更好更快地发展。参与国际分工,意味着本国应多生产或只生产具有比较优势、机会成本低的某些产品,少生产或不生产不具有比较优势、机会成本高的某些产品,而且国际分工、比较优势、机会成本会随着国内外经济的发展而变化,这必然会影响本国产业结构的形成和演变。国际分工、比较优势、机会成本的变化,还会引起国际产业的转移,资本充足和技术先进的国家往往会把劳动密集型产业、资源消耗型产业向劳动力资源丰富、自然资源丰富的国家转移,这种转移对各类国家的产业结构都会产生重大影响,引起各类国家产业结构发生相应的演变。

### (二)国际贸易

国际贸易是国与国之间通过国际市场进行产品、资源、技术、劳务等方面的交换,主要包括出口和进口两个方面。国际市场和国际贸易都是制约本国产业结构的重要因素。国际市场上供求的变动、价格的波动以及竞争的态势,都会引起本国进出口贸易的变化,而进出口贸易的变化则会影响本国的产业结构。出口增加会推动出口产业的发展,但过多出口初级产品可能会抑制本国某些产业的发展;进口增加既会影响本国同类产品的发展,又可能满足其他产业对机器设备、原材料和新技术的需求。所有这些都会对本国产业结构的状况和演变产生重大影响。

### (三)国际金融

国际金融是国际货币流通和资金融通的总称,主要包括世界范围内的货币流动、资金借贷、外汇、有价证券和黄金的买卖。国际金融为国际贸易和国际投资提供服务,会影响各国的资金供求和金融稳定及安全,国际金融的投机活动和动荡还可能引发金融危机,从而对国家的经济造成损害,这些都会间接地影响产业结构。国际投资包括外国在本国的投资和本国在外国的投资。外国的投资会引起外国产业转移,增加本国的资本供给,从而导致本国产业结构的演变;到国外投资,则会减少本国资本供给,引起本国产业转移,也会导致本国产业结构的演变。

## 本章要点

1. 产业按比例协调发展规律指出在社会化大生产条件下,国民经济中存在的各产业部门只有配置必要的生产资料和劳动力才能进行生产,而且生产资源只有按照一定比例恰当配置,才能使各产业部门的产品正好能满足本部门和其他产业部门的生产或消费的需要。

2. 生产资料生产优先增长规律是指在技术进步和资本(或资金)有机构成提高的条件下,社会扩大再生产过程中生产资料生产比消费资料生产增长较快的客观趋势。

3. 配第—克拉克定理是指随着全社会人均国民收入水平的提高,劳动力首先由第一产业向第二产业转移;当人均国民收入进一步提高时,劳动力便向第三产业转移。

4. 库兹涅茨法则基本内容包括:

(1)随着时间的推移,农业部门的国民收入在整个国民收入的比重和农业劳动力在全部劳动力中的比重处于不断下降的趋势。

(2)工业部门国民收入在整个国民收入中的比重大体上是上升的,但是,工业部门劳动力在全部劳动力中的比重则大体不变或略有上升。

(3)服务部门的劳动力在全部劳动力中的比重和服务部门的国民收入在整个国民收入的比重基本上都是上升的。

5. 霍夫曼的工业化过程中的重工业化规律指出各国工业结构演变具有相同的趋势,即随着一国工业化的进展,霍夫曼比例(消费资料工业与资本资料工业的净产值之比)呈不断下降的趋势,当资本资料工业的规模超过消费资料工业,霍夫曼比例小于1,标志着进入重工业阶段。

6. 二元经济结构理论阐述了"两个部门结构发展模型"的概念,揭示了发展中国家并存着由传统的自给自足的农业经济体系和城市现代工业体系两种不同的经济体系,这两种体系构成了"二元经济结构"。

7. 主导产业理论根据技术标准把经济成长阶段划分为六个阶段,每个阶段都存在主导的产业部门,经济阶段的演进就是以主导产业交替为特征的。

8. 雁行形态理论是指某一产业,在不同国家伴随着产业转移先后兴盛衰退,以及在其中一国中不同产业先后兴盛衰退的过程。

9. 产品循环发展模式指出产品经过"新产品开发＋国内市场形成＋出口资本和技术＋进口＋更新的产品开发＋……"的顺序不断循环,带动了工业结构由劳动、资源密集型向资金、技术密集型演进,实现产业结构的升级。

10. 开发发展模式是指后起国家在对先行的经济发达国家的赶超已接近尾声时,为使本国高技术领域处于领先地位,只有继续不断地将更多的资金投向研究和开发环节,持续地保持自身的技术竞争优势,才能保证经济发展具有更强劲的增长。

##  关键术语

产业按比例协调发展规律　生产资料生产优先增长规律　配第—克拉克定理　库兹涅茨法则　重工业化规律　二元经济结构理论　主导产业理论　雁行形态理论　产品循环发展模式　开发发展模式

##  习题

1. 产业结构演变的规律是什么?
2. 什么是霍夫曼定理?
3. 结合产业结构演进理论和中国的国情,分析中国实施新型工业化道路的必然性。
4. 产业结构演变的一般趋势是什么?
5. 当前中国应该选择哪些产业作为主导产业?
6. 影响驱动产业结构演进的因素有哪些?

##  即测即练

# 第四章 产业结构优化

在国民经济快速发展的过程中,产业之间的生产与技术联系可能并不总是处于协调状态,由此带来的产业结构失衡会降低经济增长活力,而优化产业结构成为创造最大化经济效益和转变经济增长方式的重要手段,也是支撑经济全面协调可持续发展的重要力量。本章将基于产业结构演化的一般规律,分析产业结构优化的内涵与机理,根据合理化与高级化的目标,介绍产业结构的分析方法,并对区域产业结构优化展开详细讨论。

## 第一节 产业结构优化概述

### 一、产业结构优化的内涵

产业结构优化是指通过对产业不断进行调整,使各个产业之间实现协调均衡发展,满足不断增长的社会需求的过程。产业结构优化主要依据产业技术经济关联的客观比例关系,遵循再生产过程比例性需求,促进国民经济各产业间的协调发展,使各产业发展与整个国民经济发展相适应。

产业结构优化是一个动态概念,是产业结构逐步趋于合理和不断升级的过程,在一国经济发展的不同阶段,产业结构优化的目标及衡量标准均不同。传统的产业结构优化的最终目标是获得最大的经济效益,随着能源危机和环境灾害日益频发,能源和环境问题对经济发展的重要性逐渐突显,可持续发展、低碳经济等新的经济发展目标逐渐取代经济利益最大化的目标。

### 二、产业结构优化的内容

从产业结构优化对象的角度来看,产业结构优化包括四方面内容。

#### (一)供给结构的优化

供给结构包括资本(资金)结构、作为供应因素的投资结构、劳动力供给结构、技术供给结构,以及资源禀赋、自然条件和资源供应结构等。

#### (二)需求结构的优化

需求结构是指在一定收入水平条件下政府、企业、家庭或个人所能承担的对各产业产品或服务的需求比例,以及以这种需求为联结纽带的产业关联关系。它包括政府(公共)需求结构、企业需求结构、家庭需求结构或个人需求结构,以及以上各种需求的比例;它也包括中间(产品)需求结构、最终产品需求结构,以及中间产品需求与最终产品需求的比例;还包括作为需求因素的投资结构、消费结构,以及投资与消费的比例等。

### (三)国际贸易结构的优化

国际贸易结构是指国民经济各产业产品或服务的进出口比例,以及以这种进出口关系为联结纽带的产业关联关系。国际贸易结构包括不同产业间的进口结构和出口结构,也包括同一产业间的进出口结构(即进口和出口的比例)。

### (四)国际投资结构的优化

国际投资包括本国资本的流出,即本国企业在外国的投资(对外投资),以及外国资本的流入,即外国企业在本国的投资(外国投资或外来投资)。对外投资会导致本国产业的对外转移,外国投资则促使国外产业的对内转移,这两方面都会引起国内产业结构的变化。国际投资结构就是指对外投资与外国投资的比例结构,以及对外投资在不同产业之间的比例和外国投资在本国不同产业之间的比例及其各种派生的结构指标。

## 三、产业结构优化的机理

产业结构优化的最终目的是实现国民经济的持续快速增长。产业结构优化促进国民经济持续快速增长的机理主要通过以下四步过程实现:调整影响产业结构的决定因素→产业结构得到优化→产业结构效应发挥作用→国民经济得到持续快速发展。为更好地说明产业结构优化的路径,进一步利用图 4-1 来进行分析。

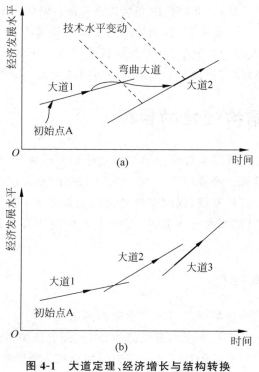

**图 4-1 大道定理、经济增长与结构转换**
(a)一般情况;(b)理想情况

经济增长和结构转换是一个并发过程，两者相互影响。经济增长的大道定理对于探寻产业结构演变的最优路径具有重要的启发意义。经济增长的最优路径由图 4-1(a)中的箭头标出，经济发展水平从初始点 A 先移动到大道 1，沿着大道 1 均衡增长一段时间后，由于技术进步的影响，最优均衡增长路径变为大道 2。经济发展水平从大道 1 移动到大道 2 的过程中，要经过弯曲大道，经济发展水平在弯曲大道上是一种非均衡增长过程。大道定理所指出的经济最优增长路径就是这样一种均衡增长与非均衡增长交替的过程，其核心是尽可能地保持均衡增长。随着科学技术不断进步，经济发展迈上新的增长大道。

与经济增长相伴随的是产业结构不断优化的过程。经济增长的均衡增长和非均衡增长两种形式，分别对应产业结构合理化和高级化两个过程。由于产业之间存在相互关联、相互制约和相互拉动的关系，在技术水平稳定后，各产业的发展速度有趋同的趋势。在各产业发展速度趋同的过程中，产业间的协调程度不断提高，当各产业的发展速度完全趋同后，国民经济各产业又重新恢复到均衡增长状态。因此，产业结构优化的最优路径应该与大道定理描述的经济增长最优路径相似，即产业结构高级化过程对应于经济非均衡增长过程（弯曲大道），其作用是通过产业间技术结构的提升来提高经济的潜在发展速度。而产业结构合理化则对应于经济均衡增长过程（大道 1、大道 2），其作用是通过提高产业协调程度使经济的潜在发展速度尽可能地发挥出来。

值得强调的是，技术进步不一定能提高产业结构的高级化水平，只有当各产业所使用的技术能很好地衔接时，技术进步才能带动产业结构优化。也就是说，虽然产业结构高级化的过程是由产业间的创新和技术进步引起的，但产业结构高级化的水平则是由产业整体的技术结构决定的。另外，产业结构的高级化过程能提高经济的潜在发展速度，但是却不一定能提高经济的实际增长速度，因为经济的实际增长速度同时还受到产业结构合理化程度的制约。因此，在理想情况下，产业结构转换应在尽可能短时间内完成，即处于弯曲大道上的时间越短越好（理想情况下应瞬间通过弯曲大道），如图 4-1(b)所示。

## 第二节　产业结构优化的目标

产业结构优化的目标就是实现产业结构的合理化和高级化，最终实现经济可持续发展和低碳经济等发展目标。产业结构合理化主要依据产业关联技术经济的客观比例关系，以保证各产业持续、协调发展，同时各产业之间协调发展；产业结构高级化主要遵循产业结构演化规律，通过创新和技术进步，使产业结构整体素质和效率向更高层次不断演进。

### 一、产业结构合理化

产业结构合理化的思想早在古典经济学家弗朗斯瓦·魁奈(Francois Quesnay)的经济学说中就有了萌芽。后来马克思的两大部类分类法、里昂惕夫的投入产出法都对产业结构合理化的内容做了深刻的阐述。这些理论的核心都是强调各产业部门必须按比例协调发展。产业结构合理化的思想在各国经济发展战略中都得到了重视和运用。

### （一）产业结构合理化的内涵

产业结构合理化主要是指产业与产业之间协调能力加强和关联水平提高的动态过程。产业结构合理化要求在一定的经济发展阶段，根据科学技术水平、消费需求结构、人口基本素质和资源条件，对起初不合理的产业结构进行调整，实现生产要素的合理配置以及产业间的协调发展。衡量产业结构是否合理的关键在于，判断产业之间是否具有因其内在的相互作用而产生的一种不同于各产业能力之和的整体能力。产业之间相互作用的关系越协调，结构的整体能力就会越高，则与之相应的产业结构也就越合理。相反，如果结构关系不协调，结构的整体能力就会降低，那么与之相应的产业结构就不合理。

协调是产业结构合理化的中心内容，而供给结构的变化不能适应需求结构的变化以及需求结构的变化不能适应供给结构的变化是产业结构不协调的主要原因。产业结构的协调不是指产业间的绝对均衡，而是指各产业之间有较强的互补和谐关系和相互转换能力。只有强化产业间的协调，才能提高其结构的聚合质量，从而提升产业结构的整体效果。

从产业间生产和技术的角度看产业结构是否协调，可以从以下四个方面进行分析：

**1. 产业素质是否协调**

产业素质是否协调即相关产业之间是否存在技术水平的断层和劳动生产率的强烈反差。如果存在断层和强烈反差，产业之间就会产生较大的摩擦，表现为不协调。产业间的协调程度可以用比较劳动生产率，即产业部门的国民收入份额与该部门的劳动力份额之比大体衡量。一般而言，各产业的比较劳动生产率数值的分布越集中、越有层次性，则表明各产业的素质越趋于协调。

**2. 产业之间的联系方式是否协调**

如果产业之间存在着投入与产出的联系，则表明产业之间存在相互依赖和相互影响的关系。若产业间相互联系的方式具有相互服务和相互促进两个特征，即各产业部门在投入产出联系的基础上相互提供帮助且一个产业的发展不能以削弱另一产业的发展为代价，那么就认为它们之间的这种联系方式是协调的；反之，则是不协调的。

**3. 各产业之间的相对地位是否协调**

在一定的经济发展阶段，各产业的经济作用以及相应的增长速度是不同的，因而各产业在产业结构中所处地位也是不同的，从而形成了各产业之间有序的排列组合。各产业相对地位的协调要求产业结构内部各产业的排列组合具有比较丰富的层次性，各产业之间的主次与发展的轻重缓急关系比较明确和适宜。如果各个产业主次不分、轻重无序，甚至出现产业的结构扭转，则说明各产业之间的相对地位是不协调的。

**4. 产业间的供给与需求是否相适应**

在需求正常变动的前提下，产业结构的协调将使其具有较强的适应性和应变能力，即通过自身结构的调整适应新的需求变动，使供给和需求之间的矛盾弱化。相反，如果对于需求的正常变动，供给迟迟不能作出反应，造成长时间的供需不平衡，则说明产业间的结构是不协调的。

## （二）产业结构合理化的基准

### 1. 国际基准

国际基准即以库兹涅茨、钱纳里和塞尔奎因等人倡导的标准产业结构为依据,判断经济发展不同阶段上的产业结构是否达到了合理化(表 4-1 和表 4-2)。需要注意的是,以大量的历史数据进行统计回归所得出的产业发展的标准产业结构,确实能够反映产业结构变动的一般规律,从而可以被用来作为认识和判断各国产业结构变动是否合理的参照系。但是,这种"标准结构"的参照系至多只能作为判断产业结构是否合理的一种粗略依据,而不能成为一种绝对的判断标准。

表 4-1　库兹涅茨的标准产业结构

| 产　　业 | 人均国民生产总值的基准水平(1964 年美元) | | | | | | | | |
|---|---|---|---|---|---|---|---|---|---|
| | <100 | 100 | 200 | 300 | 400 | 500 | 800 | 1 000 | >1 000 |
| 产值构成/% | | | | | | | | | |
| 第一产业 | 52.2 | 45.2 | 32.7 | 26.6 | 22.8 | 20.2 | 15.6 | 13.8 | 12.7 |
| 制造业 | 12.5 | 14.9 | 21.5 | 25.1 | 27.6 | 29.4 | 33.1 | 34.7 | 37.9 |
| 基础设施 | 5.3 | 6.1 | 7.2 | 7.9 | 8.5 | 8.9 | 9.8 | 10.2 | 10.9 |
| 服务业 | 30.0 | 33.8 | 38.5 | 40.3 | 41.1 | 41.5 | 41.6 | 41.3 | 38.6 |
| 劳动力构成/% | | | | | | | | | |
| 初级产业 | 71.2 | 65.8 | 55.7 | 48.9 | 43.8 | 39.5 | 30 | 25.2 | 15.9 |
| 制造业 | 7.8 | 9.1 | 16.4 | 20.6 | 23.5 | 25.8 | 30.3 | 32.5 | 36.8 |
| 服务业 | 21.0 | 25.1 | 27.9 | 30.4 | 32.7 | 34.7 | 39.6 | 42.3 | 47.3 |

注:由于四舍五入,各部分之和不严格等于 100。后文同,不再说明。

表 4-2　钱纳里和塞尔奎因的标准产业结构

| 产　　业 | 人均区域生产总值的基准水平(1980 年美元) | | | | | |
|---|---|---|---|---|---|---|
| | <300 | 300 | 500 | 1 000 | 2 000 | 4 000 |
| 产值构成/% | | | | | | |
| 第一产业 | 46.3 | 36.0 | 30.4 | 26.7 | 21.8 | 18.6 |
| 第二产业 | 13.5 | 19.6 | 23.1 | 25.5 | 29.0 | 31.4 |
| 第三产业 | 40.1 | 44.4 | 46.5 | 47.8 | 49.2 | 50.0 |
| 劳动力构成/% | | | | | | |
| 第一产业 | 81.0 | 74.9 | 65.1 | 51.7 | 38.1 | 24.2 |
| 第二产业 | 7.0 | 9.0 | 13.2 | 19.2 | 25.6 | 32.6 |
| 第三产业 | 12.0 | 15.9 | 21.7 | 29.1 | 36.3 | 43.2 |

### 2. 需求结构基准

需求结构基准即以产业结构和需求结构相适应的程度作为判断产业结构是否合理的标准。两者适应程度越高,产业结构越合理;相反,两者不适应或很不适应,则产业结构不合理。但是,单纯以此基准来判断产业结构是否合理具有一定的片面性,因为首先要确定需求是否正常,在需求正常的前提下,才可以对产业结构是否合理进行判断。若需求畸形,则供需之间产生差距是正常的;若产业结构适应畸形的需求发生变动,则这种变动恰恰是不合理的。

### 3. 产业间比例平衡基准

产业间比例平衡基准即以产业间的比例是否平衡作为判断产业结构合理与否的标准。从理论上说,经济增长是在各产业协调发展的基础上进行的,产业之间保持比例平衡是经济增长的基本条件。但是,不能将此基准绝对化,认为无论何时何地产业结构都要保持这种比例平衡才是合理的。事实上,在经济的非均衡增长情况下,各产业部门的增长速度是不同的,有的高速增长,有的低速增长,从而导致相互之间的比例发生变化,出现结构不平衡。一般情况下,这是正常的。只有那种超越了一定界限的结构失衡,才会导致经济不能正常运作,才是真正的结构不合理。

上述三种判断基准从不同角度来考察产业结构是否合理,既有其科学性,又有其局限性。国际基准忽视了经济条件的不同,需求结构基准将供需的适应性作为唯一的判断标准,产业间比例平衡基准忽略了经济非均衡增长对产业间比例的积极影响。因此,不能将其中某一基准作为判断产业结构是否合理的绝对基准,而应全面考察、综合运用。

## (三)产业结构合理化的调整

### 1. 产业结构合理化的调整过程及收益

产业结构合理化的调整主要包括两个过程:一是在部门、行业之间不断进行调整、协调,使之趋于均衡的过程;二是均衡被打破的过程。除特殊情况外,均衡被打破的原因主要包括两个方面:一是需求和需求结构发生变化,产业结构随之发生调整;二是由于技术进步,某些产业供给能力发生变化,则产业结构需要作出调整以适应相对不变的需求和需求结构。

短期内,在技术水平没有发生重大变化的情况下,产业结构由不合理转向合理的过程中,其边际收益是递减的。这是因为结构调整的过程是结构扭曲程度不断缩小的过程。进而由于产业结构扭曲所造成的经济损失也逐渐减少,从而通过纠正产业结构扭曲所获得的收益也将越来越少。但长期内,由于技术进步的存在,结构调整会一次又一次地进行,其边际收益不再表现出递减的规律。技术的进步使满足需求所需的劳动力和各种物质生产要素得到节约,生产效率成倍提高,促使人类生活水平不断提高。如果将由于技术进步造成的每一轮产业结构调整视为整体产业结构变化的"边际",边际收益并不是递减的。

### 2. 产业结构合理化调整的动力机制

产业结构合理化调整的动力是结构调整过程中收益的存在,但在不同的结构调整机制中,结构调整动力的表现形式是不同的。产业结构调整机制是一种根据现有产业结构状态,通过输入某种信号和能量,引起结构的变动,从而形成新的产业结构状态的作用过程。根据输入信号的性质和调整方式的类型,可以将产业结构的调整机制分为市场机制和计划机制。

**1）产业结构合理化调整的市场机制**

产业结构调整的市场机制在很大程度上是一种经济系统的自我调整过程,即经济主体在市场信号的引导下,通过生产资源的重组和在产业部门间的流动,使产业结构尽可能适应需求结构变动的过程。如果需求结构发生变化,破坏了原有的供需结构,会引起产品的价格波动。当价格波动幅度大到一定程度,即大到部门间生产资源转移的临界点(转移后收益＝转移成本＋机会成本)时,产品价格下降部门的资源就会转移到产品价格上涨的部门,直到形成供给结构和需求结构之间新的平衡点为止。在产业结构调整的市场机制中,产业结构变动的信号就是市场价格,无数分散的企业是产业结构调整的主体,企业对增加利润和避免损失的追求是产业结构调整的动力。

**2）产业结构合理化调整的计划机制**

产业结构调整的计划机制是一种对经济系统的调控过程,即政府向经济系统输入某种信号,直接进行资源在产业间的配置,使产业结构得以变动的过程。政府机关根据现有产业结构的状况和对产业结构变动的预测,从经济发展的总体目标出发,通过纵向等级层次向经济主体发布指令,以调整产业部门间的供求关系。指令通常包括两类:一类是应用各种经济手段,如价格手段、财政手段、金融手段,引导企业的投资方向,以保证企业的投资有利于国民经济整体价格的优化;另一类是直接运用各种行政手段,如制定经济发展的各种方针、政策、规章制度和计划干预经济生活,使产业结构向合理化方向演变。

产业结构调整的市场机制和计划机制各有其优点与局限性:市场机制比较准确、稳妥和灵敏,市场机制是事后调节,成本较大,时滞较长;反观计划机制具有事前主动性,调整成本较小,但准确性欠佳,市场摩擦较大。因此,单独使用其中一种调整方式,难以达到产业结构合理化的目的。只有把两者有效结合起来,才能达到较好的产业结构合理化调整的效果。

# 二、产业结构的高级化

## （一）产业结构高级化的内涵

产业结构高级化主要是指产业结构从低水平状态向高水平状态发展转化的动态过程。产业结构高级化强调技术集约化程度的提高,要求主导产业和支柱产业尽快成长与更替,打破原有的产业结构低水平的均衡,实现少数高科技、高效率产业的超前发展,然后带动相关产业及整个国民经济的发展。

产业结构的高级化经历三个阶段:第一阶段是产业结构的重化工业化,是指在经济发展和工业化过程中,重化工业比重在轻重工业结构中不断增加的过程;第二阶段是高加工度化阶段,高加工度化一方面意味着加工组装工业的发展大大快于原材料工业发展,另一方面意味着工业体系从生产初级产品为主阶段向生产高级复杂产品为主阶段过渡;第三阶段是知识技术高度密集化阶段,即在高加工度化过程中,各工业部门越来越多地采用高级技术,导致以知识技术密集为特征的尖端工业的兴起。这个阶段,产业结构的成长开始突破工业社会的框架,实现向"后工业社会"的产业结构转变。

产业结构高级化的内容可以从产业结构的比例和产业结构高级化的程度两个方面进行概括。

从产业结构的比例来看,产业结构高级化的内容包括:①产业重点依次转移。在整个产业结构中,由第一次产业占优势比重逐级向第二次、第三次产业占优势比重演进。②向各种要素密集度依次转移。产业结构中由劳动密集型产业占优势比重逐级向资金密集型、技术知识密集型占优势比重演进。③向产品形态依次转移。产业结构中由制造初级产品的产业占优势比重逐级向制造中间产品、最终产品的产业占优势比重演进。

从产业结构高级化的程度来看,产业结构高级化的内容包括:①产业高附加值化,即产品价值中所含剩余价值比例大,具有较高的绝对剩余价值率和超额利润,是企业技术密集程度不断提高的过程;②产业高技术化,即在产业中普遍应用高技术(包括新技术与传统技术复合);③产业高集约化,即产业组织合理化,有较高的规模经济效益;④产业高加工度化,即加工深度化,有较高的劳动生产率。

### (二) 产业结构的高级化过程

产业结构的高级化是通过产业间优势地位的更迭来实现的,是各个产业变动的综合结果。产业结构高级化以单个产业部门的变动为基础,只有单个产业部门的变动才会引起并导致整个产业结构的变化。从单个产业部门的变动来看,其一般会经历"形成—扩张—成熟—衰退"的运动过程。产业形成的关键因素之一是产业创新,而产业衰退的本质是产业创新能力的下降。可见,任何一个产业部门的发展,都与创新相联系,表现出扩张与收缩的规律性。

一个国家的各个产业部门可以依据其距离创新起源的远近来确定各自的相对地位。库兹涅茨通过研究发现,从较长的时间序列看,产业增长速度随着该产业扩张、成熟到衰退而处于高速增长、匀速增长和低速增长的变动中。如果从一个时点看,总会看到多种处于不同增长速度的产业,即低增长部门、高增长部门和潜在高增长部门同时存在。一般高增长部门由于距离创新起源更近而处于相对优势地位,在总产值中占有较大的份额,并支撑着整个经济的增长。随着时间的推移,由于新的创新与创新的扩散,产业结构的变动呈现为高增长优势产业间的更迭。当原有高增长部门因创新减缓而减速时,便会被新的高增长部门所取代。在随后递进的发展过程中,潜在的高增长部门又会转化为现实的高增长部门,以代替原来高增长部门的位置。因此,产业结构的变动是通过产业间优势地位的更迭实现的(图4-2)。

衡量产业优势地位的标准主要有三种:一是附加价值,强调利润率;二是产业产值比重,强调产值规模;三是产业关联效应,强调产业影响力。附加价值高的产业、产值比重大的产业以及受原材料供应影响较大的产业就是优势产业。

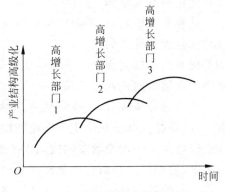

图4-2 产业结构高级化过程

### （三）产业结构高级化的根本动因和表现形

#### 1. 产业结构高级化的根本动因

产业结构高级化的根本动因是创新。按照经济学家约瑟夫·熊彼特（Joseph Schumpeter）的观点，创新是引入一种新的生产函数，以提高社会潜在的产出能力。其具体表现为三个方面：创造出新的商品和服务；在既定的劳动力和资金的约束下增加产出数量；具有一种扩散效应的功能，能促进经济的快速发展。因此，创新不仅可以提高生产商品和服务的能力，而且可以增加商品的种类；同时，创新的出现在产业结构效应的作用下能够引起关联产业的一系列积极变化。历史经验表明，创新是产业结构升级并引起产业结构质变的强大推动力。创新对产业结构升级既有直接影响，也有间接影响。

创新对产业结构的直接影响主要表现为：创新引起生产要素在产业部门之间的转移，导致不同部门的扩张或收缩，从而促进产业结构的有序发展。创新对产业结构的间接影响主要表现为以下几个方面：一是创新带来新的市场需求，新的市场需求带来新的产业的良性循环；二是创新带来生产方式的变革和生产社会化程度的提高，使得生产方式朝着多样化、社会化、国际化的方向发展。

#### 2. 产业结构高级化的表现形式

前文所述高增长部门（图 4-2）通常指产业系统中的主导产业，所以产业结构高级化的表现形式就是主导产业的有序更替。创新可使主导产业快速扩张，进而导致其他产业乃至整个产业结构的升级。从产业结构演变的历史（第三章第二节）可以发现，不同的经济发展阶段对应着不同的产业结构，而不同产业结构的突出特点是有不同的主导产业。随着经济活动范围的不断扩大和社会分工的进一步深化，由单个产业充当主导产业角色来带动整个经济发展和产业结构演变的现象几乎不再存在，而越来越多的是由一组产业形成一个"主导产业群"来带动经济发展和产业结构向高级化演变。

## 三、产业结构合理化和高级化的关系

产业结构合理化与高级化是相互作用、相互影响和相互依存的，两者共同构成了产业结构优化的有机整体。

从静态分析来看，产业结构合理化是产业结构高级化的基础；产业结构高级化是产业结构合理化发展的趋势与方向。脱离合理化的高级化是一种"虚高级化"，缺乏合理化的基础就会难以完成向产业结构高级化的演进。若单纯追求合理化、排斥高级化，必然会阻碍产业结构向长期的更高水平的方向发展。

从动态分析来看，产业结构有序演进的过程就是合理化与高级化有机统一的过程。首先，产业结构高级化产生于产业结构合理化；其次，产业结构高级化的过程也是产业结构由较低水平的均衡状态向较高水平的均衡状态演进的过程。因此，在产业结构优化的过程中，要把产业结构合理化和产业结构高级化有机结合起来，在产业结构合理化的过程中促进产业结构高级化，在产业结构高级化的过程中带动产业结构合理化，从而实现产业结构的优化。

# 第三节 产业结构优化的分析方法

## 一、产业结构合理化的分析方法

### （一）国际比较法

以库兹涅茨和钱纳里的标准产业结构为基础，对某一国的产业结构与相同国民生产总值下的标准产业结构加以比较，偏差较大时即认为此时的产业结构是不合理的。此种方法只能大致判断，而不能最后依此认定产业结构是否合理。

### （二）影子价格分析法

按照西方经济学的理论，当各种产品的边际产出相等时，就表明资源得到了合理的配置，各种产品供需平衡，产业部门达到最佳组合。因此，可用各产业部门的影子价格与其整体影子价格平均值的偏离程度来衡量产业结构是否合理。偏离越小，产业结构就越趋于合理。

### （三）需求判断法

需求判断法用于判断各产业的实际生产能力与相应的对该产品的需求是否相符，若两者接近或大体接近，则目前的产业结构是较为合理的。

### （四）需求适应性判断法

需求适应性判断法用于判断产业结构是否随着需求结构的变化而自我调节，使产业结构与需求结构相适应，实现社会生产的目的。其判断方法为：分别计算每一产业产品的需求收入弹性和生产收入弹性；若两者相等，则说明此产业与社会需求有充分的适应性；若每一产业的需求收入弹性和生产收入弹性都相等，则说明整个产业结构与需求结构是相适应的，产业结构是合理的。

### （五）结构效果法

以产业结构变化引起的国民经济总产出的变化来衡量产业结构是否在向合理的方向变动，若结构变化使国民经济总产出获得相对增长，则产业结构的变动方向是正确的。

## 二、产业结构高级化的分析方法

### （一）标准结构法

标准结构法是将一国的产业结构与世界上其他国家产业结构的平均高度进行比较，以确定本国产业结构的高级化程度。库兹涅茨在研究产业结构的演变规律时，不但通过序列的数据对产业结构的演进规律进行了分析，而且通过横截面的数据对经济发展阶段与产业结构的关系进行了研究。这种用横截面数据研究产业结构的方法为我们了解一国产业结构发展到何等高度提供了比较依据。

## （二）相似性系数法

以某一参照国的产业结构为标准，通过相似性系数的计算，对本国的产业结构与参照国的产业结构进行比较，以确定本国产业结构高级化程度的一种方法。

设 $A$ 是被比较的产业结构，$B$ 是参照系，$X_{Ai}$ 和 $X_{Bi}$ 分别是产业 $i$ 在 $A$ 和 $B$ 中的比重，则产业结构 $A$ 和参照系 $B$ 之间的结构相似性系数 $S_{AB}$ 为

$$S_{AB} = \frac{\sum\limits_{i=1}^{n} X_{Ai} X_{Bi}}{\sqrt{\sum\limits_{i=1}^{n} X_{Ai}^{2} \times \sum\limits_{i=1}^{n} X_{Bi}^{2}}} \tag{4-1}$$

我国学者曾利用相似性系数法，以日本为参照系，对中国产业结构高级化程度进行了评估，评估结果如表 4-3 所示。

表 4-3　中日产业结构相似性比较

| 日本的比较年份 | | 1930 | 1940 | 1950 | 1960 | 1970 |
|---|---|---|---|---|---|---|
| 1990 | 产业结构相似 | 0.882 8 | 0.982 9 | 0.968 5 | 0.942 9 | 0.909 2 |
| 1994 | 系数 | 0.874 2 | 0.971 8 | 0.948 6 | 0.941 9 | 0.938 0 |
| 1990 | 劳动力结构相 | 0.975 7 | 0.959 5 | 0.973 1 | 0.855 2 | 0.684 7 |
| 1994 | 似系数 | 0.991 9 | 0.982 9 | 0.991 2 | 0.904 1 | 0.754 7 |

## （三）高技术产业比重法

在工业内部，衡量产业结构高级化程度可以用高技术产业比重法，因为产业结构高级化过程，也是传统产业比重不断降低和高技术产业比重不断提高的过程。发展中国家可以以发达国家为参照对象，通过计算和比较不同年代高技术产业的产值、销售收入等在全部工业中的比重，来衡量发展中国家产业高级化的相对水平。

## （四）软化度判别法

产业结构软化主要包括：一是随着产业结构的演进，软产业（主要是指第三产业）的比重不断上升，出现经济服务化趋势。二是随着工业结构的高度加工化和高技术化过程，整个产业结构对管理、技术和知识等"软"要素的依赖大大加强。可依据软化率指数将产业划分为软化产业及硬化产业。软化率的计算一般有两种方法，即

软化率＝非物质投入／（非物质投入＋物质投入）

软化率＝（非物质投入＋工资费用）／生产额

按照日本的标准，软化率大于 $60\%$ 的产业为高软化产业；$40\% \sim 60\%$ 为低软化产业；小于 $40\%$ 为硬化产业。

在实践中，产业结构软化程度的衡量标准较难把握，其内涵相当丰富，主要为：在测

度各经济区域产业结构的软化程度时,选取第三产业占国内生产总值(GDP)的比重和第三产业就业人数占就业总人数的比重进行分析。设某地区的第三产业产值占该地区生产总值的比重为 $a_1$,第三产业的就业人数占该地区就业总人数的比重为 $a_2$,软化程度表示为 $a=(a_1+a_2)/2$。

### (五)高加工度化比重法

高加工度指标体现了加工工业产值的比重。随着产业结构不断升级,产业加工度不断深化,技术、知识密集程度不断提高,附加值也不断增大,所以高加工度化过程也被称为高附加值化过程。同时,随着工业加工程度的加深,工业增长对原材料的依赖度逐渐下降,使得产业对资源、能源的依赖度降低,从而促进产业结构向减物质化方向发展。高加工度化比重法通常用加工工业产值占全部工业总产值的比重或加工工业产值占原材料工业产值的比重来衡量。

# 第四节　区域产业结构优化

## 一、区域产业结构的内涵

### (一)区域的界定

界定区域的方法主要有三种,即均质区域法、极化区域法和行政区域法。

**1. 按均质区域法划分的经济地带**

均质区域法是指以内部性质具有相对的一致性为标准来划分经济区域的方法,该划分方法强调其所属区域的共性。它使位于同一经济带之内的不同地区具有相近的自然、经济、社会等条件和发展水平,其主要目的在于处理不同发展水平的地区之间的关系。例如,《中华人民共和国国民经济和社会发展“九五”计划和 2010 年远景目标纲要》将我国划分为七个跨省市区的经济区域:长江三角洲及沿江地区、环渤海地区、东南沿海地区、西南和华南部分省区、东北地区、中部五省地区和西北地区。经济地带的划分,排除了地区内发展的不平衡因素,有利于一国从总体上把握地区经济发展的基本走向,有助于正确处理国内发达地区与欠发达地区间的关系。

**2. 按极化区域法划分的大经济区**

极化区域法是指按照区域增长极的关联关系来划分经济区域的方法,通常是指以中心城市和交通要道为依据划分的、具有全国意义的专门经济区域。计划区域法以经济效益为核心,强调生产联系和产业结构的合理化,其目的在于充分发挥经济中心的辐射作用,带动地区经济的发展。

**3. 按行政区域法划分的行政区划经济区**

行政区域法是一国政府为了方便管理并有利于实现一定的经济目标,主要按照行政区划来划分经济区域的方法,它强调经济区域中国家行政管理的重要性。行政区域法的优点是区界明确,有利于政府实施经济管理行为。在我国,行政区划经济区包括省级层次的经济区、地市层次的经济区、县市层次的经济区等。具有全国意义的省市区层次的经济区是一个大国进行宏观经济管理所不可缺少的重要层次,它往往与相应等级的极化区域基本一致,具有较强的实际意义。

### (二)区域产业结构的含义

区域产业结构是指一个国家按照一定划分标准划分的经济区域内产业与产业之间的技术经济联系和数量比例关系。区域产业结构按照不同划分标准可以划分为区域三次产业结构、农轻重结构、原材料与加工工业结构、要素密集型产业结构等。区域产业结构既是区域经济结构的主要内容,又是国家总体产业结构的子系统。

### (三)区域产业结构的特点

区域产业结构不仅是全社会生产分工的产物,也是地域分工的产物。各个地区自然条件、要素禀赋等的不同,形成了地区比较优势的不同,产生了地域分工,使各种产业在不同地区的分布情况不同。在地区层次上,地域分工表现为以地区专门化生产为中心的社会再生产各环节、各部门的组合;在国民经济层次上,地域分工表现为各地区之间的生产协作。因此,区域产业结构也可以说是资源有效配置的经济结构与空间结构的结合。一国的地区间由于不存在国界问题,地区间的生产要素和商品具有较强的流动性,区际分工和联系也远比国家之间的生产要素和商品的流动性要强,所以,区域产业结构往往各具特色。一般来说,区域产业结构具有以下特点。

(1)区域产业结构中往往并不具备一国国民经济的所有部门。

(2)区域产业结构中一般都具有若干在全国具有专业化分工优势的产业部门。

(3)各地区比较优势不同,专业化部门各异,产业结构往往存在明显差异。

(4)区域产业结构之间互补性、依存性较强。

## 二、区域产业结构的影响因素

### (一)区域要素禀赋

地区生产要素的特殊性决定了某一地区的产业结构与其他地区的产业结构的不同。劳动力资源丰富的地区有利于发展劳动密集型产业,形成以劳动密集型产业为主导的区域产业结构;劳动力素质较高的地区则有利于发展技术密集型或知识密集型产业,形成以技术或知识密集型产业为主导的区域产业结构;矿产资源丰富的地区有利于发展资源型产业,形成资源型产业为主导的区域产业结构;资金较丰富的地区有利于形成以资金密集型产业为主导的区域产业结构。地区拥有的劳动力、资金、技术和资源等生产要素是区域产业结构的决定性因素。发展地区经济一定要根据地区的要素禀赋条件来安排。区域产业结构的现实水平脱离不了地区生产要素的供给状况,区域产业结构的优化也必须从地区生产要素供给的现实条件出发。

### (二)需求结构导向

需求结构是产业结构演进的推动力。旺盛的消费需求为地区产业的发展提供了广阔的市场,为产业的扩张提供了市场保证。需求结构的变化又会引起产业结构的变化。地区消费水平的提高将促使消费结构升级,从而促进区域产业结构的高级化。同时,在区际分工协作的条件下,区域产业结构会受到其他地区需求结构的影响,特别是受到消费水平较高地区的需求结构的影响。在国际分工的条件下,区域产业结构还会受到国际市场需求结构的影响。实践证明,一个地区的经济开放度越高,其他地区和国际市场的需求结构与该地区的产业间相互关联和影响的程度就越高,也就越有利于该地区产业结构的优化和地区经济的发展。

### (三)地区间的经济联系

地区间的经济联系越紧密,产业的结构效应就越能发挥作用。地区间的经济联系主要是地区间商品的区际贸易和生产要素的区际流动。区际贸易是实现地区间比较利益的必由途径。它通过比较各地区的经济优势,形成区域产业结构之间的分工;它还沟通了地区间的产业关联,使区域产业结构受到其他地区需求结构和供给结构的影响。生产要素的区际流动将改善地区生产要素的供给状况,进而优化区域产业结构。在开放经济条件下,区域产业结构还受区外和国际市场的较大影响,国家间的商品贸易和要素流动最终要落实到一国的某些地区,直接影响这些地区的产业结构,并通过区际联系间接影响其他地区的产业结构。

### (四)生产的地区集中度

生产的地区集中度是指一个地区的某产业或产品的生产规模占全国的比重。它可以用区位熵来表示。生产的地区集中度主要受国家的产业布局战略、经营环境、市场规模、生产要素等多种因素的影响,生产的地区集中度的不同就决定了不同的区域产业结构。

## 三、区域产业结构优化的判断标准

区域产业结构优化就是区域产业结构趋向合理化和高级化的过程。区域产业结构优化有非常严格的衡量标准,合理的区域产业结构体系是由产业结构的特性决定的,而产业结构是一个相互制约、相互促进的有机整体。所以,要评价一个区域的产业结构是否优化,必须采取相互联系的指标体系、系统性的分析。判断区域产业结构是否优化主要有以下标准。

（1）是否充分合理地利用了自然资源。

（2）各产业发展是否协调,是否存在"瓶颈"产业。

（3）是否及时提供社会所需要的产品和服务。

（4）是否取得了最佳经济效益。

（5）国内外的成熟技术是否得到了合理开发与利用。

（6）能否充分开展区域间的分工合作。

（7）是否有利于生态环境的改善。

## 四、区域产业结构优化的经济指标

优化区域产业结构,促进区域产业结构的合理化和高级化,必须进行大量的论证工作。论证体系的建立还需借助一些定量分析的方法,包括多种指标体系和经济模型。

### (一)区域产业结构合理化的经济指标

区域产业结构合理化反映了不同产业间要素的协调能力与关联程度,衡量依据是产业之间发展是否协调并实现了资源有效配置。基于偏离均衡的思想,被广泛采用的方法主要包括 Krugman 产业结构差异系数、产业结构偏离度和泰尔指数。

#### 1. Krugman 产业结构差异系数

保罗·克鲁格曼(Paul Krugman)在研究地区专业化与地区间贸易问题时,构造了计算不同地区产业结构差异的指标,也被称为行业分工指数或产业专业化系数,该指数后来被用来衡量产业结构差异。Krugman 产业结构差异系数(以下简称 Krugman 系数)衡量了某地区($k$)的产业结构与其他地区均值的差异程度,具体形式为

$$\mathrm{KI}_k = \sum_{j=1}^{n} | s_{kij} - s'_{kij} | \tag{4-2}$$

假定 $k$ 为某地区,$k^*$ 代表区别于 $k$ 地区的其他地区,$n$ 是国家行业体系中行业总数,$i$ 和 $j$ 分别代表大类行业和小类行业,$s_{kij}=x_{kij}/x_k$ 表示 $k$ 地区 $i$ 大类 $j$ 小类行业劳动人员占 $k$ 地区劳动人员比重,$s'_{kij}=\dfrac{\sum_{k^*} x_{ij}^{k^*}}{\sum_j \sum_{k^*} x_{ij}^{k^*}}$ 指全国其他地区 $i$ 大类下 $j$ 小类行业人员占全国其他地区全部行业人员的比重。KI 介于 0 到 2 之间,值越大,表示 $k$ 地区与全国总体的产业结构差异也越大。地区 $k$ 与全国产业结构平均水平完全相同时 KI=0,完全不同时 KI=2。后来有学者对 Krugman 系数进行标准化改进,形式如下:

$$\mathrm{KI}_k = 1 - \frac{1}{2} \sum_{j=1}^{n} | s_{kij} - s'_{kij} | \tag{4-3}$$

改进的 KI 指数范围被限定在 0~1 之间,含义与原系数的方向相反,即值越大表示 $k$ 地区与全国平均水平的产业结构差异越小。

#### 2. 产业结构偏离度

1970 年,钱纳里等学者从要素投入与产业结构耦合的角度提出产业结构偏离度概念,以考察产业结构与就业结构之间的差异程度,表达式为

$$\mathrm{SDD}_k = \sum_{j=1}^{n} \left| \frac{Y_{kij}/x_{kij}}{Y_k/x_k} - 1 \right| = \sum_{j=1}^{n} \left| \frac{Y_{kij}/Y_k}{x_{kij}/x_k} - 1 \right| \tag{4-4}$$

其中,$\mathrm{SDD}_k$ 表示 $k$ 地区产业结构偏离度,$Y_{kij}$ 为 $k$ 地区 $i$ 大类 $j$ 小类行业总产值,$x_{kij}$ 是 $k$ 地区 $i$ 大类行业下 $j$ 小类行业的劳动人员数量,$x_k$ 和 $Y_k$ 分别表示 $k$ 地区从业人员总数和产值总量。依据古典经济学理论,当经济体处于均衡状态时,各产业部门的生产率应该相等,即 $Y_{kij}/x_{kij}=Y_k/x_k$ 时 $\mathrm{SDD}_k=0$。按照这样的思路推论,$\mathrm{SDD}_k$ 越大,意味着 $k$ 地区产业结构偏离均衡程度越大,产业结构越不合理。

### 3. 泰尔指数

享利·泰尔(Henri Theil)在绝对信息熵的基础上,引入了相对信息熵的概念来衡量地区之间收入的差距。泰尔指数的基本内涵是相对熵,后来经其他学者改进被广泛运用于产业结构合理化的度量,常见的表达形式如下:

$$T_k = \sum_{j=1}^{n} \left[ (x_{kij}/x_k) \times \ln\left(\frac{x_{kij}/x_k}{x_{ij}/x}\right) \right] = \sum_{j=1}^{n} s_{kij} \ln\left(\frac{s_{kij}}{s_{ij}}\right) \tag{4-5}$$

其中,$T_k$ 表示 $k$ 地区产业结构相对于全国平均水平的差异程度,$x_{ij}$ 为全国 $i$ 大类下 $j$ 小类行业的劳动人员数量,$x_{kij}$ 是 $k$ 地区 $i$ 大类下 $j$ 小类行业的劳动人员数量,$x$ 为全国劳动人员总量。如果整个宏观经济系统处于均衡状态,则每个地区的份额都相等,$T_k = 0$;相反,$T_k$ 值越大,$k$ 地区产业结构偏离均衡的程度越大。之后,干春晖等学者借鉴产业结构偏离度和泰尔指数的思想,构造了衡量产业结构合理化的指标,表达式如下:

$$T'_k = \sum_{j=1}^{n} y_{kij} \ln\left(\frac{Y_{kij}/Y_k}{x_{kij}/x_k}\right) \tag{4-6}$$

泰尔指数的目的仍旧是考察两个分布之间的差异,即地区人员与地区产值分布的相对情况,即就业结构与产值结果的相匹配程度,形式上借鉴了泰尔指数相对熵的形式,但并没有从实质上改变产业结构偏离度的设定初衷。

### 4. 区域产业结构合理化指标的比较

产业结构合理化的三种主要衡量方法在参考对象、公式形式和取值范围上存在一定的差别,而在无序性和对称性、计算结果的非负性、判定方向上又具有一定的相似之处。表4-4对三种方法进行了详细对比。

表 4-4　区域产业结构合理化指标对比

| 指标 | 特　征 | Krugman 系数 | 产业结构偏离度 | 泰尔指数 |
|---|---|---|---|---|
| 不同点 | 参考对象 | 其他地区平均水平 | 地区就业水平 | 全国平均水平 |
| | 公式形式 | 绝对值差额求和 | 与 1 相减之差的绝对值求和 | 对数差额加权求和 |
| | 范围 | 大于等于 0 | 大于等于 0 | 0 到 1 之间 |
| 相似点 | 无序性和对称性 | 计算过程不随行业编号变化而变化,且无法区分不同行业特征 | | |
| | 非负性 | 与均衡分布相同时,具有最小值 0 | | |
| | 判定方向:负相关性 | 值越大产业结构越不合理 | | |

### (二)区域产业结构高级化的经济指标

产业结构高级化是产业不断由低级向高级转换的过程,同时表现为生产率水平的增进,其衡量指标的设定也围绕这两方面展开。

### 1. 产业结构层次系数

产业结构层次系数反映了三次产业结构比重的变化区间。假定产业 $j$ 在区域经济中的比重为 $q(j)$,将地区内 $n$ 个产业由高层次到低层次依次排列,则产业结构层次系数表示为

$$w = \sum_{i=1}^{n} \sum_{j=1}^{i} q(j) \tag{4-7}$$

其中，$w$ 值越大，产业结构层次系数就越大，表明该地区产业结构的高级化水平越高。

**2. Moore（摩尔）结构变动指数**

摩尔结构变动指数描述了三次产业按照一、二、三产业的顺序不断演化的过程，其构建的基本思路为：首先，将三次产业增加值占地区生产总值的比重作为空间向量的 3 个分量，构建三维向量 $\boldsymbol{X}_0 = (x_{1,0}, x_{2,0}, x_{3,0})$；然后，分别计算 $\boldsymbol{X}_0$ 与三次产业向量 $\boldsymbol{X}_1 = (1,0,0)$，$\boldsymbol{X}_2 = (0,1,0)$，$\boldsymbol{X}_3 = (0,0,1)$ 之间的夹角 $\theta_j$。[①] 其具体计算公式表示为

$$w = \sum_{i=1}^{3} \sum_{j=1}^{k} \theta_j \tag{4-8}$$

其中，$w$ 值越大，表明产业结构的高级化程度越高。

**3. 基于生产率的高级化指数**

产业结构高级化不仅包括比例关系的演进，还体现为劳动生产率的提高，由此提出以各产业产值比重与生产率的乘积表示产业结构高级化的程度，指标形式为

$$H = \sum_{i=1}^{3} \frac{Y_i}{Y} \mathrm{LP}_i \tag{4-9}$$

其中，$Y_i/Y$ 表示地区产业产值比重，$\mathrm{LP}_i$ 为劳动生产率。$H$ 值越大，表示产业结构高级化程度越高。此外，产业结构高级化的指标还包括表征服务化倾向的服务业与工业的比重、表征工业化发展阶段的高加工度值和重工业化水平值、表征行业创新活动的高技术水平值等。

> **扩展阅读 4-1**

### 长江经济带产业结构优化分析

推动长江经济带发展是党中央、国务院作出的重大战略部署。随着《国务院关于依托黄金水道推动长江经济带发展的指导意见》的出台，长江经济带战略正式进入筹划和实施阶段。《长江经济带创新驱动产业转型升级方案》的发布，进一步强调以创新驱动促进产业转型升级是长江经济带实现经济提质增效和绿色发展的重要任务。推动长江经济带产业结构优化升级，实现各区域产业分工协作，成为长江经济带战略必须解决的重大课题。

#### 一、长江经济带的基本情况

长江经济带覆盖上海、江苏、浙江、安徽、江西、湖北、湖南、重庆、四川、云南、贵州等 11 省（市）。按照地理位置可以将长江经济带划分为上游地区（川、渝、贵、滇）、中游地区

---

① $\theta_j = \arccos\left( \dfrac{\sum\limits_{i=1}^{3}(x_{i,j} \times x_{i,0})}{\sum\limits_{i=1}^{3}(x_{i,j}^2)^{1/2} \times \sum\limits_{i=1}^{3}(x_{i,0}^2)^{1/2}} \right), j = 1,2,3。$

（鄂、湘、赣、皖）和下游地区（苏、浙、沪）。长江经济带已经成为我国继沿海经济带之后最具竞争力、最具活力的第二大综合经济带。加快转变经济发展方式，促进长江经济带产业结构优化升级，增强长江经济带的综合实力和支撑能力，是实现我国区域协调发展和全面建成小康社会的关键举措，意义重大。

按照国际上对工业化阶段的划分，长江经济带整体上处于工业化中期阶段。而三大区域工业化水平差异明显，长江经济带上游地区如贵州、云南等地处于工业化初期阶段，中游地区如江西、安徽等地处于工业化中期阶段，下游地区如江苏、浙江等地处于工业化后期阶段，尤其是上海已经处于后工业化阶段。从产值结构看，近年来，长江经济带整体处于"二、三、一"的产业发展阶段，第一产业比重缓慢下降，第二产业比重缓慢上升，第三产业比重前期上升较快，后期变化缓慢，经济发展水平和产业整体素质都得到大幅提高。从三大区域来看，下游的"长三角"地区的产业结构在近几年不断优化，第二产业增加值比重在逐渐下降，第三产业增加值比重迅速上升，由工业经济向服务经济转化。随着我国西部大开发和中部崛起战略的实施，长江中上游经济发展迅速，进入工业化加速发展阶段，工业产值比重上升较快，特别是长江中游地区从 2005 年开始，第二产业比重已经超过第一产业比重。按照克拉克产业分类法，工业化进程中的产业结构优化就是农业劳动力的相对比重不断下降、工业和服务业劳动力的相对比重不断上升的过程。与产值结构一样，就业结构合理化和高级化趋势明显，第一产业就业比重一直呈下降趋势，非农就业比重显著上升，第三产业就业比重已经超过第二产业就业比重。

## 二、长江经济带的产业结构趋同问题

2016 年发布的《长江经济带发展报告（2011—2015）》指出：长江经济带产业分工与区域合作呈现产业结构调整趋同化的趋势，在上海、江苏和浙江占比最大的 12 个制造业部门中，有半数以上产业相同，这种严重的产业结构同质化使得各区域的比较优势和特色难以发挥，削弱了区域内的分工协作能力，不利于长江经济带的一体化进程。

这里通过采用产业结构相似系数和区位熵指标分析产业结构相似性和部门专门化程度来具体测算长江经济带产业结构的趋同情况。产业结构相似系数 $S_{ij}$ 的计算公式为

$$S_{ij} = \frac{\sum_{i=1}^{n} X_{ik} X_{jk}}{\sqrt{\sum_{i=1}^{n} X_{ik}^2 \times \sum_{i=1}^{n} X_{jk}^2}} \qquad (4\text{-}10)$$

式中，$X_{ik}$ 和 $X_{jk}$ 分别表示部门 $k$ 在 $i$ 地区和 $j$ 地区产业结构中所占的比重，$0 \leqslant S_{ij} \leqslant 1$。如果相似系数值为 0，则说明两个研究区域之间产业结构完全不存在趋同问题；如果相似系数值为 1，则说明两个研究区域之间产业结构完全相同。数值越大，表示两个研究区域之间产业结构相似度越高。一般认为国家之间产业结构相似系数的评价标准为 0.85，由于一国范围内的地区差异较小，可将相似系数的测算标准增大到 0.90。

部门专门化程度用区域熵来反映，是对相似性系数分析的很好补充。区域熵的计算公式为

$$LQ_{ij} = \frac{q_{ij}/q_j}{q_i/q} \qquad (4\text{-}11)$$

式中，$q_{ij}$ 和 $q_j$ 分别表示 $j$ 区域 $i$ 产业产值和工业总产值；$q_i$ 表示全国 $i$ 产业产值；$q$ 表示全国工业总产值。$LQ_{ij}$ 值越大，表明该产业在全国的专门化程度越高。当 $LQ_{ij} > 1$ 时，表明 $i$ 产业在 $j$ 区域的专门化程度高于全国平均水平，属于其专门化部门。一般当区位熵值在 1 和 2 之间时，认为该产业的专门化程度较高；当区位熵值在 2 以上时，则认为该产业的专门化程度很高。根据相应公式对长江经济带的产业相似性系数和部门专门化程度的测算结果分别列示于表 4-5 和表 4-6 中。

**表 4-5 长江经济带产业相似性系数较高区域情况**

| 区　　域 | | 2000 年 | 2005 年 | 2010 年 | 2015 年 | 2017 年 | 平均值 |
|---|---|---|---|---|---|---|---|
| 中游地区 | 鄂/湘 | 0.845 9 | 0.823 6 | 0.772 4 | 0.775 1 | 0.785 1 | 0.805 9 |
| | 鄂/皖 | 0.879 3 | 0.857 8 | 0.862 8 | 0.854 3 | 0.847 3 | 0.833 8 |
| | 湘/赣 | 0.922 1 | 0.931 9 | 0.857 3 | 0.814 5 | 0.801 6 | 0.881 3 |
| | 湘/皖 | 0.885 8 | 0.909 6 | 0.881 1 | 0.821 6 | 0.813 9 | 0.861 7 |
| | 赣/皖 | 0.894 0 | 0.891 6 | 0.826 5 | 0.764 9 | 0.743 7 | 0.812 3 |
| 下游地区 | 苏/浙 | 0.936 9 | 0.815 9 | 0.858 5 | 0.842 8 | 0.823 8 | 0.833 3 |
| | 苏/沪 | 0.846 1 | 0.917 5 | 0.902 0 | 0.892 9 | 0.883 1 | 0.881 6 |
| 上游-中游 | 川/鄂 | 0.783 9 | 0.852 6 | 0.822 7 | 0.871 5 | 0.872 4 | 0.825 6 |
| | 川/湘 | 0.756 5 | 0.882 0 | 0.874 9 | 0.841 3 | 0.821 9 | 0.834 9 |
| | 川/皖 | 0.827 6 | 0.885 1 | 0.802 0 | 0.835 4 | 0.821 2 | 0.843 1 |
| | 渝/鄂 | 0.810 2 | 0.870 9 | 0.887 8 | 0.805 8 | 0.813 6 | 0.813 7 |

注：平均值为 2000—2017 年产业相似系数的平均值。

**表 4-6 长江经济带各省市部门专门化情况**

| 区　　域 | 上游地区 | | | | 中游地区 | | | | 下游地区 | | |
|---|---|---|---|---|---|---|---|---|---|---|---|
| | 四川 | 重庆 | 贵州 | 云南 | 湖北 | 湖南 | 江西 | 安徽 | 江苏 | 浙江 | 上海 |
| 煤炭开采和洗选业 | ☆ | ☆ | ★ | | | ☆ | | ★ | | | |
| 石油和天然气开采业 | ☆ | | | | | | | | | | |
| 农副食品加工业 | ☆ | | | | ☆ | ☆ | ☆ | ☆ | | | |
| 食品制造业 | | | | | | | | | | | |
| 饮料制造业 | ★ | | ★ | | | | | ☆ | | | |
| 烟草制造业 | | | ★ | ★ | | ★ | | | | | |
| 纺织业 | | | | | ☆ | | | | ☆ | ★ | |
| 纺织服装、鞋、帽制造业 | | | | | | | | | ☆ | ★ | |
| 皮革、毛皮、羽毛业 | | | | | | | | | | ★ | |
| 石油加工业 | | | | | ☆ | ☆ | | | | | ☆ |
| 化学原料及化学制品业 | ☆ | | ☆ | ☆ | ☆ | ☆ | | | ☆ | | ☆ |
| 医药业 | ☆ | ☆ | ★ | | | | ★ | | | | |
| 化学纤维业 | | | | | | | | | | ★ | |
| 橡胶和塑料制品业 | | | ☆ | | | | | | ☆ | ☆ | |

| 区　　域 | 上游地区 | | | | 中游地区 | | | | 下游地区 | | |
|---|---|---|---|---|---|---|---|---|---|---|---|
| | 四川 | 重庆 | 贵州 | 云南 | 湖北 | 湖南 | 江西 | 安徽 | 江苏 | 浙江 | 上海 |
| 非金属矿物制品业 | ☆ | ☆ | | | ☆ | ☆ | ☆ | ☆ | | | |
| 黑色金属冶炼及压延业 | ☆ | | ☆ | ☆ | ☆ | ☆ | ☆ | ☆ | | | ☆ |
| 有色金属冶炼及压延业 | | ☆ | ★ | ★ | | ★ | ★ | ☆ | | | |
| 金属制品业 | | | | | | | | | ☆ | ☆ | ☆ |
| 通用设备制造业 | ☆ | | | | | | | | ☆ | ☆ | ☆ |
| 专用设备制造业 | ☆ | | | | | | ☆ | | ☆ | ☆ | ☆ |
| 交通运输设备制造业 | | ★ | | | ★ | ☆ | | | ☆ | ☆ | ★ |
| 电气机械及器材制造业 | | | | | | | | ☆ | ☆ | ☆ | ☆ |
| 通信设备、计算机业 | | | | | | | | | ☆ | | ★ |
| 电力、热力业 | ☆ | | ★ | ☆ | ☆ | ☆ | | ☆ | | | |

注："☆"表示地区专门化程度比较高的部门，"★"表示地区专门化程度很高的部门。

从表 4-5 可以看出，长江经济带各省市间产业结构具有一定程度的趋同现象。2000—2017 年间长江经济带中游地区和下游地区、上游地区和中游地区跨区域产业结构相似系数的平均值均高于 0.8。由于资源禀赋、人力资本和技术资本的差异，上游地区与下游地区间的产业结构趋同现象不明显。在中游地区内部，各省间的产业结构相似系数虽有所降低，但各年的平均值仍在 0.8 以上，其中湘/赣达到 0.881 3。在下游地区内部，江苏、上海和浙江的产业结构趋同现象明显，江苏和上海的产业结构相似系数在部分年份超过 0.9，平均相似系数达 0.881 6。从表 4-6 可以看出，区位熵的计算结果与相似系数的结果基本一致。结合相似系数和区位熵的分析来看，长江经济带各省市有一定程度的产业趋同现象，主要集中在煤炭、化工、医药、冶金、机械、电力等高耗能、高耗水和高污染以及资源依赖型较强的产业。

从数据分析结果可见，长江经济带各省市存在一定的产业结构趋同现象，中上游地区的优势产业以劳动密集型产业和资源密集型产业为主，科技含量低，处于产业链的上游；下游地区的产业以外向型产业和高科技产业为主，附加值高，处于产业链的下游。因此，需要加强对长江经济带产业布局的宏观指导，积极引导资源加工型、劳动密集型等具有成本优势的产业以及资本密集型和技术密集型等市场需求高的产业向中上游地区转移。加快形成中上游地区和下游地区资源双向流动机制，引导下游地区的资金、技术、人才等优势产业经济要素向中上游地区转移，引导中上游地区的矿产、水电等能源资源向下游地区流动，从而加强各区域产业的分工协作，并最终促进长江经济带产业结构优化升级。

资料来源：赵玉林，汪芳.产业经济学原理及案例[M].5 版.北京：中国人民大学出版社，2020.

## 本章要点

1. 产业结构优化是指通过对产业不断进行调整，使各个产业实现协调均衡发展，并满足不断增长的社会需求的过程。产业结构优化的内容主要包括供给结构的优化、需求结构的优化、国际贸易结构的优化和国际投资结构的优化四个方面。

2. 产业结构优化促进国民经济持续快速增长的机理主要通过以下四步过程实现：调整影响产业结构的决定因素→产业结构得到优化→产业结构效应发挥作用→国民经济得到持续快速发展。

3. 产业结构优化的目标就是实现产业结构的合理化和高级化，最终实现可持续发展和低碳经济等经济发展目标。

4. 产业结构合理化主要是指产业与产业之间协调能力的加强和关联水平提高的动态过程。

5. 产业结构合理化的基准主要包括国际基准、需求结构基准、产业间比例平衡基准三个方面。

6. 产业结构高级化主要是指产业结构从低水平状态向高水平状态发展转化的动态过程。

7. 创新是产业结构高级化的根本动因。产业结构高级化的表现形式就是主导产业的有序更替。创新可使主导产业快速扩张，进而导致其他产业乃至整个产业结构的升级。

8. 区域产业结构是指一个国家按照一定划分标准划分的经济区域内产业与产业之间的技术经济联系和数量比例关系。区域要素禀赋、需求结构导向、地区间的经济联系和生产的地区集中度是影响区域产业结构的四个主要因素。

 **关键术语**

产业结构优化　产业结构合理化　产业结构高级化　区域产业结构优化　产业结构相似系数　Krugman 产业结构差异系数　产业结构偏离度　产业结构层次系数　Moore 结构变动指数

 **习题**

1. 试述产业结构优化的内涵。
2. 产业结构优化的内容包括哪些？
3. 试述产业结构合理化和产业结构高级化的含义及其关系。
4. 产业结构合理化的基准有哪些？
5. 简述产业结构高级化的机制。
6. 产业结构合理化和产业结构高级化的分析方法分别有哪些？
7. 试述区域产业结构优化的特点、影响因素及经济指标。

 **即测即练**

## 第二篇

产业空间

在国民经济不断发展的过程中，以最大限度地利用空间资源、促进产业的协调和持续发展为目标，需要在空间上合理配置生产要素和引导产业发展。静态视角下，根据不同地区自然资源禀赋和地域条件的差异，产业在空间上的分布和组合特征表现为产业布局。动态视角下，与某一产业链相联系的大批企业和相关机构在特定地域集聚以实现资源集约利用，而产业转移成为优化生产要素空间布局的重要途径。本篇将从地域空间的视角，介绍产业布局的基本原理和影响因素，分析产业集聚的经济效应、发展模式与衡量方法，讨论产业转移的动力机制和中国发展实践，为产业资源的空间配置与优化提供理论依据及方法论基础。

# 第五章 产业布局

产业布局是产业结构在地域空间上的投影,产业发展离不开其赖以生存的空间环境,产业的空间分布和区位选择也决定着生产要素的优化配置效率。本章从产业布局基本内涵出发,系统梳理产业布局的相关理论和一般原则,详细讨论可能影响产业布局的因素,对我国的产业布局实践进行总结。在本节中,将首先给出产业布局的基本内涵,其次回顾产业布局的相关理论,最后对产业布局的一般原则和规律进行总结。

## 第一节 产业布局概述

### 一、产业布局的内涵

产业布局是指产业在一个国家或地区范围内的空间分布和组合结构的经济现象,是国民经济各部门发展运动规律的具体表现。具体来说,就是通过市场机制和政府引导,使资源在不同地域、不同产业之间进行调整,以达到资源在空间上最优配置的目的。在此过程中,政府发挥着对产业在空间上的规划、部署、协调和组织的重要作用,但产业布局从根本上是基于市场力量作用的结果,是追求利润厂商的区位选择最终决定产业的空间布局。

在某一时点,产业布局是指形成产业的各部门、各生产要素在空间上的分布态势和地域上的组合。从纵向上看,产业布局是同一产业在各地区的配置与关联;从横向上看,产业布局又是聚集在同一地域空间的各产业的关联与组合。因此,产业布局不只是一个组合的固定形态,也是一个动态调整的过程。

### 二、产业布局的区位理论

区位作为产业布局的空间载体,是产业布局理论中最基础的概念。其含义一方面指某事物的位置,包括放置该事物或为特定目标而标定的一个地区、范围;另一方面指该事物与其他事物的空间的联系,包括人类对某事物占据位置的设计、规划。可以说,人类在地理空间上的每一个行为都可以视为一次区位选择活动。例如:农业生产中农作物种与农业用地的选择,工厂的区位选择,公路、铁路、航道等路线的选线与规划,城市功能区的设置与划分,国家基础设施的选址等。由区位产生的区位理论就成为产业布局的基本理论。区位理论研究范围限定于人类为生存和发展而进行的诸类活动,是为了确定各种经济活动在何处进行的原则的理论。从理论发展历程来看,可分为古典区位理论、近代区位理论和现代区位理论。

### （一）古典区位理论

19 世纪 30 年代到 20 世纪 20 年代是产业布局区位理论的形成时期。这一时期，资本主义生产力迅速发展，地区间经济联系急速加剧，商品销售与原料地范围也不断扩大，但同时资本主义经济危机又频繁爆发，亟须从理论上深入分析并解答如何进行合理的产业空间布局这一问题。最早研究这一方向的德国经济学家杜能和韦伯创立了古典区位理论。

#### 1. 杜能的农业区位理论

19 世纪初，普鲁士统治下的德国仍然是一个典型农业国，普遍实行三圃式耕作制，有 1/3 农地处在休耕状态。受西欧资本主义蓬勃发展的影响，普鲁士进行了农业制度改革，取缔了所有依附于土地所有者的隶属关系，这促使贵族成为大的土地所有者和独立的农业企业家，而大量获得了人身自由的农民成为能够自由出卖劳动力的农业劳动者，这就出现了由企业家和劳动者构成的农业企业式经营现象。

1826 年，德国农业经济学家约翰·海因里希·冯·杜能(Johann Heinrich von Thünen)出版了《孤立国同农业和国民经济的关系》一书，首次系统地阐述了农业区位理论的思想，试图解释企业型农业时代的农业生产方式问题。他认为，农业土地经营品种及集约化程度，不仅取决于土地的天然特性，更重要的是取决于其经济状况，特别取决于它到农产品消费地(市场)的距离，而不是农业经营集约化程度越高，农业收益就越大。

杜能假定了一个"孤立国"，并给出假定条件：①肥沃的平原中央只有一个城市；②不存在可用于航运的河流与运河，马车是唯一的交通工具，运费与距离及重量成正比，运费率因作物不同而不同；③土质条件一样，任何地点都可以耕作；④距城市 50 英里(1 英里≈1.61 千米)之外是荒野，与其他地区隔绝；⑤人工产品供应只来源于中央城市，而城市的食品供应则只来源于周围平原，农产品的生产活动是追求地租收入最大的合理活动；⑥矿山和食盐坑都在城市附近。经过分析他得到

$$\pi = P - (C + T) \tag{5-1}$$

其中，$P$ 为农产品价格；$C$ 为产业生产单位成本；$T$ 为单位运费。

特定时期内，孤立国各种农产品的市场价格固定，各地同一种农产品生产成本也固定，即利润和运费的总和为常数，则运费越小，利润越大；反之利润越小。因此，就需要通过合理的农业布局来达到节约运费、增加利润的目标。

由此，他设计了"杜能环"，将孤立国分为六层农业圈，由城市中心向外分别是第一圈自由式农作圈，主要生产易腐难运产品，如蔬菜、鲜奶等；第二圈为林业圈，主要生产木材等；第三圈为轮作式农作圈，主要生产谷物、饲料作物等；第四圈为谷草式农作圈，主要生产谷物、畜产品，且以谷物为重点；第五圈为三圃式农作圈，种植粗放作物；第六圈为畜牧业圈，主要生产畜产品；第六圈以外，土地已无经济开发价值，沦为荒地，如图 5-1 所示。

#### 2. 韦伯的工业区位理论

德国产业革命后，近代工业快速发展，形成了大规模的地域人口移动，人口向大城市

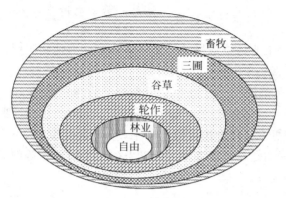

图 5-1　杜能环

不断集聚。同时,社会分工普遍加强,特别是钢铁和机器制造业蓬勃发展,交通运输水平大幅提高,使工厂不得不寻求最佳区位,以减少生产成本,获得最大利润。在此背景下,阿尔弗雷德·韦伯(Alfred Weber)分别于 1909 年和 1914 年出版《工业区位理论:区位的纯粹理论》《工业区位理论:区位的一般理论及资本主义的理论》,提出了以研究成本和运输费用为主要内容的工业区位理论,并对工业区位问题和资本主义国家人口集聚进行了综合分析,其中心思想是区位因子决定生产场所,将企业吸引到生产费用最小、节约费用最大的地点。

区位因子就是影响工业区位的各类经济因素,按作用范围可分为一般因子和特殊因子。韦伯认为,决定工业区位的因素主要有三个,分别是运输费用、劳动力费用、集聚和分散。他将确定最优工业区位的工作程序分为三个阶段:第一阶段,只考虑运费对工业布局的影响,确定共产的最小运费点;第二阶段,引入劳动费,在一阶段基础上产生修改作用,出现第一次变形;第三阶段,加入集聚效应因素,在二阶段基础上进行修改,出现第二次变形,并得到最终的合理区位,这三个阶段分别对应以下三个法则。

(1)运输区位法则。即最优工业区位通常应在运费最低点上。他将龙哈特提出的"区位三角形"一般化为"区位多边形",考虑在原料地和消费地之间寻找运费最低的一点,并假设:①民族、国家、各地区自然条件、文化、技术条件一致;②工业原料和燃料产地为已知点,生产条件或埋藏状态不变;③劳动力供给地为已知点,工资固定、供给量不变;④消费地为已知点,需求量不变;⑤只存在一个交易、生产品种;⑥运费是重量和距离的函数,运输手段是火车。

为解决这一问题,韦伯构建了原料指数来确定工业区位:

$$原料指数 = \frac{生产中耗用的地方原料重量}{制成品重量}　　　　　　(5-2)$$

当原料指数>1 时,生产地多设于原料产地(如钢铁、面粉等);当原料指数<1 时,生产地多设于消费区(如啤酒、酱油等);当原料指数近似为 1 时,生产地设于原料地或消费地皆可(如石油精制、医疗器械等)。

(2)劳动区位法则。当原材料和成本的追加运费小于节省下来的劳动力费时,工厂就会放弃原先运费最少的地点,转向有廉价劳动力的地区。韦伯构建劳动力指数如下:

$$劳动力指数 = \frac{产品的劳动力价格}{制成品重量} \qquad (5\text{-}3)$$

劳动力指数越大,工业区位选择越易受到廉价劳动力地区吸引;反之,则越不易受到吸引。

（3）集聚（分散）区位法则。分散和集聚是相反方向的吸引力,如果企业因集聚所节省的费用大于因离开运费最少或劳动力费用最少的地点需追加的费用,企业会选择集聚或分散移动。具体推算方法可利用等费线理论,等费线指的是单位原料或产品相等运费点的连线,决定等费线的是运费增加额与劳动费（集聚）节约额等同的相切线,在决定等费线内的就是工业最佳区位。

### （二）近代区位理论

20世纪30—60年代是西方产业布局理论的发展时期。这一时期,第二、三产业先后成为国民经济的主导产业,垄断逐渐占据主导地位,市场成为产业发展的关键因素。区位理论也逐渐由成本为重心向市场为重心偏移,进而发展成为近代区位理论。

#### 1. 俄林的一般区位理论

1933年,贝蒂·俄林（Bertil Ohlin）出版《地区间贸易和国际贸易》一书,他认为地区是分工和贸易的基本地域单位,若土地、劳力、资本三个生产要素都是不能自由流动的,则生产要素价格比率的任何变化,都会对已有均衡关系进行破坏,从而产生新的均衡关系,这就是一般均衡的区位问题。从一国来看,各地区生产要素价格的差异,导致了国内贸易和国内各地区工业区位的形成;从国际上看,各国生产要素价格的差异,导致了国际贸易和各国工业区位的形成。

俄林提出,若资本和劳动力在区际范围内可以自由流动,工业区位取决于产品运输的难易程度及其原料产地与市场之间距离的远近,运输方便的区域可专门生产面向市场、规模经济优势明显和难以运输的产品,而运输不方便的地区则应专门生产易于运输、小规模生产可以获利的产品;若不能自由流动,则取决于各地区人口增长率、工资水平、储蓄率和价格比率变化等,这不仅与资本和劳动力配置有关,也受到生产要素在各地区间重新配置和均衡关系变动的影响。

#### 2. 克里斯塔勒的中心地理论

通过对德国南部城镇的调查,瓦尔特·克里斯塔勒（Walter Christaller）1933年在博士论文《德国南部的中心地》中系统地阐明了中心地的数量、规模和分布模式,建立起了中心地理论。他假定地域是一个均质平原,经济活动可以常年在任何一个方向进行,居民购买力是连续、均匀分布的,生产者和消费者都属于理性经济人。

克里斯塔勒提出,一个地区的发展必须有自己的中心地,其基本功能是向区域内各点的居民和单位提供所需的商品与服务。中心地的等级由中心地所提供的商品和服务的级别所决定,并决定中心地的数量、分布和服务范围;中心地的数量和分布与中心地的等级高低成反比,中心地的服务范围与等级高低成正比,服务范围上限是消费者愿意去一个中心地得到货物或服务的最远距离;一定等级的中心地不仅提供相应级别的商品和服务,还提供所有低于这一级别的商品和服务；中心地的等级性表现在每个高级中心地都附属几个中级中心地和更多的低级中心地,形成中心地体系,如图 5-2 所示。

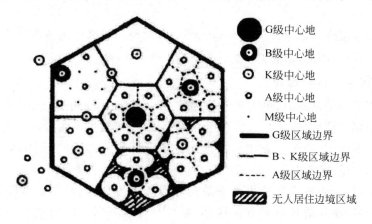

图 5-2 中心地体系

克里斯塔勒从市场原则、交通原则和行政区原则三个方面分析了城市等级体系的分布。

(1)市场原则。低一级的中心地应位于高一级的三个中心地所形成的等边三角形的中央,从而最有利于低一级的中心地与高一级的中心地展开竞争,由此形成 $K=3$ 系统,低一级市场区的数量总是高一级市场区数量的 3 倍。此时,区域结构从尖端到基底的系列是：

1,3,9,27,…

不同规模中心地出现的等级序列是：

1,2,6,18,…

由于此种运输系统联系两个高一等级中心地的道路不通过次一级中心地,因此,被认为是效率不高的运输系统。

(2)交通原则。当 B 级中心地不以初始的、随机的方式分布,而是沿着早期建立的道路系统分布,次一级中心地位于连接两个高一级中心地的道路干线上的中点位置,较高级的中心地除包含一个次级中心地的完整市场区外,还包括 4 个次级市场区,由此形成 $K=4$ 系统。这里市场区数量的等级序列是：

1,4,16,64,…

中心地数量的等级序列是：

1,3,12,48,…

这被认为是效率最高的交通网,由交通原则形成的中心地体系被认为是最有可能在现实社会中出现的。

(3)行政区原则。为解决次级辖区被割裂的问题,克里斯塔勒提出按行政原则组织的 $K=7$ 系统,周围 6 个次级中心地完全处于高级中心地的管辖之下,中心地体系的行政从属关系的界线和供应关系的界线相吻合,每 7 个低级中心地有一个高级中心地,任何等级的中心地数目为较高等级的 7 倍(最高等级除外)：

1,6,42,294,…

市场区的等级序列则是：

1,7,49,343,…

由于其运输系统显示出每位顾客为购买中心性商品或享受服务所需旅行的平均距离较另两个系统都长,因此被认为是效率最差的一种。

### 3. 廖什的市场区位理论

在克里斯塔勒的基础上,奥古斯特·廖什(August Lösch)把商业服务业的市场区位理论发展为市场区位理论,他是区位理论的集大成者,开创了产业布局学的新领域——区域产业布局。他假定,一个工业中心的周围是农业区域,农业区域居民是工业品的购买者、偏好相同;工厂规定它生产出来的产品价格,但运费由消费者承担。

廖什认为,每个企业产品销售范围最初是以产地为圆心、最大销售距离为半径的圆形,产品价格是需求量的递减函数。这样,圆外存在很多潜在的消费者不能得到市场供给,但是通过自由竞争,每个企业都想扩大自己的市场范围,导致圆与圆之间的空当被新的竞争者所占领,圆形市场被挤压,最后会形成以六边形地域细胞为单位的市场网络。如此一来,大多数工业区位是选择在能够获取最大利润的市场地域,既不是费用最小点,也不是收入最大点,而是收入和费用差的最大点,城市的交通线在其中要发挥重要作用,因地而异、规则布局。

## (三) 现代区位理论

20世纪中叶以来,工业化和城市化浪潮使人类的生产方式发生巨大变化,产生了一系列亟待解决的重大区域经济问题。该时期区位论以区域经济为研究对象,以经济活动的部门结构和空间布局最优化为布局目的,要求区域经济的发展必须与社会、生态相协调,发展经济学的兴起更是提供了新的理论基础,使区位理论研究进入现代区位理论阶段。

### 1. 艾萨德的区位指向论

沃尔特·艾萨德(Walter Isard)是西方区域科学(空间经济学)的创始人,1956年出版了《区位和空间经济》一书,在前人的研究基础上,利用宏观均衡方法将局部静态均衡的微观区位论动态化、综合化。他把区域的划分看作空间资源经济的基础,并不把行政划分作为考察的限制条件,区域内资源具有近似性,其相互关系是一个空间中的密切的经济协作关系。

距离因素被认为是影响区位决策的非常重要的因素,为分析经济空间关系,艾萨德提出"输送投入"概念。输送投入指单位重量移动每单位距离的必要投入,运输率作为输送投入的价格由供求决定,与资本、土地、劳动投入等生产要素具有类似性,都是按照利润最大化原理投入。当各部分区位均衡点都一致时,即为完全的区位均衡点,也就是总运费最小点,如果最佳区位不是运费最小点,则区位从运费最小点向劳动力廉价地点转移。这样,他就把区位问题重新表述为一个标准的替代问题:和其他任何成本最小化或利润最大化的决策一样,厂商是在运输成本与生产成本之间权衡,这是一种开创性的贡献。

**2. 增长极理论和点轴布局理论**

增长极理论最早由法国经济学家弗朗索瓦·佩鲁（Francois Perroux）提出，其核心内容是：一个国家要在现实中实现平衡发展是不可能的，由于某些主导部门或有创新能力的企业在特定区域集聚，该地区经济比周边地区发展更快，且对邻近地区经济发展有强大的辐射作用，就形成了"增长极"。"增长极"包括先导产业增长、产业综合体增长和国民经济增长三个层面，在此框架下，经济增长是一个由点到面、由局部到整体依次递进、有机联系的系统，是从一个或数个"增长极"逐渐向其他部门或地区传导的过程。因此，发展中国家要实现工业化和经济发展，应先通过政府计划和重点吸引投资的形式，有选择地在特定地区和城市建立增长极，再大力发挥其经济辐射作用，带动周边地区或经济部门发展，进而促进整个经济发展。

点轴理论是增长极理论的扩展，将区域经济看成由"点"和"轴"构成的网络体系。在区域经济发展过程中，产业首先集中于少数点；随着点的增多，点与点之间由于经济联系的加强，会形成各种使之相联系的交通通信线路，即为轴。这些轴吸引企业和人口向轴线两侧聚集，并产生新的增长点。因此，应指导产业有效地向增长极轴线两侧集中布局，从而由点带轴、由轴带面，形成整个经济全面发展的态势。

**3. 地理上的二元经济结构理论**

瑞典经济学家纲纳·缪尔达尔（Gunnar Myrdal）在《经济理论和不发达地区》中提出，经济发展在空间上不是同时发生的，某些地区由于初始优势先于其他地区发展，要素报酬率较高，投资风险较低，大批的劳动力、资金、技术等生产要素和重要物质资源会由不发达地区流向发达地区，使地域之间的不平衡进一步强化，导致先发展地区越来越发达，其他地区越来越落后，形成发达和不发达区域并存的地理二元经济结构。但当发达地区的产业集中超过一定限度出现规模收益递减时，发达地区会通过资金、技术乃至人力资源向其他地区转移，以降低生产成本，这也给不发达地区带来发展机遇。

因此，单纯依靠市场的力量只会加剧地区之间的不平衡，促进区域之间的协调发展必须有政府的有效干预。在经济发展初期，应优先发展条件较好的地区，通过扩散效应带动其他地区发展；在发达区域发展起来后，应采取一系列特殊举措刺激落后地区发展，缩小地区间发展差异。这对发展中国家产业布局有重要的现实意义。

## 三、产业布局的其他理论

### （一）环境承载力理论

环境承载力是指在某一时期、某种环境状态下，某一区域环境对人类社会、经济活动的支持能力的限度，包括土地资源承载力、水资源承载力、资源环境承载力等，是环境科学的重要概念。环境系统的任何结构均有承受一定强度外部作用的能力，人类活动就是重要的一部分。环境承载力是联系人类活动与自然环境的纽带和中介，它反映出人类活动与环境功能结构间的协调程度，它不仅能够描述该地区环境系统结构特征，还可以描述该地区人口、资源与环境协调程度，并以此提出该地区社会、经济与环境协调、持续与稳定发展的总体战略。在产业布局优化中，必须将产业活动安排在环境承载力限度内，并非产业布局越密集，产生的经济效益越高，经济增长越快。当产业集聚程度超过环境承载力时，环境"崩溃"，会直接破坏地区产业生态，阻碍经济的进一步增长。

## （二）国际贸易理论

国际贸易的规模、结构、内容、方式等对产业布局都会产生影响，随着资本主义生产方式的发展，为适应自由贸易的需要，国际贸易相关理论逐渐发展成熟，如亚当·斯密（Adam Smith）的绝对优势贸易理论，大卫·李嘉图（David Ricardo）的比较优势贸易理论，埃利·赫克歇尔（Eli Heckscher）、俄林的要素禀赋贸易理论等。

斯密认为，国际贸易的原因是国与国之间的绝对成本的差异，如果一国在某一商品的生产上所耗费的成本绝对低于他国，该国就具备该产品的绝对优势，从而可以出口；反之，则进口。各国都应按照本国的绝对优势形成国际分工格局，各自提供交换产品。李嘉图认为，国际贸易的基础是生产技术的相对差别（而非绝对差别），以及由此产生的相对成本的差别，每个国家都应根据"两利相权取其重，两弊相权取其轻"的原则，集中生产并出口其具有"比较优势"的产品，进口其具有"比较劣势"的产品。赫克歇尔—俄林定理指出，同类产品存在的价格绝对差是各国进行交易的直接基础，而引起各国同类物品价格不同的原因是多方面的，最关键的是各国生产各种物品的成本比率不同。成本比率由使用要素的价格差别决定，要素价格由要素相对存量决定，要素存量则是由要素供给决定，要素供给又是由要素禀赋决定的。因此，任何一个国家都应该生产并出口自己资源丰富的要素的产品，进口自己资源缺乏的要素的产品。

## （三）马克思主义产业布局理论

马克思主义产业布局理论是在社会主义建设实践中形成和发展起来的。该理论认为产业布局是一种特殊的社会经济现象，是生产的空间形式，必须统筹兼顾、全面安排，既要从微观角度评估效益，又要宏观评价其经济潜力。综合平衡是产业布局的基本方法，社会生产方式起着决定性作用。

早在100多年前，马克思、恩格斯在《共产党宣言》中就明确地提出并分析了随着资产阶级开拓世界市场，世界经济必然走向相互依赖的原理。苏联地理学家巴朗斯基在20世纪30年代提出了地域生产综合体理论，他认为，地域分工是生产力发展到一定阶段的产物，经济利益是地域分工发展的动力，在社会主义经济条件下，地域分工和地区专业化的发展将带来社会劳动的节约，促进生产力的协调发展。而实现地域分工的必要前提是，商品生产地价格 $C_P$ 加上运费 $t$ 小于商品销售地价格 $C_v$，用公式表示为

$$C_v > C_P + t \tag{5-4}$$

后来的马克思主义经济学家，在研究社会一般分工基础上，形成了劳动地域分工理论，这也是我国产业布局的基本理论。这一理论认为，地域分工是在广阔的区域内按商品分工实行生产的专门化；地域分工把一定的生产部门固定在一定地区；地域分工是生产力发展到一定阶段的产物；地域分工可以节约社会劳动，促进生产力的发展；地域分工的作用取决于社会生产方式及其变革。因而具有比较利益的产业，也不是一成不变的，政

府在进行产业布局时必须在综合平衡中进行鉴别和取舍。

# 第二节 产业布局的影响因素

产业布局的影响因素决定于社会生产本身,合理的产业布局应该是在自然条件、科技发展水平、人力资源、经济发展条件和制度等因素的综合作用下,在满足环境保护和生态平衡的前提下,保障资源配置的长期最优和经济的稳定、快速发展。

## 一、自然因素

自然因素包括自然条件和自然资源两个方面,二者是生产的前提条件,也是产业布局形成的物质基础。自然条件和自然资源并不是两个割裂的部分,它们形成的自然综合体直接影响着人类的产业活动。产业布局受自然规律的制约,人类在改造自然、利用自然的过程中必须尊重自然,因此产业布局要优先考虑自然条件有优势和自然资源禀赋充裕的地方,若没有基础资源和自然条件的支持,产业发展将很难保持长期的稳定发展。

### (一)自然条件

产业布局是产业与地理位置的空间组合,是有地域性的,将每一种产业布局在什么位置能够达到产业整体的最好发展,地理位置起到基础性作用。

首先是自然地理位置因素,其所决定的气候条件、地貌条件、降水量等,直接表现在第一产业的布局上。农林牧渔业,由于受到光、热、水、土等条件的严格限制,其布局的重要原则是因地制宜,各地区应大力发展具有天然比较优势的产业,放弃没有优势的产业。换句话说,各地区第一产业的核心竞争力先天就决定了一大半,一味地发展非优势方向,可能会带来反向作用。

其次是交通地理条件因素。临河靠海的地区,水路优势很明显;平原和丘陵地区,陆路交通发展更为迅速;但大山深处的交通就极为不便,其自有产业发展会明显落后。现代的产业发展并不拘泥于原料地,更多会建设在地理位置优越、交通便利之处,如铁路沿线、交通枢纽等,这些地区及其邻近地区的资源价值也会被优先开发。随着科技的发展,交通网络快速搭建,发达的交通基础设施改变了一个地区的区位条件,促进了区内商品生产要素自由流动,搭建起统一的市场体系和互联互通的信息网络体系,对地区的产业空间布局产生重大影响。

### (二)自然资源

自然资源具有稀缺性、地域性、整体性和动态性,这些特征一定程度上引发了资源的激烈争夺,经济上则表现为资源价格的上涨。通常产业活动会优先向最优的自然资源分布区集中,有明显的"原料地指向型"特征,如中国南方产大米而北方产小麦,再比如水泥厂会在富含石灰石矿地带附近建址。

在产业发展的初期,自然资源是影响产业布局的决定性因素。由于第一产业的劳动对象直接来自大自然,各种农作物的生存环境不同,对自然资源的要求也各有不同,所以土地资源、气候资源、水资源等综合作用,制约着第一产业的布局发展。而自然因素对第二、第三产业布局的影响,主要是通过第一产业发挥作用的。比如重工业中的采掘业、材料工业、重型机械,以及以农产品为原料的轻工业和食品工业,多分布在工业自然资源或农业自然资源较丰富的地区,旅游业的大力发展更是依托在自然的原始美之上。

此外,稳固的地质基础是制造业、建筑业发展的前提。平原利于大规模现代化耕作、灌溉并布局各种运输线路;山区、丘陵不宜发展鲜果和耗材大的制造业;盆地空气流通差,不宜发展冶金、化工等工业。气候对水利枢纽、航海航空、露天采矿、飞机制造,以及旅游业都有很大影响;动植物的分布也可以决定部分产业的布局,如亚欧、北美大陆北部是温带针叶林带,该地区就成为世界木材的主要供应地和造纸业的集中分布区。

## 二、科学技术因素

科技革命使人类社会从手工工场走进"蒸汽时代""电气时代",再到"信息时代",社会生产力飞跃发展,经济全球化的趋势越来越强,为社会生产力发展和人类的文明开辟了更为广阔的空间。科学技术是第一生产力,是影响产业布局的重要条件之一。

### (一)提高资源利用的深度和广度

科技进步提高了资源的开采率和利用率,对区域资源禀赋组织重新划分,使自然资源获得了新的经济意义。部分地区由单一产品生产区变为多产品的综合生产区,生产部门的布局不断扩大,比如早期德国鲁尔区只是煤炭产区,但随着煤的综合利用水平不断提高,逐步发展了煤化学工业、劣质煤发电工业,以及建材工业等;法国北部的甜菜产区,由于榨糖剩余的甜菜渣的利用,发展成为甜菜—养猪地区。科技进步丰富了原料、动力资源,改善了各类矿物资源的平衡状况及它们在各地区的地理分布,从而扩大了产业布局的地域范围,比如燃料结构由木柴向煤、石油、天然气的转变,使得世界燃料基地不断扩大;由于冶炼技术的进步,难以分离的多金属矿在生产上成为可能。

### (二)减少运输成本

随着科技的进步,不断建设新的交通枢纽,交通运输方式变得多种多样,消除了产业布局中的时空障碍,使能源的远距离输送变为现实。运输成本的下降和效率的提高,为产业布局提供了更多的方案。当原材料产地与最终市场不一致时,企业现在可以放宽对运输成本的约束,更多地考虑市场需求、劳动力成本,使供应链快速地对市场需求变化作出反应,更有利于促进产业活动在更大范围内的分布。同时,产业链各环节之间、上下游供应链之间等需要频繁的交流来解决复杂的研发设计、生产工艺、供应链管理等方面的问题,当上下游企业以及企业各部门在新技术的帮助下可以低成本地交换信息,则不必要完成物理空间上的聚集,从而促进产业布局的分散化。

### (三)改变产业结构

新技术的出现,往往会带来一系列新的产业部门:第一次技术革命出现了采煤、纺织、造船、冶金等老工业部门;第二次技术革命出现了机电、石油、化学、汽车、飞机制造等工业部门;第三次技术革命出现了核能、电气、宇航等工业部门;20 世纪 70 年代以来又出现了微电子工业、新材料等新兴工业部门。三次产业方面,随着生产率的提高,农业产品的产量不断增加,农业部门的从业人员不断减少,农业在国民经济中的比重下降;工业产值和工业从业人员在国民经济中的比重不断增加,实现工业化后再逐步下降;服务业在国民经济中的地位不断提高,后工业化的服务业产值和从业人数会逐步超过工、农业。新的技术还会使产业在产品形态、业务流程、产业业态、商业模式、生产方式、生产组织等方面发生深刻变革,进而使产业的宏观空间布局和微观空间布局发生改变。

### 三、人力资源因素

人是生产者和消费者的统一,是社会生产和生活的主体。一定的人口数量和适度的人口增长是保证区域劳动力有效供给的前提条件,在人口年龄构成一定的条件下,劳动人口数量与人口总量成正比;但人口增长过快会制约区域消费水平的提高,而且在国民收入一定的情况下,还会造成消费基金增加,生产积累基金减少,直接影响劳动力素质的提升,间接影响区域产业的发展。因此,在产业布局初期,就要充分考虑人力资源因素对产业发展的影响。

#### (一)人口数量

劳动力是人类生产活动的主要因素,一般来说,充足的劳动力资源对地区生产发展是有利的,它可以充分开发利用自然资源、发展生产,通常以劳动密集型产业为主;而在人口稀少、劳动力缺乏的地区,应选择替代劳动力较多的工艺路线,以避免大幅迁移劳动力带来的成本骤增。劳动力的供给分配直接影响着产业结构转型升级的方向,当劳动适龄人口比例相对较大时,社会生产负担相对较轻,劳动力的抚养负担也较轻,劳动力能够更好地参与产业经济活动,为产业布局提供良好的基础。当出现劳动力缺乏现象时,劳动工资就会提升,产品的生产成本紧跟着增加。另外,人口的消费性能是终身的,人口数量直接影响地区产品的销售量,性别构成、民族分布等差异,也导致了市场需求特征的多样性。这要求产业布局与人口的消费特点、消费数量相适应,最大限度地满足各种层次人口的物质和文化生活需要。

#### (二)人口质量

由于人工智能的快速崛起,当前,只有具有一定经验和劳动技能的人,才是现实生产力。人口质量的高低与生产力水平有直接联系,直接影响科学研究的进程,决定了地区支柱产业,进而影响产业布局的整体走向。高质量的人口和劳动力是发展高层次产业,也就是技术密集型产业的基础,如世界最大的微电子工业基地硅谷的形成得益于附近的高质量科研院所的聚集(斯坦福大学、加利福尼亚大学伯克利分校等)。人口质量可以通过加强劳动力文化教育和技术培训等提高,从而提高劳动效率并为科技进步打牢基础,全面带动产业布局优化,推动产业结构升级、发展高层次产业,为产业布局做好高素质人才支撑。

### （三）人口流动

人口的分布情况引导了产业布局的大体发展方向，其现状是历史产业分布的结果，具有较高的稳定性。若在人口稀少和开发水平低的地区新布局各类产业，首先要迁入相应产业的劳动力，还要在住宅、公用事业、运输等基础设施上大量投入，这就要求优先发展可利用当地自然资源优势的产业，有效提高劳动生产率，尽可能弥补高额投资；若在人口稠密、生产力水平较高的地区新布局各类产业，新增投入就会大幅减少，通常安排劳动密集型产业，如电子电气、仪器仪表、机械工业等。

人口大范围流动会引起人力资本的跨区域转移，直接影响迁入迁出地的人力资本总量，还会产生技术、知识的外溢。当经济相对落后地区的居民向经济相对发达地区迁移时，第一、第三产业影响较为明显，如西亚、南亚等；当国家内部协调，居民由发达地区向落后地区迁移时，人口流动与产业布局、经济发展高度一致，对地区发展具有积极影响，如目前宁夏超过 70％ 的具有大专以上文化程度的知识分子来自沿海一带。需要注意的是，不同类型的人口流动对不同区域不同产业的影响是不同的，如资本市场发达的区域，人力资本的大规模流动会对第三产业造成致命影响。

## 四、社会经济因素

除前文介绍的三大影响因素外，影响产业布局的社会经济因素主要有：市场条件，国家政策与宏观调控，国际环境，其他因素等。

### （一）市场条件

随着市场经济的发展，市场已经成为影响产业布局的一个重要因素。有序的竞争能够推动市场的优胜劣汰，促进生产的专业化协作和产业的合理聚集，使得产业布局指向更有利于以最短的路线、最少的时间、最少的花费进入市场的合理商品流通区位。市场需求是产业布局的基础，产品的市场需求量是产业布局可行性研究的重要前提，是产业布局的重要空间引力，直接影响产业布局的规模、结构。不同区域的消费水平、开发程度、资源配置大不相同，市场需求结构自然不同，产业布局方案也不应相同。要把对市场的行情的研究放在战略的高度考虑，充分了解现有生产供应能力和潜在的供应能力，避免产品积压、重复布局等重大布局失误。另外，随着经济发展、消费观念的改变，消费的规模、结构都会发生变化，产业布局应提前计划、适时调整。

### （二）国家政策与宏观调控

"市场"与"政府"是百余年来经济学持续争论的焦点，市场经济体制下的产业布局主要受市场需求控制、注重效益，易造成产业布局的波动性和趋同化，市场失灵经常发生。而技术创新、污染物排放，经济体制建设等，都需要政府出台专项政策以推动经济的有效发展，我国改革开放首先开辟 5 个经济特区和 14 个沿海开放城市，随后陆续设立了开放城市和通商口岸，采取了引进外资和国外先进技术等一系列措施，有力地推动了国民经济的发展和产业布局的变化，深圳就是靠政策、靠体制获取效益迅速发展的典型案例。

政策的正确与否,对产业布局有至关重要的影响。合理的税制结构可以控制重复建设以小挤大和地区封锁,从而促进产业布局合理化与地区经济的协调发展。产品的地区差价客观地体现了商品生产和消费在空间上的差异与矛盾,合理的地区差价有利于企业按价值规律选择最佳区位,产品的比价关系对产业内部结构的调整和生产的地区分布也有重要作用。当前世界各国普遍制定了一系列经济法规,如土地法、渔业法、森林法、水资源法、环境保护法以及工业法等,详细的法律约束对产业分布影响深远,也为产业健康可持续发展保驾护航。

### （三）国际环境

国际政治、国际关系、军事武装等诸多方面都会对产业布局产生影响。任何国家的经济发展的必要前提都是良好的国内政治局势和国际政治气候,战争或恐怖袭击爆发后会直接破坏国家的基础设施和工厂,使投资者的信心受损,全面打击该国生产、投资贸易和产业发展的各方面,想要恢复重建都是难上加难,更不必说优化产业布局,由此可知,国防安全是产业布局的重要考量要素。地区内外协作条件亦是重要,内外协作条件好的地区,资金、技术、劳动力易于合作和流动,商品的销售渠道多、来源广,产业布局的投资和建设风险大大降低,有利于缩短建设工期和新产品开发周期,产品可以迅速拓展市场,形成良好的正向促进效果。而欠发达地区不具备这样的协作条件,很难得到投资者的青睐和支持。

### （四）其他因素

基础设施是产业发展的硬环境,具有较强的公共品特征,基础设施不完善对产业布局的制约作用非常明显。近年来,我国大力发展基础设施建设,高铁大规模建成通车、全国高速公路网络初步形成,区域间交通条件大大改善,搭建起方便快捷的物流、人流、信息网络,有助于各地区正确分析影响布局的条件,利好产业布局。此外,产业布局具有历史继承性,原有历史基础是在过去生产力水平下形成的,存在布局零乱、设施落后、污染严重等问题,在更新产业布局时,就要充分利用积极因素,改善其不利因素,使产业布局达到最优。

# 第三节　中国产业布局的实践历程

新中国成立以来,我国充分发挥社会主义制度集中力量办大事的优势,以国家发展战略的制定和实施为指引,国土空间尺度上的工业格局先后多次系统性构建与调整,形成了今日中国区域工业的基本形态,实现了由贫穷落后的农业国向门类齐全、体系完整的工业国转变。特别是党的十八大以来,我国深入推进供给侧结构性改革,着力推动高质量发展,经济结构调整取得新进展,产业布局不断优化,区域发展格局优化重塑,发展的协调性和可持续性明显增强。本节将系统总结我国产业布局"均衡—非均衡—相对协调—区域协调发展"四次重大战略调整的实践,寻找产业布局演变的内在依据。

## 一、新中国成立至 20 世纪 70 年代中期：均衡发展的产业布局

新中国成立伊始,70％的工业总产值、80％的钢铁工业、纱锭及 90％的布机都集中在

沿海地区,为改变原来沿海与内地工业失衡的极度不合理的产业布局,我国确立了均衡布局的战略指导思想,通过高度集中的计划机制,实现资源在产业和地域间的组合与再组合。这一思想强调,以内地作为工业化的重点,尽量使生产接近原料地、燃料地及消费地区,减少运输成本,实行各区域的地理分工,均衡配置生产力,使各地的生产趋向平衡,消除地区间经济不平等及城乡差距。

基于此,"一五"计划实施了"156项工程"建设。其核心内容是以苏联援助建设156个重大项目(实际建设150个)为核心构建我国重工业的基础框架,主要布局在东北和中西部的18个城市,重工业领域的投资占总投资额的85%;694个限额以上工业项目中的472个落地内陆,为中西部奠定了良好的工业基础。我国生铁的产量5年内从1949年的25.2万吨增加到467万吨,制造出第一辆解放牌汽车,架起了横跨长江天堑的第一座大桥……以"156项工程"为中心的大规模工业建设,使得近代以来中国工业分布不平衡的局面彻底改观,迅速崛起了一批工业城市,引发了全国城镇体系的系统性重构,新中国重工业结构和区域格局陡然成型。

20世纪60年代中期至70年代末,为保障国防安全,以"国防建设第一,加速三线建设,逐步改变工业布局"为基本方针,实施了以"靠山、分散、隐蔽"为重要原则的三线建设,推动了产业布局的分散化。全国数百万工人、工程师、干部、知识分子、部队官兵和大学毕业生投入其中,推动"工业西进",在中国纵深的腹地中建立完善的工业体系,形成了"大而全"或"小而全"的区域经济体系。1964—1980年的17年间,三线建设累计投入资金2052亿元,建成了1100多个大中型工矿企业、国防科技企业、科研院所和大专院校,三线地区整体生产能力得到大力提升,中国区域工业格局实现了全方位重构。

在均衡产业布局思想的指导下,我国秉持"均衡发展、公平优先"的原则,加大了产业布局向西部地区倾斜的政策力度,极大地拓展了我国生产力发展空间,较短时期内促进了工业体系的形成,但是由于缺乏对产业布局的全面认识,受特殊历史条件的制约,均衡产业布局战略也产生了一些不良的后果。

## 二、改革开放至20世纪末:非均衡发展的产业布局

1978年,改革开放正式启航,邓小平提出了让一部分地区先发展起来的非区域非均衡发展新思路。1988年,他进一步明确提出"两个大局"的发展战略,总体上实施东部优先、集聚发展的区域战略,优先发展东南沿海地区,逐步带动广大中西部地区发展。邓小平指出,"沿海地区要加快对外开放,使这个拥有两亿人口的广大地带较快地先发展起来,从而带动内地更好地发展,这是一个事关大局的问题。内地要顾全这个大局。反过来,发展到一定的时候,又要求沿海拿出更多力量来帮助内地发展,这也是个大局。那时沿海也要服从这个大局。"20世纪80年代初,东部省市率先对外开放,陆续成立国家级经济技术开发区、高新技术开发区、出口加工区和保税区等,成为承接国际产业转移到平台以及高新技术产业化的基地。中西部地区则重点发展能源、原材料工业,以及铁路、水运等交通基础设施,重大项目优先向东部沿海地区倾斜,资源要素快速集中,带来东部沿海地区各个产业尤其是外向型经济相关产业的迅速崛起。

由此,中国产业发展进入非均衡发展阶段,发展重心明显向东部地区转移,1981—

1990 年，全国基本建设投资的 50.1% 投放到东部地区，外国资本和民间资本在东南沿海地区迅速聚集，工业化发展突飞猛进，构成中国经济新的重要一级，至今仍然具有强大的动力和广泛的影响力。与此同时，产业布局加速向南方地区倾斜，1997 年，南方地区工业总产值比重达到史无前例的 63.13%。

非均衡发展战略的实施，带来了东部经济的高速增长，整体增强了我国的经济实力，但区域发展差距却日益扩大。在此背景下，20 世纪 90 年代起，产业布局又逐渐向效率优先、兼顾公平的发展策略转变，强调各区域应按照合理分工、优势互补、协调发展基本原则扶持重点产业，引导产业向沿海、沿江、沿路、沿边地区集中，以交通枢纽城市为中心，辐射周边区域经济发展，形成点线面的区域经济带动模式。

### 三、21 世纪初至 2012 年：相对协调发展的产业布局

进入 21 世纪，我国先后实施了一系列促进区域经济平衡发展的重大战略举措，有效缓解了东、中、西部地区发展不平衡的矛盾，从 1999 年西部大开发开始，2003 年提出东北振兴，2006 年提出中部地区崛起，逐步形成了东部、中部、西部和东北地区"四大经济板块"，这也是"十一五""十二五"时期的区域总体战略。

在三大战略的指导下，2001 年到 2010 年，我国重工业占工业总产值的比重由 51.3% 提高到 71.4%，重化工业内部结构得到优化升级，以原材料工业、电子信息制造业、汽车工业为代表的装备制造业发展明显加快。分地区来看，"西升东降"态势明显，中部地区工业比重由 2003 年的 13.10% 上升到 2012 年的 19.5%，西部地区由 2003 年的 10.59% 上升到 2012 年的 13.87%；中部地区成为承接东部制造业的主要区域，劳动密集型、资本密集型、技术密集型制造业的产值占比分别增加 9.04 个、4.86 个和 5.76 个百分点，均明显高于西部地区和东北地区。"北升南降"趋势明显，南北差距由 2003 年的 23.24% 下降至2012 年的 13.32%，东北工业产值比重稳中有升，工业产值比重由 2003 年的 8.21% 上升到 2012 年的 8.77%，制造业结构由"重"转"轻"，劳动密集型制造业的产值占比提升 4.73个百分点，高于技术密集型和资本密集型制造业。[1][2]

综合全国来看，逐渐扭转了区域差距，全国统一大市场逐渐建立，促进了资源在更大区域范围的优化配置，比较优势得到有效发挥，初步形成东部、中部、东北和西部四大主要区域格局。

### 四、2012 年至今：区域协调发展的产业布局

党的十八大以来，我国先后提出了推进"一带一路"建设、京津冀协同发展、长江经济带和粤港澳大湾区发展战略，着眼于一体联动和重点突破相统一。党的十九大强调实施区域协调发展战略，提出加大力度支持革命老区、民族地区、边疆地区、贫困地区加快发展，强化举措推进西部大开发形成新格局，深化改革加快东北等老工业基地振兴，发挥优

---

① 沈立，倪鹏飞．中国工业发展空间格局演变：历史、现状及趋势[J]．河北经贸大学学报，2022，43(2)：49-58,99.

② 黄汉权：新中国产业结构发展演变历程及启示[EB/OL]．(2019-09-16)．https://mP．weixin．qq．com/s/2foJoNtrJCIomw1eNZUsRQ．

势推动中部地区崛起,创新引领率先实现东部地区优化发展,建立更加有效的区域协调发展新机制。党的二十大报告进一步指出,深入实施区域协调发展战略、区域重大战略、主体功能区战略、新型城镇化战略,优化重大生产力布局,构建优势互补、高质量发展的区域经济布局和国土空间体系,促进区域协调发展的产业布局快速形成。

### (一)深入实施区域发展总体战略

坚持以四大区域板块为空间单元,西部大开发、东北地区等老工业基地振兴、中部地区崛起和东部地区率先发展四大战略一以贯之,明确不同区域空间的主攻方向和重点任务,如"十四五"提出要支持深圳建设中国特色社会主义先行示范区、浦东打造社会主义现代化建设引领区、浙江高质量发展建设共同富裕示范区等。

### (二)谋划实施区域重大战略

2014年以来,习近平总书记亲自谋划、推动了京津冀协同发展、长江经济带发展、粤港澳大湾区建设等区域重大战略落地和河北雄安新区从0到1的建设全过程,实施海南全面深化改革开放、长三角一体化发展、黄河流域生态保护和高质量发展等区域重大战略,着力扩大对外开放、壮大高质量发展动力源并积极应对区域分化带来的局部问题。

### (三)实施区域协调发展战略

党的十九大报告首次提出"实施区域协调发展战略",重点部署了四大区域板块发展、区域重大战略、特殊类型地区发展等工作任务,明晰我国不同区域发展的重点方向。同时,2018年印发的《中共中央 国务院关于建立更加有效的区域协调发展新机制的意见》中指出,区域协调发展三个基本目标为:基本公共服务均等化、基础设施通达程度比较均衡和人民基本生活保障水平大体相当,给予了区域协调发展明确的定位,这是一种相对均衡,而并非狭义的缩小区域间经济差距,追求绝对均衡。

### (四)对特殊类型地区振兴发展给予特殊支持

从维护国家统一、社会大局稳定、民族团结出发,大力支持老、少、边、穷等特殊类型地区提高人民群众生活水平,培育发展内生动力,开创发展新局面。2014—2019年,中央财政累计支援新疆2万多亿元,吸引中央企业和援疆省市企业投资资金2.38万亿元;先后出台支持赣闽粤原中央苏区、左右江、大别山、川陕等革命老区振兴发展规划,全力促进革命老区脱贫攻坚、改善公共服务、夯实内生发展动力。

### (五)取得脱贫攻坚战全面胜利

2020年底,我国如期完成了现行标准下9 899万农村贫困人口全部脱贫,全面消除了绝对贫困,创造了人类减贫史上的一个伟大奇迹。8年间,各级党委全面统筹,五级书记一起抓扶贫,广大党员干部和驻村干部深入基层,拨付专项扶贫资金、组织对口扶贫、出台金融贷款、就业培训等多项措施,打赢了全面建成小康社会的关键一战。

10余年来,产业布局坚持了市场经济的基本原则,鼓励性和援助性政策为主,主要通过财政转移支付保障区域公平,生产力大体上维持了东部最高、中部和西部次之、东北地区较弱的基本格局。产业结构升级取得明显进展,顺应消费升级的新产业、新产品和新业态保持高速增长,传统工业特别是以能源原材料为主的高耗能行业和采矿业比重下降,装备制造业和高技术制造业比重上升,第三产业成为各产业增速的领跑者,创新驱动、服务引领、制造升级的产业布局正在形成。

### 扩展阅读 5-1

#### "十四五"时期中国区域发展大格局:"两横三纵"网格状

"十四五"规划中提出,要"全面形成'两横三纵'城镇化战略格局",并"加快发展现代产业体系 巩固壮大实体经济根基"。2011 年,《全国主体功能区规划》首次提出"两横三纵"的概念,即以陆桥通道、沿长江通道为两条横轴,以沿海、京哈京广、包昆通道为 3 条纵轴。因为区域内部存在集聚效应,城市群是一种以各大核心都市圈为基础,带动周围区域集中资源、互补发展的布局形式。"十四五"时期,"两横三纵"的城市群空间点位将进一步细化为 19 大城市群,每个都以一个或多个重点城市形成的都市圈为核心,最终构成"多圈多核"式城市群格局。这 19 大城市群横跨东西、贯穿南北,实现各圈内部的互助互补和各圈之间的互联互通。

具体来说:优化提升京津冀、长三角、珠三角、成渝、长江中游五大城市群,京津冀、长三角和珠三角地区为主心骨;发展壮大山东半岛、粤闽浙沿海(海峡西岸)、中原、关中平原、北部湾 5 个城市群;培育发展哈长、辽中南、山西中部、黔中、滇中、呼包鄂榆、兰州—西宁、宁夏沿黄、天山北坡等 9 个城市群。"两横三纵"中存在七大节点城市,分别是西安、郑州、武汉、上海、广州、重庆、连云港,西安联通西部与中部,是西部创新产业布局的重点城市之一;郑州和武汉是中部经济圈的一部分,分别是晋陕豫黄河金三角区域经济协作、长江经济带的重要节点之一;连云港代表北部沿海地区,是连云港东中西区域合作示范区的核心;重庆代表西南地区,是成渝经济圈的"双城"之一;上海代表是长三角一体化的聚焦点,南北串通沿海经济带,东西贯穿长江经济带;广州代表南部地区,是粤港澳大湾区的"四大极点"之一。

资料来源:中国产业群区域化大格局:"准确识变,主动求变"——"产业阿尔法"系列一[R]. 中研智业集团,2021.

### 📋 本章要点

1. 产业布局是指产业在一个国家或地区范围内的空间分布和组合结构的经济现象,是国民经济各部门发展运动规律的具体表现。它是一种全面性、长远性和战略性的动态调整过程。产业布局的目标是实现资源在空间上的最优配置,产业布局的优化是建立在经济、社会、环境等可持续发展基础上的效益最大化。

2. 产业布局理论基础是区位理论,历史上有三个发展阶段。一是古典区位理论,包括杜能的农业区位论和韦伯的工业区位论;二是近代区位理论,包括一般区位论、中心地理论和市场区位理论等；三是现代区位理论，包括区位指向论、增长极理论、点轴布局理论、地理上的二元经济结构理论等。

3. 产业布局的其他理论还有环境承载力理论、国际贸易理论、马克思主义产业布局理论等。

4. 影响产业布局的因素主要有自然因素、科学技术因素、人力资源因素和社会经济因素等，具体来说，自然因素细分为地理位置和自然资源两部分影响产业布局；科学技术可以通过提高资源利用的深度和广度、减少运输成本、改变产业结构来影响产业布局；人口数量、质量和人口的流动都对产业布局有重要影响；市场条件、国家政策与宏观调控、国际环境、基础设施等都会影响产业布局。

5. 新中国成立以来，为解决产业发展极度不平衡的情况，我国进行了"均衡—非均衡—相对协调—区域协调发展"四次重大产业布局实践，形成东部、中部、东北和西部四大主要区域格局。

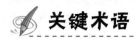

## 关键术语

产业布局　区位理论　杜能环　区位因子　中心地理论　输入投送　增长极　点轴发展模式　地理性二元经济结构　环境承载力　比较优势　劳动地域分工理论　均衡产业布局　非均衡产业布局　区域协调发展。

## 习题

1. 什么是产业布局？
2. 如何理解区位的含义？
3. 产业布局的区位理论演变过程是怎样的？
4. 简述古典区位理论的基本思想。
5. 影响产业布局的主要因素有哪些？
6. 科学技术是如何影响产业布局的？
7. 我国产业布局的实践历程是怎样的？
8. 简述 2012 年至今我国在实行区域协调发展产业布局方面的实践。

## 即测即练

# 第六章 产业集聚

产业集聚是生产同类产品的企业,以及为之配套的上下游企业在某个特定地理区域内高度集中、生产要素在空间范围内不断汇聚的现象。产业经济活动的空间聚集深刻影响并改变着产业发展方式,成为世界各国为提高产业竞争力而形成的一种地理空间结构发展趋势。本章将通过产业集聚的内涵、特征与经济效应的分析,介绍产业集聚的模式和驱动因素,梳理产业集聚的经典理论,进而对产业集聚的三代测度指标进行详细讨论。

## 第一节 产业集聚概述

### 一、产业集聚的内涵及经济效益

#### (一)产业集聚的内涵

斯密指出,分工是经济增长的源泉,而较大的市场容量是劳动力分工促进生产率提升的前提,暗示了专业化分工依赖于一定程度的集聚,开创了系统产业集聚理论研究的先河。新古典经济学派的创始人阿尔弗雷德·马歇尔(Alfred Marshall)在其著作《经济学原理》中首次提出了"产业区"(industrial district)的概念,用于刻画专业化的产业集中分布到特定区位的现象,同时也对产业集聚的概念进行了一定的描述,将产业集聚的原因归结为自然资源禀赋、市场需求以及知识外部性等。

"产业集聚"一词最早见于德国学者韦伯的《工业区位论》中,描述了19世纪后期德国工业企业生产活动在特定地区的集中现象,并将其概括为"集聚理论研究工业的集中化,这种集中化存在于工业生产综合体中,因单位产品的生产更加经济,并以一定数量节约而进行生产"。20世纪90年代,迈克尔·波特(Michael Porter)在其著作《国家竞争优势》中结合经济全球化,从新的视角重新对产业集聚进行解释,此后产业集聚研究才在学术界重新焕发光彩。

产业集聚通常用来描述企业经济活动的地理集中现象,是在一定范围的地理空间或区域内,生产某种产品的企业及其配套上下游企业以及相关的服务业高密度地聚集在一起的现象。产业集聚不仅可以表现为同一产业或多个产业的生产活动在地域空间上的集中,还可以表现为与之相关的产业的服务活动在一定区域内的集中,以及一个产业内部细分行业或者多个细分行业生产经济活动在特定区域空间上的高度集中。微观层面,产业集聚体现为大量相同或相关企业的空间集中。企业是生产要素的载体,企业的区位选择与彼此之间的联系互动实际上就是要素的流动、配置和组合,多个企业的区位选择共同形成了产业的空间布局,产业的集聚和分散即产业空间分布在中观层面上的体现。因此,产业集聚可以被视为一种整合企业间要素资源的有效形式,兼具产业和空间的含义,是产业活动在空间上的集合。

### (二)产业集聚的特征

一般来说,产业集聚主要存在四个特征:空间集中性及多层次性,关联多样性,静态分布与动态演化有机结合,有限性。

#### 1. 空间集中性及多层次性

空间集中性及多层次性是产业集聚的最主要特征,多种生产要素在一定的空间维度上产生集中,这种集中既可以是具体城市的空间集中,也可以是省级行政区的集中,乃至国家或更大区域的产业等集中。

#### 2. 关联多样性

产业集聚受到多重因素的影响,包括地理区位因素、自然禀赋因素、经济体制因素、政策环境因素等,诸多因素交织共同塑造了产业集聚。关联多样性意味着,产业集聚的形成是多因素协同作用下的结果,各生产要素间的相互作用存在多样性。

#### 3. 静态分布与动态演化有机结合

从空间维度出发,产业集聚是普遍存在于各类产业中的一种产业组织形态;而在时间维度上,产业集聚的出现与发展则是一个产业动态演化的过程,这使得产业集聚的概念具有空间分布的静态性和时间演化的动态性。同时,受外部性、规模经济等因素的影响,集聚的形成有较大的偶然性,静态分布与动态演化的有机结合也意味着产业集聚的形成充满了必然性与偶然性的交织。

#### 4. 有限性

产业在某一地区的集聚并不是无限的,不同的经济发展阶段和集聚发展程度会产生不同的离心力和向心力,由此驱动的产业集聚会与产业转移、扩散相辅相成。因此,产业集聚的有限性表现为产业集中与分散的辩证统一。在初始产业集聚的发展态势下,随着资源的消耗殆尽、交通拥挤等问题的出现,原来集聚产业配套的资源空间配置失衡,原产业向外围地区发生扩散,同时在原来的核心产业集聚区域又会形成新产业集聚,最终出现地区间新的合理分工和产业布局。

### (三)产业集聚的效应

#### 1. 微观企业层面

从微观层面看,企业在地理空间上的集中分布构成产业集聚,产业集聚带来的知识溢出、合作机会增加、竞争加剧等效果相互交织,以集聚效应、拥挤效应与选择效应的形式作用于企业,对企业生产率、进入退出决策等产生影响。

企业在某一地理范围内的集聚能够带来密集的劳动力市场、中间投入品共享和知识溢出。集聚的微观机制可进一步划分为共享、匹配和学习。"共享"包括共享不可分割的产品或基础设施、共享中间投入品、共享专业化的收益以及分担风险；"匹配"包括提高匹配的质量、增加匹配的机会；"学习"包括知识的产生、传播和积累，即知识、信息和技术等的溢出。产业集聚带来的上述效应即为集聚效应，集聚效应有助地区生产率水平的提高。

拥挤效应是指在产业集聚过程中，大量企业进入同一集聚地区引致的过度集聚问题。拥挤效应会导致集聚地区交通及通勤成本上升、居住及生活成本上升、生产要素价格上升、基础设施和原材料短缺、生态环境恶化等一系列问题，并且为了争夺原材料和公共基础设施，企业之间还存在过度竞争问题。拥挤效应会阻碍生产率水平的提高。因此，在产业集聚对生产率影响问题的研究过程中，不应忽视拥挤效应的作用。产业集聚带来的集聚效应有助于生产率水平的提高，但是当产业过度集聚时，产业集聚带来的拥挤效应占主导地位，并对地区生产率水平的提高产生阻碍作用。

选择效应是指在考虑企业异质性的情况下，由于集聚地区存在激烈的市场竞争，低生产率企业被迫退出市场，而高生产率企业能够在竞争中胜出并持续存活，从而导致集聚地区企业具有更高的生产率水平。此外，高生产率企业更倾向于选择集聚地区，因为其能够从集聚中获得更大的收益，而低生产率企业倾向于远离集聚区以避免激烈的市场竞争。总之，在选择效应的作用下，集聚地区往往具有更高的生产率。

### 2. 中观产业层面

从中观层面看，产业集聚为产业技术创新提供了沃土技术。创新的基础是基于金融外部性的产业关联与投入共享，技术创新的关键是缄默知识在集聚区内各微观主体间的群化、外化、融合与内化。产业集聚区内各微观主体的生产活动与知识活动蕴含了技术创新的全过程。

从生产活动来看，产业集聚可以降低制成品和中间投入品的运输成本，基于地理邻近和相互信赖建立的生产协作网络，促进专业化分工，降低市场搜寻成本、缔约成本与交易风险，有效地提升了生产效率和创新效率。同时，地理邻近带来了更多的竞争机会，企业间良性竞争刺激企业增加科学技术创新方面人力和资金的投入，促使企业不断提高自身产品水平或者降低成本，同时促进同类企业科技创新的积极性，提高社会整体科技创新水平。

从知识活动来看，有目的的知识交易和源于外部性的缄默知识的吸收都有益于技术创新。首先，知识和技术以中间投入品为载体在产业链间传递，根植于特定社会网络中的经验和创意等隐性知识，通过劳动力流动和组织机构间的非正式交流传播，增加了技术创新的机会。其次，产业集聚为企业间合作联盟的建立提供了地理空间上的距离优势，有利于创新研发目标类同的企业加强联系，构建企业合作联盟，通过分摊研发费用、共同承担创新研发风险，以及增强研发目的性等方式，提高创新效率。最后，产业集聚能够促进相关教育机构、金融机构、行业协会等服务体系的逐步完善，为主导企业和相关支撑产业营造了更为适宜的发展环境，降低了企业创新的成本和风险，有效提升区域整体创新绩效。

**扩展阅读 6-1**

### 中关村顺义园的创新型产业集聚

中关村科技园区顺义园是中关村国家自主创新示范区板块之一。它位于北京市顺义区,是首都城北产业研发服务和高技术产业带的一部分,也是顺义区三大经济板块之一,专门担当着"科技创新"功能区的角色。顺义园内涌现的新能源智能汽车、第三代半导体等创新型产业,已初步展现出产业集聚的良好效果。

在半导体领域,园区内第三代半导体标准化厂房——科创芯园壹号已投入运营,加快了以第三代半导体产业为主导的"高精尖"产业在顺义区的集聚发展。截至 2022 年底,园区已初步形成全产业链格局,吸引了泰科天润、国联万众、瑞能半导体、中电科 11 所、富吉瑞等多家第三代半导体领域的明星企业,共计 100 余家涉及产业链上下游的企业。

而在新能源汽车领域,理想汽车、北京奔驰等新能源汽车生产基地陆续开工、投产,快速形成集研发设计、整车及核心零部件制造、汽车金融、汽车销售、检测服务、共享出行、自动驾驶等延伸产业的完整生态系统。举例来说,理想汽车在 2022 年第三季度实现了营收 93.4 亿元,同比增长 20.2%。该公司截至 2022 年 9 月 30 日,现金储备高达 558.3 亿元,为技术研发、供应链和智能制造提供了有力支持。同时,正在建设中的理想汽车二期总部计划于 2024 年投入使用,该项目有望进一步增强顺义区产业链的控制力和带动力,优化上下游资源配置效率,形成产业集群(industrial cluster)效应,推动产业融合发展,提升产业发展韧性,优化产业空间组织效能,推动区域上下游各产业集聚协调发展。

目前,顺义园园区内的第三代半导体产业的产业集聚效应已初步显现成效,而新能源智能汽车产业集群也在高速发展中,产业集聚度不断提升。园区负责人表示,未来也将继续加强招商引资,进一步加快三大产业的集聚步伐。

资料来源:启航 2024|超 700 亿元! 中关村顺义园三大产业集群"磁吸"成果耀眼[EB/OL].(2024-01-27).https://wap.bjd.com.cn/news/2024/01/27/10688208.shtml.

### 3. 宏观经济层面

从宏观角度看,产业集聚作为一种生产集中的经济现象,是以产业转移、要素流动和资源禀赋为基础条件的演化过程,产业在空间上的集聚、要素的跨区域流动以及区域产业政策的合理转变可促进经济增长。产业集聚会通过促进专业化分工、塑造外部规模经济,以及提高资源配置效率等方式影响经济增长。

一是专业化分工。在产业集聚过程中,相关企业集中于特定地区,这种产业规模扩大的同时势必导致分工的深化。集聚区内部企业的分工能在区域内部造就一个生产链条,提高企业生产和运营的效率。另外,多个行业和学科互相之间存在联系,产业集聚也是促进这些行业的分工合作,提高聚集区内产业的综合效率,带动区域经济增长。

二是产业集聚的外部规模经济。一方面,产业集聚带来的生产经营环境改善吸引更多企业入驻集聚区,也使集聚区内企业规模不断扩大;另一方面,当企业在集聚区内数量增加时,相关的中介机构和配套的服务机构也会随之进入,势必会延长和扩大产业链,促进产业之间的交流合作。

三是资源配置方面。产业集聚同样会带来从事相关产业的人才和劳动力的聚集,劳动力之间的交流也会增加劳动力的知识储备,满足企业的不同人才需求,使劳动力在集聚区利用最大化。同时,由于基础设施具有公共物品性质,集聚区的基础设施会得到更有效的利用,还会促进基础设施更加完善。因此,产业集聚可以通过对劳动力和基础设施等方面影响资源配置效率,进而促进区域经济增长。

## 二、产业集聚的模式

### (一)根据集聚形态分类

#### 1. 专业化集聚

马歇尔认为,在外部规模效应的驱动下,某一产业的企业大量集聚在某一地区,企业之间分工合作、相互联系,从而导致该区域内的产业整体上比其他地区的产业具有三种专业优势:第一,形成产业价值链,打造专业化的供应商。企业集聚在一起,信息以正式和非正式的方式各自传递,在整体上能够形成信息网络。网络内的企业相互了解各自生产和服务特点,共同形成基于共同商业利益的专业供应商网络,借助信息传递和上下游协同配合,获得中间投入品,实现管理优化和成本控制,从而有利于企业应对各类市场风险和挑战。第二,劳动力共享。大量的企业集聚在一个地区,形成了一个庞大的劳动力市场,聚集大批高素质人才,企业能够从中选优,提高企业的人力资源队伍素质。另外,产业集聚还为大量的劳动力提供了相互学习、交流的机会,有利于提高劳动力的工作效率。大量企业的集聚也为劳动力自由市场提供了便利条件,劳动力可以在不同企业自由流动,从而有利于企业人才流动,实现人力资源的优化。第三,有利于企业之间的信息共享,导致整体性的知识溢出。知识溢出能够为企业带来模仿和创新。模仿指的是大量的企业集聚在一起,相互交流、相互学习,使得某一企业的技术创新快速在某一行业内推广,大量应用于其他企业产品生产中,提高了行业整体技术水平。创新指的是企业集聚在一起容易释放出大量创新活力,为技术创新所需要的大量不同专业的高素质技术人才和大量技术研发资本提供了可能。

#### 2. 多样化集聚

多样化集聚由简·雅各布斯(Jane Jacobs)提出。多样化集聚的地区,大量生产不同产品的企业集聚在一起,在产业链方面具有互补性,不仅补充了各自的供应链,而且为企业产品提供了更广阔的销售市场。同时,多样化集聚产生的竞争效应能够促使企业不断释放创新活力,加快了技术创新进度,促使企业经济发展。多样化集聚主要包括两个方面:一是多样化的明显程度,即产业种类和分布;二是多样化的互补程度。这两个方面包含了多样化的特征,种类分布越多,且不同产业之间的互补性越强,说明多样化集聚程度越明显。多样化集聚的产生可以从消费者、生产者及设备技术等方面的特征来理解。市场需要是产业多样化集聚的主要因素。因为消费者需求具有多样化和个性化,同一地区只有具备多样化的产品才能更好地满足消费者需求。另外,产品种类的丰富和贸易规模的扩大也更加有利于满足消费者效用。从生产者来看,在完全竞争市场环境下,只有中间品是通过垄断竞争市场获得。因此,多样化集聚有利于中间投入品的获得,而且有利于企业共享劳动力、技术和知识,降低生产者获取各类生产要素的成本,从而提高产品制造效率和企业利润。

### (二)根据主导力量分类

#### 1. 市场主导型产业集聚

在市场主导模式下,产业集聚主要是自发形成的,较少受到政府的干预。其主要有下列基本特征:第一,市场机制十分完善,产业集聚的成长、演化基本上依赖市场与产业互动的方式来完成。市场机制运作过程中,地区产业实力、区位优势(如交通、地理等)与文化、历史等因素的结合,自然而然地形成"自下而上"的模式,通过企业对集聚好处的追逐自发形成,一般主导者是社会机构或民间公司。第二,外部政策力量对产业集聚区的成长、演化的影响是间接的、辅助性的,主要通过调节产业集聚的制约因素,防止集聚外部性的发生。第三,政府的调节作用往往是在集群出现后的事后调节。在我国,市场主导型集聚模式下的产业集聚区,主要是以浙江温州等地方特色产业群为代表,这些地区具有很强的地方特色和深厚的文化根植性,容易形成本地企业之间的竞争与合作网络,在企业与市场互动作用下,发展出众多"块状经济带"形式的专业化产业集聚区。

#### 2. 政府扶持型产业集聚

在政府扶持模式下,以政府扶持政策为驱动力量,企业自主选择是否向拥有优惠政策的产业园区聚集,主要具有以下特征:第一,市场机制不很完善、自发作用比较薄弱,产业集聚的成长、演化需要依靠政府的扶持来完成,集聚的产生自上而下,通过国家和地区的扶持政策促成。第二,由于产业起点比较低,单靠市场机制的作用很难在短期内创造足够的条件来实现特定产业集聚和培育地方创新网络的目标。第三,公共政策与市场机制相配合,共同促进产业集聚区的形成与发展。政府扶持型集聚模式下的产业集聚区,主要是以"中关村"等一批高新技术产业开发区为代表,在国家产业的政策导向下,以扶植对产业结构升级、提升国家竞争优势具有带动作用的关键性产业为目标而形成。

#### 3. 计划型产业集聚

在公有制经济条件下,社会主义国家可以通过中央计划经济的力量,迅速转移和调配资源,扶植重点产业,迅速形成独特的产业群。计划型集聚模式下的产业集聚区,主要是以一些国有大中型企业为核心的传统产业集聚区。在我国,20世纪50年代实施的国资源计划、60—70年代的三线建设形成了典型的此类产业集聚区,其出现适应了当时集中人力、物力、财力办大事的计划经济体制,但是集聚的经济效果并不明显。由于计划经济的刚性和条块分割的影响,此类产业集聚设想与经济建设的实际情况是不完全相符的,甚至造成产业结构的种种矛盾。

现实中,不同主导力量之间也会交叉作用,共同推动产业集聚的发生,最有代表性的即市场—政府驱动型产业集聚。市场配置资源最具效率,但常常出现"市场失灵",影响产业集聚的进行;政府难以实现资源有效配置,而政策制定常常有明确方向性,有形之手的作用也可以帮助企业克服经营障碍。市场加政府规制的"双核"将市场中的有效资源配置和政府产业布局合理规划紧密结合,解决了企业发展过程中所遇到的资金短缺、行业进入壁垒、企业家合作意识不强等因素制约问题。该模式培育出许多大型跨国企业,并带动大量中小企业和配套产业的发展,成为产业发展的典范。

## 三、产业集聚的驱动因素

### (一)微观因素

#### 1. 地域分工

在地区间经济联系与产业分工的条件下,产业集聚的动力来自专业化分工与协作产生的报酬递增。报酬递增是通过集聚产业间的网络联系效应获取的,产业集聚的动态过程是报酬递增主导下的正反馈机制。专业化和劳动分工是协调技术进步与空间组织的重要原则。产业分工促进效益提高、生产的多样化,以及区域联系。企业之间的分工和联系是辩证统一的关系,合理的分工与联系是产业集聚的重要机制。

#### 2. 知识共享

知识的稀缺性、流动性和扩散性产生外溢效应,带来信息、技术和管理经验等各种知识扩散,通过正式合作或者非正式交流等方式加快知识外溢和扩散的速度及加大规模。集群技术能力增长来源于集体整体学习、企业个体学习和劳动力个人学习,先进技术和知识是区域产业集聚的动力源泉,产业集聚不仅有利于共享知识,而且促进先进知识的学习,知识资源丰富、容易流通扩散的地方更容易吸引企业集聚。当然,知识的外溢和扩散不是无限的,会受到距离的限制,距离远的地方就获得较少或者获取不到知识和信息,且企业能获取的知识随着距离的增加而减少,所以技术和知识需求较大的高技术企业,就趋于在一定距离和空间内发生集中,靠近知识传播和扩散通畅的地区。

### (二)中观因素

#### 1. 区位选择

良好的区位吸引和培育了生产要素。产业集聚的形成,要从产业的决策者选址开始。区位优势体现在劳动力资源丰沛、地租价格便宜、交通运输资源发达、基础服务设施资源齐全等,若能满足其中几条,就极大可能产生产业集聚。在有限的资源优势地区聚集的过程中,避免不了会发生竞争,当竞争导致资源成本大幅上涨时,原有的资源优势就逐渐消失,根据一般性的集聚理论,企业可能就会因为成本的上升放弃向该地聚集,而转向有新的资源优势的地区。在我国东南沿海地区,消费类电子、服装和计算机产业集群的形成与优越的地理位置和大量低成本劳动力是密切相关的。

#### 2. 外部经济

产业集聚可以带来外部经济,包括外部规模经济和外部范围经济。外部规模经济指同行业的企业利用地理接近性,通过规模经济使生产成本处于或接近最低状态,使无法获得内部规模经济的单个中小企业通过外部合作获得规模经济。外部范围经济指在企业数量增多、生产范围扩大,特别是相关产业的企业集聚时,可以通过垂直联系及时获得与供应商、客户之间的业务联系,通过水平联系可以借助分包商的生产能力、控制分包商的产品质量等。在产业集聚的过程中,随着集聚规模越来越大,生产成本不断下降,市场占有率则不断提高,表现为规模报酬递增。这种能够获得外部规模经济收益较多的地方往往具有运输成本较少、基础设施更完善等特点更容易吸引厂商和企业汇聚,带来更多的外部规模经济,就加固了产业集聚的形成。

### (三) 宏观因素

#### 1. 发展目标与政策导向

国家或区域的发展目标与政策导向通常也会导致一定区域的产业集聚及扩散。财政补贴、项目扶持、人才引进等优惠政策,都有利于产业集聚。在经济增长目标的驱动下,为增加区域的竞争力和政策优势,地方政府会提供相应的优惠政策和激励机制,吸引特定产业成长和企业聚集。需要指出,公共政策的制定是产业集聚的一个重要诱因,其效果还要看政策扶持的力度以及所能产生的具体经济效益,如较低的税收政策有利于产业集聚,但如果产业集聚产生的地租高于低税收带来的收益,政策红利带来的产业集聚动力就会被削弱。

#### 2. 文化传统

历史、地理、社会等多种因素塑造了不同地区独特的地方文化传统,以文化传统为基础的技术传承以及文化氛围也成为产业集聚出现的重要驱动因素。首先,文化传统对于技术的传承和技能积累起着至关重要的作用。某些地区可能因为长期以来在某一特定产业上的积淀而形成专业化、熟练的劳动力,这将吸引更多相关企业来此地投资。其次,特定地区的文化氛围和品牌形象也会吸引消费者与企业关注。有些地区因其独特的文化氛围而在特定产业上具有优势,吸引了更多的消费者,进而推动相关产业的集聚。产业集聚的形成如果扎根于当地的社会文化传统,进一步内化为集聚文化,可能形成特定产业集聚的发展格局。

**扩展阅读 6-2**

### 唐山市钢铁产业集聚的驱动因素

唐山拥有世界最大的钢铁产业集群,经过 70 余年发展,唐山已成为国内规模最大、品种最全的型钢、棒线材、板带材、焊管等产品生产供应基地。截至 2020 年末,唐山有规模以上黑色金属冶炼及压延企业 131 家,黑色金属矿采选企业 142 家,粗钢 1.440 7 亿吨,占全国产量的 13.68%。唐山钢铁产业集聚的模式是一个复杂而成功的产业集聚现象,其形成得益于多重因素的相互作用。

首先,唐山拥有丰富的钢铁原材料资源,尤其是优质的铁矿石和丰富的煤炭资源。这种资源禀赋为钢铁企业提供了稳定且相对廉价的原材料,有效降低了生产成本,为钢铁产业集聚奠定了坚实的基础。

其次,唐山地理位置优越,毗邻渤海湾,交通便捷。这一地理优势使得唐山成为重要的钢铁产品集散地和出口基地,有利于拓展市场份额,吸引更多钢铁企业进驻该地区。

再次,钢铁产业的集聚不仅包括钢铁生产企业,还形成了完整的产业链,包括钢铁加工、制造、销售等相关产业。产业链的完整形成提高了资源利用效率,促进了产业链上下游企业之间的合作,形成了规模效应和竞争优势。

最后,长期以来,唐山市政府积极推动钢铁产业的发展,通过出台扶持政策、提供土地和资金等方式,吸引了大量钢铁企业纷纷落户。政府的支持和引导为钢铁产业集聚创造了有利环境,形成了产业集群效应,不断壮大了钢铁产业规模。

综上所述,充足的原材料资源、优越的地理位置、相关产业的规模效应与溢出、政府的积极支持等因素相互促进、相互配合,构建了一个强大而高效的钢铁产业集群,不仅促进了唐山本地经济的繁荣和发展,也为中国乃至全球钢铁产业的发展提供了有力支撑,为中国经济的腾飞作出了积极贡献。

资料来源:构建高质量发展的"四梁八柱"——我市加快构建现代产业体系述评[EB/OL].(2021-07-30).https://www.tangshan.gov.cn/zhuzhan/zhengwuxinwen/20210730/1206294.html.

# 第二节　产业集聚的基本理论

产业集聚的研究最早可以追溯到 19 世纪末 20 世纪初新古典经济学家马歇尔提出的外部规模经济理论。到 20 世纪 80 年代,学者们开始广泛关注集聚经济及其影响,形成了多种产业集聚理论。本节将产业集聚相关理论加以梳理,分别介绍古典产业集聚理论、新古典产业集聚理论和现代产业集聚理论。

## 一、古典产业集聚理论

斯密关注工业化初期生产分工和专业化生产所产生的效率,认为劳动分工是国民财富增进的源泉,是经济生活的核心现象。斯密不仅论述了采取分工生产方式提高劳动生产率的基本逻辑,而且深入分析了产生分工效率的原因。他将分工分为三种:企业内分工,企业间分工(即企业间劳动和生产的专业化),产业分工或社会分工。其中,企业间分工的实质即企业集聚形成的理论依据所在。正是因为这种分工,企业集聚才会具有无论是单个企业还是整个市场都无法具备的效率优势,集聚保证了分工与专业化的效率,同时能将分工与专业化进一步深化,反过来促进企业集聚的发展。

马克思认为生产组织方式的选择必须以满足降低个别成本的目的,否则资本增值的目标将难以实现。当事实证明新的生产组织方式—分工与协作—具有更高的生产率时,采取这种生产组织方式将会成为资本家的普遍行为,以便利用分工的优势降低成本。马克思还指出,建立在协作基础上的企业生产,可以产生比分散生产更高的效率,资本家对高效率和低成本的追求,成为产业集聚形成的内在动因。

## 二、新古典产业集聚理论

新古典经济学理论尝试将一般均衡理论应用于空间研究,试图以统一的分析框架,将产业集聚和空间区位的微观选择问题视作追求最大利润的厂商在权衡生产成本和运输成本。

### （一）外部规模经济理论

新古典经济学家马歇尔观察到特定工业人口和特定工业生产集中于特定地区的现象，命名为产业区，并以古典经济理论框架假设为基础，剖析了其成因和经济利益，提出了产业集聚理论。

马歇尔在经典著作《经济学原理》中，从内外两层分析产业区可得利益，即内部规模经济和外部规模经济，前者指单个企业内部技术、机械和原料的累积所带来的收益，后者指相同性质企业形成产业区给行业整体带来的规模报酬递增。具体来说，外部规模经济的优势有三种，分别为形成专业劳动力市场、当地知识流动促进互相学习与创新，前后向相关产业发展有利于本产业发展。规模经济性在于产业规模的扩张能够给个体企业带来降低生产成本的效应，这种地区产业整体的效率改善是企业聚集于此的主要原因，个体企业与外部整体产业的关系可为正或负、静态或动态的、与财务或技术相关联的。

### （二）产业集聚最佳规模理论

埃德加·胡佛（Edgar Hoover）在其《区域经济学导论》中认为产业集聚是一种高度密集的产业要素空间分布结构。概括来看，胡佛将产业集聚的动因归结为以下三点：第一，市场或原材料集中在少数区位内；第二，更新频率较高的非标准化产品生产企业通常更倾向于集聚，因为集聚后的产品市场有利于以产品的多样性吸引更多的消费者；第三，对于垂直分工的企业，集聚能够有效降低中间品在市场中的交易成本与交易风险，而对于水平分工的企业，产业集聚则有助于企业获得更多的外部信息，减少信息风险。此外，由于受到收益风险、搬迁成本等因素的影响，企业缺乏有效的迁址动机，令企业存在区位惰性，进一步巩固了整体业态的集聚特征。

胡佛对产业集聚理论的突出贡献还在于提出了产业集聚的最优规模，认为产业集聚的正外部性影响并非长期持续无限制，其集聚规模程度存在阈值，从而使集聚规模最佳化。具体来看，某一产业的集聚体若未达到最优集聚水平，集聚体则无法有效发挥规模经济的正向效应；如果超过最优集聚水平，则可能导致拥挤效应、过度竞争、环境污染等问题的出现，使得规模经济的正向效应下降。因此，胡佛认为，对于超过最佳规模的产业集聚体，其内部应当产生更多的细分化产业集聚体，以避免过度集聚所形成的负向效应。

### （三）集聚外部性理论

集聚外部性理论被普遍用于解释产业集聚如何通过知识外溢效应推动地区技术创新与经济增长，其理论的重点在于集聚所带来的正外部性。一般来说，随着集聚水平的提高，集聚区内的要素流动、劳动力匹配、知识技术溢出的效率也就越高，集聚对地区总体技术创新水平的推动力也就越大。

马歇尔外部性，又称为专业化外部性，是传统的外部规模经济理论与知识技术溢出观点的综合，集聚区内同一行业下的不同企业相互邻接，企业职工基于地理便利，通过沟通交流的方式高效传播与技术相关的非标准化信息，如果企业之间不存在技术和知识吸收的障碍，企业将会推动知识的外溢，产业可以进一步扩大范围，提高技术运作效率。企业间的技术差距越小,知识技术流动的障碍越少,溢出效率也就越高,最终促进区域经济的整体发展。除此之外,专业化外部性也凸显了企业的垄断地位。

雅各布斯外部性,也称多样化外部性,认为关键的知识来自其他产业,不同的、互补的公司可以通过交换和吸收相关的知识与技术推动创新,进而加速融合型技术创新的诞生,从而使地域相邻产业多元化、差异化,推动产业的创新与发展。

波特外部性同样强调竞争的重要性,利用其构建的钻石模型分析了产业集聚对企业竞争优势的影响路径。集聚区内的企业获取要素地便利性、通过合作分散风险,以及搜寻顾客和供应商的便利性均有益于企业技术创新。从竞争和垄断对经济发展的影响来看,波特外部性理论认为以竞争优势为基础的知识溢出更有利于技术创新与经济发展。

### 三、现代产业集聚理论

#### (一)新经济地理视角下的产业集聚理论

新古典经济学对区位在完全竞争市场下的资源配置问题中的重要性考虑较少,克鲁格曼重新解读了产业空间分布问题,以冰山运输成本和 D-S 垄断竞争模式的形式将空间和不完全竞争引入新古典经济学理论,提出了所谓的中心—外围理论,从微观层面解释国家内部产业集聚形成的过程和集聚动因,奠定了新经济地理学(New Economic Geography,NEG)的基础,产业集聚理论的发展进入新时代。

克鲁格曼的中心—外围模型遵循两地区两部门均衡分析框架,中心是制造业区域,外围则是农业区域,从微观角度解析影响经济活动空间分布的向心力和离心力。假定工业报酬递增而农业报酬不变,在资源不可流动的前提下,为了减少运输成本同时获得报酬递增,生产会聚集在最大的市场。中心—外围模型包含三种基本的效应:一是本地市场效应,是指对于规模收益递增的产品,需求相对大的区域会有较大比例的产出。在此效应的驱动下,企业会选择市场规模较大的区域进行生产。二是价格指数效应,在产业集聚的区域生产的产品数量和种类较多,因此产品价格相对于其他地区较便宜。三是市场拥挤效应,受制于集聚区域内的资源储备等条件,产业集聚不会无限制地进行,当达到阈值时,企业会选择竞争者相对较少的区域从事生产活动。前两种效应构成产业集聚的向心力,而第三种效应则构成产业集聚的离心力,产业集聚能否产生正的外部经济效应,取决于向心力与离心力之间的博弈。初始状态时,某地区拥有的区位优势对其他地区的企业存在一定的吸引力,之后企业生产向该地区集中形成产业集聚,该地区集聚经济迅速发展,产业的空间布局从原来的均质分布变化为"中心—外围"结构,利用循环累积因果效应,产业集聚的向心力不断强化。但是当该地区产业集聚达到一定规模后,市场拥挤效应会阻止企业的进一步汇聚,产业集聚的离心力开始增加,当离心力大于向心力时,集聚经济的外部性逐渐消失,产业空间结构开始分散(图 6-1)。

#### (二)增长极理论

增长极理论由法国经济学家佩鲁提出,该理论强调经济增长在地理空间上不是均匀地发生的,它以不同强度早点状分布,通过各种渠道影响区域经济。帕鲁集中讨论了对经

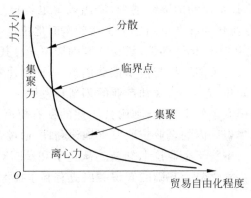

图 6-1　中心—外围理论

济增长产生诱导作用的一系列因素,结果发现两个明显的特征:寡头垄断的市场结构和空间集聚。佩鲁指出,技术进步和创新是经济发展的主要动力,经济增长出现和集中在具有创新能力的行业,而这些行业或部门常常集聚在空间的某些点上,于是形成了增长中心或"增长极"。增长极的密度、传送力量的渠道以及终端效应各不相同,导致了国民经济发展的不均衡。

增长极除了能够扩大区域内企业发展规模,还能够给周边区域带来辐射性影响,在推动社会经济发展中产生很好的引领作用。增长极概念并非地理区间而是抽象的经济空间,它是对经济发展起推动作用的一个或一组经济部门,而且这些经济部门之间相互联系,并通过外部经济和产业之间的关联乘数效应推动其他产业增长,因而这类产业也能称为推动性产业。把推动性工业嵌入某地区后,将形成集聚经济,产生增长中心,推动整个区域经济的增长。

### (三) 新竞争优势理论

美国经济学家波特在研究国家竞争力时发现,现代经济竞争中物质资本竞争占比降低,非物质条件(如良好的产业发展环境等)成为竞争的主要阵地和竞争优势的重要来源。不同于传统的产业集聚理论,波特从竞争优势理论层面入手,对产业集群予以深入全面分析,并创造性提出"新竞争经济理论"。

波特的理论体系中,横向纵向关联的企业在某一区域内集中分布形成产业集群,是一群相互之间联系密切的企业及相关机构集中在特定区域内的现象。产业集群内企业与企业之间、企业与外部环境社会之间的互动松散灵活,形成独立、非正式的契约关系,彼此竞争促进创新,形成积极稳定的区域局部发展环境,哺育当地产业发展,形成独特产业竞争优势,企业竞争力的形成和竞争优势的发挥是产业集群核心的内涵。波特认为产业在空间上集聚是由竞争所导致的,据此构造了著名的国家竞争优势"钻石模型"。此模型由四个基本因素(企业的战略、生产要素、需求条件与相关及支撑产业)与两个附加要素(机遇、政府)组成,六要素之间彼此关联,在相互反馈过程逐步提升竞争力,共同产生拥有创新激励机制且非静态的产业集群。波特认为产业集群的最初形成可追溯到特定历史阶段,产业集群一经产生,就会引起连锁式的反应,此时因果关系会交织在一起。在发展良好的产业集群当中,一旦企业或机构的数量增加到某个临界点,便会进入自我强化的阶段,最终演化到相对均衡。

# 第三节 产业集聚的测算方法

随着产业集聚理论的不断丰富发展,产业集聚的测度方法也日臻完善。本节将按照发展阶段对有关产业集聚测度的经典指标分类,依次对第一代测算方法、第二代测算方法和第三代测算方法进行详细介绍。

## 一、第一代测算方法

### (一)赫芬达尔-赫希曼指数

赫芬达尔-赫希曼指数的形成思想源于阿尔伯特·O. 赫希曼(Albert O. Hirschman)提出的市场集中度指数,奥里斯·C. 赫芬达尔(Orris C. Herfindahl)对赫希曼的市场集中度指数进行了修正,后被称为赫芬达尔-赫希曼指数(Herfindahl-Hirschman Index,HHI)。HHI为行业中所有竞争主体的市场份额的平方和,用于度量某一行业的集中程度,反映竞争主体之间的规模差异。HHI介于0到1之间,该指数越大,表明行业的市场集中程度越高,相应地产业集聚程度越强;反之则产业集聚程度越弱。当$HHI_A$取值为1时,说明市场中该行业只有一个企业行业完全集中于一个地区;当$HHI_A$趋近于0时,说明市场中该行业有大量的规模相同的企业存在。

$$HHI_A = \sum_{i=1}^{n} \left(\frac{X_i}{X}\right)^2 \tag{6-1}$$

其中,$X_i$为行业$A$中企业$i$的总产值(或就业人数);$X$为行业$A$的总产值(或就业人数);$n$为行业$A$中企业数量。

HHI被广泛应用是因为在测度产业集聚水平时具有三个明显优势:一是HHI考虑了产业竞争主体的总数和规模两个因素,能准确反映产业或竞争主体市场集中程度。二是HHI用平方和来测度产业集聚状态,对市场占有率较大的竞争主体份额变化更加显著,能及时对市场垄断特征、竞争关系的变化情况进行描述。三是与竞争主体经营策略密切相关,且计算难度较小。但是HHI也存在数据质量不高、结果直观性差等缺点。

### (二)区位熵

区位熵(location quotient,LQ),又称专门化率,由皮特·哈盖特(Peter Haggett)在研究经济活动空间分布时提出,指某一地区某一行业在该地区中所有行业的占比与该行业在全国所有要素或行业的占比之比。区位熵用于度量某一要素或行业在某一地区的空间分布情况,区位熵取值越大,表明该要素或行业在该区域的集聚程度越高,区位熵大于1,表明该地区该行业的集聚程度较高,且高于全国水平;相反,区位熵小于1,则表明该地区该行业的集聚程度偏低,且低于全国整体水平。区位熵的具体计算公式如下:

$$\mathrm{LQ}_{ij} = \left(\frac{X_{ij}}{X_j}\right) \Big/ \left(\frac{X_i}{X}\right) \tag{6-2}$$

其中，$\mathrm{LQ}_{ij}$ 为 $j$ 地区 $i$ 行业（或要素）的区位；$X_{ij}$ 为 $j$ 地区 $i$ 行业（或要素）总产值（或就业人口）；$X_j$ 为 $j$ 地区所有行业（或要素）总产值（或就业人口）；$X_i$ 为全国 $i$ 行业（或要素）总产值（或就业人口）；$X$ 为全国所有行业（或要素）总产值（或就业人口）。

区位熵的优点在于能够克服区域发展规模对评估结果的干扰，有效保证了评估结果的准确性。

### （三）空间基尼系数

基尼系数本来用于衡量分配公平程度，克鲁格曼在其基础上进行拓展，创造性地提出了空间基尼系数，用于对行业空间分布特征的均衡性进行计算分析，度量产业的空间集聚程度。空间基尼系数是指某一地区某一行业的就业在全国该行业的就业占比与该地区就业在全国就业的占比之差的平方在所有地区层面的加总。该系数取值位于 0 和 1 之间，当系数取值为 1 时，表明产业完全集聚于一个地区，当系数取值为 0 时，表明产业分散均匀。其具体计算公式为

$$G_i = \sum_{j=1}^{M} \left(\frac{X_{ij}}{X_i} - \frac{X_j}{X}\right)^2 = \sum_{j=1}^{M} (s_{ij} - x_j)^2 \tag{6-3}$$

其中，$G_i$ 为 $i$ 行业的空间基尼系数；$M$ 为经济体中的地区数量；$s_{ij} = X_{ij}/X_i$ 为地区 $j$ 产业 $i$ 的就业份额；$X_{ij}$ 为地区 $j$ 行业 $i$ 的总就业人数；$X_i$ 为全国 $i$ 行业的就业人数；$x_j = X_j/X$ 为地区 $j$ 所有产业的就业份额；$X_j$ 为地区 $j$ 所有行业的就业人数；$X$ 为全国所有行业的就业人数。

空间基尼系数在研究分析特定地区产业集聚分布特征的过程中考虑了集聚地区就业人数在地区总就业人数中所占比重，能够反映集聚地区面积大小对其集聚水平的影响作用。其优势在于克服了 HHI 缺乏准确性的问题，并且为不同行业产业集聚水平的横向比对奠定了可比基础，表现出更加显著的应用优势。其缺点在于未考虑企业规模、不同集聚形式对研究结果的影响作用。

## 二、第二代测算方法

### （一）EG 指数

EG 指数由格伦·埃里森（Glenn Ellison）和爱德华·格莱泽（Edward Glaeser）提出，他们认为企业区位选择是相互依存的，其主要目的是获取相应地理区位的自然优势（natural advantage），通过引入地理集中度指数计算两个企业位于同一区位的概率，计算出 EG 指数。该指数修正区位熵数测算时忽略了企业区位选择的情形，可以通过企业层面的数据测算产业集聚程度，被广泛运用于测算各国的产业集聚程度。

假定 $M$ 个地区产业 $i$ 的就业份额分别为 $S_{i1}, S_{i2}, S_{i3}, \cdots, S_{iM}$，$M$ 个地区所有产业总的就业份额分别为 $x_1, x_2, x_3, \cdots, x_M$，那么产业 $i$ 的 EG 指数为

$$\text{EG}_i = \frac{G_i - \left(1 - \sum\limits_{j=1}^{M} x_j^2\right) \cdot H_i}{\left(1 - \sum\limits_{j=1}^{M} x_j^2\right) \cdot (1 - H_i)} = \frac{\sum\limits_{j=1}^{M} (s_{ij} - x_j)^2 - \left(1 - \sum\limits_{j=1}^{M} x_j^2\right) \cdot \sum\limits_{k=1}^{N} z_{ik}^2}{\left(1 - \sum\limits_{j=1}^{M} x_j^2\right) \cdot \left(1 - \sum\limits_{k=1}^{N} z_{ik}^2\right)} \tag{6-4}$$

其中,$G_i$ 为产业 $i$ 的克鲁格曼空间基尼系数;$s_{ij} = X_{ij}/X_i$ 为地区 $j$ 产业 $i$ 的就业份额;$x_j = X_j/X$ 为地区 $j$ 所有产业的就业份额;$H_i$ 为产业 $i$ 的赫芬达尔-赫希曼指数;$z_{ik} = X_{ik}/X_i$ 为产业 $i$ 中的企业 $k$ 就业人数占产业 $i$ 就业人数之比;其他指标的含义与上文相同。

EG 指数越大,产业越集中。埃里森和格莱泽还对 EG 指数进行了分类,当 EG＞0.05 时,产业高度集中;当 EG＜0.02 时,产业不集中;当 0.02≤EG≤0.5 时,产业中度集中。

EG 指数具有以下四大特性:第一,给定数据的情况下,EG 指数易于计算。第二,EG 指数的取值范围为[0,1]。其中,EG 指数取 0 时,可作为产业没有集聚的基准。第三,EG 指数可以在不同的行业中进行比较,它与企业的规模分布和数量无关。第四,无论是哪种层面(如县、市、省级)的就业数据计算的 EG 指数,都可以在不同的产业之间进行比较。

### (二)MS 指数

在 EG 指数的基础上,弗朗索瓦·梅里尔(Françoise Maurel)和贝亚特丽切·塞迪约(Béatrice Sédillot)选择以直接估算出两个企业位于相同区域的概率的方式构造指标,提出 MS 指数,其计算方法为

$$\text{MS}_i = \frac{G_i - \left(1 - \sum\limits_{j=1}^{M} x_j^2\right) \cdot H_i}{\left(1 - \sum\limits_{j=1}^{M} x_j^2\right) \cdot (1 - H_i)} = \frac{\left[\sum\limits_{j=1}^{M} s_{ij}^2 - \sum\limits_{j=1}^{M} x_j^2\right] - \left(1 - \sum\limits_{j=1}^{M} x_j^2\right) \cdot \sum\limits_{k=1}^{N} z_{ik}^2}{\left(1 - \sum\limits_{j=1}^{M} x_j^2\right) \cdot \left(1 - \sum\limits_{k=1}^{N} z_{ik}^2\right)} \tag{6-5}$$

此处的 $G_i$ 与式(6-4)含义不同,此时 $G_i = \sum\limits_{j=1}^{M} s_{ij}^2 - \sum\limits_{j=1}^{M} x_j^2$,其他变量的含义与式(6-4)完全相同。

### 三、第三代测算方法

DO 指数由吉尔斯·杜兰顿(Gilles Duranton)和亨利·奥弗曼(Henry Overman)提出,该指数的计算具体步骤分三个。

第一步,选取观测对象,计算同一产业内每对企业之间的双边密度距离,估计核密度函数。当行业 $A$ 中有 $n$ 个企业时,可以获得 $n(n-1)/2$ 个不同的距离对,第 $i$ 个企业和第 $j$ 个企业的双边距离为 $d_{ij}$,则行业任意距离 $d$ 上的核密度估计为

$$K_A(d) = \frac{1}{n(n-1)} \sum\limits_{i=1}^{n-1} \sum\limits_{j=i+1}^{n} f\left(\frac{d - d_{ij}}{h}\right) \tag{6-6}$$

其中,$h$ 为最优带宽;$f$ 为高斯核函数,如式(6-7)所示:

$$f = K(\parallel x_i - x_j \parallel, r) = \frac{1}{h\sqrt{2\pi}} e^{-\frac{(\parallel x_i - x_j \parallel - r)^2}{2h^2}} \qquad (6\text{-}7)$$

其中，$x_i$ 为基准点；$x_j$ 为基准点周围的点，当企业 $i$ 和企业 $j$ 的距离等于 $r$ 时，核函数取得最大值。

第二步，通过模拟构建虚拟产业进行反事实估计，并构建置信区间。[①] 蒙特卡罗模拟 (Monte Carlo simulations) 是建立置信区间的良好方法之一，对有 $n$ 个企业的行业 $A$，在企业集中以无放回抽样的方式随机选择 $n$ 个，每个行业进行 1 000 次模拟；计算虚拟产业的 $K_A(d)$ 值，在每个距离上对这 1 000 个值按升序排列，并选择第 5% 和第 95% 的值作为下置信带 $\underline{K_A}(d)$ 的值和上置信带 $\overline{K_A}(d)$ 的值，获得 95% 的置信区间。若 $K_A(d) > \overline{K_A}(d)$ 即认为行业 $A$ 在 5% 的置信水平下是集聚的；同样，若 $K_A(d) < \underline{K_A}(d)$，则认为行业 $A$ 在 5% 的置信水平下是分散的。

第三步，根据构造的置信区间，定义行业 $A$ 的局部集聚指数 $\phi_A(d)$ 和局部分散指数 $\psi_A(d)$，二者的计算公式分别为

$$\phi_A(d) = \max[K_A(d) - \overline{K_A}(d), 0] \qquad (6\text{-}8)$$

$$\psi_A(d) = \max[\underline{K_A}(d) - K_A(d), 0] \qquad (6\text{-}9)$$

局部指数只反映局部集聚和分散的信息，全局置信区间是局部置信区间在多个目标距离上的联合估计，为了反映总体的产业集聚与分散情况，全局置信区间同样重要。通过选择多个距离上的局部极值进行插值得到 95% 的全局置信区间[②]，定义 $\overline{\overline{K_A}}(d)$ 为 $A$ 行业上置信带的值，如果在至少一个目标距离上出现 $K_A(d) > \overline{\overline{K_A}}(d)$，就认为这个行业是集聚的；$\underline{\underline{K_A}}(d)$ 为行业 $A$ 下置信带的值，当行业 $A$ 在至少一个目标距离上出现 $K_A(d) < \underline{\underline{K_A}}(d)$ 且没有出现集聚，认为行业 $A$ 是分散的。[③]

对于行业 $A$，全局集聚指数 $\Phi_A(d)$ 以及全局分散指数 $\Psi_A(d)$ 分别为

$$\Phi_A(d) = \max[K_A(d) - \overline{\overline{K_A}}(d), 0] \qquad (6\text{-}10)$$

$$\Psi_A(d) = \begin{cases} \max[\underline{\underline{K_A}}(d) - K_A(d), 0] & \text{if } \sum_{d=0}^{L} \Phi_A(d) = 0 \\ 0 & \text{otherwise} \end{cases} \qquad (6\text{-}11)$$

其中，$L$ 为所有距离对的中值。

与传统指标相比，DO 指数突破了原有测算方法对行政区划的依赖，利用厂商相对精确的空间位置信息，该测算方法将距离引入测算之中，充分考虑了空间单元之间的经济相

---

① 在这一步中，需要控制制造业整体的集聚趋势，因而 DO 指数认为某制造业行业 $A$ 企业可能选择区位集合，是现有的所有制造业企业区位。

② 全局置信区间是局部置信区间在多个目标距离上的联合估计，没有一个局部置信区间能包含所有局部置信区间 95% 的模拟值。以该方法获得全局置信区间的目的即是使全局置信区间包含多个目标距离上 95% 的模拟值。

③ DO 指数认为，短距离内，如果 $K_A(d)$ 值异常小，可以解释为分散，但在长距离时，这样解释则是有问题的，长距离上 $K_A(d)$ 值异常小表示很少企业远离彼此，即表示企业在较短距离上集聚，所有距离上的 $K_A(d)$ 值加和必须为 1，短距离的高度集聚就代表了长距离的分散。

关性。同时，测算时还采用了无参数回归模型，不受回归模型具体形式的局限。

## 📋 本章要点

1. 产业集聚是在一定范围的地理空间或区域内，生产某种产品的企业及其配套上下游企业以及相关的服务业高密度地聚集在一起的现象，具有空间集中性、多层次性、关联多样性，是产业静态分布与动态演化的有机结合。

2. 产业集聚在微观层面通过集聚效应、拥挤效应和选择效应对企业生产率、进入退出决策等产生影响；中观层面，产业集聚为产业技术创新提供了沃土技术，有益于地区整体创新绩效的提升；从宏观角度看，产业集聚会通过促进专业化分工、塑造外部规模经济，以及提高资源配置效率等方式影响经济增长。

3. 依据产业集聚方式以及主导力量可以识别具体的产业集聚模式。依据产业集聚方式，产业集聚可以分为专业化集聚与多样化集聚，其前者是外部规模效应下的同产业集聚，后者则是在产业链方面具有互补性的多种产业的集聚。根据主导力量的差异，可以将产业集聚分为市场主导型、政府扶持型以及计划型产业集聚。

4. 产业集聚的驱动因素可以从微观、中观以及宏观三个层次识别，微观驱动因素包括地域分工和知识共享，中观驱动因素包括区位选择和外部经济，宏观驱动因素包括区域发展目标或政策导向和地区文化传统。

5. 产业集聚的研究最早可以追溯到 19 世纪末 20 世纪初，学者们从不同的角度对产业集聚进行研究，取得了丰硕的研究成果，并形成了多种产业集聚理论，主要包括外部规模经济理论、新竞争优势理论、"中心—外围"理论、创新产业集聚理论、集聚外部性理论，以及产业集聚最佳规模理论。

6. 对产业集聚进行测度是研究产业集聚问题的前提，当前研究主要采用或改进六大类经典指标，可大致将其分为三代，第一代度量指标包括赫芬达尔—赫希曼指数、区位熵，以及空间基尼系数；第二代度量指标包括 EG 指数和 MS 指数；第三代度量指标为 DO 指数。

## ✒ 关键术语

产业集聚　集聚效应　拥挤效应　选择效应　专业化集聚　多样化集聚　市场主导型产业集聚　政府扶持型产业集聚　计划型产业集聚　外部规模经济理论　新竞争经济理论　"中心—外围"理论　创新产业集聚论　集聚外部性理论　产业集聚最佳规模理论　赫芬达尔—赫希曼指数　区位熵　空间基尼系数　EG 指数　MS 指数　DO 指数

## 📋 习题

1. 简述产业集聚的概念、内涵以及特征。

2. 根据主导力量差异对产业集聚进行分类，并论述每个类型产业集聚的概念与特征。

3. 简述外部规模经济理论和"中心—外围"理论的基本内容。

4. 第一代产业集聚度量指标都包括哪些? 分别有什么优点和缺点?

5. 简述 EG 指数和 MS 指数的计算原理,并解释二者之间的关系。

## ✎ 即测即练

# 第七章 产业转移

产业转移是国际或地区间产业分工形成的重要因素,也是地区产业结构调整和产业转型升级的重要途径。20 世纪以来,全球一共经历了四次阶段性的产业转移浪潮,每一次浪潮都对世界经济格局产生了深刻影响。本章以产业转移的内涵、分类和效应分析为基础,全面介绍产业转移的相关理论,阐述产业转移的动力机制,并对现有的产业转移测算方法进行梳理,结合中国的产业转移发展实践进行讨论。

## 第一节 产业转移概述

### 一、产业转移的内涵与分类

#### (一)产业转移的内涵

产业转移是指由于资源供给和产品需求条件的变化,引起产业在空间上大范围的转移活动,是生产要素从一个区域转向另一个区域的经济行为和过程。从宏观角度来说,产业转移是指产业竞争优势变化下的产业区位再选择行为,表现为在产品市场和生产要素市场等条件发生变化后,为获得更高的收益,产业从一个国家或地区转移到另一个国家或地区的过程,同时伴随着生产要素在国家间或地区间的流动。从微观角度来说,产业转移指企业区位的再选择行为,其实质是企业空间扩张过程,也就是企业的再区位和区位调整。

产业转移的同时往往伴随着生产要素在国家或地区间的流动,这种流动既可能发生在地区内部,也可能发生在地区之间。为实现资源的优化配置,产业在空间上需要重新布局。因此,产业转移并不是一成不变的,它是一种随着地区经济要素变化而不断调整的动态过程。

#### (二)产业转移的分类

产业转移意味着某些产业从某一国家(地区)转移到另一国家(地区),即产业布局发生变化。产业转移的概念实际上也涵括了多种意义上有所区别的经济现象,可以从如下三个角度进行分类。

**1. 按照产业转移的目的划分**

按照产业转移的目的,产业转移可分为扩张性产业转移与衰退性产业转移两种类型。

扩张性产业转移是指某产业在其原所属区域仍然具有较大发展空间和发展潜力、在经济意义上仍然有发展价值的情况下,企业出于扩张市场、壮大规模、增强实力等动因对外进行投资活动。衰退性产业转移是指某产业在其原所属区域遭遇到市场条件、要素资源供给或政策导向等外部环境变化后,失去了进一步发展的空间与潜力,被迫向其他更适宜区域进行迁移的一种经济现象,又可称为撤退性产业转移。

### 2. 按照产业转移的迁出地与迁入地划分

按照产业转移的迁出地与迁入地,产业转移可分为国际产业转移与区域产业转移两种类型。国际产业转移是指产业在国(地区)与国(地区)之间的迁徙活动,即指某一国家或地区的企业按照区域比较优势的原则,通过跨国(地区)界的直接投资和国际贸易方式,把部分产业的生产、销售甚至研发转移到另一国家或地区,从而出现该产业在空间分布发生迁移的现象。区域产业转移是指产业在一国(地区)内部地区与地区之间的迁徙活动,即在市场经济条件下,发达区域的产业顺应竞争优势的变化,通过跨区域直接投资,把部分产业的生产转移到发展中区域进行,从而使产业表现为在空间上移动的现象。

### 3. 按照产业转移的行业划分

按照产业转移的行业,产业转移可分为制造业产业转移和服务业产业转移两种类型。制造业产业转移是指属于制造业门类的某些产品的生产活动由一个国家(地区)转移到另一个国家(地区)。制造业的部分转移是指一个国家(地区)制造业中的某些种类或某些要素密集特性的门类发生转移,制造业的全部转移是指一个国家(地区)的制造业全部发生转移,从而导致产业的空心化。服务业产业转移指服务业由某些国家(地区)转移到另一些国家(地区),转移的主要方式包括项目外包、业务离岸化、服务业外国直接投资等。

## 二、产业转移的经济效应

### (一)产业转移对承接地的经济效应

#### 1. 结构升级效应

承接地的产业结构往往表现出资源、劳动密集等传统产业占比较大,技术密集等新兴产业比重较小的特征。大多数的转移产业在发达地区属于失去竞争优势的夕阳产业,但可能会符合欠发达地区的相对比较优势。产业转移有助于高效率地使用欠发达地区的生产要素,优化资源配置,促进产业发展质量的提高,承接的产业生产技术水平一般要高于承接地产业的平均技术水平,从而为欠发达地区传统产业比较优势的升级创造了机会。此外,产业的移入必然带动资本、技术等稀缺要素的迅速积累,进而推动欠发达地区主导产业的发展和产业结构的优化升级。备选承接地中越是经济发达、资源禀赋充裕、产业基础好并具有潜在的竞争力的地区,就越是能吸引发达地区的产业转移。转移产业的移入,不仅可以促进该产业的发展,而且可以通过移入产业的波及效应,促进欠发达地区各产业互动演进,带动产业结构的调整和升级。

#### 2. 技术溢出效应

技术溢出效应是指对外投资和转移生产中引起的投资目的地技术或生产力的进步,

但是投资企业又无法获得全部收益的情况。在产业转移的过程中，转移企业有意识或无意识地转让或传播先进的生产技术，能促进欠发达地区相关企业技术进步，从而带动欠发达地区的技术水平。而欠发达地区技术水平的提升又可以反向刺激转移企业改进生产工艺，加强研发，提高劳动生产率。一方面，发达地区的企业会通过在欠发达地区建立分工厂（分公司）或企业重组等方式，与欠发达地区企业的合作；另一方面，发达地区企业对原材料和零部件的技术标准要求较高，也会对欠发达地区企业提供相应的技术援助，保证欠发达地区企业产品的质量和性能符合要求，进一步促进了欠发达地区企业的技术进步。

### 3. 关联带动效应

产业转移对承接地产业结构关联带动效应可以通过两种途径来实现：一是转移产业通过与承接地相关产业的链接，通过产业关联直接带动当地相关产业的发展；二是转移产业的移入通过关联机制带动上下游相关产业的移入。第一种途径的产业关联能够使转移产业产生根植性，促进欠发达地区配套产业和上、下游产业的发展，从而使大量相关产业集聚在一起，形成产业集群，推动欠发达地区经济的跨越式发展。第二种途径下，移入产业可以带动其原有关联产业的移入，进而在整体上提升移入地的产业结构。移入产业通过带动关联产业的发展而提高关联产业的就业量，同时，移入产业往往会带动移入地的公共服务设施、零部件供应以及对相关领域提出较高的服务要求，从而更快地推动其他产业的发展和就业的增加。

### 4. 竞争引致效应

产业转移能够促进转入地区竞争，提升地区产业综合竞争力。产业承接地的市场的开放程度和市场经济的发展水平往往落后于发达地区，其掌握的信息和知识不能适应市场发展的需求，因此，当地企业的技术开发可能缺乏对技术发展方向和市场需求以及全球趋势的恰当理解。移入企业掌握着大量的信息和知识，在产品开发和市场拓展上具有优势，在市场竞争压力下，承接地企业不得不观察和模仿移入企业新产品的技术和市场导向来提升自己对技术与市场的理解能力。此外，投资的进入加剧了与当地企业的竞争，移入企业所具有的强大市场竞争力，迫使和加速了承接企业的蜕变，逼迫它们进行产品的更新换代与技术、工艺和生产管理水平的进步，从而大大增强其市场竞争能力。

## （二）产业转移对转出地的经济效应

### 1. 产业结构优化效应

对产业转出地区而言，产业转移是为了把已经不适用本地区发展的产业转出，把资源和空间留给更需要发展的产业。产业转移会导致转出区生产要素的重新配置，主要是在劳动密集型产业向欠发达地区转移后，生产要素向地区内资本密集型和技术密集型产业转移，从而促进产业结构的优化。此外，产业转移还有助于提高公司生产和经营效率，从而帮助公司扩大在相关领域的生产规模，提供更多的就业机会。

### 2. 产业空心化效应

产业空心化现象一般最先出现在发达的国家或地区，产业转移和对外直接投资是造成产业空心化的主要原因。跨国公司在进行产业转移时，由于追求利润最大化将导致其向"无国境战略"转变,从而影响其产业转出地区的产业竞争力,带来所谓"产业空心化"问题。由于第一,第二产业规模缩减,无法提供足够的就业机会,国内劳动力转移至第三产业;地区内产业结构不断调整,过度重视技术密集型和资本密集型等新兴产业的发展,导致基础工业、轻工业的比重逐年下降,但新产业的发展速度与旧产业衰退速度无法匹配,造成产业衔接性差,出现产业空心化现象。

**扩展阅读 7-1**

### 发达国家的产业空心化现象

"产业空心化"这一概念最早出现于 20 世纪 60 年代,是美国人在进行国内对外直接投资活动研究时提出的概念。第二次世界大战后和冷战初期的美国迎来发展的黄金时代,但经济繁荣中隐藏着工人危机。美国大企业不断合并扩张,小规模生产者逐步被淘汰,后果是农业人口减少,制造业蓝领工人不断流向服务业,美国资本则转向资本密集型产业,将劳动密集型产业迁往城郊、南方各州乃至海外。与此同时,欧洲国家开启一体化进程,日本确立了"军事依靠美国,全力发展经济"的吉田主义,逐渐开始与美国竞争。轻制造业、重金融业是美国目前经济发展模式。基于此模式,实体经济与虚拟经济之间比重严重失调,国内产业结构也呈倒三角模式,基础性经济发展薄弱。由此可见,对外直接投资是造成美国产业空心化的主要原因。

到 20 世纪 80 年代,日本为了降低生产成本,大量日系企业外移,在海外建立生产基地。虽然企业获得了丰厚的利润,但国内制造业等基础产业却遭受重创,日益萎缩,国内物质生产和非物质生产的比例严重失衡,国民经济发展出现失调迹象。可以说,产业转移是导致日本产业空心化的重要因素。在此背景下,美国、日本开始了对产业空心化的广泛探讨。相比资本、技术密集型产业,传统制造业能提供更多就业岗位,对维护社会稳定有着重要的非经济意义。对于年龄较大、受教育水平较低的工人而言,产业升级可能意味着结构性失业,市场本身难以自发解决此类问题。与劳工失业同时出现的是城市衰亡,在奉行自由市场原则的美国,许多传统制造业城镇在支柱产业被淘汰后出现逆城市化。而随着大城市科技产业、金融产业的发展,贫富矛盾、地域差距不断加大。

资料来源:刘志彪.产业经济学[M].北京:机械工业出版社,2019.

## 第二节 产业转移的基本理论

### 一、基于传统比较优势的产业转移理论

#### (一)产品生命周期理论

20 世纪 60 年代初,美国经济学家弗农在总结国际贸易对于高度发达的美国工业结构转变影响的基础上,通过剖析产品的国际循环,提出了产品生命周期理论,该理论从产品生命周期变化的角度来解释产业转移现象。弗农认为任何产品都和人的生命一样,具

有一定的生命周期,随着生产和技术的发展,产品将由技术或知识密集型产品转变为资本或劳动密集型产品,同时,在产品生命周期的不同阶段,对生产要素的需求程度也会不同,因此就会使产业在要素充裕程度不同的国家或地区进行转移。为了便于区分,弗农把国家分为创新国、一般发达国家和发展中国家三类,创新国的产品周期经历了"生产—出口—进口"的发展路径,弗农把产品生命周期分为三个阶段:产品创新阶段、成熟阶段和标准化阶段,如图 7-1 所示。

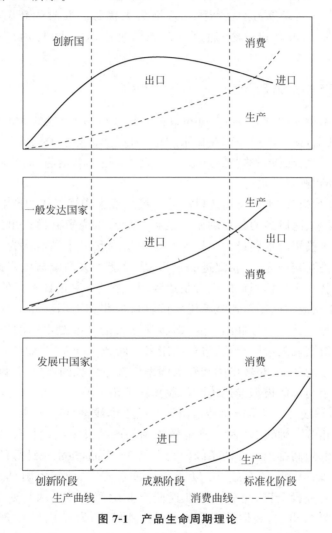

**图 7-1　产品生命周期理论**

第一,产品创新阶段。这一阶段是新产品刚被投入市场,创造需求的阶段。在这一阶段,创新国对新产品具有独家垄断优势,因产品尚未定型,需要不断改进设计以适应消费者的需要和偏好,生产过程的要素投入和加工工艺及规程的变化也很大,因此在区位选择上,成本因素处于次要地位。

第二,成熟阶段。这一阶段由于市场竞争加剧,企业主要进行长期投资,扩大生产规模,以有效降低生产成本,取得规模经济。在国内市场趋于饱和时,企业将日益重视国外市场。由于出口贸易的运输能力以及关税壁垒等限制，以简单的贸易出口来达到最佳经济效果的方法已行不通了。因此，创新国企业开始对外直接投资，在国外建立子公司，就地生产，就地销售。

第三，标准化阶段。这一阶段产品设计、生产技术等已经完全成熟并日趋标准化，对生产工人的劳动熟练程度的要求也随之降低，产品演变为劳动密集型产品。一般发达国家通过进口该产品而逐渐掌握了生产技术，加之劳动力资源充裕，导致生产成本低于创新国，所以在产品竞争力上创新国家逐渐失去优势。此时创新国将产品的生产转移到生产成本较低的国家和地区，通过进口来满足国内需求，国内该产业会衰败甚至消亡。

### （二）边际产业扩张理论

日本经济学家小岛清（Kiyoshi Kojima）在赤松要的"雁行模式"和弗农的"产品生命周期理论"的基础上，提出了边际产业扩张理论，为产业区域转移理论作出了里程碑式的贡献。事实上，人们现在谈到的"雁行模式"更多的是指小岛清将赤松要和弗农的理论综合之后提出的新的"雁行模式"。

小岛清的"雁行模式"主要是描述以海外直接投资为表现形式的产业转移。小岛清从标准的两国、两要素、两商品的赫克歇尔—俄林—萨缪尔森贸易模式出发，运用国际分工原理得出对外直接投资的福利最大化标准是自由贸易量。小岛清认为，日本的对外直接投资和贸易方式是互相补充、互相促进的关系，从而能扩大国家与国家的自由贸易量，提高整个社会的福利水平。该理论的中心是边际产业扩张，主张日本海外直接投资和产业转移应该遵循"比较成本原则"，也就是说应该转移那些在本国已经不具有比较优势而在投资国却可以作为支柱产业发展的产业，即转移出去的产业是本国的边际产业。产业转出国或地区不再投资发展边际产业，将资源用来发展新兴产业，产业转入国或地区根据比较优势发展所承接的产业，对转出国和转入国来说都是共赢的选择，可以实现资源的最优配置。可以用一个简单的模型描述边际产业扩张理论。

在图 7-2 中，轴线 1-1 表示产业转出国的产品成本线，假设产业转出国从 $A$ 至 $Z$ 的产品的生产成本都相等。轴线 2-2 表示产业转入国的产品成本线，假定产业转入国从 $A'$ 到 $Z'$ 的生产成本从低到高排列。在两条线的交点处 $M$ 产品，按汇率计算的转出国和转入国的产品成本相等，而 $A$、$B$、$C$ 产品，在 $M$ 点以左的位置，产业转入国具有比较优势，表现在生产成本低于对外投资国，也就是说在这些产业中产业转出国是处于比较劣势的，即"边际产品"应该转移出去，具体表现在加大对产业转入国的 $A$、$B$、$C$ 产品相关产业的直接投资。经过产业转移以后，一方面，对于产业转入国而言，由于接受了产业转出国的直接投资以及经营资源，其比较优势产业的竞争力进一步增强，表现在这些产业的产品价格的进一步下降，在图 7-2 中，产业转入国的 $A'$、$B'$、$C'$ 产品的成本进一步下降到 $A''$、$B''$、$C''$；另一方面，产业转出国可以通过进口满足消费者对 $A$、$B$、$C$ 产业的需求，从而提高双方的福利水平。小岛清用这个模型证明了他的边际扩张产业转移理论，同时，他还认为这种边际产业的扩张会扩大产业转出国和产业转入国之间的贸易往来，故称为"顺贸易导向型"产业转移。

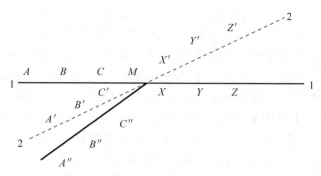

图 7-2  小岛清的"边际产业扩张理论"

### （三）梯度转移理论

20 世纪下半叶以来,海特(Hayor)和克鲁默(Krumme)等区域经济学家创立了区域发展梯度转移理论。该理论以弗农的产品生命周期理论和不平衡发展理论为依据,从区域分工的视角出发,指出不同地区存在不同的产业基础,发展战略也不尽相同,使得各地区产业结构和经济的发展存在阶梯状差距。如果一个地区的主导专业部门都是由那些处于成熟阶段后期或衰落阶段的衰退部门所组成,这个地区就属于低梯度地区。创新活动中,新兴产业部门、新产品、新技术、新的生产管理与组织方法等大都发源于高梯度地区。随着时间的推移,处于优势地位的高梯度产业的产品、技术等会率先得到发展并向低梯度产业扩散,最终达到均衡的状态。产业转移在不同梯度的地区之间发生,高梯度地区能够将弱势产业转出以发展新兴产业,而转出产业不仅能够为承接地区的节省创新时间,还可以促进地区经济的发展。

## 二、全球化背景下的产业转移理论

### （一）新经济地理理论

20 世纪 80 年代后,国际贸易出现新的发展趋势,产业内贸易在各行业快速渗透,而传统国际贸易理论无法针对这一现象进行合理解释。为此,克鲁格曼构建了一个对经济活动的区位和空间布局的分析框架——新经济地理学,该框架以产业集聚为核心,研究产业集聚演进中所伴随的产业转移的现象,从空间经济的角度分析贸易分工和生产布局,弥补了传统经济学关于空间地理因素分析的不足。新经济地理学认为,产业布局将依据规模经济、劳动力要素可流动以及运输成本的综合影响而进行动态调整。根据消费者同时也是生产者这一条件下的一般均衡分析,在贸易自由化不断提高的情况下,随着运输成本不断下降至某临界点,制造业生产将由最开始的分散布局,迅速向特定区域迁移、聚集,并形成各种工业生产核心区域,其基本结论是"在低贸易成本的条件下,经济活动将向中心区域聚集"。

然而,克鲁格曼所依据的劳动力要素具有较高流动性的前提在国际生产布局中难以实现,其理论无法解释国际上生产布局的转移和聚集。因此,维纳布斯(Venables)依据不完全竞争的有限前提条件,在考虑最终产品和中间产品的投入产出关系的情况下,论证了全球工业生产活动同样将向部分中心区域转移,形成区域性的生产活动聚集。此后,Amiti 在这一理论研究框架中引入赫克歇尔-俄林模型(Heckscher-Ohlin Theory)的比较优势分析,通过对工业生产上游和下游的经济活动赋予不同的劳动密集属性和资本密集属性,认为运输成本等交易成本的降低将推动制造业的上下游向同一个中心区域聚拢。这与传统的以要素禀赋为基础的贸易理论结论大不相同,Amiti 通过模型证明了同一产业不同环节的劳动或资本属性并不影响其发生同方向的移动。Barde 则基于维纳布斯的基本研究框架,通过考虑技术进步在产业布局方面的影响,再一次证明当运输成本下降至临界点以后,存在技术进步的产业转移将引发"黑洞效应",吸引这一产业的上下游企业将生产活动向中心区域快速转移。

### (二)全球价值链理论

随着经济全球化的继续深入发展,国际分工模式继续发生深刻变化。一个突出的特点是,生产工序被分割后,产品内贸易规模激增。在这一背景下,全球价值链(global value chain,GVC)概念应运而生。"价值链"最早出现在商业管理研究领域。波特在研究企业生产经营活动时首次提出了价值增加链(value-added chain)概念。他认为,"每个企业都是用来进行设计、生产、营销、交货以及对产品起辅助作用的各种活动的集合",而将企业生产活动分割成一个链条,形成了产品各项生产活动的价值链。企业由各独立的具体生产经营活动组成,这些生产经营活动在各个环节创造不同的价值,形成了企业价值创造的链条。科洛特(Kogut)认为,根据不同国家的比较优势,企业价值增加的链条应将各生产经营环节在不同区域空间进行配置,提出从价值的增加链角度分析企业的国际商业战略。加里·格雷菲(Gary Gereffi)和 Korzeniewicz 结合价值增加链概念和产业组织理论创造了全球商品链(global commodity chain,GCC)理论,认为这一链条上的企业在商品制造过程中,在全球实现资源配置的优化,从而形成全球化的商品制造链条。

21 世纪初,格雷菲打破了"商品"概念的局限,关注于企业在全球化生产经营过程中的不同环节所创造或者获取的价值,创造性提出"全球价值链"一词。联合国工业发展组织(UNIDO)对全球价值链的定义是,GVC 是在全球范围内为实现商品与服务价值而连接生产、销售、回收处理等过程的全球性跨企业网络组织,涉及从原材料采集和运输,半成品和成品生产及分销,直至最终消费和回收处理的整个过程,包括所有参与者和生产销售等活动的组织与价值和利润分配。"全球价值链"更强调企业全球化生产中的价值创造,从价值增加的角度考察了企业生产活动的全球化,认为在技术进步的帮助下,商品生产已经成为全球化生产体系,在商品生产链条上的所有企业生产可以看作一个完整的全球价值链。

## 第三节　产业转移的动力机制

从表面上看,产业转移是人的主观因素在起作用,但其本质是经济活动内在规律发挥作用的必然结果。研究产业转移背后的规律及作用机制有助于把握产业转移的进程,更好地引导经济发展。本节主要讨论国际产业转移和国内区域转移背后两类不同产业转移的动力机制,对其进行梳理总结。

## 一、国际产业转移的动力机制

### (一)产业生命周期更迭效应

不同区域的生产要素禀赋存在很大差异,不同国家具有比较优势的生产部门不同。由于国家之间存在着经济发展水平的差异,产业在不同国家所处的发展阶段也各不相同,随着经济的发展及国际经济联系的深入,受发达国家消费模式的影响,发展中国家部分高收入家庭开始出现对新产品的需求,然而受技术水平的限制,只有通过向发达国家进口才能满足这一需求。随着经济的发展,发展中国家对新产品的需求不断扩大,同时发达国家处于成熟或衰退阶段的产业竞争日益加剧,生产成本特别是劳动力成本也日益提高,使得发达国家进一步其失去其原有产业的比较优势,产业发展因此面临调整。

对于产业内的企业而言,产业调整既可以通过加速产业的技术进步来实现,也可以通过将其转移到劳动力价格较低的发展中国家来实现。然而前者需要大量的研发成本,当这一成本无法被产业深化所带来的优势抵消时,发达国家就不得不进行国际产业转移。在相同的技术水平下,通过直接投资进行海外建厂,将该产业或产业内的某些生产阶段转移出去,利用发展中国家的低劳动力成本,是实现成本最低化的最佳选择,同时生产该产品的技术设备、工艺条件会在新的生产得到运用,也实现了成熟技术的多次增值。

### (二)生产要素流动性约束效应

跨国公司实施国际产业转移的根本目的是利润最大化。从降低成本的角度来说,生产成本主要由生产中所使用的要素成本所构成,主要包括土地、劳动力、资本等有形要素成本以及技术和企业家管理等无形要素成本。一国某些生产要素的不足,可以通过国际生产要素的流动来弥补。但这一弥补是有条件的,受到国际生产要素流动的摩擦系数影响,如果国际减少了生产要素流动的障碍,那么生产要素流动就有可能弥补国家禀赋的差异。这些生产要素的空间流动性具有非常大的差异,如同级别要素中,资本和劳动的可流动性强于土地的可流动性;不同级别的同种要素中,人力资本的可流动性强于廉价劳动力的可流动性,源于廉价劳动力受教育程度往往较低,缺乏获得信息的技能和途径。

跨国公司在实际生产中基于生产要素流动性的差异以及各国要素资源禀赋差别,在全球范围内对产品(或产业)价值链进行拆分,进而在全球范围内对这些生产工序(或环节)重新布局,从而实现生产成本的最小化与利润的最大化。在这一过程中,跨国公司通过牢牢掌控产品价值链中的研发环节以及核心零部件的生产环节,获得其核心竞争力。实际上,这类跨国公司进行国际产业转移活动时,相对于制度、信息等投资软环境,其会更加注重要素资源禀赋等投资硬环境,其往往会通过对生产工艺的不断改进以及利用垂直一体化生产体系来实现规模经济等方面的竞争优势。

### (三)产品内分工效应

国际分工经历了产业间分工、产业内分工和产品内分工三个阶段,产品内分工是全球生产网络背景下国际分工的最新阶段,指将产品生产过程的不同环节和工序拆分到不同国家/地区,形成以生产环节、工序和区域为对象的跨国性生产体系。产品内分工和贸易使得原来在同一个企业内执行的生产链条被拆分成很多不同的环节或工序(简称为价值元),一个企业可能只专业化于全球生产链条上的某一个价值环节,从而产生了生产过程的垂直专业化,即实现了价值链的分解。图 7-3 简单展示了产品内分工的基本结构。

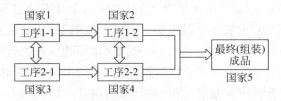

**图 7-3　产品内分工的基本结构**

国际产业转移在产业内分工效应中表现为以跨国公司为核心的全球范围内相互协调与合作的价值链跨区域重组,价值链的全球性空间重组和全球生产网络的形成推动了制造业的大规模国际转移。具体来说,在产品内分工驱动下,全球价值链被分解为三大环节:技术环节、生产环节和营销环节。跨国公司一方面专业化于核心能力和关键性资源的培育;另一方面,为了使价值链中的每个环节都能布局于最有竞争优势的区域,它们通过业务外包使位于不同区域的企业形成一张遍布全球的国际分工协作网络(即全球生产网络),每一个价值环节都成为全球生产网络的一部分,借助全球生产网络跨国公司实现了价值链的全球性空间重组。这种国际产业转移是产品内分工主导下的产业转移,转移客体不再是完整的价值链,而是已深入生产环节和工序层面。

## 二、区域间产业转移的动力机制

### (一)市场驱动机制

市场驱动机制是推动产业转移最根本的力量,是企业选择产业转移行为的最主要动因。首先,中国区域经济发展不平衡,存在发达地区的高梯度和欠发达地区的低梯度,在区域经济发展不平衡的同时,各个地区的资源禀赋也存在很大的差异。经过改革开放40 多年的发展,中国沿海经济发达地区在一些劳动密集型产业中不但具备了比较优势,而且具备了竞争优势。特别是与国内欠发达地区相比,这种优势更为明显。利用自己在劳动密集型产业上的技术优势和经营优势,将企业转移到劳动资源充裕的欠发达地区,能提高企业的经济效益,实现企业利润最大化。在此动力下,发达地区不具比较优势的企业会不断向欠发达地区转移。其次,不同地区生产要素价格水平不同,当产业大量积聚在某一地区后,必然会导致生产要素市场的供不应求和生产要素的价格上升,当运输成本和交易成本小于企业的运营成本时,产业转移便应运而生。最后,不同的地区购买力水平和人口规模不同,存在一定的贸易壁垒,产业直接转移到市场需求大的地区,可以绕过贸易壁垒,获得更高的收益,寻求更大的消费市场是产业转移的主要诱因。

### (二)政府作用机制

政府作用机制是指政府在政策和制度上引导与推动企业进行产业转移。政府可通过各种手段来影响企业的经营环境，进而引导企业的区位决策行为。区际产业转移过程中政府作用力源自政府为实现这些职能而实施的经济、法律及行政等手段。我国主要通过产业政策引导，让发达地区企业更积极主动通过产业转移来带动中部地区的经济发展。面对区域之间承接产业转移的激烈竞争，政府通过针对本地的产业优势制定相应的经济发展战略，引导资金、人才、资源和技术等生产要素向优势产业聚集，提高资源优化配置的效率，提升产业竞争力。针对产业承接中的结构性风险，政府通过适当的产业诱导、产业保护和产业规制政策，引导和支持本地主导产业发展，积极培育新型产业和战略性产业，推动本地产业结构优化升级。此外，随着中国市场经济的确立与完善，中国政府对于市场经济进行行政调控的难度逐步加大，此时政府会利用国有企业这一特殊载体进行产业直接投资。

### （三）自我维持机制

对产业转移动力系统而言，市场驱动机制和政府作用机制并不能完整地描述其动力作用的过程。当动力发生并作用于其客体时，还需要得到信息的反馈，以纠正产业转移方向的偏差，并维持驱动力的作用，即自我维持机制。具体来说，第一，产业转移可以给承接地注入发展的稀缺要素，并产生示范效应，引起区域要素比重的变化，导致采用先进技术的部门在数量上和比例上的增加，通过关联带动效应刺激上下游产业以及金融、技术、法律等旁侧产业的快速发展，推动承接地产业结构向高度化发展。第二，产业在转移的过程中往往趋向于向工业园区等特定区域集聚，伴随规模报酬递增，这将影响企业的生产经营成本，并进而对企业是否作出进一步迁移的决策产生影响。第三，在产业转移这一生产要素流动的过程中，新进的要素和原有的要素会产生新的组合，进而产生技术外溢的可能性。技术溢出将提高承接地技术水平，有利于区域创新体系的形成和发展。承接地企业为应对更为激烈的市场竞争，有内在动力进行生产要素、生产条件、组织方式的重新组合，以建立效率更高的生产体系，从而对产业转移产生影响。

**扩展阅读 7-2**

### 深圳医疗器械产业的转移

深圳是中国医疗器械产业的发源地，依托于雄厚的电子产业基础，深圳产出了中国第一台磁共振成像系统、第一台彩超和第一台全自动生化分析仪，是中国医疗器械产业领军城市。2018年深圳市医疗器械产业生产总值突破400亿元，约占全国的10%，取得一类医疗器械产品生产备案及二、三类医疗器械生产许可证的企业达800余家。早在2006年，深圳医疗器械产值就占全国比重近20%，然而到了2018年，深圳医疗器械产值全国占比仅为8%，深圳医疗器械行业面临着发展速度放缓、产值占全国比重不断下滑、企业成批迁出等问题。在这些问题的背后，是医疗器械企业开始大批逃离深圳。例如，华因康等一批自主创新型中小企业开始落户异地，迈瑞医疗、华大基因等本土骨干企业也纷纷到外地建立生产基地。深圳曾经在医疗器械行业的优势逐渐式微，该产业不断转移的原因可以归结为以下三点。

（1）成本过高。深圳不断上涨的土地、生产及生活成本不断挤压着产品的利润空间。深圳的优势曾经是完整的配套设施和产业链。随着全国经济和交通发展，许多地区医械配套设施逐渐完善，深圳产业链优势日渐式微。广东省内城市如东莞松山湖、佛山，省外如江浙、湖南，都在加速做相关的产业布局，吸引了不少本土企业搬出深圳。

（2）政策扶持力度不够。一个地区为打造医械产业集群需要先进行产业链和服务体系的构建，而这需要政府支持。与重点发展支持医药生物产业的宁波、苏州市相比，深圳的政策力度显得较为保守，人才引进补贴的门槛也更高。

（3）产品审批周期过长。深圳市医疗器械企业在 2018 年和 2019 年产品注册难度明显加大，注册证审批延后带来的直接后果就是产品无法上市销售，因此，面对注册证评审拖延，有许多深圳当地企业尝试着搬到外地来申请注册证，从而导致产业不断向外转移。

总之，深圳医疗器械产业的转移既有市场的成本压力的因素，也有政府政策的因素，是多方面共同作用的结果。

资料来源：邹媛.助推高端医疗器械产业蓬勃发展[N].深圳特区报，2023-06-09(A13).

# 第四节　产业转移的测算方法

产业转移表现为不同时期地区产业活动的空间分布变化，对产业转移的研究方法也不仅仅停留在定性研究上。为了定量测算产业转移，学者们一般通过比较地区产业经济指标的此消彼长来说明产业转移的方向和程度，总结出了一系列产业转移测算方法。

## 一、基于产业专业化程度的测算方法

### （一）区位熵

区位熵又称产业专业化指数，是一个区域经济学与经济地理学常用的指标，用来衡量一个区域的特定产业重要程度，它是分析区域产业集聚度和比较优势产业的常用方法。其计算公式为

$$\mathrm{LQ}_{ij} = \frac{q_{ij}/q_j}{q_i/q_0} \tag{7-1}$$

式中，$q_{ij}$ 为地区 $j$ 中 $i$ 产业的总量，根据研究的需要，可以用资产额、产量、销售额、职工人数或者增加值等指标表示；$q_j$ 为地区 $j$ 中所有产业的总量指标；$q_i$ 为行业 $i$ 在所有地区中的总量指标；$q_0$ 为所有地区内所有产业对应的总量指标。可见区位熵可以测度一个地区的产业结构与全国平均水平的差异，从而揭示一个地区在特定行业上的专业化水平。区位熵越高，表示地区 $j$ 在 $i$ 产业上的专业化优势越明显。

为了精确反映转移前后的差异，Zhao 和 Yin 依据份额变动的思想提出了一种衡量产业转移的新方法，其基本思路为：将产业转移看作一个事件，转移发生前，产业的发展比较平缓，转移发生导致较大变动，转移发生前后产业经济指标的相对变化量即为转移的大小。如果将转移发生前的年份定义为基期，将总量指标确定为产值，则根据区位熵可以构建如下产业转移指数：

$$\text{IR}_{ij,t} = \text{LQ}_{ij,t} - \text{LQ}_{ij,t_0} \tag{7-2}$$

对于该指数,如果 $\text{IR}_{ij,t} > 0$,则表明所考察年份 $j$ 地区 $i$ 行业规模相对于初期发生了转入;若 $\text{IR}_{ij,t} < 0$,则意味着 $j$ 地区该产业相对于初期发生了转出。该产业转移指数既体现了产业转移的方向性,又可以反映地区间产业转移量的大小。

### (二)产业梯度系数

产业梯度转移理论最早源于产品生命周期理论,后来被区域经济学引入。从区域经济学的角度来讲,梯度是区域间经济发展差距在地图上的表示。中国经济学家戴宏伟首次对产业梯度的内涵进行了明确的界定,认为产业梯度是因为国家或地区间生产要素禀赋差异、技术差距、产业分工不同而在产业结构水平上形成的阶梯状差距。他也最先用区位熵和比较劳动生产率的乘积来衡量区域产业梯度水平,并称之为产业梯度系数。产业梯度系数弥补了区位熵忽略劳动生产率区域差异带来的偏差,因此在目前的研究中被广泛采用。该系数计算方法为

$$\text{IGC}_{ij} = \text{LQ}_{ij} \times \text{CPOR}_{ij} \tag{7-3}$$

式中,$\text{IGC}_{ij}$ 为产业梯度系数;$\text{LQ}_{ij}$ 是 $j$ 地区 $i$ 产业的区位熵;$\text{CPOR}_{ij}$ 是比较劳动生产率,$\text{CPOR}_{ij} = \dfrac{y_{ij}/y_i}{L_{ij}/L_i}$,表示 $j$ 地区 $i$ 产业的工业生产总值占该行业全国 $i$ 产业生产总值的比重与 $j$ 地区 $i$ 产业的从业人员占全国 $i$ 产业从业人员的比重之比。产业梯度系数如果大于 1,表示某个地区该产业具有一定的竞争优势,是该地区相对较专业化的部门。CP 值越大,产业劳动效率越高。某地区某产业 CP<1,表示该产业劳动效率高且具有比较优势。胡丹通过对中国各地区产业梯度系数进行计算,综合高梯度地区和低梯度地区各产业的产业梯度系数,总结产业从高梯度地区转往低梯度地区的发生条件为以下三种情况。

第一,高梯度地区某产业的 LQ<1,CP<1。高梯度地区转出在本地发展缓慢、缺乏优势的产业,以期在别的区域提升专业化水平和劳动效率。

第二,高梯度地区某产业的 LQ>1,CP<1。高梯度地区转出在本地劳动效率低下的产业,淘汰落后产能,而低梯度地区可通过承接产业获取规模效应并形成产业聚集。

第三,高梯度地区某产业的 LQ<1,CP>1。此种情况发生的产业转移,如果低梯度地区该产业的 LQ<1,CP<1,高梯度地区可将该产业转入低梯度地区以获取低成本优势,低梯度地区则可获取规模效应和引进技术,形成产业聚集;如果低梯度地区该产业的 LQ>1,CP<1,则低梯度地区可获取技术注入;如果低梯度地区该产业的 LQ<1,CP>1,但其比较劳动生产率大于或接近高梯度地区,则低梯度地区可获取规模效应。

## 二、基于产业集中度的产业转移测算方法

### (一)空间基尼系数

空间基尼系数也反映了产业的空间集聚程度,由克鲁格提出,用来计算美国制造业行业的集聚程度,其计算公式为

$$G_i = \sum_{j=1}^{n} (s_{ij} - s_j)^2 \tag{7-4}$$

其中，$G_i$ 为行业空间基尼系数；$s_j$ 为 $i$ 地区某行业就业人数占全国该行业就业人数的比重；$s_{ij}$ 为该地区就业人数占全国总就业人数的比重，对所有地区进行加总，就可得出某行业的空间基尼系数。空间基尼系数也可以用产值和增加值进行计算，计算方法和采用就业人数的计算方法相同。其值介于 0 和 1 之间，数值越大表示该行业在地理上的集聚程度越高。同样的，将转移发生前的年份定义为基期，根据赫芬达尔指数和空间基尼系数可以构建如下两种产业转移指数：

$$\mathrm{IR}_{i,t} = H_{i,t} - H_{i,t_0} \tag{7-5}$$

$$\mathrm{IR}_{i,t} = G_{i,t} - G_{i,t_0} \tag{7-6}$$

这两种指数都反映了 $i$ 产业整体的转移情况而不针对某一特定地区，当指数大于 0 时说明该产业集聚程度升高，产业由边缘地区向中心转移。

### （二）SP 指数

虽然空间基尼系数能衡量行业的空间集中状况，但并未考虑到空间距离这一因素。如果某一行业的空间基尼系数保持不变但该行业的分布在距离上相距较远，则它的空间集中度将小于空间基尼系数不变但距离接近的行业集中程度。针对以上问题，Midelfart-Knarvik 设计了 SP 指数，该指数值介于 0 与 1 之间，越接近于 0，表示行业在空间上越集中，当 SP 指数上升时表示该行业在空间上扩散。其计算公式为

$$\mathrm{SP}^k = c \sum_i \sum_j v_i^k v_j^k \delta_{ij} \tag{7-7}$$

其中，$v_i^k = E_i^k / \sum_k E_i^k$，为地区 $i$ 行业 $k$ 的产业集中率；$v_j^k$ 为地区 $j$ 行业 $k$ 的产业集中率；$\delta_{ij}$ 是每两个省市 $i,j$ 首府之间的直线距离；$c$ 为一个固定不变的常数值。将转移发生前的年份定义为基期，根据 SP 指数可以构建如下产业转移指数：

$$\mathrm{IR}_{i,t} = \mathrm{SP}_{i,t} - \mathrm{SP}_{i,t_0} \tag{7-8}$$

当指数大于 0 时，说明 SP 指数上升，产业集聚程度降低，产业由中心区域向边缘转移。

## 三、其他产业转移测算方法

### （一）产业份额法

产业转移也可以直接采用产业的绝对份额来进行测算。绝对份额可采用的指标包括产值份额、工业增加值份额、固定资产投资占比等，如式（7-9）所示，其中 $v_i^k$ 代表 $i$ 地区 $k$ 产业的份额，$E_i^k$ 代表产值、工业增加值等具体指标。通过计算某地区指标占总体份额的变化能大致分析出产业转移的总体走向。

$$v_i^k = E_i^k / \sum_{i=1}^{n} E_i^k \tag{7-9}$$

此外，最高市场份额所属地区变化也可以作为测算产业转移的一种指标。各行业的最高市场份额所属地区往往代表某一地区在该行业的绝对优势，因此当这一地区发生变

化时往往代表产业布局发生了显著转移。范剑勇在研究 1998—2002 年长三角地区产业转移趋势时,对细分行业最高市场份额变化情况进行了计算,发现浙江省在 1998—2002 年没有将产业转移到上海市或江苏省,而是吸纳了上海市或江苏省的家具制造业、饮料制造业、塑料制品业。这说明浙江省的产业竞争优势具有根植性,即产业一旦被转入就不会再转移到其他地区。

### (二)投资额法

资本转移也是产业转移的重要一环,产业转移也可以从投资额的角度来进行测算。具体来说,对于国际产业转移往往可以用外商直接投资(FDI)来衡量产业转移程度。按照国际货币基金组织(IMF)的定义,对外直接投资是指一国的投资者将资本用于在他国进行的生产、经营,并且掌握一定的经营与控制权的一种投资行为。而国内各区域间可以用各省引进国内省外投资额来表示。具体来说,根据投资额得到的产业转移指数的计算方法为

$$\text{TR}_{i,t} = I_{i,t} / I_{i,0} \tag{7-10}$$

其中,$\text{TR}_{i,t}$ 表示 $i$ 国家(地区)$t$ 时期的产业转移程度;$I_{i,t}$ 表示 $i$ 国家(地区)$t$ 时期的 FDI(省外投资),并通过基期的固定资产投资价格指数 $I_{i,0}$ 进行折减。$\text{TR}_{i,t}$ 越大,表明当地承接产业转移程度相对于基期越高。

### (三)投入产出表法

区域间投入产出表是用来系统刻画区域间产业投入产出关系的综合模型,根据区域间投入产出关系的变化,可以更加全面地测算区域间的产业转移。根据这一理论,设一个区域的总产出为 $\boldsymbol{X}$,最终消费为 $\boldsymbol{Y}$,直接消耗系数矩阵为 $\boldsymbol{A}$,则根据投入产出理论,它们之间的基本关系可写为

$$\boldsymbol{X} = (\boldsymbol{I} - \boldsymbol{A})^{-1} \boldsymbol{Y} \tag{7-11}$$

如果有两个区域 1 和 2,这两个区域间的投入产出表如表 7-1 所示,其中 $A_{ij}$ 表示 $j$ 区域生产对 $i$ 区域产品的直接消耗系数矩阵;$A_{ij} X_j$ 表示 $j$ 区域生产对 $i$ 区域产品的直接消耗流量矩阵;$Y_{ij}$ 表示 $j$ 区域对 $i$ 区域产品的最终需求矩阵,$X_i$ 表示 $i$ 区域的总产出矩阵,$V_i$ 表示 $i$ 区域的增加值矩阵,则根据投入产出理论,可得出如下公式:

$$\begin{pmatrix} X_{11} & X_{12} \\ X_{21} & X_{22} \end{pmatrix} = \begin{pmatrix} I - A_{11} & -A_{12} \\ -A_{21} & I - A_{22} \end{pmatrix}^{-1} \begin{pmatrix} Y_{11} & Y_{12} \\ Y_{21} & Y_{22} \end{pmatrix} \tag{7-12}$$

表 7-1　两区域间投入产出表

| 投入 | | 产　出 | | | | 总产出 |
| --- | --- | --- | --- | --- | --- | --- |
| | | 中间使用 | | 最终需求 | | |
| | | 区域 1 | 区域 2 | 区域 1 | 区域 2 | |
| 中间投入 | 区域 1 | $A_{11} X_1$ | $A_{12} X_2$ | $Y_{11}$ | $Y_{12}$ | $X_1$ |
| | 区域 2 | $A_{21} X_1$ | $A_{22} X_2$ | $Y_{21}$ | $Y_{22}$ | $X_2$ |
| 增加值 | | $V_1$ | $V_2$ | | | |
| 总投入 | | $X_1$ | $X_2$ | | | |

其中，$X_{ij}$ 表示 $j$ 区域的最终需求引起的 $i$ 区域总产出。假设存在两个时间 $t$ 和 $t+1$，则区域 1 和区域 2 总产出的变化可表示为

$$\Delta \boldsymbol{X} = \begin{pmatrix} \Delta X_{11} & \Delta X_{12} \\ \Delta X_{21} & \Delta X_{22} \end{pmatrix} = \begin{pmatrix} X_{11}^{t+1} - X_{11}^{t} & X_{12}^{t+1} - X_{12}^{t} \\ X_{21}^{t+1} - X_{21}^{t} & X_{22}^{t+1} - X_{22}^{t} \end{pmatrix} \tag{7-13}$$

$\Delta X_{ij}$ 则表示 $j$ 区域最终需求变化引起的 $i$ 区域总产出变化，根据产业转移的广义含义，可以认为 $\Delta X_{ij}(i \neq j)$ 为 $t$ 和 $t+1$ 期间 $j$ 区域向 $i$ 区域的产业转移量。且这部分产业转移是由于最终使用 $Y_{ij}$ 引起的，可称之为最终使用驱动型产业转移。

实际中除区域 1 和区域 2 以外，可能还存在世界其他地区，且与区域 1 和区域 2 之间都存在进出口关系。假设区域 1 和区域 2 向世界其他地区的出口分别为 $E_1$、$E_2$，将式(7-12)中的矩阵 $\begin{pmatrix} Y_{11} & Y_{12} \\ Y_{21} & Y_{22} \end{pmatrix}$ 换为 $\begin{pmatrix} E_1 & 0 \\ 0 & E_2 \end{pmatrix}$ 便可得

$$\begin{pmatrix} X'_{11} & X'_{12} \\ X'_{21} & X'_{22} \end{pmatrix} = \begin{pmatrix} I - A_{11} & -A_{12} \\ -A_{21} & I - A_{22} \end{pmatrix}^{-1} \begin{pmatrix} E_1 & 0 \\ 0 & E_2 \end{pmatrix} \tag{7-14}$$

其中，$X'_{ij}$ 表示 $j$ 区域出口引起 $i$ 区域总产出的变化。如果存在两个时间 $t$ 和 $t+1$，则同样可以得

$$\Delta \boldsymbol{X}' = \begin{pmatrix} \Delta X'_{11} & \Delta X'_{12} \\ \Delta X'_{21} & \Delta X'_{22} \end{pmatrix} = \begin{pmatrix} X_{11}^{t+1'} - X_{11}^{t'} & X_{12}^{t+1'} - X_{12}^{t'} \\ X_{21}^{t+1'} - X_{21}^{t'} & X_{22}^{t+1'} - X_{22} \end{pmatrix} \tag{7-15}$$

$\Delta X_{ij}$ 表示 $j$ 区域出口变化引起的 $i$ 区域总产出变化，可以认为 $\Delta X_{ij},(i \neq j)$ 为 $t$ 和 $t+1$ 期间 $j$ 区域向 $i$ 区域的产业转移量。且这部分产业转移是由于出口引起的，可称之为出口驱动型产业转移。实际中，为了避免进口的影响，还需要在区域间投入产出表的基础上，将进口部分按比例从中间使用和最终使用中扣除。假设表 7-1 中区域 1 存在进口 $M_1$，即

$$A_{11}X_1 + A_{12}X_2 + Y_{11} + Y_{12} - M_1 = X_1 \tag{7-16}$$

为了将 $M_1$ 扣除，式(7-16)可变换为

$$(A_{11}X_1 + A_{12}X_2 + Y_{11} + Y_{12}) \frac{M_1}{X_1 + M_1} = M_1 \tag{7-17}$$

令 $M_1/(X_1 + M_1) = \beta_1$，将式(7-17)代入式(7-16)可得

$$(1 - \beta_1)A_{11}X_1 + (1 - \beta_1)A_{12}X_2 + (1 - \beta_1)Y_{11} + (1 - \beta_1)Y_{12} = X_1 \tag{7-18}$$

式(7-18)左边即表示扣除进口后区域 1 的中间使用和最终使用。对区域 2 也可采用相同方法进行处理。按照上述研究思路和方法，对于两个以上区域间的产业转移也可进行相同的计算。

⌈ 扩展阅读 7-3 ⌋

### 中国制造业产业转移指数的测算

制造业是现代工业的重要组成部分，是国民经济的支柱。中国在 20 世纪 80 年代之后积极承接国外制造业产业转移，经过 40 余年的发展，建立起了较为健全的工业化体系，成为重要的制造业大国。目前，新一轮的制造业转移正在发生，中国制造业在向外转移的

同时也正在进行内部的产业转移。本部分使用指标测度的方法来对国内的制造业转移进行定量研究，以便更细致地了解近年来全国各地制造业产业转移的具体情况。

参考孙晓华等对产业转移指数的构造，本部分选择公式(7-2)基于区位熵构建的产业转移指数来进行测算。产业转移指数测算所用到的行业产值数据来自 2001—2020 年的《中国工业经济统计年鉴》与 2006—2020 年的各省统计年鉴，由于西藏数据不全，予以删除，剩余的 30 个省区作为样本总体。制造业指标选取工业产值数据或主营业务收入(二者数据基本上相同)，原因是部分统计年鉴没有统计工业产值。在基期选择上，综合考虑数据来源与国内经济发展节点，将 2001 年作为制造业转移指数计算的基期。

表 7-2 展示了各省份(不含港澳台)制造业产业转移指数测算的结果。从结果可以看出，在样本期内各省整体产业转移指数均值小于 0 的省份有 17 个，整体制造业转出的省份与转入省份的比例接近于 3∶2。整体产业转出可能是由三种原因决定的：第一，所在省份属于发达地区，制造业整体发展程度都位居全国前列，对应的高低端产业都表现为转出；第二，所在省份高端产业发展情况较高但低端产业发展水平较低，随着经济发展前者的转出程度高于后者的转入程度，从而表现为整体上的转出；第三，所在省份制造业发展情况总体较高但高端制造业发展水平较低，后者的转入程度小于制造业总体的转出程度。

表 7-2　各省份(不含港澳台)制造业产业转移指数测算结果(2002—2020 年)

| 省份 | 2002 年 | 2005 年 | 2010 年 | 2015 年 | 2016 年 | 2017 年 | 2018 年 | 2019 年 | 2020 年 | 均值 |
|---|---|---|---|---|---|---|---|---|---|---|
| 北京 | −0.11 | −0.16 | −0.46 | −0.59 | −0.61 | −0.53 | −0.52 | −0.50 | −0.56 | −0.41 |
| 天津 | −0.07 | −0.32 | −0.70 | −0.71 | −0.77 | −1.17 | −0.63 | −0.55 | −0.45 | −0.55 |
| 河北 | 0.00 | 0.08 | 0.17 | 0.21 | 0.21 | 0.17 | 0.30 | 0.34 | 0.52 | 0.18 |
| 山西 | 0.01 | 0.07 | −0.08 | −0.23 | −0.21 | −0.20 | 0.05 | 0.12 | 0.15 | −0.03 |
| 内蒙古 | 0.01 | 0.05 | 0.06 | 0.01 | 0.04 | 0.13 | 0.11 | 0.19 | 0.32 | 0.08 |
| 辽宁 | −0.04 | 0.05 | 0.24 | −0.25 | −0.37 | −0.25 | 0.11 | 0.22 | 0.37 | 0.08 |
| 吉林 | 0.02 | −0.24 | −0.10 | 0.00 | 0.03 | −0.01 | 0.08 | 0.12 | 0.19 | −0.05 |
| 黑龙江 | −0.02 | −0.06 | −0.06 | −0.08 | −0.09 | −0.11 | −0.02 | 0.04 | 0.14 | −0.05 |
| 上海 | −0.07 | −0.16 | −0.46 | −0.78 | −0.86 | −0.76 | −0.60 | −0.61 | −0.65 | −0.47 |
| 江苏 | 0.01 | 0.03 | 0.04 | 0.10 | 0.01 | −0.10 | −0.18 | −0.31 | −0.30 | −0.03 |
| 浙江 | 0.03 | 0.03 | −0.12 | −0.31 | −0.34 | −0.33 | −0.19 | −0.14 | −0.07 | −0.13 |
| 安徽 | 0.01 | 0.02 | 0.28 | 0.51 | 0.53 | 0.54 | 0.32 | 0.29 | 0.31 | 0.26 |
| 福建 | 0.07 | 0.13 | 0.08 | 0.14 | 0.14 | 0.18 | 0.27 | 0.37 | 0.34 | 0.14 |
| 江西 | −0.03 | 0.02 | 0.39 | 0.64 | 0.67 | 0.80 | 0.73 | 0.78 | 0.76 | 0.40 |
| 山东 | 0.06 | 0.17 | 0.25 | 0.41 | 0.39 | 0.35 | 0.08 | −0.01 | 0.14 | 0.22 |
| 河南 | −0.03 | −0.04 | 0.16 | 0.56 | 0.60 | 0.61 | 0.14 | 0.12 | 0.10 | 0.21 |
| 湖北 | −0.02 | −0.25 | −0.12 | 0.02 | 0.03 | −0.06 | −0.06 | −0.04 | −0.04 | −0.10 |
| 湖南 | 0.01 | 0.02 | 0.20 | 0.30 | 0.32 | 0.34 | 0.30 | 0.35 | 0.41 | 0.20 |
| 广东 | 0.01 | −0.02 | −0.02 | −0.23 | −0.18 | −0.18 | −0.03 | −0.01 | −0.32 | −0.13 |
| 广西 | −0.01 | −0.05 | 0.08 | 0.28 | 0.32 | 0.41 | 0.17 | 0.19 | 0.21 | 0.12 |
| 海南 | 0.01 | −0.06 | 0.00 | −0.12 | −0.16 | −0.15 | −0.10 | −0.05 | −0.05 | −0.04 |

续表

| 省份 | 2002 年 | 2005 年 | 2010 年 | 2015 年 | 2016 年 | 2017 年 | 2018 年 | 2019 年 | 2020 年 | 均值 |
|---|---|---|---|---|---|---|---|---|---|---|
| 重庆 | −0.02 | −0.04 | 0.01 | 0.20 | 0.22 | 0.11 | 0.14 | 0.15 | 0.06 | 0.06 |
| 四川 | 0.02 | 0.02 | 0.18 | 0.20 | 0.22 | 0.20 | 0.21 | 0.24 | 0.24 | 0.14 |
| 贵州 | 0.00 | −0.10 | −0.24 | −0.15 | −0.12 | −0.15 | −0.17 | −0.19 | −0.20 | −0.16 |
| 云南 | 0.01 | −0.05 | −0.11 | −0.22 | −0.23 | −0.15 | −0.08 | −0.08 | −0.06 | −0.10 |
| 陕西 | −0.03 | −0.09 | −0.10 | −0.04 | −0.01 | −0.04 | 0.04 | 0.12 | 0.18 | −0.04 |
| 甘肃 | −0.09 | −0.07 | −0.15 | −0.25 | −0.32 | −0.29 | 0.21 | −0.11 | −0.06 | −0.13 |
| 青海 | −0.03 | −0.05 | 0.01 | 0.08 | 0.14 | 0.13 | 0.20 | 0.10 | 0.19 | 0.06 |
| 宁夏 | −0.05 | −0.02 | −0.15 | −0.08 | −0.05 | −0.01 | 0.28 | 0.23 | 0.22 | −0.02 |
| 新疆 | −0.03 | −0.09 | 0.00 | −0.04 | −0.02 | 0.06 | 0.04 | 0.10 | 0.19 | −0.01 |

从具体数据看,整体转出程度远高于其他省份的 3 个省份分别是天津(−0.55)、上海(−0.47)和北京(−0.41),之后的三个省份分别为浙江(−0.13)、黑龙江(−0.05)、吉林(−0.05)。从产业结构的经济发展特点来看这 6 个地区可以分成三类:第一,天津、上海同属于东部发达省份,经济水平和工业发展水平位于全国前列,因此高端和低端制造业都表现为转出;第二,北京、浙江属于发达地区,高端制造业水平高但制造业整体水平相对较低,高端的转出带动制造业整体以转出为主;第三,辽宁、黑龙江属于中国东北老工业区省份,制造业发达但高端制造业相对薄弱因而表现为转出。但总的来看,高端制造业的转入程度小于制造业整体的转出程度,因而表现为整体的制造业转出。

总体来看,中国各地区制造业产业转移情况各不相同,但大致呈现出行业发展程度高的地区向发展程度低的地区转移的规律,由于各省高低端制造业发展情况不同最终表现出各异的产业转移特征。

资料来源:孙晓华,郭旭,王昀.产业转移、要素集聚与地区经济发展[J].管理世界,2018,34(5):47-62,179-180.

## 本章要点

1. 产业转移指产业在空间上大范围的移动,是一个包含国际与地区间投资与贸易活动的综合性的要素与商品流动过程,包括时间与空间两个维度,其构成要素包括转移国(或地区)、承接国(或地区)、转移产业、转移企业、转移资本、转移技术等。

2. 产业转移对承接地产生的效应包括结构升级效应、技术溢出效应、关联带动效应和竞争引致效应等。

3. 产业转移对承接地产业结构的关联带动效应通过两种途径来实现:一是转移产业通过与承接地相关产业的链接,通过产业关联直接带动当地相关产业的发展;二是转移产业的移入通过关联机制带动上下游相关产业的移入。

4. 对于产业转出地,除了产业结构优化效应以外,当制造业完全转出时会出现产业空心化现象。

5. 边际产业扩张论是小岛清对赤松要"雁行模式"理论的深化，主要是描述以海外直接投资为表现形式的产业转移。

6. 国际产业转移的动力机制包括产业生命周期更迭效应、生产要素流动性约束效应以及产品内分工效应。

7. 产业极差是指各个地区由于产业发展的水平呈现差异性从而导致的高低差异以及层次差异。

8. 产业转移的市场拉力是指由于地区之间存在贸易壁垒以及不同的地区购买力水平和人口规模不同，产业直接转移到市场需求大的地区来绕过贸易壁垒，获得更高的收益。

9. 产业梯度系数使用区位熵和比较劳动生产率的乘积来衡量区域产业梯度水平，弥补了区位熵忽略劳动生产率区域差异带来的偏差。

10. SP 指数考虑到空间距离这一因素，其数值介于 0 与 1 之间，越接近于 0，表示行业在空间上越集中。

 关键术语

产业转移　扩张性转移　衰退性转移　国际产业转移　区域产业转移　制造业转移
服务业转移　产业空心化　产业生命周期　全球价值链　产业极差　产业利益差　成本
压力　市场拉力　区位熵　赫芬达尔指数　产业梯度系数　空间基尼系数　SP 指数
外商直接投资（FDI）

 习题

1. 产业转移的内涵是什么？可以从哪些方面对产业转移进行分类？

2. 产业转移可能会对承接地产生什么影响？如何带动当地经济发展？

3. 试论述产业转移如何促进转出地产业结构优化。

4. 怎样理解要素流动性约束对产业转移产生的影响？

5. 如何用区位熵来测算产业转移？

6. 什么是产业梯度？产业梯度系数与区位熵相比存在什么不同之处？

7. SP 指数在衡量产业集聚程度方面有何优点？当 SP 指数上升时产业可能会朝什么方向转移？

 即测即练

第三篇

产业升级

进入 21 世纪,面对能源和资源危机、全球生态和环境恶化、气候变暖以及高新技术的广泛交叉应用,一场新的科学技术革命悄无声息地形成。本次科学技术革命以信息、生物、新材料、新能源技术为代表,通过信息化、数字化与智能化,引发人类生产和生活模式的巨大变革。伴随要素成本上升、资源环境压力加大和产能过剩持续,传统产业亟待从低附加值向高附加值,从高能耗高污染转向低能耗低污染,从粗放型转向集约型发展模式升级。本篇将围绕促进产业升级的主要途径展开讨论,介绍产业创新的模式和动力机制,分析产业融合的动因和经济效应,根据产业生态化的目标与中国产业发展面临的资源环境约束,梳理产业生态化的发展路径。

# 第八章 产业创新

在世界经济发展的历程中,每一次产业结构的重大变化都是以科学技术的重大突破为契机的。以蒸汽机发明为标志的第一次工业革命,使主导产业从农业转变成工业;以电力技术和内燃机技术应用为标志的第二次工业革命,使主导产业从轻工业转向重工业,从劳动密集型工业转向资本密集型工业;以微电子和计算机技术应用为标志的第三次工业革命,使主导产业由重工业转向知识、技术密集型产业。可以说,产业发展归根到底受科学技术水平的影响,创新是促进产业升级的第一动力。本章将通过产业创新的内涵界定,对产业创新相关理论进行梳理,介绍产业创新的模式,进而产业创新的动力机制。

**扩展阅读 8-1**

### 从发达国家实行技术封锁来看自主创新的重要性

2018年3月,美国政府以中美两国在进出口贸易中存在巨大的贸易逆差为缘由,开启对华的"301调查",并根据调查结果逐渐实施加征关税的手段,涉及范围为中国向美国出口的产品,涉及金额从500亿美元迅速增至3 000亿美元,这场"货物战"愈演愈烈。同时,美国以知识产权(intellectual property,IP)问题为由,指责中国存在对美国技术的不公平收购政策和行为,对中国实行技术封锁。纵观美国发布的"实体清单"可发现,清单内容主要集中在通信、电子、航空、半导体、人工智能、生物医药等隶属于先进制造产业的企业、高校以及科研院所。从表面上来看,美国对华的贸易战是为了降低贸易逆差、制衡贸易关系、平衡贸易地位,实际上,是美国通过贸易手段意图遏制《中国制造2025》发展纲要的顺利实施,打压中国先进制造业的技术发展,避免中国先进制造业的国际地位对美国造成实质性的威胁而引起的"技术战"。

随着中美贸易摩擦的爆发,自主创新能力不强造成的问题逐渐凸显,中国先进制造业在部分领域的核心技术以及支持技术凸显出"卡脖子"难题,产业过于依赖外部技术引进与购买,当美国对中国产业实行技术封锁、提高技术壁垒时,中国先进制造业的技术链遭到冲击,面临断裂的风险,产业链安全也受到威胁。因此,在当今的国际环境中,中国先进制造业作为后发产业亟须提高自主创新能力,突破关键核心技术,寻找最适合先进制造业实现技术追赶的路径,缩小与先发国家的技术差距,以掌握技术发展的主动权,实现全产业链的自主可控。

资料来源:美正式对中国发起301调查,来龙去脉是这样![EB/OL].(2017-08-20). https://www.sohu.com/a/165964612_313170.

# 第一节 产业创新概述

## 一、产业创新的内涵

产业创新的相关研究始于 20 世纪 70 年代，美国哈佛大学的学者阿伯纳西和麻省理工学院的学者厄特拜克围绕产品创新，提出了产业创新动态过程模型，揭示了技术创新与产业发展之间的内在关系。英国经济学家弗里曼将产业创新定义为包括技术创新、产品创新、市场创新等阶段的创新过程。国内学者芮明杰认为产业创新是从一个根本性的技术与产品创新开始的，而后经过企业的连续性创新，在市场上获得商业化成功，最后形成一个新型产业。管顺丰等学者认为，产业创新是产业创新系统中的政府、企业等核心要素和高校、研发机构等环境要素，通过技术创新、制度创新的组合创新，对特定产业、产业链、产业群实施创新活动，实现产业组织、产业结构、产业布局等质的改变和量的提高。

广义来看，产业创新是指各类创新主体通过技术、制度、组织、流程、市场等方面的创新形成新兴产业或原产业突破飞跃的过程。尽管产业创新包括技术创新、制度创新、组织创新、流程创新和市场创新等多方面内容，但对基于技术差异而划分的产业而言，科学技术创新是最主要的研究视角。狭义来看，产业创新是指以产业为创新主体，以提高产业竞争力为出发点，采用先进的科学技术和手段开发新产品、新工艺到转化为经济效益，从而实现商业化和产业化的一系列活动的总和。

## 二、产业创新理论

### （一）传统创新理论

#### 1. 创新理论的起源：熊彼特理论

1912 年，美籍奥地利经济学家熊彼特在《经济发展理论——对于利润、资本、信贷、利息和经济周期的考察》一书中首次提出"创新"的概念。在 20 世纪 30 年代和 20 世纪 40 年代相继出版的《经济周期》《资本主义、社会主义和民主》两本著作中，他又对创新加以全面的阐释，形成了完善的创新理论体系。熊彼特认为，"创新"就是"建立一种新的生产函数"，其目的是获取潜在的利润。生产函数，是指在一定时间内、技术条件不变的情况下，生产要素的投入同产出之间的数量关系，它表示产出是投入的函数。每一生产函数都假定一个已知的技术水平，如果技术水平不同，生产函数也不同。比如，生产一种产品，原来实行手工劳动，需要劳动力较多，生产工具比较简单，科技和经营管理方法落后，即为一种生产函数。现在改用机器操作，劳动力较少，现代科技和经营管理方法得到广泛应用，这即是生产函数发生了改变，或是生产要素和生产条件实现了"新组合"，其结果是后者可以比前者获得更多的利润。

熊彼特理论中，生产要素和生产条件的新组合包括以下内容。

（1）制造新的产品：制造出尚未为消费者所知晓的，或与过去产品有本质区别的新产品。

（2）采用新的生产方法：采用在该产业部门实际上尚未知晓的方法进行生产或经营。

（3）开辟新的市场：开辟国家和特定的产业部门尚未进入过的市场。

（4）获得新的供应商：获得原材料或半成品的新的供应来源，即开发新的资源。

（5）形成新的组织形式：创造或者打破原有垄断的新组织形式。

其中，以技术为核心的（1）、（2）是熊彼特创新概念的主要内容，他强调把技术与经济结合起来，只有当新的技术发明被应用于经济活动时，才能成为"创新"。

熊彼特的创新理论强调生产技术的变革和生产方法的变革在经济发展中的核心作用，把这种"创新"和生产要素的"新组合"看作资本主义的最根本特征，并以创新理论为核心，研究了资本主义经济发展的实质、动力与机制，探讨了经济发展的模式和周期波动，预测了经济发展的长期趋势，提出了独特的经济发展理论体系。熊彼特的研究方法、理论和观点对后来的发展经济学产生了深远的影响，因此可称为发展经济学的"早期先驱者"之一。

### 2. 新古典理论学派

新古典学派以索洛等人为代表，认为技术创新是经济增长的内生变量，是经济增长的基本动力，只有存在技术进步，经济才可能持续地增长。索洛建立了著名的新古典增长模型，专门用于测度技术进步对经济增长的贡献率。

$$Y = AK^{\alpha}L^{\beta} \tag{8-1}$$

在模型中，索洛利用柯布—道格拉斯生产函数来描述产出与资本和劳动力投入的关系。$Y$、$K$ 和 $L$ 分别代表产出、资本和劳动力，$\alpha$ 和 $\beta$ 分别代表资本和劳动力对生产的贡献比率。索洛的贡献在于在生产函数中引入技术进步因素，并假设资本与劳动之间可完全替代，这种具有连续性的生产函数使经济学家可以寻找到一种稳定的持续增长路径。

1957 年，罗伯特·索洛（Robert Solow）在其发表的《技术进步与总量增长函数》一文中，对美国 1909—1949 年非农业部门的劳动生产率发展情况进行实证分析，结果发现劳动生产率提高的主要贡献来自技术进步。在深入研究技术进步对经济增长作用的同时，新古典学派还开展了技术创新中政府干预作用的研究，认为技术创新具有公共商品、创新收益的非独占性和外部性等特征，容易造成市场失灵，当市场对技术创新的供给、需求等方面的资源配置出现失灵，或技术创新的资源配置不能满足经济社会发展的要求时，政府应当采取金融、税收、法律，以及政府采购等间接调控手段，对技术创新活动进行干预，以提升技术进步在经济发展中的促进带动作用。

根据新古典理论，一国经济增长主要取决于它的知识积累、人力资本和技术进步的水平，对外开放和国际贸易可以产生一种"赶超效应"，适当的政策将极有利于长期的经济增长。新古典理论放弃了简单的要素积累论或者产业结构决定论，而代之以研究如何为经济持续增长创造必需的技术条件，以及建立技术进步的机制，强调知识积累、人力资本和技术创新对经济发展起到的重要推动作用。然而，新古典理论仍采用正统经济理论模型作为分析工具，因此不能反映技术变化和创新处于时时动态的经济现实，没有充分考虑经济发展中技术和制度的作用及其发挥作用的方式。

## （二）现代创新理论

### 1. 新熊彼特理论学派

熊彼特首次提出创新理论后，以爱德温·曼斯菲尔德（Edwin Mansfield）、莫尔顿·卡曼（Morton Kamien）、南希·施瓦茨（Nancy Schwartz）等人为代表的新熊彼特学派，发展、深化了熊彼特的创新理论的研究成果，强调了技术创新和技术进步在经济增长中的核心作用。新熊彼特学派将技术创新视为一个相互作用的复杂过程，重视对"黑箱"内部运作机制的揭示，并在此基础上先后提出了许多著名的技术创新模型。新熊彼特学派研究的主要问题有新技术推广、技术创新与市场结构的关系、企业规模与技术创新的关系等。

曼斯菲尔德对新技术的推广问题进行了深入的研究，分析了新技术在同一部门内推广的速度和影响其推广的各种经济因素的作用，并建立了新技术推广模式。卡曼、施瓦茨等人从垄断与竞争的角度对技术创新的过程进行了研究，把市场竞争强度、企业规模和垄断强度三个因素综合于市场结构之中来考察，探讨了技术创新与市场结构的关系，并提出了最有利于技术创新的市场结构模型。

新熊彼特学派对技术创新理论进行了系统的研究，对熊彼特的创新理论也从不同角度进行了研究和发展。该学派虽然坚持熊彼特创新理论的传统，但所关注的是不同层次的问题，熊彼特忽略了创新在扩散过程中的改进和发展，而新熊彼特主义者的着眼点则在于创新的机制，包括创新的起源、创新过程、创新的方式等内容。

### 2. 制度创新理论学派

20世纪中叶兴起的制度创新理论学派将创新的研究深入制度层面，其中的代表人物道格拉斯·诺斯（Douglass North）运用熊彼特的创新理论来考察制度变迁现象，首次提出了制度创新的概念，并基于此建立了包括产权理论、国家理论和意识形态理论的制度创新理论。西方制度创新理论的发展主要经历了两个阶段。第一阶段主要研究制度创新的动力机制，制度创新被看作局中人对获利机会自发反应的结果，制度创新属于需求诱致型。但是，单单有制度创新的需求还不足以导致制度的创新。随着制度创新研究的深入，制度的供给问题也日益引起人们的重视。以制度的供给为重点的制度创新研究，是制度创新理论发展的第二阶段。制度设计理论是制度供给理论研究的重要内容。

诺斯是制度学派中最具代表性的人物，他认为，制度创新通过提高对现有制度的变革来使创新者获得更大利益。制度创新的动力来源于创新的预期净收益大于预期成本，而这种预期收益在现有制度下是无法实现的，只有通过改造现有制度中阻碍创新的因素才能够实现创新的预期收益。同时，该学派利用新古典经济学理论中的一般静态均衡和比较静态均衡方法，对技术创新的外部环境进行制度分析，认为："由于技术创新活动存在个人收益与社会收益的巨大差距，只有建立一个能持续使人们提高收益的产权制度，才会出现改进技术的持续努力。"制度创新学派充分肯定制度创新对技术创新的决定性作用，也并不否定技术创新对改变制度安排的收益和成本的普遍影响，认为技术创新不仅可以增加制度安排改变的潜在利润，也可以降低某些制度安排的操作成本，从而使企业变得有利可图。但制度创新理论中所说的制度是指具体的政治经济制度，如金融组织、公司制度和工会制度等,而没有包括作为背景的社会政治环境。

### 3. 国家创新系统理论学派

20世纪90年代以来经济的全球化和知识化趋势让人们认识到,创新是需要各方面协同才能成功的事业。知识经济、信息社会等概念的提出,又进一步使人们认识到各种社会活动之间存在着互动关系,创新是各种社会活动的有机统一整体,这时的创新活动被提高到国家的高度。英国经济学家克里斯托弗·弗里曼(Christopher Freeman)1987年在考察日本时发现,日本的创新活动无处不在,创新者包括工人、技术人员、管理者、政府等。弗里曼还发现,日本在技术落后的情况下,以技术创新为主导,辅以组织创新和制度创新,只用了几十年的时间,使国家的经济出现了强劲的发展势头成为工业化大国。鉴于此,弗里曼在1987年首先提出国家在推动技术创新中的重要作用,形成了"国家创新系统理论"。此后,国家创新系统理论从各个层次得到广泛的研究,形成了国家创新系统的宏观学派、微观学派和综合学派。

国家创新系统的宏观学派。弗里曼、理查德·纳尔逊(Richard Nelson)是其代表人物,弗里曼提出了国家在推动技术创新中的重要作用,一个国家要实现经济的追赶和跨越,必须将技术创新与政府职能结合起来,形成国家创新系统。纳尔逊在《国家创新系统》一书中指出,现代国家的创新系统在制度上相当复杂,既包括各种制度因素和技术行为因素,也包括致力于公共技术知识研究的大学和科研机构,以及政府部门中负责投资和规划等的机构。纳尔逊强调技术变革的必要性和制度结构的适应性,认为科学和技术的发展过程充满不确定性,因此国家创新系统中的制度安排应当具有弹性,发展战略应该具有适应性和灵活性。

国家创新系统的微观学派。以本特-雅克·伦德瓦尔(Beng-Åke Lundvall)为代表的一些经济学家从研究国家创新的微观组成出发,探讨用户和生产厂商之间的相互关系。他认为,国家创新系统包含的要素,从狭义来看包括大学、研究开发部门等与研究、发展密切相关的机构设置和制度安排;从广义看包括所有能影响学习、研究、创新的经济结构和经济制度。研究创新系统的关键在于如何应用有价值的知识并在生产中获得经济效益。

国家创新系统的综合学派。波特在经济全球化的背景下,把国家创新系统的微观机制和宏观绩效联系起来进行考察。他认为,解释一个国家产业竞争力的关键是该国能否有效地形成竞争性环境和推动创新,政府应该为国内的企业创造一个适宜、鼓励创新的政策环境。在波特提出的国家竞争力钻石理论中,一国的竞争能力主要受六个因素的影响。

(1)要素条件,包括劳动人口、天然资源等初级生产要素,以及现代化基础设施、技术人才等高级生产要素。

(2)需求条件,当某一特定产业区间或国内市场的规模比较高时,国内市场需求能够助力企业建立竞争优势。

(3)相关的支持产业,即优势产业不是单独存在的,其相关产业也是产业取得国家优势的关键因素。

(4)企业的战略、结构和竞争状况,这些都是企业能够持续创新的动力源泉。

(5)政府,每个国家应该根据本国的实际情况,创造适宜的政策环境,构建有利于本国经济发展的国家创新系统。

（6）机会，它能直接影响前四个因素，各种形式的创新都能创造机会，但机会对于企业的影响也是双向的，既可能使企业抓住关键机会获取新的技术，也可能使企业丧失原有的优势。

国家创新系统学派侧重分析技术创新与国家经济发展的关系，强调国家专有因素对技术创新的影响，使人们认识到国家创新体系在优化创新资源配置上的重要作用，并借此指导政府如何通过制订计划和颁布政策，来引导和激励企业、科研机构、大学和中介机构相互作用，从而加快科技知识的生产、传播、扩散和应用。然而，国家创新系统学派并没有对不同国家支持技术创新的组织和机制异同以及这些异同是如何形成的等问题进行深入研究。

# 第二节　产业技术创新的模式

## 一、按照创新方法划分

按照创新方法，产业技术创新可分为自主创新、合作创新和模仿创新，本节将从内涵、特征、优势和劣势等方面介绍不同的创新模式。

### （一）自主创新

#### 1. 自主创新的内涵与特征

自主创新是指一国或地区的产业通过自身的研发和创新能力，依靠自主知识产权和核心技术，实现产品、技术等方面的创新。自主创新要求创新主体有雄厚的研究开发实力和研究成果积累，处于技术领先的地位，并通过自己的努力推动创新的后续环节，率先使重要的新技术商品化，获取商业利润，达到预期目标。这就需要创新主体在市场开发、广告宣传、用户使用知识普及方面投入大量的资金，努力挖掘有效需求。由于这种投入对用户所起的作用是一种新产品概念和消费观念的导入，因此具有很强的外溢效果。

自主创新一般具有技术突破的内在驱动性、技术和市场的率先性、知识和能力支持的内生性几个特点，这使系统的技术发展具有很强的自组织力及市场应变力，可以彻底摆脱技术的依赖性与依附性。

1）技术突破的内在驱动性

自主创新的技术突破是由产业内部的创新意愿和动力驱动的过程，而不依赖于外部因素或机遇。企业通过内部判断和决策，认识到技术创新的重要性，并主动地利用研发投入、知识储备、人才培养等手段，寻求技术突破和创新。这种驱动力往往来源于企业内部的创新意识和动机，强调了企业在技术创新过程中的自主能动性。

技术突破的内驱性对于企业和产业的发展具有深远影响，它能够带来竞争优势、创新能力的增强、市场份额的拓展以及产业的升级与转型。因此，企业和产业应注重内在驱动性的培养，通过自主创新和技术进步，不断推动企业和产业的可持续发展。

2）技术和市场的率先性

自主创新追求技术和市场上的率先性。从技术的角度，一项新技术或一种新产品的率先创新者只有一家,而其他采用这项技术、生产这种产品的企业都是跟随者或模仿者。企业通过自主创新,使产品或服务在技术上具备差异化和优势,并享受技术成果的独占性,这种技术领先性使企业能够在竞争中占据先发优势,引领产业的技术进步和发展。同时,技术的率先性又必然会要求和带动市场的率先性,自主创新使企业能够率先进入新兴市场或创造新的市场需求。通过提供独特的产品、服务或商业模式,满足市场上的新需求,引领市场的发展和变革。这种市场开拓的率先性使企业能够在竞争中占据有利地位,获得更大的市场份额和增长机会。自主创新的主体有机会成为产业的领军者和引领者,进而促进整个产业的持续性发展。

3）知识和能力支持的内生性

自主创新还需要具备支撑自主创新过程的内部资源和能力,这包括技术人员的专业知识和经验、研发设施的支持、财务资源的投入等。

一方面,自主创新需要企业具备相关领域的知识储备。企业通过积累内部的专业知识、技术资料和经验,形成独特的知识体系和技术能力。这种知识积累为企业的自主创新提供了基础和支撑。另一方面,自主创新需要企业具备独特的技术能力和研发实力。企业通过培养技术人才、建设研发设施和推动技术创新,提升自身的技术能力。这种技术能力支持企业在自主创新中进行新产品开发、工艺改进和技术突破。

**2. 自主创新的优势和劣势**

根据自主创新的以上特点,自主创新具有以下的优势和劣势。

1）自主创新的优势

第一,自主创新可以为企业或产业带来竞争优势。通过自主创新,创新主体可以在一定时期内掌握和控制某项产品或工艺的核心技术,在市场上脱颖而出,从而赢得竞争优势。由于自主创新技术的突破是产业内企业长期技术积累和开发努力的结果,而国外的跟进者对新技术的解密、破解和模仿都需要一定的时间,所以自主创新有利于形成一定的技术壁垒,增加创新者的竞争优势。此外,自主创新者也可以通过专利的形式对开发成果进行保护,这样从法律上巩固了本国企业和产业在国际技术竞争中建立在技术壁垒上的垄断地位。

第二,自主创新能够引发产业联动效应。自主创新在技术上的突破可以带动一系列的创新,形成技术创新的集群现象,在产业内部引发一系列的连锁反应和波及效应,推动相关产业的发展和升级。自主创新引入的新产品或服务能够满足消费者的新需求,扩大市场规模,带动相关产业链上下游企业的需求增加,促进新产品的研发,从而推动整个产业的发展。自主创新也可以打破传统产业的边界,创造出新的产业领域。例如,随着电动汽车技术的创新,电动车电池材料、充换电设施建设等新兴产业得到了快速发展。

自主创新的推动力量不仅仅局限于创新企业自身,而是通过联动效应影响整个产业生态系统,推动产业的协同发展和创新能力的提升。

第三,自主创新有利于生产技术和管理经验的积累。自主创新会激发企业内部的学习机会和反馈循环。企业在创新过程中必须进行大量的研发和实践活动,这促使企业不断积累新的知识和技术。同时,企业也会面临各种技术和管理问题,需要通过解决这些问题来推动创新,在这个过程中,企业积累了宝贵的经验,提升了对技术和管理的理解和应用能力。

一国产业通过有效地组织一系列有效的自主创新,可以锻造出成熟的产业链,推动产业的技术升级和创新能力的提升,这为产业的竞争力、可持续发展和长期成功奠定了坚实的基础。

2)自主创新的劣势

作为一种对技术突破能力有较高需求的创新途径,它同样也存在一些缺点。其中最显著的两个特点便是高投入和高风险性。

第一,自主创新的研发过程具有高投入性。自主创新通常需要企业投入大量的资金和时间来进行科学研究、技术试验和创新开发。这些研发成本包括研发设备、实验室设施、专利申请等。除了研究与开发过程的巨额投资外,自主创新还必须拥有高素质的研发队伍,具备一流的研发水平,企业需要招聘、培训和留住具有专业知识和创新能力的人才,这产生了大量的人力资源成本。

第二,自主研发的创新过程具有高风险性。由于自主创新涉及研发和应用尚未验证或尚未成熟的新技术,是否能研发成功以及能否被市场接受和认可,都存在一定的不确定性。在美国,基础性研究的成功率仅为 5%,在应用研究中仅有 50% 能获得技术上的成功,30% 能获得商业上的成功,而只有 12% 能给企业带来利润。此外,在一些知识产权保护力度不足的地区,自主创新成果极有可能被模仿和侵犯,甚至可能被超越,使得自主创新企业失去竞争优势。

尽管自主创新具备一定的高投入性和高风险性,但是成功的自主创新能为企业和产业发展带来巨大的回报和收益。因此,企业在追求自主创新时,需要进行充分的风险评估和管理,并采取适当的战略措施来减少风险,如合理的资源配置、市场调研、技术验证、合作伙伴关系建立等,以期获得成功的机会和可持续发展的优势。

## (二)合作创新

### 1. 合作创新的内涵

近年来在许多国家,产业内和产业间的合作研发已经成为技术创新和产业发展的重要模式。特别是在技术变化迅速、产业演变剧烈的部门,技术的不确定性急剧增加,因此导致能快速适应外部环境变化的灵活的合作创新机制更加频繁地出现。

产业合作创新是指同一产业内,企业间或企业、科研机构、高等院校之间进行合作,共同开展创新活动的过程和方式。合作创新通常以合作伙伴的共同利益为基础,以资源共享或优势互补为前提,通过共享资源、知识和经验,共同推动创新和技术进步。

随着全球性技术竞争的不断加剧,企业技术创新活动中面对的技术问题越来越复杂,技术的综合性和集群性越来越强,尤其是对于高新技术产业,取得技术进展越来越难。因此,合作创新有利于发挥各创新主体在研发方面的能力优势,提高创新的效率、分担创新的风险、共享市场渠道,实现资源互补,从而提高创新成功的可能性。

### 2. 合作创新的动机

经济学家最早关注到合作创新,是因为创新引发了市场失灵的问题。市场能够对企业的研发提供激励，但由于一家企业无法独占研发收益，其投资研发的动力弱于社会所期望的水平。在这种情况下，政府应该提供税收激励和补贴以及通过专利制度引导企业进行更多的研发投资，但是对研发活动的补助如果运用不当，可能会干预市场机制的作用；专利制度又具有一定的限制知识传播、使得社会总成本过高的副作用。所以，如果合作创新能通过知识的分配和共享，以及创新主体间的协同作用，来提高企业占有研发收益的能力，继而提高其研发的期望收益，那么它就能够鼓励企业乃至产业进行研发投资并提高技术创新的绩效。创新主体间进行合作创新的动机往往是达到提高创新效率、分散研发风险和共享市场渠道的目的。

1）提高创新效率

随着技术开发的复杂性越来越高，研究开发中更多出现的是不同学科和技术领域间的交叉融合。单个企业难以具备所需的各个领域的技术能力，这成为制约企业乃至整个产业从事重大技术创新项目的瓶颈，而合作创新可以促使各主体之间共享技术和专业知识、技术经验和技术资源，弥补各方在特定技术领域或专业领域上的知识和技术缺口。多方研发资源的汇集，有助于加速解决技术难题，实现技术互利共赢。

2）分散研发风险

在许多技术领域，尤其是创新活动集中的高新技术领域，都伴随着研发成本高昂和创新风险加大的问题。对于大部分不具备抵抗高风险实力的企业而言，与合作伙伴共同研发，可以减轻个体企业面临的风险压力，同时使研发成本得到共担。这为企业提供了更加稳健和灵活的创新环境，降低了创新活动的不确定性和风险，增加了成功的可能性。

3）共享市场渠道

在多数情况下，许多国家都会对本国市场采取比较严格的保护措施，国外企业想要进入本国市场，与本国企业合作是效率最高的方式之一。除了政策因素之外，外来企业往往对新市场了解不足，缺乏市场认可度，而与当地企业进行合作，利用合作伙伴的市场经验和销售渠道进行新产品的推广，可以降低市场进入的障碍的风险，实现更广泛的市场覆盖。

值得注意的是，许多合作创新并非由单一的动机促成。创新主体可能倾向于在技术方面进行合作或共摊风险，也可能出于利用合作伙伴市场能力或成本共享的考虑。因此合作创新的动机通常是多种多样的。

### （三）模仿创新

#### 1. 模仿创新的内涵

模仿创新是指通过模仿和借鉴自主创新者的技术与产品，对引进的技术和产品消化、吸收、再创新的过程。产业模仿创新不仅是简单地复制他人的创新成果，还包括进行个性化和差异化的改进与创新。企业可以根据自身的特点、市场定位和核心竞争力，对模仿创新进行调整，在这种不断模仿的过程中，新工艺得到不断的改进，新产品性能也得到不断的提高。

对于发展中国家来说，模仿创新是缩小同发达国家差距的一条捷径。在模仿创新的过程中，对原技术或产品进行改进或完善，并在模仿创新中不断增加自主创新的比重，最终过渡到自主创新阶段。

## 2．模仿创新的过程

模仿创新是通过技术引进，在已有的技术范式上，沿着技术轨迹逐步发展的技术创新过程。它可以分为以下三个子过程。

### 1）简单的复制模仿阶段

这一阶段主要以模仿产品设计、制造工艺以及关键设备和样机的引进为基本特点，属于模仿创新的初级阶段，创新主体在这一阶段往往不能掌握引进技术的原理，对被模仿者的依赖性很强。对于企业或整个产业来说，这并不是创新的最终目标。企业或产业在模仿创新的基础上，应该逐步发展和演进，进入更高级的创新阶段，以实现持续的竞争优势和创新价值。

### 2）创造性模仿阶段

这一阶段的模仿创新减少了对被模仿者的依赖，在消化、吸收引进技术的基础上对关键设备和工艺技术进行创造性发展，创新主体的产品和工艺设计能力有了很大的提高，达成了更高水平的创新成果。这一阶段虽然仍以维持引进产品的性能进行工艺创新为主，但是企业会加入自己的创新元素，实现独特的创新结果。这种创新方式能够在保持一定的稳定性和风险可控性的同时，带来创新的发展。

### 3）改进型创新阶段

经过前两个阶段，技术引进的主体具备了一定的生产能力，掌握了引进技术的基本原理和专有技术，达到了消化吸收的目的。在这一阶段，创新主体在技术积累的基础上，逐步形成了自我研究开发的能力，能够根据市场的需求，通过自身的研究和开发进行改进型创新，充分利用引进技术的扩散作用进行新产品功能的开发，并扩大引进技术的应用领域。这种改进型创新的出现是模仿创新的真正意义所在。它标志着对所模仿技术的成功吸收和消化，表明引进主体已经摆脱依赖，走上了技术自主的道路。

通过上述三个过程的分析，可以发现模仿创新是一个由量变到质变的积累过程。它通过从一个"旧"的技术体系向"新"的技术体系的学习，慢慢过渡到新旧技术体系的相互竞争和"融合"，即通过打破原有技术平衡状态，形成新的技术平衡状态的非均衡过程。

然而，即使创新主体已经具备了第三阶段的能力，也并不意味着可以轻易赶超国际先进水平，毕竟它仍是受囿于引进技术的技术范式。尤其对于发展中国家来说，随着这一范式提供的技术机会逐渐减少，很难通过一轮模仿创新就赶上发达国家。因此必须加强对国际新兴技术甚至是实验室技术的引进，通过对自主研发的早期参与，实现自主创新的切入。当然，这种创新方式是以具备高水平研发能力和先进的生产能力为前提的，所以产业的模仿创新必须依据模仿创新的动态性，最终促使其向自主创新转化。

## 3．模仿创新的优势和劣势

### 1）模仿创新的优势

相对于自主创新而言，模仿创新的优势是后发性的。尽管现代知识产权对于自主创新具有一定的保护性，但自主创新的大量非技术性利益溢出是不能由知识产权加以保护的，如新思想对跟进者的启迪，创新中的经验教训，对大量不可行的创新途径的否定和对新市场的开辟等。因此相比较其他创新途径而言,模仿创新在技术和市场方面均具有优势。

在技术方面,模仿创新可以提高技术研发的效益。相对于自主创新,模仿创新是在他人研发成果的基础上进行学习和研究,这可以降低技术开发中的不确定性,避免技术开发探索中的失误,从而提高技术研发的效率。同时,企业可以在已有技术的基础上,快速进行技术迭代和改进,在核心技术、关键技术或自主创新中的薄弱环节进行重点突破,这同样大大提高了研发效益。

从市场角度而言,模仿创新有助于企业加速进入市场。在自主创新的过程中,有相当部分的产品需要短则数月、长则数年甚至数十年的时间,才能被市场和消费者接受与认可,这个过程被称为"沉默期"。这种沉默期很可能使自主创新企业陷入无法回收资金的困境。而模仿创新者只会模仿已经普遍被市场认可的技术和产品,这就避免了一些市场失败的可能性。模仿创新者同样可以借助原创者的品牌知名度和市场口碑,获得消费者的认可和信任。企业无须从零开始进入市场,而是在已有基础上进行推广和营销,这有助于加速产品的市场接受度和推广速度,提高市场份额和竞争优势。

综上所述,出于技术和市场等方面的原因,模仿创新产品能够以较低的风险、较高的性能投向市场,并形成模仿创新所特有的优势和产业的竞争力。

2)模仿创新的劣势

同时,模仿创新的这些特性,使得其具备一定的局限性。由于模仿创新只是自主创新技术的跟随者,而并非超前的探索者,因此在技术方面,只能被动地适应,局限在已有的创新范围内。特别是在高新技术领域,自主创新者对于关键核心技术和产品的知识产权保护力度越来越大,模仿者进行技术破译的难度增加。此外,模仿创新容易导致产品或技术缺乏独特性和差异化。如果企业过度依赖于模仿创新,缺乏自身的创新能力和独特的价值主张,那么可能难以在激烈的市场竞争中脱颖而出。这些原因都导致模仿创新的实施受到一定程度的影响和限制。

**扩展阅读 8-2**

### 中国高铁:从模仿创新到技术赶超

**模仿阶段(2004 年前)**

在中国高铁发展的早期阶段,中国选择了模仿先进国家的高铁技术。2004 年,中国引进了法国 TGV 列车,并在京沪高铁上开始了高速铁路的试运营。此后,中国还从德国、日本等国引进了技术和设备。

**初步自主创新阶段(2004—2008 年)**

在模仿阶段的基础上,中国开始进行自主创新。2004 年,中国自主研发了"和谐号"CRH2 型动车组列车,并投入运营。2007 年,中国自主研发的"和谐号"CRH3 型动车组列车在京沪高铁上首次试运行。这些自主研发的列车在速度、舒适性和安全性方面都取得了显著的提升。

### 技术攻关阶段（2008—2011 年）

2008 年，中国启动了"和谐号"CRH380A 型高速动车组列车的研发，以提升速度和技术水平。2010 年，CRH380A 型列车在上海世博会期间首次公开展示，并在京沪高铁上进行了试运行。该列车最高设计时速达到 380 公里，刷新了中国高铁时速纪录。

### 技术赶超阶段（2011 年至今）

2011 年，中国高铁进入技术赶超阶段。中国自主研发的 CRH380A 型列车成功超过了日本的新干线和法国的 TGV，成为全球最快的商业运营列车。此后，中国不断提升高铁技术水平，并开展了大规模的高铁建设项目。中国的高铁网络迅速扩大，覆盖了全国各个省份，并连接了许多大城市。

在技术方面，中国还推动了新一代高铁技术的研发和应用。2016 年，中国推出了 CR400AF 型高速动车组列车，最高设计时速达到 400 公里。2018 年，中国发布了"复兴号"CR400 系列列车，其最高设计时速可达 350 公里，并具备更高的安全性能和运营效率。

通过模仿、自主创新和技术赶超的不断努力，中国高铁在短短几十年时间内取得了巨大的进步。中国高铁的快速发展不仅为国内交通运输提供了便利，也为中国的铁路技术、工程建设和制造业发展作出了重要贡献。同时，中国高铁的成功也为其他国家提供了借鉴和参考，推动了全球高铁技术的发展。

资料来源：［开讲啦］中国高铁发展的四个阶段［EB/OL］.（2018-02-04）. https://tv. cctv. com/v/v1/VIDEnsENhgNJp1iZWmXg3a0a180204. html.

## 二、按照创新强度划分

按照创新强度的不同，产业技术创新可分为渐进式创新和突破式创新。

### （一）渐进式创新

渐进式创新是指对现有技术或产品进行逐步改进，通常没有根本性的变化。它强调在现有技术或产品的框架内进行改进，通过一系列小规模的改进来不断提升技术或产品的性能，其内容可能涉及改进设计、优化工艺、提高产品质量、节约成本、改善用户体验等各个方面，以此保持商业运作的连续性和可持续性。

渐进式创新与突破性创新是相对的，这类创新的特点是投入少、风险低，是一种持续的过程，其改进是逐步积累的，每一次改进都为下一步创新提供基础。这种累积效应可以使技术或产品在时间上逐渐提升，保持竞争力并满足不断变化的市场需求。正是由于这些特点，渐进式创新普遍存在于各个产业之中，它可以是技术人员研究和开发项目的创新成果，也可以由生产一线工程师、工人出于拓宽市场或提高生产效率的动机而创造。我国企业开展的合理化建议、群众性技术革新活动，都属于这一类型。许多实证研究表明，渐进式创新常常伴随着企业和设备规模的扩大以及技术与产品的改进，从而使得生产效率稳步上升，所以又被称为增量技术创新。

渐进式创新是突破式创新的基础，前者不断积累必将引发后者的启动，推动企业或产业技术创新水平跃升到一个新的高度。

## （二）突破式创新

### 1. 突破式创新的内涵

突破式创新是指采用全新的理念或技术，实现根本性的突破和颠覆性的改变，以创造全新的产品或工艺，实现产业技术的大范围突破。

突破式创新要经过从理论研究到应用研究以及技术发明和创新的完整过程，这往往需要投入大量的资金和时间，承担较高的风险。并且，它的经济效益需要通过随后的大量积少成多的渐进性创新和技术扩散才能真正实现，一般需要由实力强大的大型集团公司或政府来承担。

突破式创新注重于全新的技术原理和重大的技术突破，通过洞察科学原理蕴含的潜在技术，使之成为具有商业价值的产品，以满足市场需求。一旦实现了创新，就将开拓新的市场或者使现有产品的成本或质量得到巨大的改善。它常伴有产品创新、工艺创新和组织创新的连锁反应，可在一段时间内引起产业结构的变化，引领行业发展方向，甚至导致人们价值观念的变更，对社会和经济产生深远影响。例如，3D打印技术、蚂蚁金服的移动支付、谷歌的无人驾驶汽车等，都属于典型的突破式创新。

### 2. 突破式创新的形式

突破式创新有两种形式：全新技术的全新应用和现有技术的全新应用。

第一种形式的前提是技术突破，通过引入全新的技术或突破性的技术改进，实现产品或服务的巨大飞跃。这可以包括新的材料、新的制造工艺、新的能源解决方案、新的计算方法等。例如区块链技术的供应链管理就属于全新技术在新技术领域的应用。

第二种形式是现有技术的全新应用，又称杠杆式创新，即将现有技术和理论，应用于新的领域或创新场景，在产品或生产工艺的实际应用方面取得重大突破。例如将人工智能技术应用于农业领域，可以实现智能化的农业生产和管理。具体来讲，利用图像识别技术来监测作物的生长状况，利用预测算法优化农作物种植和管理策略等，都属于将现有的成熟技术应用在新的领域。

## 三、按照创新对象划分

按照创新对象的不同，产业技术创新可分为产品创新和工艺创新。

产品创新是指产品技术上所出现的具有新价值的发展和变化，包括新产品的开发和现有产品的改进。任何一个企业的生存与发展都有赖于新技术的采用和新产品的生产，产品创新能力直接影响着一个国家或企业的科研实力和市场竞争力，因而各方面历来都对产品创新给予高度重视。

工艺创新是指工艺技术上所出现的具有新价值的发展和变化，包括生产工艺流程、加工技术、操作方法和生产技术装备等方面的生产过程中技术的开发和改进，因此也被称为过程创新。工艺创新有利于改进产品质量、降低产品成本和提高劳动生产率，增强产品的综合竞争能力。

　　工艺创新与产品创新是密切相关的。对于一个企业而言,推出一项新的或改进了的产品常常伴随着工艺上的变革;而某些企业的产品创新,又可能引发其他企业甚至产业的工艺创新。在某种程度上,工艺创新是对新产品的功能构造、生产技术要求、设备与材料等进行全面评估后,在生产工艺上进行的再创新,目的是把新产品高品质、低成本地生产加工出来。因此,如果产品创新未能实现到工艺创新的转化,那么新产品也无法创造市场价值,只有新产品而无法形成新产业。

　　哈佛大学的阿伯纳西和麻省理工学院的厄特拜克在 1978 年提出 A-U 创新过程模型指出,产业发展是包括产品创新、工艺创新在内的动态过程。如图 8-1 所示,一般情况下,产品创新、工艺创新及产业组织的演化可以划分为三个阶段,即不稳定的流动阶段、转移阶段和稳定的专业化阶段,它们分别与产品生命周期相对应,形成了以产品创新为中心的产业技术创新分布规律。

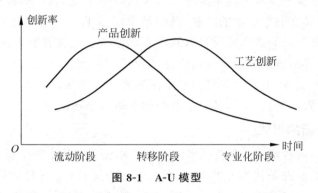

图 8-1　　A-U 模型

　　在不稳定的流动阶段,厂商为满足潜在的市场需求,预先进行产品创新,产品原型的创新频率很高,往往会出现许多个性化的产品创新方案和构想。但是,由于设计思想缺乏一致性,新技术较为粗糙且存在很大的不确定性,多种产品设计进入市场后频繁变动,产品在性能上也缺乏稳定性,生命周期极短,主导设计尚未确定。在该阶段,产品创新彻底失败的危险最大,产品和市场的变化都是最为频繁的。

　　在转移阶段,经过一段以不断“尝试、纠错”为特点的技术创新发展与变动时期,工艺创新频率开始升高,在产品设计和技术方案之间的激烈竞争之后,出现一个将技术资源与市场需要联结起来、具有稳定结构和技术优势的产品主导设计,并趋向于一种主导产品设计和大批量生产的转化,这种转化加剧了价格和产品性能方面的竞争,成本的竞争导致生产工艺的彻底变革,从而大幅度地降低了生产成本。

　　在稳定的专业化阶段,主导设计的出现使产品设计、生产程序与工艺日趋标准化、成熟化,产品设计和基本结构已经定型,彻底的产品创新和工艺创新频率都很低。市场需求比较稳定,价格竞争更激烈,为了生产出高度标准化的产品,生产流程也越来越自动化、集约化、系统化、专业化,制造效率得以大大提高,企业由此享受到规模经济带来的边际成本递减的好处。发展创新的焦点也转移到为创造更高效益而进行的渐进式工艺改进中,只有引入彻底创新,才能再次焕发起产业发展活力。

　　A-U 模型为我们理解技术创新和产业生命周期之间的关系提供了线索,它不仅考虑了产品创新与工艺创新之间的关系,而且指明了在单一产业发展的不同时期应如何对创新资源进行优化配置,以及如何通过技术创新促进单一产业发展。

# 第三节　产业技术创新的动力机制

技术创新的动力理论一直都是创新领域的焦点问题,科学技术发展、市场需求、政府支持、企业家创新精神等,都对技术创新的进程产生了强有力的推动作用。早期的创新理论大都主张技术推动模式,强调科学研究、技术发明在技术创新过程中的重要作用。1986 年,雅各布·施莫克勒(Jacob Schmookler)在其出版的《发明与经济增长》一书中对技术推动论提出了质疑,认为创新与其他经济活动一样,也是一种追求利润的经济行为,要受市场需求的引导和制约,由此形成了"需求拉动论"。"需求拉动论"认为创新的关键是顾客的需求分析,如果新产品完全是按当前顾客的需求设计和开发,新产品投入市场后就会自动创造出一种属于自己的顾客群体。然而,针对不同类型的产业,完全依靠技术推动或市场机制无法实现技术创新资源的最优配置,而是需要相应的政策扶持。本节将从市场和政府两个方面分别论述产业创新的动力机制。

## 一、市场机制

市场的发展变化为创新提供了机会。创新者可以通过市场的反馈学习了解消费者需求、市场趋势和竞争状况,以调整和改进自己的创新方向与策略。市场的需求和供给都是创新的重要推动力,需求拉动创新通过满足市场需求和解决问题来推动创新,而供给拉动创新通过市场竞争和供给压力来促使企业进行创新。

### (一)需求拉动创新

需求拉动模式是指由于客观存在的需求导致创新主体开展技术研究,并应用技术研究成果从事技术创新活动的模式。

20 世纪 60 年代,在有些产业领域,技术创新常常是在本产业投资、产业高潮之后才出现,即产业的需求在先、发明创新在后。施莫克勒在 1966 年发表的论著中,研究了19 世纪上半叶到 20 世纪中叶美国铁路等行业的创新活动,结果表明,投资在时间上往往领先于专利。因此,他认为通过外部需求可以更好地解释投资波动,这就充分强调了市场需求对技术创新的推动力。

需求拉动模式是以市场经济为基础的,其核心在于将市场需求作为创新的导向和动力,通过了解和满足市场需求来推动创新。在激烈的市场竞争中,市场需求的快速变化要求企业具备快速迭代和敏捷开发的能力,企业为了生存与发展,必须不断地进行技术创新,以加速产品的优化。

### (二)供给推动创新

供给端同样可以推动产业创新,具体表现为技术进步和供应链创新促进产业的创新发展。

一方面,企业在研发新技术、改进生产过程、提高产品质量等方面的投入,可以推动产业的创新发展。技术进步和研发投入可以带来新的产品、新的生产方式和新的解决方案，提升产业竞争力。

另一方面，供应链中的新材料和零部件创新也可以拉动产业创新。新材料的开发和应用可以提供更高性能、更轻便、更环保的产品解决方案。而零部件的创新可以改进产品的功能、可靠性和性能。供应链创新可以带来更高效、更灵活和更可靠的供应链，促进产业的创新和发展。

### （三）市场机制的缺陷

在市场经济体制下，产业创新应该主要由市场驱动，但市场机制并不是万能的，具有自身无法克服的功能性缺陷，具体表现在以下几方面。

（1）短期主义和短视行为。市场通常注重短期经济利益和回报，对于长期投资和创新风险较大的项目可能缺乏兴趣。企业更倾向于进行低风险、快速回报的创新，而对于需要较长时间才能实现回报的高风险创新项目则可能不愿投资。身处市场中的企业会更多地考虑自身的利益，而很少顾及社会利益，从而对经济增长和社会发展产生不良影响。

（2）市场失灵。市场机制并不总是能够充分发挥创新驱动力。市场存在信息不对称、外部性、公共物品等问题，这可能导致市场无法提供足够的激励和资源支持来推动创新。例如，由于市场信息效率的问题，市场需求的诱导作用是有条件的，也是有限的，并不能完全实现创新成果的供求一致。

（3）市场集中度和垄断。市场的集中度和垄断情况可能抑制竞争和创新。当市场被少数大型企业或垄断者主导时，它们可能缺乏动力和需求来进行创新。同时，这也限制了市场上创新者的进入和发展，导致整个市场降低创新的动力和创新的多样性。

## 二、政府机制

为弥补市场在激励技术创新上的缺陷和不足，政府需要在产业技术创新中发挥作用。政府对创新实行政策激励的历史可以追溯到17世纪初，英国为了保护新技术并鼓励技术转移，建立了专利制度。第二次世界大战后，美国政府意识到科学技术的重要性对国家安全和经济发展的影响，于1950年正式设立国家科学基金会，通过资金资助高质量的科学研究项目，推动科学研究和开发，为美国技术创新起到了重要的支持和推动作用。在经济全球化和科技迅速发展的今天，世界各国几乎都会提供政策来激励创新，政府可以通过从需求和供给两端制定产业创新发展战略，充分利用政府的职能与政策的作用鼓励产业创新活动。

### （一）需求侧创新政策

需求侧创新政策通过采取需求侧创新政策工具，引导和激励市场需求，推动企业进行创新活动。其核心理念是增加市场需求，也是政府用于激励技术创新最重要的手段。这是因为，更大的市场需求意味着更多样化的需求，企业想要在这样的市场中拥有竞争力，就需要建立丰富的知识基础，发展专门的技术能力，通过创新来促进产品的升级，以此获得消费者认可，占据更高的市场份额。

从企业的角度,政府可以通过采购创新性产品或服务来激励企业进行创新。创新导向型的政府采购,是在向市场发出积极的信号,推动创新的传播,激励企业面对先进需求带来的技术挑战,提升自身的技术创新能力。

从消费者的角度,政府可以通过减税、补贴和其他经济激励措施来鼓励消费者购买创新产品,以政策引导消费者的购买意愿,推动产业技术创新。例如,我国新能源汽车起步阶段,中央和地方政府纷纷出台政策,对消费者提供购车补贴、充电电价优惠等,刺激消费者需求,从而为新能源汽车生产企业增加市场需求和技术创新动力。

### (二)供给侧创新政策

供给侧创新政策是一种通过改善供给环境、激发企业活力和提升生产要素效率等手段来推动产业创新的政策措施。其中,研发的财政激励政策和技术推动政策是最常见的两种手段。

财政激励政策可以包括对企业创新的研发成本补贴、税收减免、科研项目资助等。创新过程充满了风险和不确定性,特别是在早期的研发阶段。企业可能面临高额的研发成本、市场不确定性和技术失败的风险。政府提供资金支持可以降低企业承担的风险,并鼓励企业投入更多资源进行创新。在某些情况下,市场无法有效提供创新所需的资金。这可能是因为创新的回报周期较长,投资回报不确定,或者创新对于市场参与者来说具有公共性质。政府的资金支持可以弥补市场失灵的不足,填补资金缺口,推动创新活动,进而带来经济增长、就业机会、社会福利的提升,以及解决重大社会问题的技术创新。政府所提供的资金支持可以集中投入战略性领域和重点产业,加速技术进步和产业发展,引导创新方向和优先领域的发展,推动产业结构升级和竞争优势的形成,提高产业在全球竞争中的地位。

所谓技术推动模式是指创新主体拥有新的技术发明或发现,并利用这种发明或发现开展技术创新活动的模式。政府通过技术推动政策产生的技术创新,一般是比较重大的技术创新,它不仅会改变生产技术和管理技术,而且会引起技术体系的根本变革,导致新的产业崛起以及对传统产业的改造和落后产业的淘汰,由此改变社会、经济和科技的发展进程。

近半个世纪以来,各国政府都转向运用各种政策对经济进行干预。尽管干预的程度和范围不同,但客观上这些政策都会对技术创新产生重要影响,使资源配置得到优化,从而实现社会的安定与经济增长。大量研究表明,特别是 20 世纪 70 年代以来的研究成果表明,技术创新不能完全依靠市场力量的拉动,还需要政府通过宏观经济政策进行调控干预。在某种情况下,为加快技术创新进程,需要对某些领域制定专门的技术创新政策。这些技术创新政策需要与宏观经济政策相协调,共同调控和激励各个领域中的技术创新活动,才能得到更好的效果。

## 📋 本章要点

1. 产业创新指的是通过研发和创新的方式,对旧产业结构进行彻底改造或形成一个新产业的过程。产业创新包括产品创新、流程创新、组织创新、管理创新和市场创新等多方面内容,但对基于技术差异而划分的产业而言,技术创新是最主要的研究视角。

2. 产业创新理论可分为传统理论学派和现代理论学派,传统创新理论包括熊彼特理论和新古典理论学派,现代创新理论学派在传统理论学派的基础上发展而成,其代表有新熊彼特理论学派、制度创新理论学派、国家创新系统理论学派等。

3. 自主创新是指一国或地区的产业通过自身的研发和创新能力,依靠自主知识产权和核心技术,实现产品、技术等方面的创新。自主创新一般具有技术突破的内在驱动性、技术和市场的率先性、知识和能力支持的内生性几个特点,这使系统的技术发展具有很强的自组织力及市场应变力,可彻底摆脱技术的依赖性与依附性。

4. 合作创新的动机包括:
(1) 提高创新效率;
(2) 分散研发风险;
(3) 共享市场渠道。

5. 对于发展中国家来说,模仿创新是缩小同发达国家差距的一条捷径。在模仿创新的过程中,对原技术或产品进行改进或完善,并在模仿创新中不断增加自主创新的比重,最终过渡到自主创新阶段。

6. 根据创新的强度可以将创新分为渐进式创新和突破式创新,前者是后者的基础,即渐进式创新不断积累必将引发突破式创新的启动。

7. 根据创新对象的不同,产业内的创新可以分为产品创新和工艺创新。二者密切相关,相互伴随。在某种程度上,工艺创新是对新产品在生产工艺上的再创新,而产品创新如果未实现到工艺创新的转化,新产品无法创造市场价值,也无法形成新产业。

8. A-U 创新过程模型指出,产业发展是包括产品创新、工艺创新在内的动态过程。

9. 产业创新可由市场需求和供给拉动,市场能有效拉动创新,但存在着短期主义和短视行为、市场失灵以及市场集中度和垄断等问题。

10. 为弥补市场在激励技术创新上的缺陷和不足,政府应以政策推动创新。从需求侧来说,政府可以在利用采购创新产品激励企业的同时,出台经济激励政策刺激消费者;供给侧的政策则可以包括财政激励政策和技术推动政策等。

## 关键术语

产业创新　熊彼特理论　新古典理论　市场失灵　制度创新　国家创新系统　自主创新　产业联动效应　合作创新　模仿创新　沉默期　渐进式创新　增量技术创新　突破式创新　技术突破　杠杆式创新　产品创新　工艺创新　A-U 模型　产品生命周期　外部性　财政激励政策

## 习题

1. 什么是产业创新?产业创新的核心是什么?
2. 在熊彼特创新理论中,"实现生产要素和生产条件的新结合"包括哪几种"新结合"?

3. 自主创新有哪些优势和劣势？

4. 企业在什么情况下会选择合作创新？

5. 模仿创新包括哪几个子过程？其最终目的是什么？

6. 突破式创新有哪几种形式？试着举出每种形式的例子。

7. 按创新对象不同，可将产业技术创新划分为哪两种形式？这两种形式的内在联系是什么？

8. 试根据 A-U 模型画图，并解释每段曲线的含义。

9. 市场拉动型的产业创新动力机制有哪些缺陷？

10. 政府如何从供给侧入手推动技术创新？

 **即测即练**

# 第九章 产业融合

随着信息技术在全球范围内以前所未有的速度迅猛发展,20世纪后期在电信、广播电视和出版业之间出现了以产业边界模糊化为标志的产业融合现象,对整个经济组织、市场竞争乃至社会生活产生了重要影响。进入21世纪,产业融合不仅局限于信息产业之间,而且逐步向农业、制造业与服务业更大范围扩展。本章主要围绕产业融合的内涵与动因、产业融合的模式、产业融合度的测算、产业融合的经济效应等方面展开介绍。

## 第一节 产业融合概述

### 一、产业融合的内涵

#### (一)概念起源

马克思《资本论》中对"工场手工业"的分析认为,分工在一定条件下趋于融合,出现分工基础上的结合生产。马歇尔在《经济学原理》中指出,工作部门越高级,就越不能用类似于手工业专业化的观点去看待,多元化与专业化结合才是更正确的选择。内森·罗森伯格(Nathan Rosenberg)在考察了美国机械业的发展历程之后,提出了要推进技术融合。20世纪七八十年代,继尼古拉斯·尼葛洛庞帝(Nicholas Negroponte)提出以技术融合为基础的"产业融合"概念之后,"产业融合"一词引发了更多关注,且其内涵得到不断扩展。日本农业专家今村奈良臣提出了"第六产业"概念,通过"接二连三"的方式将农业正式纳入产业融合的研究范畴。总体来说,对于产业融合内涵的认知可归纳为两类:一是以马克思为代表,认为产业融合是分工基础上结合生产的必然结果;二是以马歇尔为代表,主张适应"不同分工应不同专业化"的产业发展要求。

#### (二)内涵思辨

梳理我国产业发展定位与产业政策演变,在计划经济、计划经济向市场经济过渡、中国特色社会主义市场经济建设的不同时期,我国产业发展目标定位经历了"工业化—新型工业化—'两化'深度融合—农村'三产'融合—产业融合"的变迁,其符合产业结构发展高级化的特征要求,具有层层递进的关系,充分体现了我国对产业发展认识的不断进步。表9-1总结了"工业化""新型工业化""'两化'深度融合""农村'三产'融合"以及"产业融合"的联系与区别,它在某种程度上反映出产业融合思想在我国的不断发展与实践过程。

表 9-1　我国产业融合思想发展历程中有关概念的联系与区别

| 概　　　念 | 工业化 | 新型工业化 | "两化"深度融合 | 农村"三产"融合 | 产业融合 |
|---|---|---|---|---|---|
| 提出时间 | 1953 年"一化三改"总路线 | 2002 年党的十六大 | 2007 年党的十七大 | 2015 年国务院办公厅 93 号文件 | "十四五"远景规划 |
| 性质 | 强调发展工业 | 强调信息化、工业化同步 | | 强调农业融合发展 | 强调多产业融合 |
| 目标导向 | 社会主义工业成为国民经济领导力量 | 产业科技含量高、经济效益好、资源消耗低、环境污染少、人力资源优势发挥充分 | 产品信息化、集成应用创新、产业集群"两化"融合、制造业与服务业融合、新型业态培育 | 拓宽农民增收渠道、构建现代农业产业体系、加快转变农业发展方式 | 加快现代化产业体系建设 |
| 关键产业 | 工业 | 工业、信息业 | 工业、信息业 | 工业、信息业、服务业 | 工业、信息业、服务业、新兴产业 |
| 手段 | 发展社会主义工业 | 坚持以信息化带动工业化,以工业化促进信息化 | 继承和发展新型工业化路线,在一些关键领域进行深化、提升 | 发展和培育多类产业、多元主体等融合,健全农村产业融合机制 | 新兴产业、现代服务业、制造业、信息业与各行业融合,前沿科技交叉融合 |

　　产业融合较为准确和完整的内涵,可以从微观与中观两个视角加以认识:从微观视角看,一般企业为提高自身竞争力向业界优秀(标杆)企业学习,通过与其他企业(其他产业)合作,实现技术与制度创新,或者是业界企业围绕价值链与产业链向多元化方向跨越发展,从而推动产业关联不断增强的过程。从中观视角看,两个相互独立的产业之间,在经过知识融合、技术融合以及市场融合等阶段后,产业界限趋于模糊化。

## 二、产业融合的动因

　　虽然 20 世纪 90 年代以来的产业融合主要体现在广播、电视、电信三网融合领域,但产业融合并不局限于此,农业的三次产业融合、制造业服务融合,以及当前更为普遍存在的"互联网＋"都可以视为产业融合的一种形态。因此,有必要从更宽泛的层面探求产业融合的动因。

### (一)需求演变与产业融合

　　随着社会经济的不断发展和消费者收入水平的不断提高,消费者的商品购买需求更加强调多样化、个性化和定制化,其不再满足传统大众化、单一化的产品消费,转而向高质量、高服务的需求演变。同时由于信息技术的迅猛发展,消费者能够获取的产品信息越来越丰富,这也进一步促使消费者个性化需求的不断增加。消费者需求演变趋势的改变,是促使单一产业与其他产业融合的有效动力,尤其促进传统制造业与生产性服务业的融合,制造业服务化趋势日益明显。制造业服务化进程很大程度上被消费者需求所驱动,需求层次的提高要求企业提供核心产品的同时,提供其他与产品相关的服务等来建立和维持企业与消费者之间的关系。制造企业由提供产品向"产品＋服务"的转变，不仅能够有效满足消费者的需求，而且能够提高自身产品竞争力和收益水平。

消费者需求的演变，使消费者在消费有形产品的同时，更加注重包含在有形产品中的无形服务，从而促进传统制造业结构的变化。一方面，为了满足市场上消费者日趋多样化、个性化、定制化的市场需求，制造企业越来越依赖于拥有高知识技术密集型优势和专业化优势的生产性服务业，其借助生产性服务业的研发和设计能力，提高自身产品的多样化水平，进而提高自身的产品竞争力；另一方面，制造企业为了维持与消费者之间的关系，同时提高消费者使用产品的满意度，不断通过纵向一体化等方式，沿着产业链向上下游渗透和延伸，不仅提供自身核心产品，而且不断增加与产品相关的服务，如产品使用培训、售后、维护等，来满足消费者"产品＋服务"需求的不断演变。基于此，在不断演变的消费者需求驱动下，制造业与服务业逐步趋于融合，制造业服务化成为一种新的商业形态。

### （二）规制放松与产业融合

经济性规制是政府针对自然垄断性产业和强外部性产业实行的有关企业进入和价格决策在内的某种干预或决定方式。传统经济性规制理论认为，因为自然垄断性产业具有规模经济性、范围经济性、网络经济性等特征，维持独家垄断或者少数几家企业寡头垄断的市场组织状态更有利于增强产业的生产和经营效率，避免大规模重复投资造成的社会福利损失。因此，需要对自然垄断性产业实行进入规制，阻止完全市场化、自由化的进入与退出行为。而对强外部性产业，如金融业、运输业、邮政业等实行进入规制的理由是确保国家机密及国民生命和财产的安全性，确保社会稳定等。无论是哪种规制情形，都是政府利用强制力量阻止投资流向某些特定的产业领域，阻碍由于新企业进入所产生的市场竞争效应的发挥，阻碍产业融合的发生。

20世纪70—80年代，政府规制的基础遭到动摇，三个因素的合力作用共同促成放松规制的潮流。第一，由于成本分摊式的定价方式和严格的进入规制使垄断者缺乏降低成本的动力，垄断者的经营效率低下，而被规制产业的特性决定了它们的低效率会直接影响到整个经济体系中的其他产业部门，抑制整体经济的竞争力。面对日益激烈的国际竞争，产业竞争力成为国家竞争力的重要载体，而政府作为规制者开始对规制效果产生不满，这是规制放松的一个主观原因。第二，技术创新或是改变了某些自然垄断产业的技术经济联系，或是扩大了对自然垄断产业的市场需求，使自然垄断产业的特性发生了一些变化，使之成为放松规制的客观原因。第三，全新规制方式方法的出现，使得传统的规制理念和手段都可以相应地作出新的调整。例如，对银行业与其实行以确保储蓄安全性为目的的进入规制，不如在允许银行破产倒闭的同时建立救济机构和救济制度更有效率。

虽然放松规制不等同于取消规制，但放松规制意味着更自由、更活跃的产业进入行为却是事实。由于放松规制所导致的产业融合，也必须满足产业融合发生的一个先决条件，就是融合产业之间具有一定的相似性。例如，信息产业都具有信息的收集、储存、加工、整理和传送等功能，金融产业在储蓄、资金筹措、投资、金融决算、风险管理等方面具有相似性。但各融合产业在保持相似性的同时，还需要在产品或服务的种类、用途，或是制造方法、供给手段等方面具有一定的差异性，这种差异性在面临严格政府规制的时代构成产业的边界,而一旦政府规制放松,各产业又可以通过创新制造方法或供给手段,通过相互进入或部分进入对方的经营领域建立起竞争关系,促成产业融合的发生。因此,相互进入对方的经营领域是放松规制促成产业融合的一个根本特征,如银行、保险、证券业的混业经营促成金融产业的融合。传统电信业提供信息增值服务,而新兴信息服务企业利用新兴的技术手段提供传统电信的替代性服务等,都是相互进入对方经营领域的典型事例。

### (三) 技术创新与产业融合

技术创新具有的扩散性和外溢性是其促成产业融合的本质所在,技术创新是产业融合的内在原因。技术创新对产业融合的作用表现在以下三个方面:首先,技术创新开发出了替代性或关联性的技术、工艺和产品,这些替代性或关联性的技术、工艺和产品通过渗透、扩散融合到其他产业之中,或者改变原有产业生产的技术路线,或者丰富了原有产业经营的内容和形式,从而改变了原有产业产品的消费特征。例如,IP电话作为信息通信技术创新的产物,相对于传统的电信服务,不仅创造了一种部分可替代的产品,而且为传统电信产业拓展经营服务内容提供了可能性。而当前迅猛发展的新一代信息技术,更是以其颠覆性的技术变革,给并不传统甚至可能是快速成长中的产业带来新的冲击,加速产业融合。其次,技术创新由于改变了原有产业产品或服务的技术路线和技术特征,因此改变了原有产业的生产成本函数,从而为产业融合提供了动力。例如,全球定位系统(global positioning system,GPS)的发明和应用,改变和提升了传统运输服务的内容和质量,成为推动物流产业融合的一个技术动力。最后,技术创新改变了市场的需求特征,给原有产业的产品带来了新的市场需求,通过需求拉动为产业融合提供市场空间。例如,互联网技术的出现,使得对多媒体传输服务的需求日渐增多,开辟了新的市场需求,从而加快信息产业融合的步伐。

有学者认为,产业融合发生的前提条件是产业之间的技术融合。产业之间具有共同的技术基础,能够首先发生技术的融合,即一个产业的技术革新或发明开始有意义地影响和改变其他产业产品的开发特征、竞争和价值创造过程。然而,技术融合的产生并不必然带来产业融合。从技术融合到产业融合需要经历技术融合、产品与业务融合,以及市场融合等几个阶段,最后完成产业融合的整个过程。这几个过程虽然在内在联系上具有前后承接性,但在时间上可能是同步推进的。

技术融合为产业融合提供可能性,但仅仅是可能性。建立在技术融合基础上的产品与业务融合,通过对技术生产路线、业务流程、管理以及组织等方面的协调和整合,使融合产业提供融合性的产品或服务成为现实,产品与业务融合使得企业在技术保障之下,通过管理和流程的再造与创新,能够创造真实的融合产品或服务。而一项产品或服务最终能否产生商业价值,取决于能否得到市场的认可。克莱顿·克里斯坦森(Clayton Christensen)和罗森布鲁姆(Rosenbloom)认为,许多公司技术融合战略的失败,不是因为受到技术能力不足的阻碍,而在于它们联结新价值网络的能力不够,体现在与特殊的供应商和消费者的联系不够,因此不能充分创造新产品和服务的市场需求,实现市场融合。市场融合就是要在技术与业务融合改变产业成本结构的基础上,形成能够满足和创造市场需求的差别化产品,取得竞争优势从而在市场上获得认可,通过市场需求体现融合后的产品或者服务的市场价值,最终完成产业融合。由此可见,技术融合是产业融合的必要条件而非充分条件。

### （四）价值模块整合与产业融合

模块是指半自律性的子系统,通过和其他同样的子系统按照一定的规则相互联系而构成的更加复杂的系统或过程。将一个复杂的系统或过程按照一定的联系规则分解为可进行独立设计的半自律性的子系统的行为,是模块的分解化,而按照某种联系规则将可进行独立设计的子系统统一起来,构成更加复杂的系统或过程的行为,是模块的集中化。模块具有信息浓缩的特点,即每个模块的研发和改进都可以独立于其他模块的研发和改进,是独立存在的价值载体,因此也可以称之为价值模块。

价值模块整合促进产业融合要经历价值模块的研发、重用和整合几个阶段。首先,价值模块研发是在一个或者数个通用的标准界面下,每个价值模块面对公开的系统信息,而保密独特的个别信息来进行独立的研发和设计,赋予每个模块以独立的价值。其次,模块重用(modularity reuse)则是利用事先建立好的模块创建新模块的过程。模块重用包含两方面的意思:一是系统地开发可重用的模块;二是系统地使用这些模块作为构筑模块,来设计新模块或更复杂的模块产品。模块重用是为了应对系统复杂化而提出的技术处理方案,以解决设计滞后于生产发展的问题。现实中常见的模块重用有软件重用和知识产权重用。最后,模块整合是指按照某种界面标准将可进行独立设计的具有一定价值功能的模块整合起来构成更加复杂的产品系统。无论在模块设计、重用还是整合的过程中,共同的界面标准都必不可少。而界面标准也是价值模块整合促成产业融合的关键。因为功能各异的模块,通过重用、改进、整合,如同"搭积木"一样,能够迅捷地制造出消费者个性化需求的产品,协调生产的规模化与需求的个性化之间的矛盾,真正实现生产上的"弹性专精"(flexible specialization)。以这些模块为载体与核心,形成一系列充满活力、具有强劲创新能力的融合化的产业体系。换言之,存在包含知识产权的具有通用界面标准的模块载体,才使得更大范围的产业融合成为可能。

## 第二节　产业融合的模式

### 一、农村三产融合的模式

农业作为关系国计民生的基础性产业一直受到我国政府的高度重视,连续多年中央一号文件都有事关农业、农村、农民的发展问题。2015 年"中央一号文件"《中共中央 国务院关于加大改革创新力度加快农业现代化建设的若干意见》首次提出通过推进农村第一、第二、第三产业融合发展来促进农民增收,2016 年"中央一号文件"《中共中央 国务院关于落实发展新理念加快农业现代化 实现全面小康目标的若干意见》再次强调以推进农业产业链整合和价值链提升的方式加强农村三次产业的深度融合。农村一二三产业融合是探索现代农业发展路径的必然要求和构建农业现代化体系的重要举措,立足于我国农村一二三产业融合的具体实践,农村三产融合的模式主要可以归纳为"4+1"模式,即四种基础模式与一种复合模式。其中,复合模式是指四种基础模式(内融模式、延伸模式、拓展模式、渗透模式)的两种及以上组合(表 9-2)。

表 9-2 "4+1"融合模式的特点、举例及示意框架

| 模式示意图 | 名称 | 特点 | 举例 |
|---|---|---|---|
| | 内融模式 | 第一产业内部各子产业间融合 | • 农、林、牧、渔结合 |
| | 延伸模式 | 农产品生产、经营、服务主体向农业产业链其他环节延伸 | • 加工产地结合<br>• 加工园区结合<br>• 加工扶贫结合<br>• …… |
| | 拓展模式 | 农业与旅游、教育、健康养老等产业融合 | • 休闲农业<br>• 乡村旅游<br>• 康养基地<br>• 生态观光<br>• …… |
| | 渗透模式 | 传统农业生产链融合信息、生物、工程等技术 | • 农产品电子商务<br>• 农业众筹<br>• 农田艺术景观<br>• 阳台农艺<br>• …… |
| | 复合模式 | 内融、延伸、拓展、渗透模式中的两种及两种以上组合 | • 农产品集散中心<br>• 农业科技创新应用企业集群<br>• …… |

## （一）内融模式

内融模式，主要是指第一产业内部农、林、牧、渔等子产业之间进行融合的模式，强调依据新生农业生产力量建立产业间上下游关联，调整优化农业种植、养殖结构，以经济效益最大化和生态优先原则进行系统融合，主要表现为种养融合、林养融合，以循环发展为导向，发展绿色农业、生态农业、节能农业、循环农业等农业新形态，促进农业资源的节约利用，加快农业经济的转型与升级。

## （二）延伸模式

延伸模式，主要是指以农产品的生产、经营、服务等环节为中心向农业产业链前后向延伸融合的模式，强调通过发展农产品加工业最终实现农业产业链条的延伸和多元化发展，不断提高农业资源利用效率和农产品附加值，进而提升产业利润，这也是我国农业增效、农民增收，发展农业现代化的有效途径。具体而言，延伸模式大致包括三种业态：一是专业大户、家庭农场、农民合作社等经营主体以农产品为基础，与加工、仓储、运输、销售等农产品制造业或服务业进行融合；二是农业服务企业开展前后向延伸，从农业产业链的最前端（农药、化肥、种子等）延伸到种植、仓储、物流运输、销售等环节；三是农产品加工或流通企业向其他环节延伸，进而获得稳定且质量安全的农产品原料。

## （三）拓展模式

拓展模式，主要是指基于传统农业并深耕地域特色和历史文化资源，采取"旅游＋""生态＋"等方式进行拓展融合的模式，强调将历史文化和休闲旅游等元素融入农业产业，实现农业、林业等与旅游、教育、养老等第三产业深度融合发展，发挥农业在生态、文化、休闲等方面的多种功能。拓展模式不仅能够提高当地农业经济的附加价值和农民收入，也能够推动当地旅游农业、休闲农业、创意农业、康养基地等农业新业态的发展，从而拓展农业价值并提升农村产品竞争力。

## （四）渗透模式

渗透模式，主要是指信息技术、互联网技术等高新技术向农业领域渗透和扩散式融合的模式，强调其衍生出的高效农业、观光农业、农业生产性服务业等农业新技术和新业态。渗透模式下，稻田种植、畜禽养殖、渔业生产等传统农业生产方式被越来越多地加以物联网改造；游客能够在互联网和新媒体的帮助下体验和参观农业生产技术；农产品销售过程也能够在大数据、云计算等技术的助推下实现电子化和网络化。例如，"淘宝村""直播带货""网红代言"等"农业＋电商平台"的模式越来越盛行，有助于农村电商的茁壮成长。

## （五）复合模式

复合模式，指上述基本模式中两种及以上模式再融合之后的模式，强调综合运用互联网等高新技术，最大限度地摆脱自然条件对农业生产经营活动的束缚，以集群化或产业园区的形式，形成农村一二三产业在空间上的重叠。在这一模式下，不同产业进行融合并组建成新的复合型农业经营组织,如农业产业化示范基地、现代农业综合体、农产品集散中心、物流配送中心等,有利于产业集聚或产业集群发展。

上述"4+1"模式划分的本质是依托农业基础,对农业产业链实现纵横双向的拓展与延伸。不同模式之间并不相互独立,而是围绕农业形成紧密的联系。具体而言,一方面,对农业产业链的横向拓展与渗透可以形成具备多重产业属性的新型产业,包括采用兼并收购、战略联盟等扁平化和柔性化的合作来改变农业产出方式与生产结果,或者依据生态学原理将种养融为一体以实现农业资源循环利用;另一方面,对农业产业链上下游的纵向延伸,可以促使农户和企业建立多种节约交易成本的利益联结关系,将工业技术、管理模式、服务内容渗透到农业领域,打通一二三产业间的阻隔,衍生出新型的产业融合业态,实现农产品的价值增值。由此可见,农业内部融合、农业产业链的横向拓展、横向外延渗透、纵向延伸以及由外向里复合等,构成了农村一二三产业的多面融合形态。

## 二、制造业服务融合的模式

制造业服务融合是当前制造业升级的方向之一,适应新一代信息技术革命和产业革命的潮流,如德国提出的"工业4.0"、美国提出的"工业互联网"计划,均将制造业服务融合作为核心战略之一。这一现象的产生源于劳动分工和专业化生产发展到全球价值链分工阶段,价值链内各个环节由更多依靠生产过程获得增值向以提供服务获得更大增值转变,其代表着无形服务要素在价值链中的角色变得日益重要,生产要素中知识要素的比重日益增加。在制造业技术水平不断提高的背景下,有形产品的质量日趋稳定,更为有效地提高制造业产品竞争力及其附加值,增加无形服务环节的投入将成为提高各国制造业竞争优势的关键驱动力。依据制造业与生产性服务业融合过程中价值链的相互渗透、延伸、重组作用方式,可以归纳以下几种不同的生产性服务业与制造业融合模式。

### (一)互补型融合模式

互补型融合模式,是指生产性服务业与制造业价值链间相互渗透,使生产性服务业与制造业之间融合成一种新型融合产品,融合后的产品更多地体现制造业的功能,同时兼有生产性服务业的特征。在这一融合过程中,生产性服务业与制造业通过相互合作以及价值链的相互渗透来实现两者的融合发展,这时,整个制造业价值链得以保留,相关的生产性服务业的价值链融入其中。在开发、生产、销售等活动构成的制造业生产价值链上,制造业与生产性服务业只有通过密切渗透和相互配合,才能实现制造产品和生产性服务捆绑销售,如产品的开发和设计是由产品和生产性服务集成商完成,而制造和维修等业务则是由相关的生产性服务业提供。在此模式下,生产性服务业与制造业在本质上是相关的,通过满足客户对于实物产品和生产性服务的完整需求来实现,只有通过制造业与生产性服务业在价值链上相互渗透,才能提供完整的解决方案。

互补型融合模式主要发生在为保证制造业正常运作的生产性服务业与制造业之间。霍克斯(Hockers)所指的"需求导向服务"以及玛索(Marceau)和马丁内斯(Martinez)提出的"产品服务整合"都属于这种互补型融合模式下的融合产品。需求导向服务并不跟特定产品有关而旨在提高顾客满意程度,如最小成本化计划、制造业设备管理;"产品服务整合"是指制造企业在生产过程中根据客户特别要求或偏好额外增加研发、设计、技术服务。这种融合模式扩展了生产性服务业与制造业价值链内涵,更加关注消费者的需求,因而能有效地提高消费者的满意度,制造企业通过提高顾客满意度来提高客户或品牌忠诚度,从而提高其市场渗透力和产业竞争力。这种融合模式最为典型的是国际商业机器公司(International Business Machines Corporation,IBM)为客户提供的信息系统整体解决方案。在这一融合模式下,国际商业机器公司将培训、咨询等生产性服务全面渗透到互联网技术制造业中,进而为客户提供解决方案。这一解决方案不但包括服务器、终端机、网络设备以及信息采集设备等硬件以及相关软件,还包括提供培训、咨询等生产性服务;而且根据客户的特点和特别需求,分析客户的业务流程、信息种类、客户战略等问题并提供相应的服务,以使其方案与客户需求相匹配。

### (二)延伸型融合模式

延伸型融合模式,是指生产性服务业通过制造业价值链的延伸,在同一价值链上游或下游衍生出与实物产品相关的融合型产品。在制造过程中,随着产品对投入资源的要求增加,以及客户对产品需求的多样化提升,将形成对生产性服务的需求,因此,制造业通过分析产品特点,挖掘其从研发到售后的整个价值链,找到新的生产性服务需求,从而发掘新的利润增长点,这样就拓宽生产性服务业和制造业的领域,延伸生产性服务业和制造业价值链,也在一定程度上增强了生产性服务业和制造业的辐射功能,这样既开拓新的制造业市场,也带动生产性服务业的发展,这将在一定程度上增强产品的市场地位和竞争力,从而提升生产性服务业和制造业的竞争力。基于延伸型融合模式,制造业的实物产品衍生出新的基于"用户导向"的生产性服务需求,这就使得生产性服务业领域不断拓展并渗透到制造业中,在生产性服务业与制造业融合的过程中,生产性服务业通过分工更加细化,发展集群化和提高专业化水平,从而提高服务能力,进而促进生产性服务业发展。

延伸型融合模式主要发生在与实物产品销售和使用密切联系的生产性服务业与制造业之间,或者与实物产品研发相联系的研究设计等知识密集的生产性服务业与制造业之间。霍克斯所指的"用户导向服务"以及怀特(White)提出的"产品扩展服务"都属于这种延伸型融合模式下的融合产品。产品扩展服务是指服务提供者不拥有产品所有权,但必须随产品一起提供的服务,如维护、升级等服务,从而使制造者超越产品销售时点而与顾客保持长期的接触关系。这种延伸型融合模式较易出现在比较昂贵的产品或大型设备制造业上,如汽车制造业、大型机械设备制造业。以通用汽车、上汽集团和上海通用汽车合资建立的上海安吉安星信息服务有限公司为例,安吉安星信息服务公司通过不断拓展汽车价值链需求,从而为汽车用户提供更多有价值的生产性服务。该公司不断推出服务品牌和相关产品,如金融贷款服务、二手车业务等,进行价值链的延伸,同时为用户提供广泛的汽车安全信息服务,如撞车自动报警、道路援助、远程解锁服务、远程车辆诊断等,服务于消费者,为消费者创造更多价值,通过这种拓展提升上海通用汽车的产品竞争力和服务竞争力。这种模式是在价值链上通过创造和开发客户需求来实现产品的生产性服务。

### （三）替代型融合模式

替代型融合模式，是指生产性服务业与制造业通过价值链的分解、重组，形成新的价值链通道，从而形成新的融合型产品。在这一模式下，消费者购买产品的同时，可以获得能保证其有效运营的系列服务，从而大大增加产品的使用价值。制造业可以利用其在实物产品生产过程中长期积累的整个产品生产周期所要求的相关服务知识以及专业技术和设备，很方便地进入与实物产品相关的生产性服务业领域，通过价值链重组，推进相关技术、资源、业务以及管理组织的融合，扩展或改造其价值链上的价值创造环节，从而在向消费者提供"一站式购买"解决方案的同时，保持与顾客的多点接触，使双方的价值最大化。

在替代型融合模式下，制造业的实物产品与生产性服务业的服务通过技术、资源、业务、管理和市场等价值链的重组，给客户提供替代型融合产品。在这种模式下，企业提供满足客户一定需求的实物产品和生产性服务，当二者重组结合出售，充分利用实物产品和生产性服务的不同优势，实物产品通过品牌、销售渠道等方面的优势来增加生产性服务业的需求，生产性服务业通过较低的交易费用、专业化水平等方面的优势来促进产品销售，从而占据和扩大不同的市场，产生更多的价值，形成"1＋1＞2"的效用。该模式通过替代型模式创新，使生产性服务和制造业在价值链上寻找新的重组结合点，从而在一定程度上拓宽生产性服务业和制造业的领域。在替代型融合模式下，企业通过价值链分解和重组，进行跨地区、跨行业的重组、合并和转型，此时，企业所属产业的定位不再清晰，转型后的企业不一定能清晰地定位是属于制造业还是属于生产性服务业，如美国通用电气公司（General Electric Company, GE）、美国电话电报公司（American Telephone and Telegraph, AT&T）在其转型后，通过具有优势的产品和服务在市场上占据不同地位，形成替代型融合模式下新的竞争优势。在这一融合模式中，重要的是结合制造业自身业务的特点，找到制造业与生产性服务业价值链的最佳重组点，通过这种转型，企业能够产生新的竞争优势。这种替代性融合模式适用于大中型企业，尤其是拥有一定品牌和市场地位的企业。这种融合模式主要发生在电信、通信、机械设备等行业。

# 第三节　产业融合度的测算

## 一、产业融合度的测算方法

产业融合是一种新的经济现象，包含的技术融合、业务融合和市场融合等阶段均有各自的特殊属性，目前国内外产业融合度的测算主要包括四类方法。

### （一）赫芬达尔指数法

赫芬达尔指数又称赫芬达尔-赫希曼指数，是产业经济学领域一种典型的测算产业集中度的方法，用来反映市场离散程度，后来也被用来测算产业融合度。其具体做法为：以某产业中各行业专利资料来计算行业间的技术融合程度。假设某企业在某一产业领域内

被授予专利数为 $A_i$，其中 $i$ 表示不同技术的行业，$A$ 表示某企业在所有 $n$ 个产业领域内被授予的专利数总量，则产业（技术）融合度表示为

$$\mathrm{HHI} = \sum_1^n \left(\frac{A_i}{A}\right)^2 \tag{9-1}$$

其中，赫芬达尔指数的值范围在 0 和 1 之间。其值越小，代表技术融合程度越高；相反，其值越大，表示技术融合度越低。此外，赫芬达尔指数还可以用来表示业务融合度和市场融合度。李爱军和王成文直接使用赫芬达尔指数对农村三产融合度进行测算，以第一产业内农、林、牧、渔业的产值占比来反映第一产业内部的融合状况。

### （二）专利系数法

专利系数法又称为相关系数分析方法，该方法采用不同产业部门间的专利相关系数对产业融合度进行测算，利用行业专利与总专利数的比值反映产业间的技术融合度。通过构建一个两两产业间专利比值的相关系数矩阵，根据两个产业间相关系数的变化趋势程度判断其融合程度。2001 年，费伊（Fai）和通泽尔曼（Tunzelmann）利用专利相关系数测算美国电子、交通运输、机械和化学产业间的技术融合程度，在 867 家美国公司中挑选了 32 家属于上述产业部门的公司，以其 1930—1990 年的专利活动数据为基础，计算产业专利的占有份额，测算不同产业部门的专利相关系数。

### （三）熵指数法

熵指数法分为两个过程：第一，申农（C. E. Shannon）于 1948 年提出"信息熵"概念，解决了对信息的量化度量问题。由于信息在传播中的不确定性，信息度越高则信息熵越低；信息度越低则信息熵越高。同时信息熵也可以度量系统的有序化程度，信息熵越低则系统越有序，信息熵越高则系统越混乱。第二，贝里（Berrey）最早利用熵指数测算了企业实行多元化经营的程度。DT 代表企业总多元化经营程度，熵指数的表达式为

$$\mathrm{DT} = \sum_i^n P_i \ln\left(\frac{1}{P_i}\right) \tag{9-2}$$

其中，$P_i$ 表示企业 $i$ 在四位行业代码的销售收入占总销售收入的比重；$n$ 表示企业从事的总行业数量。若企业仅从事一种行业的经营活动，则 DT 值取 0；若企业实现在各行业销售收入的均等分布，则 DT 达到最大极值 $\ln(n)$，此时，$P_i = 1/n$。

### （四）投入产出法

投入产出分析法是研究国民经济各部门间平衡关系使用的基本方法，能够揭示出各部门之间的经济关联情况。投入产出分析法通常用来表征产业间的技术关联度，如直接消耗系数、完全消耗系数等取代产业之间的融合度。以徐盈之、孙剑测算信息产业与制造业的融合为例。其具体做法是：以制造业中各行业在生产过程中信息技术产出占总产出的比重来表示信息产业与制造业各行业的融合度。以投入产出表为基础，以制造业各行业生产过程中的信息产业中间投入求和为信息技术投入，信息技术投入占该行业总投入比重越大，表示信息技术业与该行业融合度越大。

## 二、产业融合度的测算方法评析

理想的产业融合度测算,不仅要有能够代表所选产业的数据,还要求所选方法能够反映产业融合的过程。

赫芬达尔指数法测算产业融合度分为两种:一是以某行业专利技术占全行业的比重来反映,其存在的问题在于,该方法仅从专利数量一个维度衡量产业融合度,具有一定的局限性和片面性。此外,各行业的专利数量的统计工作存在较大难度,数据获取困难较大;二是以某产业占行业总产值的比重反映产业融合度,但随着经济增长,行业占比和总量均不断提高,仅能说明某行业发展较好,用来反映融合度说服力较差。

专利系数法与赫芬达尔指数法均通过行业内的专利数据计算出的技术融合度来近似表示产业融合度。区别在于对原始数据的处理,专利系数法是采用不同产业部门间的专利相关系数对产业融合度进行测度。其局限性在于:一是专利数据仅能体现技术融合,难以反映产业融合过程。二是专利系数法可能在具有交叉学科的产业间融合度测算具有一定参考性,如信息业和通信业。但在应用性较强的产业中,如农业与旅游业的融合中,专利数据能够反映的情况很少,效果不尽如人意。三是专利数据的获取不易,仅在较大规模以上的上市企业中存在对专利数据的统计。

熵指数法相较赫芬达尔指数法的优点在于,能够弥补赫芬达尔指数的值在回归分析中产生的多重共线性的问题。熵指数的缺点在于巨大的计算量增加了数据处理的难度,目前国内的统计水平较难满足此类分析,同时该指标的有效性过分依赖于对行业分类标准的合理性。

投入产出法的优点在于能在一定程度上对技术融合、业务融合、市场融合甚至组织融合进行测度,尤其对于产业渗透类型的产业融合测度方面具有较好的应用效果。其缺点在于投入产出法的测度数据依赖于投入产出表,其数据 5 年间隔较长,难以连续反映融合动态变化,且数据往往比较滞后。

# 第四节　产业融合的经济效应

产业融合是一种新的经济现象,本质上更是一种产业组织方式创新,产业融合所导致的新型产业组织形态对产业发展和经济增长都将产生重要影响。至少从目前可以观察到的现象来看,产业融合的经济效应表现在内部效应和扩展效应两个层面,其中内部效应是产业融合对融合系统内部要素,如制造业与生产性服务业等产生的推动和促进作用;扩展效应则是产业融合对融合系统外部要素,如就业和区域经济等要素的调节和改善作用。

## 一、产业融合的内部效应

### (一)产业创新效应

产业融合带来的创新效应主要包括四个方面:一是技术创新效应,新技术在产业间的持续广泛应用,建立了产业间的共同技术基础,为产业改变结构布局,实现从一个产业向另一个产业的过渡创造条件,从而实现产业创新。二是竞争合作效应。产业融合改变了传统的竞争规则与竞争环境,企业需要进行竞争与合作关系的战略调整以适应新环境和规则,保持竞争优势。第三,组织创新效应。一方面,产业融合促使市场机构随着企业之间的竞合关系的变动不断调整并趋于合理,实现组织竞争结构效应。另一方面,产业融合必将引起企业组织之间和企业组织内部的调整与创新,实现组织结构创新效应。第四,市场结构创新效应。产业融合将会导致市场结构的深刻变革。一方面,产业融合创造的市场机会将吸引新企业的进入,增加产业内的企业数量,降低产业的市场集中度;另一方面,随着需求趋势的转变,标准化的大批量生产逐渐被个性化的定制品替代,企业需要由规模经济战略调整至范围经济战略,推动企业间并购等行为,减少产业内的企业数量,增加产业的市场集中度。在上述看似矛盾的运动过程中,产业融合实现了规模报酬与竞争活力的平衡,创造新的有效竞争的市场结构。

### (二)产业结构升级效应

产业融合在一定程度上可以说是产业现代化发展的必由之路,其打破产业间界限的同时无形中完成了对产业结构的优化升级。第一,基于产品结构和行业结构角度来看,产业融合表现在数字技术对传统产业的渗透,提高了传统产业的生产效率,而生产效率的提升表现为产出水平的提升或新产品和服务的出现及增长。第二,基于产业结构角度来看,产业融合过程既创造了高利润、高效率的新产业的成长和发展,又导致无竞争力的旧产业的衰落或消亡。在发展的过程中,生产要素从低效率产业流向高效率产业,不断强化新产业的地位和作用,必然实现经济社会整体的产业结构的优化升级。第三,基于资源禀赋结构来看,产业融合的前提是数字技术和信息数据等资源要素在传统产业的应用,意味着资源禀赋结构的优化。林毅夫等认为产业结构的升级是经济发展过程的内生变量,是经济中资源禀赋变化的结果。因此,资源禀赋结构的优化会引起产业结构的优化升级。第四,基于资源优化配置角度来看,一方面,产业融合过程中,必然出现不同产业间存在的通用资源的现象,有效降低成本,促进资源由高效率产业向低效率产业,从高效率企业向低效率企业的流动,提高资源配置效率;另一方面,产业融合过程中对新兴资源和增量资源的使用,推动产业结构优化升级。例如数字技术和数据资源由传统产业中非资源或非重要资源转变为核心资源,推动产业融合,促进更大范围的资源优化配置,推动产业结构升级。

### (三)价值链攀升效应

以制造业与服务业融合为主要形式的产业融合,使得制造业与服务业之间的边界日趋模糊,制造业向产业链上、下游不断渗透和延伸。制造业与服务业融合不仅能够增加制造业产品中知识型服务要素的密集度,带来产品种类的增加,实现范围经济,而且能够加强价值链上各个环节的联系,降低彼此之间的协调成本,提高生产效率,实现产业由低端向高端的升级。制造业与服务业融合有利于制造业攀升全球价值链地位,增强国际竞争力。

制造业服务融合可以通过制造业运输服务融合、电信服务融合、金融服务融合、分销服务融合等促进价值链升级、提升企业在价值链体系中的分工地位。首先,基于制造业运输服务融合的视角。在产业链上,制造业运输服务融合可以加深企业间工艺流程的分工合作,优化供应链的空间布局,促进全球和区域性优势资源的有效整合,延伸产业链条和企业生产步长,增加企业出口附加值。其次,基于制造业电信服务融合的视角。制造业电信服务融合不仅能够在企业层面通过制造技术与信息技术的融合,使得企业有效控制自身产、供、销各个环节的经营运作,从而提高生产效率,而且能够在供应链层面,增强企业供应链的信息化程度,从而减少企业之间的信息不对称性,加强企业间信息共享和协同运作,提升供应链效率。再次,基于金融服务融合的视角。制造企业金融服务要素的投入是企业价值链地位攀升,加深企业价值链参与程度的关键因素。它不仅能够有效缓解企业的流动性约束、减少交易成本、提高企业生产效率,而且能够通过对企业研发投入、技术创新进行支持,促进企业创新。最后,基于分销服务融合的视角。制造业企业分销服务融合是企业价值链升级和延伸的重要途径,其能够在提供自身核心产品的同时,提供与产品相关的服务,加强与顾客之间的联系,从而有效缩短企业与顾客之间的距离,实现目标顾客锁定的同时,也能够减少企业与顾客之间的信息不对称性,指导企业实现有效供给,实现产品增值。

制造业服务融合是促进企业价值链升级的途径之一,在短期内制造业企业可能面临许多困难,如制造业企业对服务领域经营尚不熟悉、自身经营管理体系调整等,都会使企业绩效出现不确定性。但从长期来看,服务融合能够改善制造企业的就业结构,提高制造企业的创新能力和竞争力,进而提升制造企业的绩效,从而成为制造业实现价值增值的重要方向之一。

## 二、产业融合的扩展效应

### (一)就业效应

产业融合的就业效应包括就业总量和就业结构两个方面。产业融合使市场扩张,也使相关产业直接相应扩增出新的就业岗位和就业机会,而且产业融合促进产业结构优化升级,也意味着第三产业的蓬勃发展,第三产业具有较强的社会劳动力吸纳能力,体现出产业融合对就业总量的正效应。但新技术带来的产业技术路线升级也会使部分传统低技术型生产环节被取代或升级,使得部分低技术型劳动力的岗位不再被市场需要,造成就业总量的负效应;产业融合带来的技术融合重组对市场需求、产品差异化以及企业竞争关系等都产生影响,从而改变了市场环境和结构,间接改变了劳动力需求结构。在新技术背景下,企业需要更多的创新型人才及复合型人才来帮助企业顺应产业融合发展趋势而增强企业竞争力,促使就业结构优化升级。高素质劳动力更具市场竞争力,也会对人们学习新技术产生积极作用,政府也会出台相应政策鼓励失业人群创造社会价值或增加新型就业机会吸纳脱产劳动力。

### (二)区域效应

产业融合有助于推动区域经济一体化。区域经济一体化是指不同的空间经济主体之间为了生产、消费、贸易等利益的获取,产生市场一体化的过程,包括从产品市场、生产要素市场(劳动力、资本、技术、信息)到经济政策统一逐步演化,区域经济一体化是状态与过程、手段与目的的统一。产业融合打破了传统产业的技术边界、业务边界、市场边界、运作边界,同时也会对打破区域边界,促进区域经济一体化起到重要作用。第一,产业融合的发展将促进区域产业结构多样化、复杂化。第二,产业融合提升区域之间的贸易效应和竞争效应,加速区域之间资源的流动与重组。产业融合将打破传统企业之间和行业之间的界限,特别是地区之间的界限,利用信息技术平台实现业务重组,发展新的业务,这将会加速区域之间资源的流动和重组,产生贸易效应和竞争效应。第三,产业融合将促进企业网络的发展,提高区域之间的联系水平。产业融合带来企业网络组织的发展将成为区域联系的主体,有助于打破区域之间的壁垒,增强区域之间的联系。第四,产业融合能够扩大区域中心的极化和扩散效应,有助于改善区域的空间二元结构。第五,产业融合将促进区域经济一体化的制度建设。

### (三)新业态促生效应

产业融合打破了传统产业的功能单一及限制,实现了产业间的功能互补及扩展,同时新的产业要素构成促使新业态出现。产业融合的技术创新效应和产业结构优化效应为新业态的出现奠定了基础,新技术、需求导向、产业链的重组与分化促成了新的组织形态与产业环节,也就是新业态,为社会发展提供了新的经济增长点。比如人工智能在金融业的应用与推广,形成了智能客服、智慧网点、智能监控、人脸识别支付、智能风险预警与防控等新技术、产品与服务形态,而且伴随着大数据的广泛应用,信息越来越公开透明,也意味着市场的服务和监管越来越有效,人工智能在金融业还会有更广阔的发展空间,具备衍生更多智能化产品与服务的潜力,颠覆了传统金融业的组织形态、业务种类以及服务功能。产业融合催生新业态还体现在新运行模式上,比如银行业在新经济背景下融入互联网产业中的平台思维,从线上与线下促进客户与银行主体的多方位对接,延伸了传统的交易与互动机制,形成新的互联网金融运行模式。

> **扩展阅读 9-1**

#### 制造企业如何实现服务融合的探索与实践

北京全路通信信号研究设计院集团有限公司(以下简称"通号院")成立于 1953 年,前身为铁道部电务设计事务所,是中国铁路通信信号股份有限公司下属全资子公司。通号院主要是以轨道交通控制技术为特色的综合性研究设计和装备制造集团企业,覆盖信号、通信信息、电力电气化、土建、建筑等专业,包含系统研究、标准制定、应用开发、设计咨询、检验检测、集成交付、生产制造、运营维护的完整业务链。该企业在高铁列车控制市场占有率达到 80%。2021 年,该企业被国家发展改革委列入第二批先进制造业和现代服务业融合发展试点名单。企业在探索和实践服务融合的主要做法如下。

#### 一、打通研发和制造环节壁垒

通号院通过企业组织结构重组改革,促成业务流程的优化、简化。加强产研融合全流程的一体化,打通研发和制造环节壁垒,减少不必要的重复冗余投入,提高产品转化效率和质量,提升全产业链的"一站式"服务能力,实现"1+1＞2"的战略目标,助力企业高质量发展。

## 二、打通设计者、制造商和终端用户之间的壁垒

通号院通过持续推进高速铁路列控系统装备完全自主化研发和产业化设计,建立高效完整的现代化检测监测装备体系和运维技术体系,开展列控系统装备的系统开发、研发设计、测试验证、生产制造、工程应用、使用维护的全产业链融合,积极推进制造业服务化。同时,积极推动数字化、智能化发展,以产业链为枢纽加快产业转型升级,利用工业大数据推动企业向价值链、产业链两端及周边延伸,融入更多的科技创新要素,打通设计者、制造商和终端用户之间的壁垒,加快"制造+服务"的两业融合。

## 三、提升加工制造数字化水平

通号院充分利用生产资源,实现自动化生产检测装备部署应用,提升产品先进制造生产能力,提高产品的生产效能。通过先进制造技术的研究和自动化制造装备配置,利用通号院研发生产业务融合优势,提高企业生产能力和效率、降低生产成本,继续扩大当前行业内其他信号企业的集成业务,并拓展新领域产品代工生产业务,快速提升产品代加工生产服务输出,加快两业融合标准体系建设。

资料来源:国家发展和改革委员会产业发展司.两业融合——推动先进制造业和现代服务业深度融合发展的探索与实践[M].北京:中国计划出版社,2023:224-225.

## 本章要点

1. 不同视角下产业融合的内涵。

(1)微观视角下,产业融合是企业与优秀企业学习、合作创新以提高竞争力或通过多元化发展增强产业关联的过程。

(2)中观视角下,产业融合是经过知识、技术以及市场融合等阶段后,独立产业间产业界限趋于模糊化的过程。

(3)宏观视角下,产业融合是产业结构调整、重组、升级,借助现代技术的驱动,推动产业结构合理化、高级化、高效化,形成优势明显、特色鲜明的现代产业集群的过程。

2. 消费者需求的演变、政府规制的放松、技术创新的发展、价值链模块整合是驱动产业融合的关键因素。

3. 农村三产融合的模式主要表现为"4+1"模式,包括内融模式、延伸模式、拓展模式、渗透模式四种基础模式以及上述基本模式中两种及以上模式再融合之后的复合模式。

4. 依据制造业与生产性服务业融合过程中价值链的相互渗透、延伸、重组作用方式,生产性服务业与制造业融合模式主要包括互补型融合模式、延伸型融合模式以及替代型融合模式三种。

5. 产业融合度的测算方法及优缺点评析,包括赫芬达尔指数法、专利系数法、熵指数

法和投入产出法。

6. 产业融合的经济效应表现在内部效应和扩展效应两个层面,其中:

(1) 内部效应是产业融合对融合系统内部要素的推动和促进作用,主要包括产业创新效应、产业结构升级效应以及价值链攀升效应;

(2) 扩展效应则是产业融合对融合系统外部要素的调节和改善作用,主要包括就业效应、区域效应以及新业态促生效应。

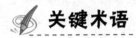 关键术语

产业融合　工业化　信息化　新型工业化　"两化"深度融合　农村"三产"融合　需求演变　放松规制　技术创新　价值链模块整合　融合模式　内融模式　延伸模式　拓展模式　渗透模式　复合模式　互补型融合模式　延伸型融合模式　替代型融合模式　赫芬达尔指数法　专利系数法　熵指数法　投入产出法　经济效应　产业创新效应　产业结构升级效应　价值链攀升效应　就业效应　区域效应　新业态促生效应

 习题

1. 产业融合与产业分工有什么区别与联系?

2. 我国的产业发展目标定位主要经历了哪些演变过程? 试阐述我国产业融合思想发展历程中有关概念的联系与区别。

3. 试从不同角度阐释产业融合的内涵。

4. 产业融合的动因主要包括哪些? 试分析为何这些因素会驱动产业融合。

5. 为什么技术融合是产业融合的必要条件而非充分条件?

6. 产业融合主要包括哪些模式? 试阐述每个模式的具体定义。

7. 产业融合度的测算方法包括哪些? 分析各类方法的优缺点。

8. 试分析现阶段我国产业融合发展存在哪些问题。

9. 试阐述产业融合的产业创新效应主要体现在哪些方面。

10. 除上文所述产业融合的经济效应外,产业融合还能产生哪些经济效应? 为什么?

 即测即练

# 第十章 产业生态

随着人类社会从工业文明走向生态文明,产业活动作为满足人类生存与发展需要的主要实践方式,如何在符合自身发展规律下更好地应对资源环境变化,从而实现产业生态化发展,成为经济社会可持续发展的重要议题。本章主要讨论产业生态化的内涵、特征与目标,分析中国产业发展面临的资源环境约束,进而梳理产业生态化的发展路径。

## 第一节 产业生态化概述

### 一、产业生态化的内涵

罗伯特·弗洛什(Robert Frosch)和尼古拉斯·盖洛普(Nicholas Gallopoulos)在1989年发表的《制造业的战略》一文中提出"产业生态系统"概念,可以看作产业生态化理论的开端。目前,关于产业生态学的概念还未形成共识,不同学者和研究机构从不同角度或侧重点对其作出了阐释。根据美国国家科学院的定义,产业生态学是对各种产业活动及其产品与环境之间相互关系的跨学科研究。国际电气与电子工程师协会(IEEE)在《可持续发展与产业生态学白皮书》中认为,产业生态学是对产业和经济系统及其与基本的自然系统间相互关系的跨学科研究。

产业生态化作为产业生态学理论的具体实践,是可持续发展理念的一种深度延伸。在相当长的时期,工业在整个世界产业体系中占有非常重要的地位,众多学科的建设和研究工作都围绕工业进行,因此狭义的产业生态化往往与工业生态化在研究范畴上具有同一性。然而,随着工业化进程的不断推进,第二产业在产业结构中占比逐渐下滑,以服务业为主的第三产业地位不断提升,这标志着"经济服务化"阶段的到来。在这一阶段,大量研究转向以更宽广的产业研究角度来分析问题,本书以广义层面上的产业生态化为研究的理论依据,即包括一产、二产和三产在内的整体产业生态观。由于对产业生态化的研究还处于起步阶段,因此学术界还没有完备的产业生态化定义,同时由于人们对产业生态化的研究视角不同,其定义的侧重点也有所不同。通常来说,学界关于产业生态化的内涵主要可以概括为以下三个方面。

(1)从生态化目的角度,产业生态化是指产业依据自然生态的有机循环原理建立发展模式,将不同的工业企业、不同类别的产业之间形成类似于自然生态链的关系,从而达到充分利用资源、减少废物产生、物质循环利用、消除环境破坏、提高经济发展规模和质量的目的。这个定义强调了产业生态化的目的是循环利用资源、减少对环境的损害以及提高经济发展的规模和质量。为了达到该目的，必然会选择将产业建成类似于自然生态链有机循环的发展模式。

（2）从生产过程的角度，产业生态化是指把产业系统视为生物系统的有机组成部分，以产业生态学等原理为指导，按物质循环、生物和产业共生原理对产业生态系统内和各组分进行合理优化耦合，建立高效率、低消耗、无（低）污染、经济增长与生态环境相协调的产业生态体系的过程。生态化创新包括社会生产、分配、流通、消费到再生产各个环节的生态化过程，从而达到从源头到终结的全过程的资源循环利用，实现全程生态化。

（3）从系统论的角度，产业生态化就是把作为物质生产过程主要内容的产业活动纳入生态系统的循环中，把产业活动对自然资源的消耗和对环境的影响置于生态系统物质能量的总交换过程中，实现产业活动与生态系统的良性循环和可持续发展。产业生态化的实质在于将产业活动物质生产过程中的资源和能量的耗费加入生态系统的总转换之中，在实现产业生态系统良性循环的同时求得经济效益与生态效益的统一。

以上关于产业生态化内涵的界定，虽然角度不同，但其核心都是将产业系统纳入生态系统中去，按照自然生态系统的规律建立和构建产业生态系统，以实现产业发展和环境的和谐统一。

在对大量文献整理并总结的基础上，产业生态化可以界定为：产业系统内部各子系统、产业系统与自然系统及社会系统的和谐共存、协调发展的状态和过程。从社会建构的意义上来理解，就是基于产业系统的生态属性，以生态化理念引领产业发展，遵循生态学原理和经济规律来指导产业实践，使产业结构合理构建、产业生产低碳循环，建立起一种产业之间高度耦合、产业与自然发展动态平衡、产业与社会发展需求协调的新型产业发展模式，实现产业系统健康、和谐、可持续发展的过程。

## 二、产业生态化的特征

产业生态化作为一种产业发展的高级形态，既具备产业发展的一般共性，又在发展目标、发展内容、发展过程、运行模式等方面有其自身特性。

### （一）发展的人本性

发展的人本性即发展要以人为本，产业生态化发展的以人为本就是指人的全面发展全方位体现在产业生态化活动的实践中。产业生态化把促进产业发展与促进经济社会发展及促进人的全面发展结合起来，从经济发展、环境保护、公共产品服务等方面推动产业与人的协调发展。

首先，产业生态化不是单纯地追求产业经济数量的增长，而是把实现最广大人民群众的根本利益作为发展的出发点和归宿点，追求经济质量的提高和持续增长，以不断满足人们生存发展所需的物质需求。其次，产业生态化发展切实尊重民众的主体地位，严格保障民众的生态权利，不断扩大民众的公共服务享有权利。一方面，它注重清洁生产和循环生产体系建构，以满足民众对优美、舒适的自然生态环境的需求；另一方面，通过培育和扩展与公共服务产品相关联的产业来扩大公共服务的领域，以满足民众日益增长的公共服务需求，提高民众的幸福指数。最后，产业生态化以大多数人的利益为本，关注产业主体之间利用资源要素和承担保护环境义务的公平性;关注发展的公平性,强调区域产业的均衡协调发展,解决区域发展不平衡,缩小贫富差距,使产业发展成果由全体民众共享。

总之,产业生态化把人的全面发展当作产业发展的最高价值目标,强调人是产业发展的目的,产业发展的一切都是为了满足人的生存和全面发展的各种需要。

### (二)发展的全面性

产业生态化发展的全面性体现在其发展目标的多重性和发展内容的综合性上。

首先,产业生态化发展具有发展目标的多重性特征。合理配置资源,实现产业系统自身协调发展,是产业生态化发展的基本目标;保护生态环境,追求产业系统与自然生态的平衡,是产业生态化发展的重要目标;以人为本,科学规划、合理布局、推进产业经济与社会政治、文化的协同发展,是产业生态化发展的根本目标。在多目标系统的引导下,产业生态化活动将逐渐实现产业与经济持续增长、自然生态平衡、社会生态和谐及人的全面发展的有机统一。

其次,产业生态化发展具有发展内容的综合性特征。产业生态化从本质上追求产业生态网络的稳定和成熟,把多样性原理贯穿于产业生态系统建设的各个环节和要素中,如发展新兴产业提高产业种类的多样性,分离产业生态位,提高产业种群的多样性,建构更为稳定复杂的生态网络等。同时,在产业的创新与变革方面,产业生态化不仅注重新兴产业的培育和发展,还注重运用新兴产业先进技术改造传统产业,实现新兴产业与传统产业的融合互动。

产业生态化发展不但要不断满足人民群众日益增长的物质文化需要,让经济发展的成果惠及全体人民,而且要在以产业发展为中心的过程中全面推进经济、政治、文化发展,实现经济与自然协调发展、社会全面进步。

### (三)发展的协调性

协调发展是产业生态化的基本特征,从发展的协调性上讲,协调表明各子系统或各系统因素之间、系统各功能之间、结构或目标之间处于和谐、融合的状态。产业生态化从自然、经济、社会这一复合大系统出发,关注系统与环境之间及系统组成要素之间在发展演化过程中的和谐共生、相互促进。

首先,产业生态化注重保持一种合理的产业结构比例关系,实现产业系统能动的、协调的发展。

其次,产业生态化注重通过产业空间结构调整来实现区域的协调发展,使生产要素从区域内合理配置转向全国范围内合理配置。

再次,产业生态化建构循环的产业生产体系,使环境污染最小化,实现经济与自然的和谐发展。

最后,产业生态化关注现有产业经济有效供给不足的矛盾,通过培育和发展新型产业及公共产品生产产业等手段,来不断满足人们日益增长的需求,实现经济与社会发展需求及人的全面发展需求的协调。

总之,产业生态化将生态化理念中的协调思想融于产业发展的结构调整、组织方式的改善优化、清洁循环生产模式的建构、产业政策的创新安排等各个环节中，是统筹经济效益、生态效益、社会效益的发展，是协调的发展。

### （四）发展的可持续性

发展的可持续性是指发展既满足当代人的需要又不损害后代人满足需要的发展能力表现。产业生态化坚持发展速度、结构、质量和效益相统一，要求从人、社会、自然生态系统的整体平衡出发，统筹区域发展、经济社会发展、人与自然和谐发展，谋求经济发展同自然生态平衡、社会生态和谐的良性互动、协同共进。

一方面，它不仅强调产业系统中不同层次和形式的产业，按照社会发展的需求和自身要素能力合理分工，以一定的结合方式和比例关系均衡发展、协同进化，还注重人的生存发展需求的全面性和合理性的辩证统一。另一方面，在资源和环境的约束条件下，它不仅注重物质产品生产，还注重较少物质消耗和环境污染的人文精神产品生产，把人们物质生活的提高、自我价值的实现、精神的丰富及生态环境的改善结合起来统筹产业发展。

可见，产业生态化将产业活动与自然、社会及人的全面发展联系起来指导产业的发展，既追求经济的增量和质量，注重产业内部系统的生态协调，也追求产业经济发展与自然、社会和人的发展的协同进化，是一种可持续的发展。

## 三、产业生态化的目标

产业生态化是运用生态学原理与经济规律，通过对产业的发展规模、发展内容、结构体系、生产方式等进行调整，以适应自然资源环境约束、国际竞争环境变化及社会发展需求，从而达到产业自身协调发展、产业与自然和谐发展及产业与社会协调发展的目的。可见，产业生态化的目标是一个多目标复合系统，各目标之间紧密相连、不可分割，相互支持、相互补充、相互影响。

### （一）产业内部的协调发展目标

产业内部协调发展是指产业不同层面、不同要素、不同区域的相互适应、有机配合、优势互补与彼此促进，具体表现在以下三个方面。

（1）系统内部产业间协调发展。此即产业之间、产业子系统之间、子系统各要素之间的协调统一、耦合共生。具体而言，产业系统内部协调发展主要包括两个方面：一是各种产业比例搭配协调。产业比例恰当的具体体现是，系统内每个产业所需的要素投入都能够得到充分满足，而且每个上游产业的产出恰好能满足其下游产业的投入和最终消费需求，不存在所谓的产能过剩。二是系统中的产业各得其所，相互影响并相互促进。在产业生态系统里，不同的产业占据不同的生态位，每个产业都各得其所，发挥自己不同的功能，与其他行业有机关联、优势互补，形成相互竞争与耦合的局面。

（2）各产业的演化幅度与产业系统整体变化相协调。在产业系统的发展演化中，各产业因自身生产要素变动及外界环境的变化而发展变化。如果该产业发展速度与规模适当，就会促进系统整体及其他产业的发展，但如果产业的发展超过系统稳定性的承载阈值，就会引起各产业之间的矛盾和摩擦，甚至导致整个产业系统的瓦解和崩溃，这种情况需要尽力避免。例如,对自然有超级破坏力的产业技术创新可能衍生导致资源迅速耗竭的新产业,应当尽量抑制其发展。在整个系统的演化发展中,如果某些产业抵制系统进化而力图保持自身原有的属性,也会引起各产业间的摩擦和冲突,削弱系统的整体功能,这种情况也要尽力避免。例如,原有的高污染、高消耗、高投入产业在产业生态化发展中将会被逐渐淘汰出局,或者被生态化技术改造。

（3）产业系统在区域空间上的协调。一是区域之间经济总量均衡发展,即产业经济发展差距缩小。在发展产业经济的过程中,不仅要增加每个区域的经济总量,还要注重区域之间经济总量的协调发展,要不断缩小区域经济发展差距。二是区域之间产业合理分工,即产业经济发展摩擦减少。根据产业区域分工理论,区域系统中的每个节点区域都有各自的区域禀赋优势和发展潜力,都会在自身与其他区域的关系网络中不断调整区域行为。如果区域间经济形成彼此分工合理、特色明显、优势互补、功能耦合的产业结构,就会产生相互协同进化效应,对区域产业经济起到积极的推动作用。

### （二）产业与自然和谐发展目标

自然是人类赖以生存和发展的基础与前提,也是产业可持续发展的基础和保障。产业发展不在自然发展之外而在自然发展之中,如果产业发展是以牺牲自然生态价值为代价的发展,最后只会走向泯灭。因此,产业与自然和谐发展既是人类对自身生存和发展的关切,也是人类在发展中必须保证的基本目标。产业生态化发展既要满足当代人的需要,又不能对后人满足其需要的能力构成危害。其发展进程应是连续的、持久的,即必须坚持走"生产发展、生活富裕、生态良好"的文明发展道路。

产业系统与自然系统的协调发展要求人们重新认识生态自然对人类的存在价值,解决人类自身发展、产业发展与自然资源环境承载能力之间的矛盾,从产业发展的角度来开辟人与自然和谐发展的新局面。产业与自然和谐发展强调产业发展不能以过度消耗自然资源和破坏自然环境为代价,要求产业发展中物质生产规模适度,生产模式低碳循环,不能超过自然的承载能力。只有既重视经济增长指标,又重视资源环境指标,统筹考虑当前发展和未来发展,才能最终实现产业与自然和谐共生、协同进化。

从产业经济发展的角度来看,产业与自然的联系主要表现在两方面:一是从自然界中索取经济发展所需的物质和能量;二是向自然界中排放废弃物。这两个方面都会对人类身处的生态环境造成破坏,要实现产业与自然之间的和谐发展,就必须在对资源合理利用的同时,减少对自然界的污染排放。

### （三）产业与社会协调发展目标

产业与社会的协调发展是指产业发展和社会发展相适应,产业发展能够促进社会发展,推动社会进步。产业经济发展是社会发展的前提和基础,社会发展是产业经济发展的结果和目的。产业经济发展不能长期脱离社会发展,必须适应社会发展,服务于社会发展,而不能以牺牲社会发展为代价求得暂时的经济繁荣。

一是与社会进步密切联系的教育、科研、文化、医疗卫生等相关产业获得快速发展,与人的全面发展需求相协调。这具体又包括两个方面:首先是与人的全面发展的知识素质有关的相关产业获得健康快速的发展；其次是与人的全面发展的身体素质有关的相关产业获得健康快速的发展。

二是与公共产品及服务密切联系的相关产业获得快速健康发展，与民众的合理公共产品及服务诉求相协调。公共产品的供给是政府责任，与社会发展水平密切相关。但是，政府实现公共服务及产品的供给需要相关产业的市场支撑。如果没有市场化运作以及相关企业介入，这些公共产品的供给是不可想象的。所以，假如与公共服务及产品相关的产业发展滞后于经济发展，便意味着社会发展水平不高、民众幸福指数低下。而推动与完善公共服务相关的产业发展正是与扩内需背景下增加我国政府公共支出相协调的必然选择，也是尊重和保护公民基本权利、促进社会公平公正、提升国民幸福指数、提高社会发展水平的有效手段。

## 四、产业生态化的理论渊源

产业生态化发展理论源于经济生态思想，继而由产业生态理论、产业发展理论和生态学理论相互碰撞、融合而成，并在可持续发展观和科学发展观的促进下，不断向前发展。目前，产业生态化理论尚未形成完整统一的科学体系，属于多学科相互交叉又相互渗透的边缘性理论。因此，可将产业生态化理论追溯为多种理论的交汇融合。本小节将对产业生态化发展的理论基础进行整合，为产业生态化发展构建完整、缜密的基础理论体系。

### （一）资源环境经济学理论

资源与环境问题很早就进入经济学家的研究视野。英国古典经济学家配第很早就认识到自然资源对经济财富的制约，提出了著名的"土地为财富之母，劳动为财富之父"论断。由于地球自然生态系统资源及环境容量有限，经济可持续发展逐渐受到自然生态系统承载力的限制。因此，为了实现资源环境约束下的经济社会可持续发展，人类开始反思资源环境与经济增长之间的关系，并试图寻找经济增长与资源环境可持续利用相协调的最优路径。

资源环境经济学是运用经济学理论和分析方法研究环境与自然资源的供给、需求、分配和保护等公共政策问题的经济学分支学科。主要分析经济发展与资源合理利用及环境保护之间的矛盾，以及经济再生产和自然再生产之间的关系，以便在自然资源及环境的生态承载力范围内转变经济发展方式，用最小的资源及环境代价实现经济的持续发展。其研究目的就是解决经济发展过程中的资源与环境问题，促使人类社会可持续发展，因此本质上是解决资源与环境的配置问题。

### （二）生态经济学理论

1972年，罗马俱乐部发表了题为《增长的极限》的研究报告，向全世界发出了震撼的警告：如果世界人口、经济、粮食消费、资源消耗和污染继续按照指数方式增长，那么每隔一段时间就会翻番，然而地球上有限的耕地、资源供给和环境纳污能力，难以支撑这种经济的无限增长。报告悲观预测，增长的极限将发生在今后100年中，人类经济社会出现突然、不可控的衰退。于是，米都斯等提出"零增长"方案，以消除指数增长的负面影响。这就是著名的增长极限论,由此引发了理论界的激烈争论,促使越来越多的学者开始关注生态与经济发展的问题。生态经济理论逐步形成,并成为研究人类生产活动中经济系统和生态系统之间协调发展问题的一门学科。

生态经济学认为,现代经济社会系统是建立在自然生态系统的基础上的巨大开放系统,以人类经济活动为中心的社会经济运动都在大自然的生物圈中进行。一方面,任何经济社会活动都要有作为主体的人和作为客体的环境,这两者都是以生态系统运行与发展作为基础和前提条件的;同时,任何生产都需要来自生态系统的物质和来自太阳的能量。另一方面,在生态系统和经济系统的矛盾中,人既有自然属性又有社会属性,因此人类只有积极促进生态系统与经济系统的协调发展,才能实现人类社会的可持续发展。

### (三) 循环经济学理论

1966 年,经济学家肯尼思·博尔丁(Kenneth Boulding)依据热力学定律,在其发表的《未来宇宙飞船地球经济学》一文中将地球比作茫茫太空中一艘飞船,当宇宙飞船耗尽舱内的有限资源,必然坠落,所以只有资源循环利用才能延长其寿命。如果回收利用人类生产和消费所产生的废弃物,就会减轻对环境容量的压力。于是,博尔丁建议将经济系统视为一个闭环系统,开放式的消耗型发展模式应被物质能量循环利用的经济体系所替代。这一经济思想被诸多学者看作循环经济理念的雏形。

循环经济是一种新型的、先进的经济理念和发展模式,它属于经济学与生态学交叉的研究范畴。循环经济学立足于提高资源利用效率,按照生态系统的物质循环方式和能量流动规律把经济活动组织成一个"资源—产品—再生资源"的反馈式流程,实现"低投入、高利用、低排放",以促进人与自然和谐共存。该理论以资源的高效与循环利用为核心,以"减量化、再利用、再循环"为原则,在生产和再生产过程中的各个环节,循环利用一切可以利用的资源,实现物质和能量循环,目标是实现低投入、高效率和低排放的经济增长,构建符合可持续消费与生产要求的经济增长模式。循环经济不是简单地通过循环利用实现废弃物资源化,而是强调在生产过程功能耦合的基础上实现资源消耗和废物产生的减少。与"资源—产品—废弃物"单向流动的传统线性经济相比,循环经济要求把经济活动调控成为一个"资源—产品—再生资源"的循环式流程。

# 第二节　产业发展的资源环境约束

## 一、中国产业发展与资源环境约束的历史演进

### (一) 1978—1992 年:资源环境问题局部凸显

中华人民共和国成立伊始,为了迅速发展国民经济、提高人民生活水平,我国从"一五"规划开始实施以经济数量性增长为目标的重工业优先发展战略,逐渐形成了高消耗、高污染的产业结构。由于当时人口相对较少、生产规模不大、环境容量较大,整体上经济建设与资源环境之间的矛盾尚不突出,所产生的环境问题大多是局部个别的生态破坏和

环境污染,尚属局部性的可控问题。

改革开放以来,我国完成了从阶级斗争转向经济发展的重大历史转折,生产力水平大幅提高,经济发展驶入"快车道"。与此同时,资源短缺、环境污染等生态问题也日趋凸显。1978 年改革开放至 20 世纪 90 年代初这十多年时间内,我国的经济与产业发展表现出以下两个特征:一是工农关系的调整。针对"以农补工"带来的农业发展滞后问题,实行了农业联产承包责任制,提高了农产品收购价格,大力解放了农业生产力,乡村企业异军突起,农业农村经济快速发展并释放了大量农村剩余劳动力,有力支持了非农产业发展,推动产业结构优化升级。二是工业内部重轻关系的调整。针对工业内部结构"偏重"问题,实行了以"五优先"为主要内容的轻工业倾斜发展战略,轻工业增长速度明显加快,长期存在的轻工业落后于重工业的态势得到改善。这个时期的产业结构呈现明显的优化升级特征,轻重工业结构失衡状况得到矫正,轻工业内部从食品、纺织等满足温饱型消费品工业为主向家电、汽车等耐用消费品工业转变,重工业从采掘工业、原料工业为主向加工程度较高的重制造业转变。

这一时期,我国乡镇企业迅猛发展,一跃成为振兴我国经济的生力军。但由于乡镇企业在建设过程中,生产工艺简单、技术落后、管理水平低,造成了严重的环境污染,加之当时的环境保护工作没有及时跟上经济发展形势,对乡镇企业的环境污染监管处于失控状态,导致重大环境污染事件频发。"三废"排放量在某些区域大大超过环境自净能力,大规模的资源环境问题也由此开始凸显,环境总体质量恶化的速度在加快。

### (二)1992—2001 年:资源环境问题发展恶化

经过改革开放初期农业、轻工业的快速发展,1992 年党的十四大提出建立社会主义市场经济体制以后,我国开始进入重工业时代的前导时期,即第一轮重化工时代。与此同时,重工业化的发展伴随着资源环境问题的持续恶化。

这一时期,我国能源和原材料行业、基础设施和基础行业等重工业快速发展,重工业产值比重开始明显超过轻工业。内蒙古、山西、陕西以及东北地区新建多座大型煤矿,水电、煤电、坑口电站和核电站等能源开发建设持续推进,原材料中钢铁、有色、化工等产能增长迅速,钢铁作为我国主要工业产品,产量由 1991 年的世界第四位提高至 1994 年的第二位。此外,利用基础设施建设引致的需求带动了原煤、原油、电、钢、乙烯、化肥等主要工业产品产量大幅度增加。

然而,这一阶段我国工业化和城镇化进程发展迅速,伴随粗放式经济的高速发展,资源与能源消耗增长幅度大,科技与管理水平落后,资源环境问题全面爆发,工业污染和生态破坏总体呈现恶化趋势,流域性、区域性污染开始出现。20 世纪 90 年代初期,我国沙化土地以每年 2 460 平方公里的速度扩展,大部分江、河、湖及水库等地面水都不同程度地受到了污染。淮河流域水污染、有机氯农药污染、三门峡饮用水藻类污染、滇池湖水富营养化污染等由环境污染引起的群体性事件频发。面对日益增多的突发环境事件,各级政府越来越重视污染防治工作,环保投入不断增加,污染防治工作开始由工业领域逐渐转向流域和城市污染综合治理。

### （三）2001—2012 年：资源环境问题恶化加剧

改革开放后至 20 世纪 90 年代末，我国通过产业结构"纠偏"，扭转了轻重工业比例失调关系，但并不意味着我国重工业发展任务已经完成。进入 21 世纪，在轻工业得到一定程度发展后，重化工业重回主导地位，我国开始进入重启重工业化阶段，也是第二轮重化工业化阶段。

工业结构重型化是这一阶段我国产业发展的核心特征，电力、钢铁、机械设备、汽车、造船、化工、电子、建材等产业成为经济增长的主要动力。2001—2010 年，我国重工业占工业总产值的比重由 51.3% 提高到 71.4%，十年间提高了 20 多个百分点。在产值占比持续提高的同时，重化工业内部结构也得到优化升级，表现为以原材料工业、电子信息制造业、汽车工业为代表的装备制造业发展明显加快。2003 年到 2009 年，原材料工业产值占工业总产值的比重由 25.2% 提高到 31.2%，机械设备制造业比重由 14.6% 提高到 14.8%。

随着中国加入世界贸易组织（WTO）开始新一轮的经济增长与高资源能源消耗，我国开始进入环境污染事故高发期，环境事件呈现频度高、地域广、影响大、涉及面宽的态势，资源环境问题全面爆发。2005 年至 2009 年，先后发生的吉林松花江重大水污染、广东北江镉污染、江苏无锡太湖蓝藻暴发、云南阳宗海砷污染等一系列重大污染事件，对区域经济社会发展和公众生活造成严重影响，资源环境问题越来越成为重大社会问题。

### （四）2012 年至今：资源环境状况总体向好

2012 年党的十八大以来，我国产业发展条件和环境发生了深刻变化。根据新形势、新变化，党中央提出了创新、协调、绿色、开放、共享的新发展理念，以供给侧结构性改革为主线，加快推动新旧动能转换，着力构建现代化经济体系，促进经济高质量发展。

在新发展理念的指导和供给侧结构性改革的作用下，我国产业结构升级取得明显进展，创新驱动、服务引领、制造升级的产业结构正在形成。一是从三次产业结构看，第三产业成为各产业增速的领跑者，比重在 2013 年首次超过第二产业成为国民经济最大产业部门，2015 年占比超过 50%，2013—2018 年我国三次产业结构由 10.0、43.9、46.1 调整为 7.2、40.7、52.2，呈继续优化升级态势。二是从工业内部结构看，传统工业特别是以能源原材料为主的高耗能行业和采矿业比重下降，装备制造业和高技术制造业比重上升。2016 年，六大高耗能行业和采矿业增加值占规模以上工业比重分别为 28.1% 和 7.2%，比 2012 年下降 1.5 和 6.7 个百分点。三是产业新旧动能转换加快，顺应消费升级的新产业、新产品和新业态保持高速增长。近年来，我国工业机器人、光电子器件、新能源汽车、运动型多用途乘用车等新兴产业均保持高增长。

与此同时，这一阶段我国生态环境保护发生了历史性、转折性、全局性的变化。我国生态文明地位之重前所未有，生态环境保护修复和生态环境问题整治力度不断加大，资源环境治理呈现了前所未有的巨大进展。2022 年，全国地级及以上城市空气质量优良天数比例达 86.5%，重污染天数比例首次降到 1% 以内。水污染治理效果显著，全国地表水水质优良断面比例持续上升。能源消费结构发生积极变化，单位产品主要污染物排放强度、单位国内生产总值能耗不断降低,资源能源效率不断提升。全国资源环境状况总体稳中向好,但局部地区生态系统质量功能问题突出,生物多样性丧失趋势尚未得到有效遏制,生态破坏问题依然时有发生,不合理的资源开发利用对生态空间的压力和威胁依然存在。

## 二、中国产业生态化的发展现状与障碍因素

### (一)现阶段中国产业发展与资源环境的问题

在过去的工业文明时期,人们崇尚"人与天斗""人类战胜自然",企图以不可再生的高耗能来支撑产业的高速发展。然而伴随这种粗放的产业发展模式,我国主要战略性资源数量持续下降、资源利用效率较低、环境问题不断恶化,进而使资源环境压力对产业发展与经济社会发展的制约越来越明显。

党的十八大以来,我国在建设现代化产业体系领域已经取得了巨大成就,制造业综合实力迈上新台阶,产业发展实现了从规模增长向规模与质量并举发展的历史性转变,中国经济开始逐步迈入后工业化时代。然而,虽然我国已经成为世界第一制造大国,但是与位居世界前列的制造强国相比仍然有一段距离,"大而不强,全而不优"的问题并未得到根本改善。历史逻辑表明,我国优势产业领先地位源于成本竞争优势,而当前我国产业发展优势已逐步转向规模化经济,但在高质量发展方面还面临诸多问题。

一是工业制造业占 GDP 的比重出现过早过快的下降,脱实向虚的状况没有改变,去工业化趋势尚未根本改善。二是产业结构"虚高度",产业效率仍有待提升,即出现扩张产业劳动生产率低于收缩产业,表现为结构演进与生产率倒挂的现象。三是技术密集、知识密集产业比例偏低,科技创新能力不足,关键核心技术受制于人问题突出。工业基础能力仍然比较薄弱,一些基础零配件,元器件依赖进口,存在"卡脖子"的痛点,产业链安全存在风险。四是产业多处于全球价值链中低端水平,门类全体量大,但是结构不够优化,一些行业技术经济指标与国际水平差距较大,产品低端过剩,高端不足,质量品种差距较大。五是区域产业同构现象严重,低水平重复建设的现象明显。在某些相同产业内部,各区域都将发展方向定位于产业生产主体部分,较少考虑配件部分,区域间缺乏专业化分工,影响产业发展的有效分工、合理布局。

随着工业时代向生态文明新发展范式的根本转型(图 10-1),我国生态环境治理力度空前加大,但由于我国的工业化道路实质上是一条压缩型的工业化道路,资源环境问题也呈现出与传统发达国家不同的特征,其突出的表现就是多样性和复合性,既有与贫困落后相关联的生态破坏问题,也有伴随着不同发展阶段所产生的各类环境污染问题。环境问题与其他社会问题的交叉重叠加大了解决环境问题的难度。中国环境问题的解决更艰巨、更困难、更具有挑战性。资源节约和环境保护将是我国经济社会发展中的一项长期战略任务。

新时代新征程,转变产业发展理念、调整产业发展模式已迫在眉睫。全面推进产业生态化发展,实现产业活动与生态系统的良性循环,实现生态效益、经济效益、社会效益的同步提升,既是保证中国经济可持续发展的必要举措,也是提高我国产业国际竞争力的必由之路。

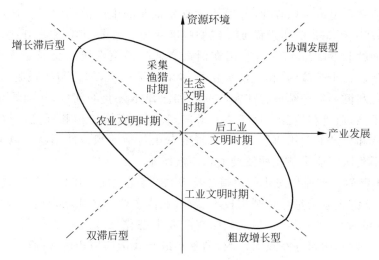

**图 10-1　产业发展与资源环境耦合关系**

### （二）现阶段中国产业生态化发展的障碍因素

产业生态化发展态势的形成过程是一个涉及面广、影响因素众多的复杂演变过程,是动力机制、传导机制、调控机制和保障机制协同整合、相互作用的结果。现阶段我国产业的生态化发展仍然面临诸多障碍。

（1）认知障碍。一方面是对我国严峻的资源与环境形势认识不足,对国际上可持续发展的动态了解不够,缺乏对产业生态化发展的迫切性和重要性的认识,对产业生态化发展的战略意义还缺乏足够的认知。另一方面是对产业生态化理论存在一些认知误区。一是仅仅从物质回收和利用角度来阐述产业生态化,忽视了产业生态化在物质消耗和污染排放上的源头预防与全过程控制意义;二是在产业生态化发展中,为形成"循环"而"循环",仅仅强调建设各种工程和项目,却缺少对这些工程项目的成本效益分析,结果导致这种所谓的产业生态化项目本身既不经济也不环保。在产业生态化过程中,经济的合理性是物质、能量、废弃物循环利用的边界条件,没有经济效益的生态化是难以为继的,产业生态化必须充分重视环境效益与经济效益的协同,不可偏废。

（2）成本障碍。生态化的产业生产环节有两个效益来源:一是废弃物转化为商品后产生的经济效益;二是节约的废弃和排污成本。但目前普遍存在原材料价格障碍和产业生态化过程成本障碍,使这两方面的效益难以实现。首先,由于资源定价机制本身的缺陷,初次资源和再生资源的价格形成机制不同,加之以大规模、集约化为特征的现代生产体系使得原材料的开采和加工成本日益降低,再利用和再生利用原料的成本常常比购买新原料的价格更高,企业缺乏参与循环经济的动力,由此构成产业生态化的价格障碍。其次,由于目前我国的环境容量尚没有作为严格监管的有限资源,企业支付的废弃和排污费不仅远低于污染损害补偿费用,甚至也明显低于污染治理费用,严重影响企业开展生态化转型的积极性,由此构成产业生态化的成本障碍。

（3）制度障碍。产业生态化要求解决产业发展过程中的环境外部性问题,使产业发展的外部效应和环境成本内在化,并促使产业和企业的生产活动向减轻环境负荷的方向转变。因此,产业生态化的实现需要一定的制度保障。目前,我国在产业生态化过程中存在着三个方面的制度障碍:第一,我国在促进产业生态化发展以及资源节约和综合利用方面的法规建设仍十分薄弱,相关法律法规体系尚不健全,理论与实践脱节;第二,我国在产业生态化和循环经济领域存在实施细则和法律不配套的问题,从而导致现有法规政策的指导性不强,监管和执法力度不大;第三,我国在资源价格和环境产权方面,缺乏有效的激励政策和合理的费用机制,企业参与生态化转型的积极性不够。以上三方面的制度障碍导致了我国产业生态化的发展道路步履维艰。

(4)技术障碍。产业生态化的改造或提升,需要建立在现代化的信息技术、"三废"处理技术、上中下游企业能量综合利用技术、跨行业或企业的产业联合运营技术等一系列综合技术的应用基础之上。然而,目前我国在产业生态化领域的科学技术水平和应用水平还比较落后,与发达国家存在较大差距,尚未形成与我国国情相适应的产业生态化技术支撑体系。比如,发展循环经济最为关键的开采技术、环保产品技术、节能技术和资源综合利用技术装备水平不高。我国在大型燃煤电厂烟气脱硫、高浓度有机废水处理等重要领域的一些关键产品,尚缺乏自主知识产权的技术。同时,大多数企业尚没有能力进行绿色制造共性技术以及关键技术的研发,也缺乏了解相关技术信息的渠道,技术欠缺已成为产业生态化发展的重要障碍之一。

# 第三节 产业生态化的发展路径

## 一、产业生产模式生态化

要保持产业系统和自然生态系统的和谐,实现产业生态化发展,就必须变革现有的大规模工业化生产模式,把自然资源与环境因素内蕴于产业生产过程之中,实现生产模式的生态化转型。与传统生产模式相比,生态化生产模式是一种生产全过程的清洁控制,对生产过程采取整体预防的环境策略,改变了传统的被动、滞后的先污染、后治理的污染控制模式,强调在污染发生之前就进行削减,在生产过程中提高资源、能源转换率,降低对环境的不利影响。

产业生产模式生态化要求从生产的根源出发,从生产产品及服务的安全性、环保性及资源投入最小化着手,寻求生产模式的根本变革,通过使用生态化设计、生态化采购、生态化生产工艺对物质生产部门的生产流程进行生态化改造,实现废物减量化、资源化和无害化。

### (一)研发设计生态化

产品研发设计是产品生产过程的首要环节,关系到产业的经济效益和社会效用。产品研发设计生态化是以引导产生可持续性的企业生产系统和社会消费系统为目标,在产品的整个研发过程中始终关注对环境的影响,优化设计方案以降低产品开发对生态环境的影响。其具体包括产品功能设计、材料选择、包装设计及制造工艺设计等。

研发设计的生态化要求企业的设计人员和生产人员根据社会、环境可持续发展的需要，依据生态效率和环境指标与产品功能、性能、质量及成本要求，从产品生命周期入手，全过程考虑产品的原材料、生产、使用直至最终处置对资源节约和环境保护两个方面的影响，设计出不必整机报废，在生命周期结束后也易于拆卸和再利用，具有方便使用、可以便捷地升级换代，对环境污染程度小、产品生命周期长及再利用价值较高的绿色产品，并在设计中充分考虑节能减排、资源的可持续使用等因素。这样，企业就能在产品的设计构思阶段将产品定位在节能产品、绿色产品及再生利用等方向。

### （二）原料采购生态化

实现产品研发设计环节的生态化后，无污染原材料采购是另外一个需要关注的环节。原料采购生态化是在原材料采购过程中，使用符合环保规定的无污染原材料以及便于再次利用的原材料，从而减少污染，达到循环利用资源及保护生态环境的目的。斯迪辛和塞弗里德认为生态化采购涉及供应商选择、评估和开发、分发、包装、使用、再使用以及产品的处置等方面的环境问题，是企业应对环境问题而制定的一系列的管理方针。

原料采购生态化要求企业在选择原料供应商时采购生态环保原材料及可生物降解的包装材料，实现采购源头的生态化；尽可能选用距离较近的生态型原料产地以减少运输过程中能源的消耗和对环境的污染。总的来说，原材料的选购要遵循物质能源消耗最小化、环境污染最小化、潜在健康威胁最小化原则。

### （三）生产工艺生态化

生产工艺是从原材料到产品实现物质转化的基本软件。设备的选用是由工艺决定的，是实现物料转化的基本硬件。因此，生产工艺生态化是产业生产模式生态化的关键环节。它是在产品研发设计生态化、原料采购生态化的基础上实现的更高层次的生态化，是使用无废料的封闭循环、节能、生物化学降解等技术来解决产品加工过程中环境污染问题的主要途径。

生产工艺生态化可以通过改善设备和管线、重新设计生产设备来提高原材料利用率和生产效率、减少废物量；也可以通过优化工艺控制过程、生态化技术实施及采取一系列对废弃物合理的处置等过程，降低物质能量消耗，提高产品质量，并将污染物或有毒物质消灭在产品生产加工阶段，在生产末端实现无废或少废排放。生产工艺生态化直接验证了研发设计阶段科技成果的有效性。

## 二、产业组织方式生态化

产业组织方式生态化是对产业生产模式的一种升华和补充。可以说，生产模式生态化是产业生态化发展的初级阶段，而产业组织方式生态化则是生产模式生态化的系统组装与耦合。

产业组织方式生态化要求优化产业间企业的组织方式。一方面，以互惠共生为愿景，引导产业间企业之间形成多种形式的利益共同体，通过基础设施、生产设备、营销网络等生产要素共享达成规模经济，从而减少企业沉没成本和交易成本，实现企业生产效益的提高;另一方面,推动企业间形成各种技术创新联盟,通过整合各自核心能力,合理分配合作利益,实现组织优势互补、相互依存、良性互动,提升联盟应对资源环境压力和适应多元化市场需求的技术创新能力,从而使产业间企业形成互利共赢、协同进化的横向并联耦合组织模式。从国内外实践来看,目前已经形成了以下三种比较成熟的产业组织方式生态化模式。

## (一) 主副产业衍生模式

主副产业衍生模式的产业组织方式是以一种或多种产业为主产业,从中衍生出多种副产业,彼此配套,实现资源循环利用和综合利用。其结构与资源利用流程如图 10-2 所示。中心为一个主产业,从中衍生出 4 个副产业。副产业 1 和副产业 2 利用主产业的排放物,向主产业提供某种再生资源或向市场提供某种产品;副产业 3 吸收主产业的排放物,在向主产业提供再生资源的同时又衍生出副产业 4。集群内部的主产业可以有多个,有些副产业不一定独立向市场提供产品,主要任务是把主产业或其他副产业的排放物转化为再生资源,使之在集群内部重新得到循环利用。

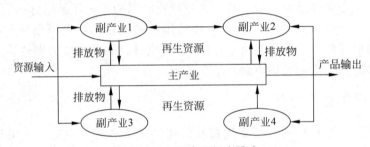

图 10-2　主副产业衍生模式

丹麦卡伦堡工业园区就其内部的主副产业关系而言可视为主副产业衍生模式生态产业集群。该集群有 4 个主产业(发电、炼油、制药和石膏制板),从中衍生出一些以主产业的排放物或副产品作为原料的副产业,包括养殖、水泥、硫酸、供热等。我国上海宝钢集团以钢铁生产为主业,利用炼钢产生的高炉渣、钢渣、粉煤灰、污泥和粉尘等废弃物经工艺技术处理后生产水泥和新型建筑材料,同时回收余热发电,使钢铁、建材、电力等产业配套发展,实现部分资源循环利用和综合利用,形成主副衍生型生态产业集群。这种模式通常是先发展主导产业,以后再通过利用主导产业的各种排放物和相关资源形成副产业。虽然各种产业之间有主副之分,但是都具有一定规模,而且配套整合,形成比较完整的资源循环利用和综合利用体系。

扩展阅读 10-1

## 丹麦卡伦堡工业园区

丹麦卡伦堡工业园区是自发形成的生态工业系统典范,也是世界公认的生态工业园蓝本。园区所在地卡伦堡市是一座靠近峡湾的小城,距离丹麦首都哥本哈根市 100 多公里,该地区地下水资源不足,于是从 20 世纪 70 年代开始,当地几家重要的工业企业(发电厂、炼油厂、制药厂等)试图在更有效地使用淡水资源、减少费用和废料管理等方面寻求创新,自发建立起一种紧密而又相互协作的关系。后来地方政府、居民和其他类型企业陆续加入,使园区逐渐发展成为一个包含30余条生态产业链的循环型产业园区。

卡伦堡工业园区的成功依赖于其功能稳定、可以高效利用物质、能源和信息的企业群落。其包括:由发电厂、炼油厂、制药厂和石膏制板厂4个大型工业企业组成的主导产业群落;化肥厂、水泥厂、养鱼场等中小企业作为补链进入整个生态工业系统,成为配套产业群落;以微生物修复公司、废品处理公司以及市政回收站、市废水处理站等静脉产业组成的物质循环和废物还原企业群落。

其中,Asnaes煤电厂是整个生态工业园的核心。它通过热电联产,为卡伦堡5 000个家庭提供热能,并为炼油厂和制药厂提供工业蒸汽,电厂的冷却水还可以向蔬菜大棚和养鱼场供应热能。发电站通过煤炭脱硫后生成的碳酸钙,被作为石膏板厂的原材料;通过除尘装置,每年可以产生3万吨粉煤灰,被水泥厂回收利用。Statoil炼油厂把多余的可燃气体输送到石膏板厂和发电厂供生产使用,通过管道把经过生物净化处理的废水输送给电厂,将进行酸气脱硫过程中产生的脱硫气供应给电厂燃烧,产生的副产品硫代硫酸铵则被用于生产液体化肥。Novo Nordisk制药厂的原材料,如土豆粉、玉米淀粉发酵产生的废渣、废水以及污泥等废弃物,经杀菌消毒后被农民用作肥料,胰岛素生产过程的残余物酵母则被用作养猪场饲料。Gyproc石膏制板厂通过煤电厂提供的煤炭脱硫后生成的碳酸钙,使得该厂不需要再从西班牙进口石膏原矿。

除了四大核心企业,还有一些循环企业也作为园区的有机组成。比如,园区内一家土壤修复公司,使用卡伦堡市地下水道产生的淤泥作为原料,生产受污染土壤的生物修复营养剂,每年可以修复50万吨被污染的土壤;一家废品处理公司,每年可以处理12.5万吨的工业和生活垃圾,并利用垃圾沼泽发电。

正是由4家核心工业企业、若干中小企业以及废物还原处理企业所组成的20余条工业产业链,构成了卡伦堡生态工业园独一无二的生态工业系统。

资料来源:邹晶.卡伦堡工业共生体系:工业生态学实践者[J].世界环境,2005(3):36-42.

## (二)多种产业共生模式

在一定区域范围内,两个以上具有共生关系的产业相互依存、共同发展、优势互补,就会形成多种产业共生模式的生态产业组织。图10-3反映了该模式的结构和资源利用流程:4个产业共生聚集,每个产业都有自己的资源输入和产品输出,同时相互之间利用对方的排放物,实现资源循环利用和综合利用。

广东省农垦总局所属的湛江垦区已经初步建立起这种模式的生态产业集群。该垦区位于我国大陆最南端的雷州半岛,总面积大约1 133平方千米,由互利共生的四大产业构成:一是种植业,主要种植甘蔗、剑麻、橡胶、水果等南亚热带经济作物;二是

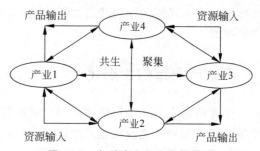

**图10-3 多种产业共生集聚模式**

养殖业,主要养殖生猪、奶牛和家禽等;三是加工业,主要以垦区的农副产品为加工原料;四是服务业,主要围绕种植养殖和加工业发展配套服务。以甘蔗种植和加工为例,种植甘蔗属于种植业;甘蔗榨糖,利用蔗渣造纸、发电,利用滤泥生产有机肥属于加工业;部分蔗苗作为奶牛饲料,猪牛排泄物作为甘蔗肥料是种植养殖的结合;蔗糖销售则属于服务业。四大产业具有高度的共生性,构成生态产业集群。

### (三)动脉与静脉产业循环模式

动脉产业是指从原料开采到生产、流通、消费、废弃所形成的产业;静脉产业则是指将废弃物转化为再生资源所形成的产业。这两类产业紧密结合,构成完整的循环经济体系。它们在一定空间范围内聚集,形成一种生态产业集群模式,即动脉和静脉产业循环模式。图 10-4 反映了这种模式的结构和资源循环利用流程:左边是动脉产业,其产品通过消费后产生的废弃物得到回收,进入静脉产业,经过拆解加工转化为再生资源,输送给动脉产业,并生产部分产品投放市场。从目前情况来看,一般静脉产业处于辅助地位,但它是体现生态产业本质的部分,在某些国家的部分资源利用中已经具有和动脉产业同样重要的地位。

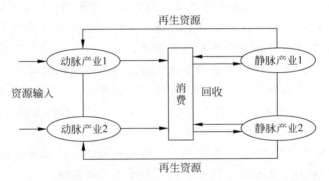

图 10-4    动脉与静脉产业循环模式

日本北九州生态园集中了大量的静脉产业,同周边的一些动脉产业紧密联系形成一种生态产业集群。其中静脉产业分为几个加工区,分别对废旧汽车、废旧家用电器和其他废弃物品和生活垃圾进行资源化处理,形成各种再生资源。1998—2003 年,其静脉产业产生的直接经济效益为 1 093 亿日元,间接经济效益为 561 亿日元。中国青岛新天地生态工业园区是基于山东半岛石化、钢铁、家电、汽车制造众多产业快速发展所产生的大量固体废弃物和环境污染现状而规划建设的,正在形成由动脉产业和静脉产业组成的生态产业集群。

## 三、产业结构生态化

产业结构生态化是指按照生态经济原理和生态规律构造高效、和谐的产业结构,使多个生产体系或环节之间通过系统的耦合和物质、能量的多级利用,实现高效的产出和资源环境的持续利用。

与传统的产业结构不同,生态化的产业结构通过不同生态绩效水平产业的交替发展、产业间生态关联程度和协调能力的提高、区域间产业结构的合理分工与功能耦合,促进生态要素在产业间的合理配置与流动,进而提高生态要素生产率及其增长率。具体而言,产业结构生态化包括结构比例生态化、结构关联生态化和结构布局生态化三个方面。

## (一)结构比例生态化

产业结构生态化最基本的任务就是按照生态优先的原则对区域内三大产业的比例关系进行生态优化,使得区域内产业各得其所、相互影响并相互促进。

具体实现路径包括三个方面:一是以发展生态农业为基本导向,优化农业结构,延长农业产业链,稳定农业在整个结构中的比例关系;二是利用绿色生态技术调整第二产业技术结构,加快污染产业改造,发展高新技术及环保产业,加速向知识技术密集型结构的转变,适当降低第二产业比重;三是积极发展现代生态服务业,提高第三产业所占比重,降低国民经济中物质产品生产产业比重,使第三产业成为高效生态经济发展新的增长点,实现整体产业系统物质减量化要求,缓解资源环境压力,实现产业与自然和谐发展。

## (二)结构关联生态化

结构关联生态化要求产业之间在实现比例搭配协调的基础之上,进一步形成产业间有机联系的聚合效益,即产业之间相互关联、相互作用所产生的一种不同于各产业能力之和的整体能力,进而使得产业结构整体素质和生产效率向更高层次不断演进。

具体实现路径包括两个方面:首先,大力发展生产性服务业,一方面可以提高整个产业系统的结构水平和产业竞争力;另一方面可以提高第一、二、三产业之间的关联度和聚合质量,增强三次产业间的互补整合关系和相互转换能力,达到三次产业相互促进、相互服务的协调发展态势。其次,大力培育和发展以生态化技术创新为支撑的战略性新兴产业。战略性新兴产业的产业关联度高、产业链条长,可以带动其相关和配套产业的发展,实现产业间的技术互动和价值链接,具有强大的关联及溢出效应。

## (三)结构布局生态化

结构布局生态化是指根据产业区域分工理论,顺应产业发展的基本规律,整合区域之间和区域内部的产业资源配置,实现区域产业的合理分工,在区域间形成彼此分工合理、特色明显、优势互补、功能耦合的产业结构。

具体实现路径包括两个方面:第一,整合行政区域发展规划,调整区域产业结构。各地区要按照国家的总体产业政策,根据不同区域的自然禀赋优势和发展潜力以及产业升级趋势确定本地区的主导产业、支柱产业以及有发展潜力的特色产业并加以扶持,重点培育以主导产业、支柱产业及特色产业为龙头的产业集群。第二,结合当地与相邻、相关区域经济发展的实际状况,合理进行区域产业发展目标的定位和区域产业空间规划的布局,形成错位发展,实现区域间产业的合理分工与相互协作。

## 本章要点

1. 产业生态化是指产业系统内部各子系统、产业系统与自然系统及社会系统的和谐共存、协调发展的状态和过程。

2. 产业生态化有四个基本特征：发展的人本性、发展的全面性、发展的协调性和发展的可持续性。

3. 产业生态化的目标是一个由产业自身协调发展、产业与自然和谐发展及产业与社会协调发展三个价值目标构成的紧密相连、不可分割的多目标复合系统，各目标之间相互支持、相互补充、相互影响。

4. 产业生态化的产业内部协调发展目标主要包括三个方面：

(1) 系统内部产业间协调发展；

(2) 各产业的演化幅度与产业系统整体变化相协调；

(3) 产业系统在区域空间上的协调。

5. 现阶段我国产业生态化发展的障碍因素主要包括认知障碍、成本障碍、制度障碍、技术障碍。

6. 产业生态化的发展路径包括产业生产模式生态化、产业组织方式生态化和产业结构生态化三种方式。

7. 产业生产模式生态化要求从生产的根源出发，从生产产品及服务的安全性、环保性及资源投入最小化着手，寻求生产模式的根本变革，通过研发设计生态化、原料采购生态化、生产工艺生态化对物质生产部门的生产流程进行生态化改造，实现废物减量化、资源化和无害化。

8. 产业组织方式生态化是产业生产模式生态化的系统组装与耦合，具体包括主副产业衍生模式、多种产业共生模式、动脉与静脉产业循环模式三种共生循环组织模式。

9. 产业结构生态化是指通过不同生态绩效水平产业的交替发展、产业间生态关联程度和协调能力的提高，促进生态要素在产业间的合理配置与流动，提高生态要素生产率及其增长率。

10. 产业结构生态化包括结构比例生态化、结构关联生态化和结构布局生态化三个方面。

## 关键术语

产业生态化　产业生产模式生态化　研发设计生态化　原料采购生态化　生产工艺生态化　产业组织方式生态化　主副产业衍生模式　多种产业共生模式　动脉与静脉产业循环模式　产业结构生态化　结构比例生态化　结构关联生态化　结构布局生态化

**习题**

1. 什么是产业生态化？试阐述产业生态化的理论内涵。
2. 产业生态化的四个基本特征是什么？
3. 产业生态化的目标包括哪三方面？试阐述每个目标的具体内容。
4. 现阶段我国产业生态化发展的障碍因素有哪些？
5. 产业生态化的发展路径有哪些类型？
6. 生态化的产业组织方式有哪些？试列举相关案例。

 **即测即练**

第四篇

全球产业分工与产业安全

随着经济全球化程度的不断加深，世界各国之间的生产合作关系更加紧密、复杂，全球产业分工日益深化。发达国家凭借熟练劳动力、物质资本和科技创新的比较优势，牢牢占据全球价值链的高端环节。发展中国家则依靠丰裕的资源和非熟练劳动力参与其中，被锁定在全球价值链的低端。改革开放以来，我国积极主动地融入全球价值链，中国制造畅销全球，成为名副其实的"世界工厂"，在全球产业体系中也扮演着越来越重要的角色。本篇将在开放经济的视角下，详细介绍产业价值链的基本理论和动力机制，围绕参与全球产业分工过程中出现的产业安全问题展开讨论。

# 第十一章 产业价值链

经济全球化催生了全球价值链的产生与扩张,不仅强化了世界各国之间基于生产和贸易关系的各种联系,而且推动了主要经济体从国家产业链形态向全球价值链生产贸易模式的转化。作为全球化时代国际经济的典型表现形式,全球产业价值链集合了国家之间最广泛的商品、资本、技术、劳动力等要素的流动与增加值交换分配进程,形成了复杂嵌套的全球生产网络体系。本章以产业价值链的概念、结构与分类为基础,全面介绍产业价值链的相关理论,分析产业价值链升级的动力机制,进而聚焦于中国产业价值链的发展实践,讨论中国产业价值链的演变历程、现状和未来的发展方向。

## 第一节 产业价值链概述

### 一、产业价值链的概念界定

"价值链"的概念由哈佛商学院的波特于 1985 年在其发表的著作《竞争优势》一书中首次提出:"每一个企业的价值生成都是经由设计、生产、销售、发送和辅助等基本活动和辅助活动所构成的系列活动完成的,所有的这些活动可以用价值链模型来表明。"[①]波特认为,正是基于这些经济活动在不同环节创造的价值,组成了企业所获得利润,这也就促使了企业价值链的形成。客观来说,价值链是基于产业纵向连接关系的一组价值生产环节,是从原材料到最终产品的产业全链条下的各种关系集合。每个生产阶段不仅生产实体产品,更是价值的生产和放大,形成了以实体生产链条为基础的价值递增链环。

作为产业链和价值链的有机统一,产业价值链是产业链中的企业在竞争过程中进行的从上游到下游的研发、设计、生产、销售、服务等环节的价值创造活动,其发展集点、线、面、网于一体,有效贯穿价值创造、分配、传递的全过程。由于产业价值链具有整体性、增值性、循环性、层次性和差异性等特征,为产业调整生产要素等来实现价值增值提供了潜在的发展空间。产业价值链的改造和升级能够产生集群效应和链式效应,即降低企业生产成本,促进专业化分工、技术交流,推动新型企业创立,打造区域产业特色。

---

① PORTER M E. 竞争优势[M]. 陈丽芳,译. 北京:中信出版社,2014.

## 二、产业价值链的结构与分类

### (一)产业价值链的结构

#### 1. 价值创造过程

产业价值链是由企业内部价值链与外部的上游、下游价值链有机结合的一种中间组织形式,主要包括供应商价值链、企业价值链和顾客价值链三个部分。价值创造过程,指产业链上的成员为了满足特定产品和(或)服务的需求提供而整合彼此资源以共同的合作创造价值。从产业价值链发起企业的角度来说,价值创造过程主要包括两部分:一是企业内部价值链价值创造活动,如产品设计与研发、采购、生产、销售、服务等;二是外部价值链中与供应商、顾客企业之间关系互动而整合资源与能力的相关活动。

相比于产业链和价值链,产业价值链更加强调"价值创造"这一最终目标,侧重于价值在产业链中的传递、转移和增值过程。它通过产业内分工的不断细化、专业化以及产业链的价值整合,构建出长期稳定的有效竞争合作机制和高效创造价值的一种战略联盟。它同样是组织关注于顾客的价值创造,满足顾客不断变化的需求,通过价值的创造与传递,不断提高资源的配置能力与产业创新能力,以提升产业的核心竞争力。

#### 2. 价值分配过程

产业链的价值分配是指在产业链中不同的参与主体对产业链创造的整体或全部价值进行分配的过程。价值分配某种程度上等同于利益分配、利润分配的概念,主要是对产业价值链创造的价值进行分配的问题。合作是前提,价值分配是结果。产业价值链上的节点企业都是以实现各自的利益最大化为目标,合作中价值分配的合理与否将直接关系到产业价值链的运行效率与稳定。企业通过业务关联关系,发挥资源优势,完善业务流程,提高业务效率,创造了比单独经营原业务时更多的价值。这些超额价值是合作企业共同创造的,但是由于各节点企业对这部分价值的贡献没有明确的形态和数量,且在产业价值链中所处的地位以及承担的风险不同,导致很难有完美的价值分配方法。因此,建立合理的价值分配机制是产业价值链上的企业实现合作共赢的关键途径。

**扩展阅读 11-1**

#### 在云经济时代下,价值创造理论将面临何种挑战

有关价值创造机制的研究始于 1985 年,从传统价值链理论立足于制造业,到虚拟价值链关系信息技术和电子商务的发展,再到产业价值链对产业结构的重要作用,最后到全球价值链解释经济全球化的影响,表明以往的价值创造理论主要适用于工业经济时期。随着 Web 3.0 的到来,尤其是在云计算和物联网的快速发展背景下,价值的载体、顾客和信息在价值创造过程中的作用发生巨大变化,这对以往的价值创造理论提出了严峻挑战。

#### 1. 价值载体由有形的产品转变为无形的体验

传统的价值创造机制中,价值通常以有形的产品或短暂的服务为载体,企业力图通过

提升产品质量和顾客感知价值、降低成本来为顾客提供相比于竞争者而言更高的价值,这些体验依附于特定的产品上。然而随着云经济时代持续的体验逐渐取代有形产品的交易,使用价值应该得到更多的关注。

**2. 数据变"活",信息成为生产要素开始承担价值创造的作用**

在数字化时代,互联网为个性化信息的碎片化传播创造了条件,大数据技术为海量信息源的及时搜寻和管理提供了支持,经过数据挖掘的有效信息可以独立参与价值创造活动,与其他生产要素并行发挥作用,这是传统价值创造理论不可能达到的目标。随着数据实时捕捉和数据挖掘技术的发展,数据活性不断提高,数据将成为企业重要的核心资产。

以上分析表明,基于传统产业、以产品为价值载体、以制造过程为核心的价值创造理论在信息化时代存在一定局限性,寻找更加完善的理论来解释云经济时代的价值创造机制就显得尤为迫切。

资料来源:金帆,张雪.从价值链到价值生态系统:云经济时代的产业组织[M].北京:经济管理出版社,2018.

## (二)产业价值链的分类

按照流通范围的标准,产业价值链可分为产业国际价值链和产业国内价值链。

### 1. 产业国际价值链

产业国际价值链侧重于跨越国界的全球性产业生产链条,是企业参与全球性的生产活动,且以价值融合为载体的产业价值系统,产业国际价值链的形成则需要各个国家的价值链之间形成价值联结,即通过整合将各个国家或地区的生产网络汇聚到一个产业价值链系统中。在国际价值链中,不同国家或地区的企业和组织参与其中,在不同的环节扮演着不同的角色。一些国家或地区可能专注于提供原材料,一些国家或地区可能擅长于研发和设计,而另一些国家或地区则专注于生产加工或组装制造。通过国际价值链的组织和合作,各参与方可以充分利用自身优势资源和专业能力,实现全球范围内的价值创造和分配。随着全球化的发展,各个国家和地区的经济联系日益紧密,产业国际价值链的重要性也日益显现。

### 2. 产业国内价值链

产业国内价值链是指在一个国家或地区的范围内,各个企业组织、参与且按照一定顺序组成的生产链条,主要包括材料采购、生产加工、装配制造、物流运输、经销分销等,涵盖从原材料到最终产成品(或服务)的一系列环节的整体过程。在产业国内价值链中,企业之间往往形成具有垂直化分工的关系,每个企业专注于自己擅长的生产领域,组成产业链加工制造的重要环节,如同零件与机器之间一荣俱荣、一损俱损的协调共生关系,企业间通过分工合作实现产品的制造和交付。产业国内价值链的发展水平与国家(地区)的产业实力、技术水平、经济发展水平密切相关。

## 三、全球价值链与产业价值链的比较

经济全球化的深入推进使得国际分工更加专业化、碎片化、模块化,产品设计研发等需要投入大量资本、技术的生产环节在发达国家完成,而产品加工等劳动密集环节则由发展中国家承担。世界生产方式的改变催生了与传统的国际分工理论不同的全球价值链理论。随着经济全球化与国际分工的发展,在科洛特的价值增加链、格雷菲的全球商品链分析法的理论基础上,格雷菲等正式发表了一篇关于全球价值链的特刊,该文首次清晰界定"全球价值链",是指与世界生产活动相联系的网络组织,为追求产品增值而在全球范围内形成的组织结构,涉及产品的设计、营销和售后服务等各个环节。由此,全球价值链的概念和基本理论框架初步建立。

2002 年,联合国工业发展组织对全球价值链作出了更加明确的界定:"全球价值链是在全球范围内为实现产品或服务价值而连接生产、销售、回收处理等商业流程形成的全球性跨企业网络组织,涉及所有参与者和生产销售等活动的组织及其价值、利润的分配,当前分布在世界各地的所有处于价值链上的企业进行着从研发设计,到生产制造,再到营销、交货、消费、售后服务,最后循环利用等各种增值活动。"目前关于全球价值链的研究热点主要聚焦于全球价值链的升级路径、动力机制、租金和治理等领域。

信息技术的发展使得国家和地区之间的经济联系日益紧密,企业可以根据不同国家和地区的资源与优势,灵活调整其供应链和产业价值链,以最大化效益。全球价值链的存在使得不同国家或地区可以利用各自的优势,专注于产业价值链的不同环节,从而实现资源优化和合作。举例来说,一个产品的设计和研发可能发生在一个发达国家,然后生产制造发生在一个低成本的发展中国家,最后销售和市场营销在全球范围内进行。这样的合作使得全球产业价值链更加高效和灵活。因此,全球价值链和产业价值链的关联在全球经济中起着重要的推动作用,促进了全球经济的合作和发展。

# 第二节　产业价值链的基本理论

传统理论与现代理论构成产业价值链发展和演化的重要基础。斯密的分工理论首先交代了企业分工的动机;比较优势理论初步阐述了产业分工的内在原理;要素禀赋理论细化到讨论生产要素禀赋来分析分工的动因;竞争优势理论则是在市场推动下促进了企业价值链分工的发展。现代的产权理论为产业价值链上企业的分工提供了制度保障;市场失灵理论是制定政策优化资源配置促进产业价值链攀升的基础,在市场失灵导致低效率的资源配置的情况下,政府会根据需求制定产业政策以调节资源配置以保障产业价值链的稳定结构。

## 一、传统理论

### (一)斯密的分工理论

分工是社会发展到一定阶段的产物,按历史顺序可划分为自然分工和社会分工。自然分工是指在劳动中按性别、年龄、特长等出现的自然或自发性的分工,它起源于原始社会,是人类分工合作行为的起点。社会分工是指人类从事各种社会劳动的一种独立化和专业化的划分,它是人类文明的标志之一,也是商品经济发展的基础。

斯密被认为是分工理论的开创者,他在著作《国民财富的性质和原因的研究》(简称《国富论》)(1776)中提出了劳动分工理论,认为对不同生产步骤进行劳动分工能够提升生产效率(劳动生产率),是创造更多财富的重要手段。企业作为生产活动的主要载体,随着市场需求变大,企业规模扩大而又亟须提升生产效率,便出现了专业化生产,这是斯密分工理论的核心内容。

随着专业化分工、纵深化分工的逐步发展,产业分工日渐细化,形成产业集聚和生产性垄断。但随着区域间贸易越来越活跃,又发展成区域生产分工,且这种形式的分工在空间上不断扩大。同时,自由贸易会引起劳动力等生产要素在国际上流动,引起基于自然禀赋等有利条件的国际分工,使资本、劳动力和原材料等投入要素得到有效利用,以较低的投入成本创造较高的产出。可以说,分工理论为产业价值链奠定了重要的基础。

### (二)比较优势理论

1817 年,李嘉图提出了比较优势理论。该理论指出,生产技术的相对差异性是导致生产成本相对差异性的关键因素,国际贸易秉承"两利相权取其重,两弊相权取其轻"的原则开展。各国集中资源生产投入成本较低、生产效率较高的优势产品换取劣势产品,以实现整体福利的最大化。

早期阶段,比较优势理论主要针对两个国家间的两种产品进行演绎推理来展开分析,该理论认为发达国家和发展中国家进行产品贸易是最理想的状态,这是因为发达国家和发展中国家的资源禀赋有一定差异,因此更有可能实现资源与技术的互补。但实际中发达国家与欠发达国家的贸易活动更加活跃,贸易关系更加密切,这与经济全球化迅速发展有关,产品贸易将产业推向全球,不再局限于国内集聚、国内生产链条,而是搭建了更庞大的全球产业生产链条,形成全球产业网络。产业参与全球生产是经济发展新趋势,也是抓住经济、产业转型升级的重要机会。比较优势理论为产业分工及国际的贸易行为作出了重要的阐释。

### (三)要素禀赋理论

赫克歇尔和俄林提出了要素禀赋理论(H-O 理论),主要从多种生产要素的投入分析,对单一劳动要素投入理论进行了补充和完善,多维度深化了产业参与国际竞争的机理。其具体包含如下观点:第一,各国应该生产其要素资源丰富的产品并将其出口,体现出竞争优势,进口资源要素稀缺的产品来弥补自身短板。第二,导致各国产业进行贸易最直接的原因是价格差异,以要素价格较低优势赋予产品低价格优势进入国际市场,从而达到资金约束下产品总量最大化的优势。第三,由于要素和技术差异的存在进行全球贸易将导致要素价格的均等化。随着各国产业发展成熟,逐渐形成了不同类型的产业,主要划分为劳动密集型、知识与技术密集型产业。发达国家将出口知识与技术密集型产品,进口劳动密集型产品,或者直接通过跨国投资将劳动密集型产业转移,以较低的代价获取更高的利润。通过对要素禀赋理论的分析,可以更好地解释产业价值链中的国际分工和合作现象。

### (四)竞争优势理论

波特在《国际竞争优势》(1990)著作中,基于传统比较优势理论提出了国际竞争优势理论。该理论提出了有名的钻石模型,即所有产业国际生产过程中的整体竞争优势包含两种外部力量和四种决定因素。其中,外部力量具体是指政府作为和随机事件,决定因素为要素条件、需求条件、相关支持产业条件、公司经营战略、组织管理和竞争力。该理论将企业竞争上升到产业竞争层面,解释了各国产业参与国际生产分工的优势。

竞争优势可以划分为两种层次:一种是低层次竞争优势,即一国生产具有丰富的自然资源、廉价劳动力等优势,进行非技术产品生产,存在低附加值特征。另一种是高层次竞争优势,即通过技术研发、经营管理和销售创新满足消费者需求,能够通过技术壁垒等阻止其他产业进入而长期占领市场,获取高额的利润。竞争优势理论为企业更好地在产业价值链中寻求竞争优势,实现持续的经济增长和市场竞争力的提升提供了重要的理论依据。

## 二、现代理论

### (一)产权理论

产权理论是新制度经济学框架下的理论分支,罗纳德·科斯(Ronald Coase)则是现代产权理论的创始者和奠基人,该理论指出,将企业创造的价值归于产权人占有,这会激励企业产权人为追求更多利润而投入更多精力和财力来提升企业自身的竞争力。产权由于具有专有性、明确性、可操作性和可转让性的特征,赋予了企业专利的保障权,类似于"合同"。产业制度的确立为企业参与区域贸易提供了保障,没有产权制度的社会就是野蛮社会,任何经济活动在这种背景下均没有合理规范的标准,将陷入"丛林法则"困境,导致市场资源配置的失效。

作为产权理论的核心,交易费用的存在可能导致资源配置的扭曲,从而无法实现资源的最优配置。产权制度的确立有利于明确各方利益、优化资源配置效率,这意味着企业只有在完善的产权制度保障下,才有可能出现交易行为,从而参与产业链上的分工和生产。

### (二)微笑曲线理论

宏碁集团的创始人施振荣首次提出了"微笑曲线"这一分析工具作为指导企业发展的策略方向,他指出在产业链中不同环节的产品附加值不同,上游环节和下游环节的附加值高,而中游的生产环节附加值低,类似于一个微笑的表情形状,故名"微笑曲线"。

图 11-1 展示了微笑曲线的具体形态,其纵轴表示附加价值,横轴表示产业链的生产工序位置,如上游生产端、中游制造端、下游销售端。随着区际、国际分工不断深化,微笑曲线理论越来越多地用于分析产业价值链,故也称作"产业微笑曲线"理论。

由于早期的国际分工以及研发创新等还不够成熟,原本的微笑曲线较现阶段而言更为平缓,按照产品加工流程,可以将微笑曲线划分为产品设计研发、产品制造加工、产品销售流动三个主要环节。随着产品生产的要素密集度变化,产业链上不同环节的产品附加值也会发生变化。

随着研究的深入,微笑曲线理论逐渐由强调产品分工向要素分工转变。由于信息、管理、技术、人才等要素都属于知识密集型要素,存在高度不可替代性,上游的产品研发和下游的销售流通环节具有较高的附加值。相反,由于生产投入的土地、厂房、水电等物化要

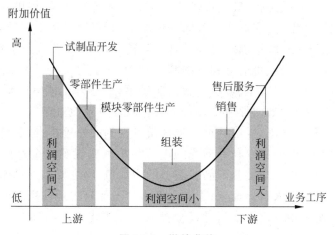

图 11-1 微笑曲线

素成本以及简单的劳动力要素成本具有高度替代性,中游制造加工环节的附加值较低。根据微笑曲线理论,要想提升产业链上的产品附加值,可以通过提升产业研发创新能力、品牌效应,甚至是扩大生产规模等方式改变产业生产所处环节,实现产业链的价值增值。

### (三)市场失灵理论

在产业价值链中,不同环节之间的关联和相互作用,可能出现信息传递不完全、资源配置不均等问题,市场失灵理论有助于解释这些问题的产生和原因。市场失灵是指由于市场经济主体中经济人假设的局限性、市场垄断、信息不对称、公共物品及外部性等现象的存在,导致完全竞争的市场机制在很多场合下不能带来资源的有效配置,即市场机制在指导资源配置的时候无法实现帕累托最优。为此,需要政府制定有关产业政策来对资源配置进行纠正和干预。

具体而言,市场失灵包含如下几种情况:其一,垄断是导致资源配置低效率的一种常见形式,是指在一个行业里有且只有一家公司(或卖方)交易产品或者服务,垄断企业能够在低技术成本下实现高盈利,但会降低市场的竞争性,导致企业缺乏研发创新的动力,阻碍技术进步和生产效率的提升,影响企业在价值链上的生产效率。其二,信息不对称导致不同经济主体对企业转型升级方向存在认知的不一致性,从而导致资源配置的低效率。同时,中国作为发展中国家,对企业转型升级信息具有共识性,为此存在投资"潮涌现象",导致存在产能过剩、企业亏损破产的问题。其三,公共物品是一类具有非排他性和非竞争性的物品,尤其是企业在参与产业链的生产过程中所需的数据信息、知识经验等要素具有此特征,这就需要政府制定配套的政策以矫正公共物品的滥用诱发的各类问题,引导产业链上企业之间的良性互动。其四,外部性在企业生产活动中极为常见,可分为正外部性和负外部性。污水、废气的排泄等负外部性的存在对企业生产活动存在阻碍作用,但企业出于追求利益很难做到自我约束,为此需要政府制定政策来加以规制。简言之,政府须基于上述市场失灵现象,制定相关产业政策、投入政策资源,以引导企业优化研发创新投入,提升产品竞争力,促进产业价值链的升级。

综上,市场失灵理论有助于解释市场运行中产生的各类问题,提供政府干预的合理性依据,指导公共政策的制定,促进产业升级和创新推动,以及对环境和资源保护提供启示。这些贡献使得理论研究和政策制定更加符合实际情况,促进了产业价值链的优化和发展。

本节主要梳理了与产业价值链相关的基本理论。基于"产业为什么会出现分工与合作现象"这一问题,在分工、禀赋、竞争优势的驱动下,产业分工能够降低各生产环节的成本,提高产出效率。针对"如何保障产业分工合作顺利有效地进行"这一问题,产权保障是促进产业分工及创新的基础,生产者进行创新研发得到的先进技术,需要法律的保障才能够保证创新带来的收益,而如专利等形式的产权保护就实现了这个目标。生产者为了获得更多收益,就要想方设法地提升产品或服务的附加值,这主要是通过研发端和品牌端来实现的,但总存在资源投入目标偏差,大部分资金并不能自主地使用在研发端和品牌端环节,为此需要政府制定相关政策来引导资金投入微笑曲线两端的环节,提升产业附加值,促进产业价值链攀升。

产业价值链相关理论总结如表 11-1 所示。

**表 11-1　产业价值链相关理论总结**

| 分　类 | 名　称 | 内　容 |
|---|---|---|
| 传统理论 | 斯密的分工理论 | 企业作为生产活动的主要载体,随着市场需求变大,企业亟须提升生产效率,出现专业化生产 |
| | 比较优势理论 | 集中资源生产投入成本较低、生产效率较高的优势产品换取劣势产品,以实现整体福利的最大化 |
| | 要素禀赋理论 | 各国应该生产其要素丰富的产品并将其出口,体现出竞争优势,进口资源稀缺的产品以弥补自身短板 |
| | 竞争优势理论 | 又称钻石模型,即竞争优势包含两种外部力量和四种决定因素 |
| 现代理论 | 产权理论 | 将企业创造的价值归于产权人占有能激励产权人为获得更多的利润投入更多精力和财力来提升企业竞争力 |
| | 微笑曲线理论 | 产业链中不同环节的产品附加值不同,上游环节和下游环节的附加值高,而中游的生产环节附加值低 |
| | 市场失灵理论 | 市场垄断、信息不对称、公共物品及外部性的存在,导致完全竞争的市场机制不能带来资源的有效配置 |

# 第三节　产业价值链升级的动力机制

产业价值链升级的动力机制是指促使企业和产业不断提高附加值、提升竞争力、适应市场需求,从而实现价值链攀升的一系列因素和驱动力,既可以来自产业链内部企业间的竞争互动或利益比较,也可以来自产业链外部市场需求、政策环境和科技创新变化。

## 一、内源动力机制

### (一)竞争互动的驱动机制

从微观视角观察,企业之间的动态竞争会改变企业所处的低水平均衡状态,迫使企业发现新的市场机会、改进产品新的功能、寻找新的生产方法甚至跳出原有产业开拓新的产业链。就具体形式而言，企业为了获取竞争优势而会实施一系列攻击竞争对手的行为，比如推出新产品、变化价格、引入新的技术、进入新的市场、尝试新的产业、展开新的联盟、进行兼并收购等市场进攻行动，除此之外还会展开公关行动、政治参与等非市场行为。同样，竞争对手为了防御攻击也会作出市场与非市场回应。企业参与这种竞争互动有助于一轮一轮地推动流程、产品、功能及链条的升级。

竞争互动之所以能够推动产业价值链升级，内源机制在于"行动—回应"这一竞争互动会通过影响产业流程、功能、产品以及链条升级的竞争行动和回应来降低企业和竞争者的成本并提高收益，当然竞争行动与竞争回应本身也会对企业及其竞争者产生费用，两者的权衡取舍就会达到均衡的升级水平。当外部因素发生变化时，新一轮的"行动—回应"就会改变旧有的升级水平达到新的均衡。产业中的竞争互动以此动态地推动着产业升级的演化，但是由于竞争互动本身就具有成本和收益的双重性，就可能出现产业价值链升级的竞争动力不足，这时就需要其他动力机制的配合。

### （二）比较利益的联动机制

基于比较优势理论的比较利益机制具体是指在面对竞争压力时，企业和产业通过对比较优势的追求，选择自身更加擅长的领域进行分工生产，加强协同合作，进而推动整个产业链向更高附加值和更高层次发展的过程。

比较利益的联动机制主要经由以下途径发挥作用：一是资源优化分工。每个企业和地区都有自身的资源与技术优势，比较利益强调企业在产业价值链中找到自身的核心优势，并将资源和产能进行优化分工，这样可以使企业在自己擅长的领域更专注，提高效率，同时也可以更好地与其他企业进行合作，形成互补优势。二是专业化和集约化生产。企业通过专注于某个特定的环节或产品，精耕细作，提高生产效率和产品质量。同时，企业之间也可以通过合作和集约化的方式共享资源，降低成本，提高整体竞争力。三是跨行业的合作和创新。产业价值链上的企业通常涉及多个领域和环节，企业之间可以进行跨界合作以整合不同领域的技术和资源，形成新的产品和服务，这种合作和创新有助于提升产品附加值，满足市场需求，推动产业升级。四是国际化分工和全球性组织生产。各个国家和地区可以依托自身的比较优势，在全球产业价值链中找到适合自己的位置，使得全球范围内各个环节的生产都能得到最有效率的配置，进而提高产业链的整体效率和竞争力。

综上，比较利益的驱动机制通过资源优化分工、专业化和集约化、跨界合作和创新以及国际分工和全球化等方面的推动，促使企业和产业选择适应自身优势的发展路径，从而推动产业价值链的升级。

## 二、外源动力机制

### （一）消费需求的拉动机制

福利经济学中指出，随着人均收入水平的提高，需求的重点将逐步从低层次向高层次转移。一般认为，需求层次可分为以下三阶段：第一阶段是以理性需求为主的阶段，这个

214

阶段的消费主要是解决人们的温饱问题;第二阶段是追求便利与机能的阶段,人们的消费重点从温饱转向非必需品;第三阶段是追求时尚与个性的阶段,经过前两个阶段的发展,人们的消费开始从数量转向质量,具有个性、重视服务的产品成为这一阶段的重点。随着消费者需求的不断演进和提高,产业链上的企业不得不作出相应的调整和改进以满足市场需求,进而推进产业链向更高附加值和更高层次发展。

伴随着经济发展和技术进步,需求正在呈现多样化趋势。消费者除了关注产品和服务的基本功能之外,还追求更高质量、更个性化、更环保、更便捷等方面的满足。这促使企业不断创新,提升产品和服务的附加值,以满足不同层次和领域的消费需求。从消费升级和生活方式的转变来看,经济发展带动收入水平提高,消费观念和行为也会随之发生变化。消费者更加注重品质、体验和情感价值,他们倾向于购买高品质、高附加值的产品和服务,这会推动产业链向高端化升级。消费者对于品牌价值和品牌差异化的需求日益增长,为了在激烈的市场竞争中脱颖而出,企业需要不断提升品牌形象和品牌价值,树立良好的品牌认知和信任。这推动产业链上企业加大研发创新力度,不断提供更具有竞争力的差异化产品和服务。

以上表明,消费需求能够引导企业进行产品创新、进行市场导向的研发和产业升级,打造差异化产品,从源头带动整个产业价值链的升级和持续发展。

### (二) 政策制度的推动机制

经济体制是资源配置的特定方式和由之派生的不同经济主体之间的行为关系、利益关系准则或者规范体系。体制政策与产业价值链升级的关联机制主要反映在两个层次:一是资源配置方式如何影响产业链演进的传导机制;二是特定经济体制下经济主体的行为规则如何影响部门和社会范围内的要素转移与组合。

一方面是注重对产业链内部运行效率的改善。一是创新支持,政府可以通过资助研发、创新项目以及制定知识产权保护法律来鼓励企业进行技术研发,从而提高产品或服务的附加值,这有助于产业价值链上游的创新和技术进步。二是对人才的保障政策,政府制定的教育和就业相关政策有助于提高劳动力的技能水平和专业素质,进而提高产业链中各环节的效率和质量。另一方面是加强对产业链所处的外部环境的培育。其一是基础设施建设,保障交通运输、通信网络等基础设施的完善,有助于降低产业链中的交易成本,提高产业链的整体效率和运作水平。其二是放松贷款条件和税收减免政策,为产业链上的企业提供资金支持和贷款以保障产业链的稳健发展。其三是制定有效的竞争政策,防止出现垄断和不正当行为,促进产业链中各环节上的良性竞争。

总体来看,体制政策在推动产业价值链发展中扮演着重要角色。政府可以通过内外双渠道对产业链进行政策赋能,引导产业链向更高附加值、更高效率和更可持续的方向发展。

### (三) 科技创新的带动机制

按照微观经济学的观点,技术是生产函数中不可或缺的一部分,有助于提升产业的生产率水平,增加潜在产出。科技创新在产业价值链升级中扮演着至关重要的角色,这一机制涉及技术的不断发展和应用,促进了产业的升级和转型,推动了经济的持续增长。

第一,科技的进步为企业提供了突破传统生产方式和产品设计限制的机会。新技术的应用可以降低生产成本,提高生产效率,同时也可以带来全新的产品和服务,新产品的开发和推广推动了产业的附加值提升与价值链的升级。第二,人工智能、物联网和自动化技术正推动传统制造业向实现生产过程的智能化、数字化和高度自动化的智能制造转型,通过数字化技术,企业可以更好地了解市场需求,提供个性化的产品和服务,优化供应链,拓展市场渠道,实现更高效的管理和运营,从而推动整个产业向高附加值的方向发展。第三,促进不同领域的技术交叉融合。例如,生物技术、信息技术、材料科学等领域的融合,催生了生物医药、智能材料等新兴产业。第四,加速创新生态系统的形成,包括企业、科研机构、孵化器、投资者等多方合作,这种合作推动了科技成果的转化和应用,加速了新技术在产业中的落地,带动了产业的升级和转型。企业为了在激烈的市场竞争中立于不败之地,将对研发和创新领域投入更多努力,提高产品和服务的竞争力,这促进了技术水平的不断提升,带动产业价值链的持续升级。

经过模仿创新、集成创新、引进消化吸收再创新等多个阶段的积累,中国工业领域技术创新与发达国家的整体差距正逐步缩小,创新要素在总量上接近世界前列,产业创新能力明显增强,正在由"跟随式创新"向"引领式创新"转型。通过技术突破、智能制造、数字化、技术交叉、创新生态系统和市场竞争等方面的推动,促使产业向更高附加值和更高层次发展,科技创新对产业价值链的驱动正塑造着产业的未来。

产业价值链升级过程往往更多受到混合性的动力机制的驱动作用,即外源动力机制和内源动力机制的相互协同,不断推动着价值链的升级。消费、政策和科技创新为产业链的价值增值提供了外部条件,而企业竞争互动和比较利益驱动则在产业内部优化企业的生产运营流程,二者在一定条件下可以互相转化,共同促进产业价值链的升级。

**扩展阅读 11-2**

### 基于混合动力机制的产业价值链升级——以战略性新兴产业为例

面向"十四五"或更长远的周期,战略性新兴产业将成为我国现代经济体系建设的新支柱,是破解经济社会发展不平衡、不充分难题的关键产业。以生物医药产业为典型,苏州位于长江三角洲,属于我国外向型较高的城市之一,依托于长三角的区位优势,经过多年发展,苏州形成了以生物医药制造为主的产业链。

统计数据显示,苏州生物医药产业集群的药品以及医疗器械的生产企业多达 4 000余家,药品种类达 2 200 个,其中包括中药、生物制品、原料药品、化学药品等;在苏州工业园区,吸引了全球上百家知名医药企业落户,如葛兰素史克、普强、百特、礼来等,生物医药产业正成为苏州地区重要的经济产业之一。目前,苏州医药器械产业集群已形成门类齐全、分工明确且以生产制造为主的生物医药产业价值链,江苏省也针对性地组建了生物医药产业强链专班,从平台赋能、运维服务、空间定制等方面优化产业配套,推动生物医药企业的良性发展(图 11-2)。

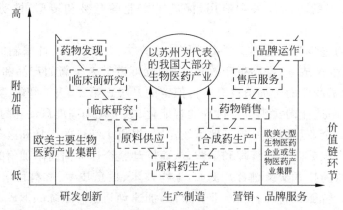

**图 11-2　以苏州为代表的我国生物医药产业在价值链中的位置**

**1. 调动竞争、比较利益等内源动力驱动产业链增值，沿着全球价值链向上延伸**

生物医药企业正利用产业链上的协同作用，通过与外资企业合资、合作或在研发阶段共同组建研发联合体的形式，扩大生产规模，以提升我国生物医药产业链在全球价值链中的竞争力。此外，普强、百特等跨国公司的引入有利于产业内部企业的竞争互动，提升我国生物医药产业价值链嵌入全球价值链的速度和质量。

**2. 充分依靠政策、科技等外源动力驱动，优化产业内部价值链，延伸产业外部价值链**

一条完整的生物医药产业链包括中医药材供应、医药器械制造、药品加工、经销分销等多个环节，各个环节互相影响、互相促进。有关生物医药产业链内部价值链的优化可以从两个方面展开：一是放大产业链的自身优势，包括研发水平、协同合作、企业间竞争等内部要素和基础配套设施、对战略性新兴产业的政策扶持、科技创新等外部要素。二是培养领军企业。在我国的生物医药产业链上，各个环节中领军企业的作用并不突出，往往以中小企业为主，如何培育核心企业并发挥其引领和带动作用，是我国生物医药产业链实现各环节价值增值必须考虑的现实问题。

资料来源：刘光东，丁洁，武博. 基于全球价值链的我国高新技术产业集群升级研究——以生物医药产业集群为例[J]. 软科学，2011，25(3)：36-41.

# 第四节　中国产业价值链的发展实践

## 一、中国产业价值链的演变历程

### （一）萌芽期（1978—1992 年）：融入全球价值链，促进国内市场发育

在 1978 年到 1992 年期间，中国经历了重要的经济体制改革，致力于融入全球价值链并促进国内市场的发展，以实现经济发展和改善民生为目标，这一阶段是中国产业价值链发展历程中的萌芽期。

从对外开放程度来看，1978 年，中国开始实行经济体制改革，放松了中央对经济的集中控制，鼓励私营部门和外商投资的参与。随后又推出了一系列的开放政策来吸引外国

企业和投资者进入中国市场,例如,采取出口导向型的经济发展策略,中国政府鼓励建立出口加工区和经济特区,提供税收优惠和便利的贸易政策,吸引外国企业在中国建厂,并通过加工贸易的模式将中国产品出口到国际市场。在此时期,中国初步形成了以低成本劳动力和大规模制造业为基础的产业结构,吸引了许多跨国公司将其劳动密集型的生产环节转移至中国,形成了主要集中在劳动密集型、低技术含量和低附加值的产品领域的大规模的制造业集群。伴随着对外开放的不断扩大,大量外资企业进入中国,并将先进的生产技术和管理理念带入中国,用以培训中国的工人和管理人员,这为中国提升产业价值链上的技术水平和管理能力提供了支持。

从国内发展来看,中国还实施了一系列扩大内需的政策,鼓励居民消费和投资,促进内需增长。在此期间,中国产业价值链的定位主要是以加工贸易为主,但随着时间的推移,中国逐渐从低附加值的加工环节向技术创新和自主品牌发展转变,中国开始加强自主研发能力,鼓励企业进行技术创新,提高产品质量和附加值,中国在全球价值链上的地位不断攀升。

1978 年至 1992 年,中国通过融入全球价值链,吸引外资和技术引进,发展出口导向型经济,促进国内市场的发展,缔造了举世瞩目的增长奇迹,为中国从低端制造业向技术创新和自主品牌发展的转变打下了坚实基础。

## (二)过渡期(1992—2001 年):奠定产业价值链升级基础,助推国内市场发展壮大

1992 年至 2001 年,得益于经济体制改革的不断深化和政策法制的持续完善,中国产业链不断改造升级,助推国内市场壮大,是我国产业价值链发展历程中的过渡期。

由于刚融入全球价值链,我国产业链在各方面发展仍不完善,早期依靠低成本劳动力和简单加工的模式已经不能满足我国在此阶段的经济发展要求。要想实现产业链稳步升级,必须提升链上各个环节的衔接度,夯实产业链的稳定能力,这就需要上下游企业间的配合协调,以促进国内市场经济发展动力。为此,从微观层面来看,中国加大了对科研机构和高等院校的科研支持,并鼓励企业增加研发投入,不断推动技术革新,以提升产业链的供应质量和效益。此外,中国也意识到知识产权保护对于技术创新和产业升级的重要性,知识产权等相关法律法规在此阶段也不断完善,这为产业链的创新能力提供了良好的保障。从支持产业发展来看,中国在这一阶段开始培育信息技术、生物医药、新能源等战略性新兴产业,出台财政补贴、税收优惠和研发资金支持等一系列支持措施,吸引企业投入这些领域,不断推动相关产业链发展。从宏观视角来看,虽然在 1992 年之后,中国开始实施市场经济体制改革,但政府的宏观调控仍然为推动国内市场的发展和壮大起到了指导性的作用。通过实施扩张性财政政策以鼓励居民消费和投资,同时,加强城乡市场的一体化发展,推动城镇化进程,不断激发城乡居民的消费需求,从源头带动产业链发展,为产业价值链在下一阶段的升级提供源源不竭的动力。

1992 年至 2001 年,中国产业价值链的发展进入升级的过渡期。从微观上加大技术创新能力和知识产权保护力度,从产业层面培育战略性新兴产业、发展高技术产业和高附加值产品,持续扩大内需市场,这一阶段为产业价值链的升级提供了引擎式助力。

### （三）蝶变期（2001—2012 年）：产业价值链升级明显，国内市场发展完善

2001 年至 2012 年，中国通过外贸等方式逐步开拓国外市场，同时国内市场也进一步发展完善，产业链韧性不断增强，进入产业价值链稳步升级的蝶变期。

在这一阶段，中国进一步加大了对技术创新和产业结构调整的力度。政府大力推行"科技兴国"战略，鼓励研发投入，推动技术创新和传统产业的转型升级，中国产业结构发生了明显变化，大量劳动密集型制造业正在向高技术产业、高附加值服务业和知识密集型产业转型。中国在这一阶段重点培育信息技术、新能源、高端装备制造等领域，这些新兴产业成为中国产业价值链上新的增长点，提高了中国产业链在全球价值链的分工地位。中国自加入 WTO 之后，更加致力于外贸出口和对外开放，继续加强与国际市场的联系，推动贸易自由化和便利化，鼓励企业拓展海外市场，提高产品质量和附加价值。

总体来说，2001 年到 2012 年是中国产业价值链升级明显、发展完善的厚积薄发的阶段，主要加大了技术创新力度，培育战略性新兴产业，推动产业结构调整和转型升级，显著提高了中国产业链的发展韧性。

### （四）壮大期（2012 年至今）：产业价值链多维度升级，优化国内市场结构

2012 年至今，中国经济发展面临新的挑战和机遇，为实现高质量发展和应对国内外环境的变化，中国采取了一系列措施来推动价值链升级，产业价值链进入一个多维度升级和优化国内市场结构的壮大期。

首先，中国在这一阶段致力于优化产业结构，着力提高附加值。通过调整和淘汰传统产业，鼓励发展高技术产业、先进制造业和现代服务业，政府加大对科技创新和高技术产业的支持力度，推动技术进步和产品质量提升，以攻克关键核心技术领域长期面临的"卡脖子"难题，提高中国在全球价值链中的地位。其次，党的十八大以来，数字技术在各行业得到广泛应用，企业进行数字化转型、人工智能、大数据、物联网等新兴技术产业兴起，推动产业价值链向数字化、智能化的方向迈进。此外，政府推动节能减排和环境保护，鼓励企业实施绿色生产和循环经济模式，提升产业链向环境友好性和可持续性进行升级。再者，推动国内市场的开放和竞争，加快推进贸易便利化和外商投资便利化，吸引更多外资进入中国市场。同时，国内市场监管透明度提升，有效保障了市场的竞争公平机制，这促使产业链的产品质量、服务水平和创新能力得到提升，消费需求正在向多元化、高端化发展升级。最后，区域协同发展效果明显。通过建设自由贸易试验区、跨境经济合作区和城市群等，推动区域间产业链的互补、协同发展。

进入中国特色社会主义新时代，中国产业价值链呈现出多维度升级和优化国内市场结构的趋势。通过优化产业结构、推动数字经济和智能制造、加强绿色可持续发展、开放竞争国内市场和促进区域协同发展，中国进一步提升了产业价值链的附加值和竞争力，不断推动经济结构优化和高质量发展。

## 二、中国产业价值链的发展现状

### （一）中国产业价值链的国际地位

截至 2021 年，中国的产业价值链国际地位已经显著提升，并在全球产业链中担任着重要角色。第一，作为全球最大的制造业中心之一，中国涵盖产业类型十分广泛，包括电子产品、汽车、纺织品、机械设备等。许多国际知名品牌在中国设有制造基地，利用中国庞大的劳动力和生产能力来生产产品。第二，中国是许多全球供应链的关键环节，许多企业将生产的一部分或全部外包给中国，从而降低成本并提高效率。这使得中国在全球产业价值链中处于核心位置。第三，中国积极参与全球价值链的合作与竞争，加强了与其他国家和地区的经济合作。通过与其他国家和地区的贸易与投资合作，中国提升了自己在全球产业中的地位和影响力。第四，中国的电子商务和数字经济正在蓬勃发展，坐拥庞大的互联网用户和消费市场。中国的阿里巴巴、腾讯、京东等互联网企业在全球范围内具有重要影响力，推动了电子商务和数字技术的国际合作与发展。

需要指出的是，尽管中国在产业价值链中的地位显著提升，但全球产业格局在不断变化，也面临劳动力成本上升、环境问题、知识产权保护等挑战。因此，中国在未来还需要继续加强技术创新、提高产业附加值、推动可持续发展等方面的努力，以保持竞争力并继续在全球产业价值链中发挥重要作用。

### （二）中国产业价值链的国内现状

一方面，中国产业价值链呈现出较大的发展潜力。从科技创新视角来看，中国在近几十年的经济发展中，不断进行产业升级和技术进步。从低附加值的劳动密集型产业向高附加值的技术密集型产业转型，推动了产业价值链向高端发展。政府大力支持科技研发和创新，推动企业加大技术创新投入，加速产业升级和转型。从产业增速来看，中国是全球最大的制造业国家之一，汽车、电子产品、纺织品、机械设备等制造业领域在中国拥有庞大的规模和产能。此外，随着经济快速发展，金融、信息技术、互联网和文化创意产业等服务业在中国的产业价值链中发挥着越来越重要的作用。

反观硬币的另一面，中国产业价值链也存在诸多问题：其一，中国的产业发展在不同地区存在明显的差异。东部地区相对发达，而西部和中西部地区的产业发展相对滞后，这导致产业链布局不均衡，也加剧了区域经济发展不平衡问题。其二，供应链韧性有待提升。全球供应链的紧密联系，使中国的产业链在国际市场波动和外部压力下缺乏韧性。国际贸易摩擦和全球经济波动可能对中国的产业链造成一定的负面影响。其三，环境挑战加剧。随着经济的快速发展，中国面临着环境污染和资源压力等挑战，这也促使中国加快产业升级，向高能效和低碳经济转型。

在新的发展阶段，中国应继续加强技术创新，提高产业附加值，推动可持续发展，促进产业升级和转型，进一步提高其在全球产业价值链中的竞争力，实现更高水平的产业价值链增值，不断推动经济高质量发展，为构建现代化经济体系和实现全面建设社会主义现代化强国的目标不断奋斗。

### 三、中国产业价值链的发展方向

一是基础设施建设将围绕价值链的区域化、独立化和数字化不断展开。中国政府将大力提升高铁开通、普及城乡互联网宽带接入度等基础设施建设力度,发展人工智能、生物技术、新能源、新材料等前沿领域,并积极推动数字经济和智能制造等新兴产业的发展,不断致力于提升产业价值链的高端水平,通过数字化、独立化等手段促进产业价值链升级。

二是针对价值链中上游核心技术数据的保密和安全措施将越来越精细,价值链开启人才争夺战。针对半导体行业,美国政府要求半导体产业链上下游企业公开订单、供应、物流、库存和零售的相关数据,从而维护其在半导体产业链上下游的控制能力。由此,中国的产业价值链维护数据安全和实现高效的信息管理需要围绕数据要素进行人才培养和创新,这对产业链的人力资本要素参与水平提出了更高的要求。

三是随着区域性价值链的重塑,企业的回流和产业转移将更加频繁。中国正致力于加强区域协同发展,推动不同地区间产业链的协同互补。通过建设国家级经济技术开发区、自由贸易试验区和自贸港等,中国促进了跨境贸易和产业链的国际化发展。积极参与全球价值链和区域经济合作,提高参与全球经济竞争的能力。此外,随着居民收入的增加和消费结构的不断升级,中国正加快服务业的发展,政府鼓励培育金融、医疗、教育、文化创意等现代服务业,鼓励居民提高消费品质和消费水平,以提升产业价值链的服务环节。

总而言之,中国产业价值链的发展方向是独立化、数字化、精细化、国际化,通过加强基础设施建设、服务业发展和区域协同,中国将进一步提升产业价值链的附加值和竞争力,推动经济结构的优化升级,稳步实现高质量发展的目标。

## 本章要点

1. 价值链是基于产业纵向连接关系的一组价值生产环节,是从原材料到最终产品的产业全链条下的各种关系集合。

2. 产业价值链是在产业链中的企业的竞争过程中进行的从上游到下游的研发、设计、生产、销售、服务等环节的价值创造活动,其发展集点、线、面、网于一体,有效贯穿价值创造、分配、传递的全过程。

3. 产业链的价值创造是指通过产业内分工的不断细化、专业化以及产业链的价值整合,构建出长期稳定的有效的竞争合作机制和高效创造价值的一种战略联盟。

4. 产业链的价值分配是指在产业链中不同的参与主体对产业链创造的整体或全部价值进行分配的过程。

5. 产业国内价值链是指在一个国家或地区的范围内,各个企业组织和参与且按照一定顺序组成的生产链条。

6. 产业国际价值链强调的是跨越国界的全球性产业生产链条,是企业参与全球生产,以价值融合为载体的产业价值创造系统。

7. 全球价值链是在全球范围内为实现产品或服务价值而连接生产、销售、回收处理等商业流程形成的全球性跨企业网络组织,涉及所有参与者和生产销售等活动的组织及其价值、利润的分配,当前分布在世界各地的所有处于价值链上的企业进行着从研发设计,到生产制造,再到营销、交货、消费、售后服务,最后循环利用等各种增值活动。

8. 产业价值链相关基本理论的汇总:传统理论包括分工理论、比较优势理论、要素禀赋理论与竞争优势理论;现代理论包括产权理论、微笑曲线理论和市场失灵理论。

9. 产业价值链升级的动力机制

1)内源动力机制

(1)竞争互动的驱动机制。

(2)比较利益的联动机制。

2)外源动力机制

(1)消费需求的拉动机制。

(2)政策制度的推动机制。

(3)科技创新的带动机制。

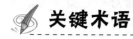

## 关键术语

价值链　产业链　产业价值链　价值创造　价值分配　价值增值　企业价值链　全球价值链　分工理论　比较优势　要素禀赋理论　竞争优势理论　产权理论　微笑曲线理论　市场失灵理论　比较利益　内源动力机制　外源动力机制

## 习题

1. 阐述产业价值链的内涵。

2. 分析比较产业价值链与全球价值链的异同。

3. 探讨价值创造理论在数字经济时代背景下的理论局限和应用价值。

4. 与产业价值链相关的理论基础有哪些?

5. 根据斯密的分工理论,举例并解释某一产业链中企业间的分工模式。

6. 画图说明微笑曲线理论是如何对产业价值链升级的过程进行解释的。

7. 市场失灵包含哪几种类型?它们如何影响产业链内的分工?

8. 产业价值链的驱动机制包括哪几种?彼此之间是否相互关联?

9. 纵观中国产业价值链的演变历程,讨论中国产业价值链嵌入全球价值链的具体路径。

10. 结合我国现阶段发展的实际情况,谈谈中国产业价值链在未来的演变方向。

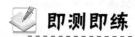

练11

# 第十二章 产业安全

随着经济全球化的深入推进,世界各国经济的相互依存度进一步增强,我国也不可避免地卷入世界一体化的洪流中,既面临重大发展机遇,也面临日益严峻的安全风险。产业安全事关国计民生,能够为经济安全提供重要支撑,是一国经济发展质量的重要体现。本章主要围绕产业安全问题展开,首先对产业安全的基本内涵、类型及特征进行概述,其次介绍产业安全的相关理论,从产业组织、结构、布局与政策制定等方面对产业安全的影响因素进行分析,进而给出产业安全评价与预警的原则、方法及过程。

## 第一节 产业安全概述

### 一、产业安全的内涵

作为国家经济安全的重要内容,对于产业安全的界定主要从外资流入与外资利用等方面展开,学界尚未达成一致的观点,学者们基于不同的研究方向提出了产业安全的概念,代表性观点如表 12-1 所示。

表 12-1 产业安全概念代表性观点

| 学 者 | 年 份 | 内 容 |
|---|---|---|
| 王允贵 | 1997 | 产业安全是指本国资本对影响国计民生的国内重要经济部门掌握控制权,国民经济各行业的发展主要依赖于本国的资金、技术和品牌,支柱产业具有较强的国际竞争力 |
| 赵世洪 | 1998 | 产业安全是指在国际产业竞争中,一国国民既有的或潜在的产业权益免受危害的状态和能力 |
| 于新东 | 1999 | 产业安全主要包括以下四类具体内容:第一,产业缺失型不安全,即国民经济未来发展中所必不可少,但本国没有该产业。这是广义上的产业安全问题。第二,产业滞后型不安全,即本国拥有某一产业,并且该产业在与别的国家比较中处于并驾齐驱或基本相似的水平。第三,产业脆弱型不安全,即本国拥有某一产业,但该产业规模小、门类不齐全。第四,产业失控型不安全,即为了改造和振兴本国拥有的某一规模小、门类不齐全的产业而引进国外发达的同类产业及其技术,但引进的部分可能对该产业构成威胁 |
| 何维达 | 2001 | 产业安全最主要是由外商直接利用其资本、技术、信息、管理、营销等方面的优势,通过合资、直接收购等方式控制国内企业,甚至控制某些重要产业,由此产生对国家经济安全的威胁 |

资料来源:王允贵.产业安全问题与政策建议[J].开放导报,1997(1):27-32.

赵世洪.国民产业安全概念初探[J].经济改革与发展,1998(3):15-18.

于新东.产业保护和产业安全的理论分析[J].上海经济研究,1999(11):33-37.

何维达.中国"入世"后的产业安全问题及其对策[J].经济学动态,2001(11):41-44.

综合学者们的观点,产业安全是指一国在对外开放的环境里,在国际竞争的发展进程中,使本国产业能够依靠自身的努力,在公平的市场环境中获得发展的空间,从而保证国民经济和社会全面、稳定、协调和可持续发展,即本国自主产业的生存和发展不受威胁的状态。

## 二、产业安全的分类

### (一)按发展态势角度划分

按发展态势角度,产业安全可分为静态的产业安全和动态的产业安全两种。静态的产业安全是指特定时点或时期内一国产业安全的总体态势,主要反映一定时期内影响一国产业安全诸因素的系统作用的结果。动态的产业安全则是指一国产业的安全总是处于运动变化之中,具体表现为伴随一国技术进步、制度创新、政策调整及产业结构和产业组织特征等变化发生的产业国际竞争力和成长状态的变化,它不仅要求从当前的国家民族利益观点来看产业安全,还要从综合观点、前瞻观点来审视产业安全问题。

### (二)按考察内容角度划分

按考察内容角度,产业安全可分为产业生存安全和产业发展安全。产业生存安全是指产业的市场份额、销售利润和产业资本三个环节均不受到威胁的状态。产业发展安全是指产业的发展不受威胁的状态,从"质"和"量"两方面来分析:一是数量的提高,表现为产业整体价值和市场份额的提升;二是质量的提高,即在原有的产品质量、技术的基础上有所提升或创新。

### (三)按市场条件角度划分

市场开放与否是影响产业安全情况的至关重要的因素之一,以此为标准可以将产业安全划分为封闭产业安全和开放产业安全。封闭产业安全是指在封闭的市场环境中,外国资本进入国内市场的可能性大大减少甚至杜绝,产业发展仅和国内环境和市场需求有关,产业遭遇风险的可能性较小。而开放产业安全则是指开放市场条件下的产业安全。但产业开放并不能成为决定产业安全与否的全部原因,因为产业安全问题并不单纯是市场开放的产物,封闭市场条件下同样存在威胁产业安全的因素,世界各国经济发展和产业结构演变过程中普遍出现的产业过度竞争而导致产业衰退、地区经济不景气乃至国家经济危机就是很好的例证。不可否认,市场的开放的确放大了国内产业安全隐患,甚至催生了很多新的产业安全问题,由此引致的更为复杂的情况则成为维护产业安全所要面临的新课题。

## 三、产业安全的特征

产业安全主要具有综合性、紧迫性、层次性及策略性四个方面的特征。

### (一)综合性

产业安全涉及的范围很广,既包括工业,又包括农业和第三产业。由于产业之间的相互关联、制约和影响,当某一产业的安全受到威胁时,可能产生连锁效应,影响到相关产业的正常发展。因此,一个产业的安全问题很容易传导到更多产业,从而放大对经济安全的影响。另外,综合性还表现在影响产业安全的因素的复杂性、全面性上。从大的方面来看,历史因素、政治经济体制、自然环境和地理条件以及人员素质等都会对一国产业安全产生影响。

### (二)紧迫性

产业安全的紧迫性源于其战略性和综合性。产业安全的战略性和综合性意味着产业政策的制定往往决定着一个国家和民族在相当长的一段时期的发展态势和命运。尤其在全球经济一体化背景下,世界各国产业关联度大、依存度高,发展中国家由于其自身经济基础的脆弱性使得其抵御国际经济剧烈动荡的能力较弱,因此发展中国家在制定对外开放政策时要注意产业安全的紧迫性,一旦错过最合适的时点,造成的损失不仅是巨大的、也是难以弥补的。

### (三)层次性

产业安全既包括一国某一产业的安全问题,也包括一国产业群的安全问题,两个层次是个体与总体的关系。在经济全球化的条件下,按照国际分工和发挥国际比较优势的原则,一国总是会有一些产业的国际竞争力相对较强、安全度较高,而另一些产业的国际竞争力相对较弱、安全度较低。并且一国的资源有限,任何国家不可能在所有的产业上都占有明显优势,这就要求在维护产业安全的过程中,要妥善处理好不同层次的产业安全的关系。总的原则应该以宏观层次的产业群安全为目标,以部分重要支柱产业的安全为支撑,以部分产业的不安全为代价,由此换得参与经济全球化的主动权并获得最大化的比较利益。

### (四)策略性

一国的产业安全往往受到其他国家的影响,因此在维护本国产业安全时,应同时考虑其他国家的产业安全相关决策对自身的影响,要充分结合本国产业与外国产业实力的对比情况以及本国产业的发展需要进行制定。这也意味着在产业安全的维护过程中,要决定控制范围,始终不能放弃对产业控制权的争夺,要在外资利用中创造条件壮大实力,尽力保持自身发展条件。

## 第二节　产业安全的基本理论

### 一、产业控制理论

产业控制理论是从产业控制力的角度探讨产业安全的理论。产业控制力是指在开放条件下,本国资本对某产业的国际控制力。通过产业控制力的实现,不仅可以决定产品的定价权,控制财富的流量,实现产业的生存安全,还可以改变产业的进程和发展方向,实现产业的发展安全。一国的产业控制力通常包含两层含义:第一,本国资本对国内产业的控制力和对市场的占有程度；第二,本国政府对国内产业的影响力和产业政策效应。

本国资本对本国产业的控制能力是通过外资对产业控制力的强弱来反映的,因此外资控制力和东道国控制力是一种零和博弈关系。当外资产业控制力大于或超过东道国产业控制力时,本国产业应该已经处于不安全状态。而外资对产业安全的影响是通过其对东道国产业在资本、技术、品牌、股权、经营决策权等方面的控制力增加来实现的,因此,产业控制的基本内容应该包括外资对市场的控制、外资对品牌的控制、外资对股权的控制、外资对技术的控制等。

从外资对市场的控制来看,外资会利用其在资本、规模、技术、管理等方面的相对优势,来挤占国内市场份额,从而占领和控制东道国市场,如对同一产业内的骨干企业通过兼并收购及系列投资来实现产业内部的一体化控制,进而形成行业内的垄断地位,达到阻止东道国企业进入的目的,甚至将东道国企业最终挤出市场。

从外资对品牌的控制来看,外商在合资企业中取得控股地位后,东道国企业的产品品牌往往被束之高阁,而被国外品牌所取代,也有的外资企业将东道国原有商标定位于低档产品,造成东道国商标价值下降。品牌的流失实际上是无形资产的流失,对于东道国产品和产业的长远发展无疑是一种巨大的损失。更重要的是外资的品牌控制会加速消费者对国外产品及品牌的认同心理,容易导致消费者对外国产品的崇拜及对本国产品的歧视,潜移默化中就会影响到东道国的产业安全。

从外资对股权的控制来看,外资在进入东道国初期,由于各种因素的限制以及出于自身安全的考虑,多会采取合资的方式,但发展到一定时期,便会倾向于独资或通过各种方式谋求在合资企业中的控股权,以期形成对东道国企业的股权控制。一般情况下,外资首先是控制东道国的企业,然后控制东道国的产业,从而影响东道国对本国产业的实际控制力,进而降低东道国的产业安全度。

从外资对技术的控制来看,在技术转移方面,外资为了维护技术优势,避免技术扩散,对关键技术或核心技术往往严加封锁,转移给东道国的技术大多并不先进且不完整,有时甚至是已经被淘汰的技术。另外,外资在取得控股后,往往取消东道国原有企业的技术开发机构,使其依附于外资母公司研究开发机构所提供的技术,从而形成对国外技术的路径依赖,削弱了东道国自主技术开发和创新能力。除此之外,外资经营决策权控制率、某个重要企业受外资控制情况、受控制企业外资国别集中度等也可反映外资对产业控制力的影响。

东道国往往会制定相应的外资政策,依法排斥危害产业安全以及国家经济安全的外商投资进入,依法防止国家安全泛化、充分吸收优质外商投资,对外资加强引导和管理,抑制外资企业和跨国公司的影响,使外资进入量大质优,维护和提高本国资本对重要产业的控制力。

## 二、产业竞争力理论

经济全球化的结果是竞争无国界,任何产业都不再处于一个稳定的国内竞争市场,作为市场竞争的主体,所有企业都将直接或间接参与全球竞争。没有较强的国际竞争力,企业就不可能真正走向国际市场,也不能在国际市场的竞争中占据有利地位。另外,产业保护是有限的,因此没有竞争力的产业即使受到保护也不可能持续发展。从长远来看,只有不断提升产业国际竞争力才是维护产业安全的治本之策,从这种意义上来讲,产业国际竞争力是产业安全的核心。

产业竞争力是指某国的某个特定产业相对于他国同一产业在生产效率、满足市场需求、持续获利等方面所体现的竞争能力。一国某产业的主要企业或多数企业所具有的竞争力水平,决定了该国企业的竞争力水平。根据前述内容,产业国际竞争力可以体现为一国某产业能够比其他国家的同类产业以更有效的方式提供市场所需要的产品和服务的能力,或者在全球市场上竞争时,其产品或服务为市场所接受的优势程度。根据发展的波特钻石模型分析,一国产业的国际竞争力可以从以下六个因素去衡量:第一,生产要素。生产要素指一个国家的生产要素状况,其中初级要素包括自然资源、地理位置、非技术与半技术劳动力等;高级要素包括通信基础设施、复杂和熟练劳动力、科研设施以及专门技术知识等。第二,需求条件。需求条件主要是指本国市场需求的特征,包括市场性质、规模和成长模式等。国内需求是否具有全球性、超前性和挑剔性将会对产业的竞争力产生直接影响。第三,企业战略、结构和同业竞争。企业的战略和组织结构是企业竞争力形成的根本条件,而激烈的国内竞争和对抗会成为企业进步与创新的动力,与此同时还增加了企业以出口追求成长的压力,进而促使企业不断加强在国际竞争中的实力。第四,相关支持产业。在国内拥有具备国际竞争力的供应商和关联辅助性行业,是一个行业能够取得国家竞争优势的重要条件。关联行业和辅助行业在高级生产要素方面投资的优势将逐步扩溢到本行业中来,可以产生相互的需求拉动。第五,机会。偶然的事件和机会可以影响前四大要素的发生,机会在新的竞争者获得优势的同时,会使原有的竞争者优势丧失,因此只有能满足新需求的厂商才能有发展机遇。第六,政府。政府是政策的制定者,其在资本市场、外资、生产标准、竞争条例等方面的行为将会对产业竞争力造成直接而深刻的影响。

## 三、产业损害理论

产业损害理论是以倾销、反倾销为研究对象,以产业损害成因、产业损害调查、产业损害幅度测算和产业损害维护为研究内容的理论。

### (一)产业损害的界定

产业损害是在国际贸易中,出口商品在某进口国国内的大量销售,对该国国内相关产业的发展和建立造成威胁、阻滞,以致毁灭的过程。产业损害是国际反倾销领域最基本、最核心的概念,因此产业损害理论主要从倾销与反倾销的角度研究产业安全,包括产品倾销对进口国产业造成的损害,以及进口国为了补偿、平衡倾销造成的产业损害而进行的反倾销措施。

### (二)产业损害的原因

第一,倾销对进口国相关产业的直接损害。倾销商品可以直接冲击甚至挤垮进口国生产与销售商品相似或直接竞争的产品生产企业。倾销商品在进口国的廉价销售,改变了进口国消费者的消费计划和开支投向。在这种情况下,进口国的同类产品就可能失去销路和市场,造成进口国相关企业缩小、利润下降、工人失业甚至部分企业倒闭。对进口国产业的损害程度通常取决于倾销商品的倾销幅度和倾销数量。

第二,倾销对进口国相关产业的间接损害。倾销商品对进口国与倾销商品无直接竞争关系产业的损害。进口国的产品尽管不与倾销商品直接竞争,但因倾销商品价格低廉,将消费者的注意力转向倾销商品,使国内产业蒙受损害。

第三,倾销对进口国消费倾销商品产业的损害。以倾销商作为原材料或零部件的进口国产业,因受低价信息错误诱导而扩大了生产规模,但在出口国停止倾销后,消费倾销商品的进口国产业无法继续以扩大规模进行生产,造成资源配置的损失和浪费。

第四,倾销对进口国生产相似产品产业的损害。进口国产业仍保持与倾销前相同的市场份额,但实际上该行业已经失去了可能增长的市场潜力,故该产业仍遭受倾销商品的损害。

### (三)产业损害幅度的测算

产业损害幅度是指国内相关产业所受损害的程度。对于产业损害幅度的测算可以分为两分法、一元法、计量经济学方法和指标体系方法,具体内容如表12-2所示。

**表 12-2　产业损害幅度的测算方法**

| 方　　法 | 内　　容 | 特　　点 |
| --- | --- | --- |
| 两分法 | 两分法也被称为趋势分析法或两阶段法。这种方法将产业损害的确定分为两个问题:一是国内产业是否受到实质性损害;二是产业损害是否是由于不公平的进口造成的。根据这种方法,产业损害幅度可以通过损害测试和因果关系确定两个步骤来确定 | 两分法是最早采用的一种确定产业损害的方法,但该方法并没有对倾销与损害之间的因果关系进行清晰的解释,因此当倾销与损害同时存在时并不代表两者之间存在必然的因果关系,而如果两者不同时存在也不代表不存在倾销造成的产业损害 |
| 一元法 | 一元法也称为比较分析法或假设法,它可以对损害和因果关系同时进行判定,其本质是一种经济学方法,主要采用"Armington 模型"分析 | 该方法首先建立一种不存在倾销的虚拟情况,然后对比这一虚拟情况下国内产业的表现与现实情况来确定倾销对国内的产量和价格的影响程度,具有完善的经济理论基础 |
| 计量经济学方法 | 计量经济学方法是指应用计量经济学中的联立方程组模型对造成产业损害的影响因素进行定量分析的方法。该方法不仅可以分析倾销进口品对国内产业的影响,还可以对其他可能造成国内产业损害的因素进行分析 | 计量经济学方法能够对各种因素对国内产业损害的影响程度进行定量分析,从而能够确定损害的原因以及它们分别对国内产品价格下降的影响程度。这些定量结果能够为调查机关进行产业损害裁决提供直接的理论依据 |
| 指标体系评估方法 | 指标体系评估方法,主要是通过构建产业损害指标体系,在此基础上通过层次分析法、多层模糊综合评判法、神经网络方法、多层次灰色模型法等理论方法对指标体系进行评估,最终得出产业损害的定性、定量评估结论 | 指标体系方法能够有效利用反倾销协议规定的指标,通过完善的理论方法得出定化的评估结论,从而为调查机关进行产业损害的判定提供理论依据 |

## 四、产业保护理论

产业保护理论是最早研究产业安全的一种理论，也是较为成熟的产业安全理论之一，其主要内容包括产业保护的界定、对象、手段、程度和效果。

### （一）产业保护界定

产业保护是一国政府在一定经济发展阶段和一定时间内，为了发展某一产业而实行的保护措施和支持政策，其实质是一种政府规制或干预行为。产业保护既不是宏观意义上一般的经济保护，也不是仅仅局限于贸易政策的贸易保护。产业保护可综合地概括为：在对外经贸交往中，以坚持向国际惯例靠拢为原则，以维护贸易自由化、公平竞争与公共交往、互惠互利为基础，以优化全球资源配置、促进多边贸易利益、提高国际贸易效率为动力，对本国具体产业在初生时，在其形成过程中，在其力量相当弱小时，或者甚至在其已经强大但需抢占国际竞争制高点，是实施各种相应措施下的有效保护，从而使国民经济各产业部门达到积极、稳步、健康、高效发展的目的，并避免消极影响、消极作用出现的一种积极、理性的外向型行为。

### （二）产业保护对象

产业保护对象包括幼稚产业、衰退产业和高度发达产业。幼稚产业保护，主要是落后国家对未成长起来的而又面临国际市场激烈竞争产业的保护。结构衰落产业保护，主要是指一国在科技发展、产业结构升级过程中对相对落后产业的保护，也包括一国在步入工业化过程中及工业化之后对农业的保护，又被称为夕阳产业保护。高度发达产业的保护，主要是指一国对生产技术水平比较成熟、先进，具有规模经济效益，在国际分工中处于有利地位的产业，对这类产业的保护往往出于战略考虑。之所以要保护这些产业，是因为支柱产业、幼稚产业或者战略产业具有潜在动态比较优势、远期的产出要大于近期的保护成本、具有规模经济递增的性质、具有一定的外部经济性等显著特征。总的来说，这些产业能够迅速有效地吸收创新成果，满足大幅增长的市场需求，具有实现规模经济的巨大潜力，产业成长对整个国民经济发展起着关键性的作用。

### （三）产业保护手段

不同的保护措施会产生不同的效果，所以选择采用合适的产业保护手段也是保证产业安全的关键。传统的保护手段容易引起国际社会的不满，甚至遭到报复，因此应该避免保护手段的僵化使用和无效率的做法。隐蔽的保护手段，操作起来烦琐，技术性强，一时难以掌握。在开放市场条件下的产业保护手段应该是在开放原则下建立一个综合保护体系，在国际法允许的范围内，将国际贸易政策和产业政策有机结合起来，综合、灵活运用。也就是说，产业保护的政策措施不仅可以运用国际贸易政策措施，还可以采用产业扶持政策、产业调整政策、产业组织政策、产业技术政策、综合性产业政策等方法。

### （四）产业保护程度

产业保护程度可以依次划分为一般性、中度性、深度性三个层次。一般性产业保护，主要手段为对有关产业的企业实行税费的减免；中度性产业保护，主要手段表现为国家对有些产业的企业的减免税费和收益性补贴；深度性产业保护，指某些产业的企业由于不可抗拒原因，其收入不仅不能向社会提供税费，自身的投资收益也受损，而且连非工作性成本支付都需要企业自身承担，例如，员工不能上班但企业还需向员工支付应有的工资，即支付非工作性的生产成本，而企业又无力支付，这就要求国家对企业的非工作性成本支付进行补贴。

产业保护程度的把握是产业保护的难点，产业保护力度弱，达不到保护的目的；保护力度过大，往往使企业因缺乏竞争压力而产生依赖思想，长期享有政府的各种照顾而不思进取。因此采取产业保护策略时，需要政府严格把握保护力度，避免"过度保护"对社会经济运行以及产业成长产生不良影响。

### （五）产业保护效果

产业保护的效果可以分为三种情形：第一种是产业正保护或积极保护，即产业保护的效果大于产业保护的成本，有利于产业进步和发展，资源配置结果具有正效应；第二种是产业零保护，即产业保护的效果与产业保护的成本相当，这对产业发展没有障碍，资源转移为零增量；第三种是产业负保护或消极保护，即产业保护的效果小于产业保护的成本，资源配置的结果出现负效应，这对产业发展是很不利的。

一般来讲，产业保护效果可以从产业安全度和保护度两方面来衡量，并且对于特定产业来说，产业安全度与保护度之间存在着一种反抛物线的关系。如图 12-1 所示，纵轴 $S$ 表示产业安全度，横轴 $P$ 表示产业保护度，只有在最佳保护度 $P^*$ 时，产业安全度达到最高。在短期内，实施产业保护可以避免经济受制于人，减少非健全的对外经济机制在开放市场冲击下带来的社会成本。长期，产业保护有可能会降低竞争程度，甚至降低经济效率。因此，不能一味通过产业保护来促进产业发展，保证其安全，而应该结合具体产业，把握恰当的保护程度，如此才能实现被保护产业生产率提高、生产能力上升、竞争力增强。

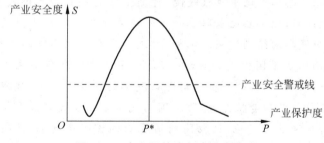

图 12-1　产业保护度与产业安全度

扩展阅读 12-1

### 幼稚产业保护在中国的实践——以汽车工业为例

2023 年是中国汽车工业成立和发展的 70 周年。在此前，中国汽车出口已经实现首次超过德国和日本，成为全球第一大汽车出口国。70 年来，中国汽车工业和汽车品牌经历了巨大的发展,在设计、工艺、检测及质量上都有了较大的提升,中国的汽车品牌正在不断向国际品牌靠近甚至超过。

2022 年全球全年新车销量如图 12-2 所示。

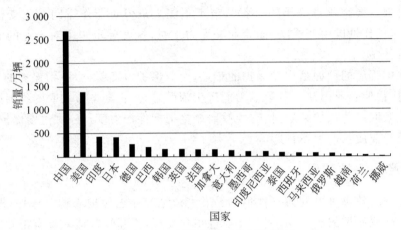

**图 12-2　2022 年全球全年新车销量**

资料来源:谭璇. 2022 年全球车市:中国稳居第一[EB/OL]. (2023-02-08). https://www. 12365auto. com/news/20230208/497749. shtml.

2022 年,在新冠疫情蔓延、芯片等零部件短缺、原材料成本飙升、地缘政治等因素的影响下,全球汽车行业再度疲软。在全球汽车总销量下降的情况下,我国依旧占据全球汽车市场榜首,并且连续 14 年保持第一。这一巨大成就不仅见证了中国汽车工业的艰苦奋斗,同时也反映了在产业发展初期国家层面产业保护政策的正确性与合理性。

中华人民共和国成立后,新中国正处于战后重建的关键时期,百废待兴。我国汽车工业正是在这种人才、技术、原材料、生产线、工厂等短缺的情况下开始发展的,整个行业呈现出质量差、技术落后、规模小、生产率低的局面。

改革开放初期,汽车工业改革步伐缓慢,计划主导的产业发展模式抑制了产业发展。到 20 世纪 80 年代以后,国家层面采取了一系列措施使我国汽车工业进入"温室培育"阶段。首先,实施进口汽车的限制措施。比如,对进口汽车征收高额的关税和增值税,抬高进口汽车价格,从而保护了国内汽车市场。此外,还对进口汽车实施技术要求和认证标准,提高进口汽车的准入门槛,进一步限制进口汽车的竞争。其次,鼓励国内汽车企业的发展。政府提供各种补贴和贷款支持,帮助国内汽车企业扩大产能和提高技术水平。同时还采取了购车补贴和限购措施,鼓励国内消费者购买国产汽车,提高国内汽车市场份额。此外,保护国内汽车零部件产业。政府鼓励国内汽车企业自主研发和生产零部件,限制进口零部件的比例,并提供了各种支持和补贴,帮助国内零部件企业提高竞争力。

高关税、高国产化和高保护的"三高"政策在当时有效地促进了我国汽车产业的发展,也使我国成为全球最大的汽车市场之一,国内汽车企业也开始走出国门,参与全球竞争。由此可见幼稚产业保护在一定程度上可以帮助减轻产业发展过程中不确定性带来的风险,对于维护产业安全具有重要意义。

资料来源:任绍敏. 梅新育:中国汽车业告别"李斯特时代"?[N]. 第一财经日报,2023-04-25.

# 第三节 产业安全的影响因素

产业安全的影响因素可以分为产业组织安全、产业结构安全、产业布局安全及产业政策安全,而来自产业内外部的各种因素都将作用于产业的组织、结构、布局以及相关政策等,进而影响到产业安全。

## 一、产业组织安全

### (一)内涵

产业组织安全是指某一国家或地区的产业持续增长、产业内企业处于有效竞争的状态,这里的有效竞争指建立在一定企业数量和企业规模基础上的竞争,可以引致企业活力和规模经济的双重效率。在开放经济中,产业组织安全也指一国或地区的产业组织有助于优化资源配置、有效抵御国外经济侵袭及提升产业国际竞争力等。产业组织理论认为,过度竞争和垄断都偏离了资源的最优配置,都不是理想的市场结构。安全的产业组织才能促进生产要素的自由流动,进而有效提升产业内企业的市场竞争力、控制力和影响力,保证产业整体安全。

### (二)影响因素

#### 1. 市场集中度

市场集中度是决定市场结构最基本、最重要的因素,集中体现了本国企业对本国市场的控制力。市场集中度越高,意味着本国企业在本国市场控制力越强,产业也就越安全。一般来说,跨国公司的进入,可能会导致东道国市场集中度的提高,但与此同时也受到其他因素的影响,例如,跨国企业持续增长的能力以及对当地企业生存能力的影响,东道国内竞争者的规模和反应。

#### 2. 行业规模

行业规模决定了进入壁垒,当国内市场规模较小时,行业壁垒就越高,企业越难以加入。各国普遍情况表明,跨国公司的进入会提高进入壁垒,这包括与成本相关的壁垒、产品差别化壁垒、研发和广告上的进入壁垒等。如此一来,不仅会影响其他跨国公司的进入,本国公司进入难度也会提高,最终可能会形成外国公司控制该产业的局面。

#### 3. 东道国政府的行政性壁垒

东道国为了保护本国经济安全,往往会设置政策性的壁垒以控制和调整外国资本的进入,会对国内产业组织安全起到一定维护作用。其范围广泛、种类丰富,包括关税壁垒、配额制度、进出口许可制度、产业禁入政策、自愿出口限制、技术性贸易壁垒和绿色贸易壁垒等,可通过限制产品进口而对出口国的产业安全构成威胁。但由于这些手段技术性强、隐蔽性高、涉及面广、效果显著,一般在社会、法律等层面具备合理性、合法性,因此管制的难度较大,由此导致了对产业可持续健康发展的阻碍和迫害。

#### 4. 跨国公司的策略性行为

为了保证市场地位,跨国公司会采取各种策略性行为来阻止新的跨国公司和国内企业的进入。这些行为主要可以分为以下几种类型:第一,横向限制行为,这是指相互竞争的寡头企业通过会议、契约等多种形式,就市场价格与市场划分达成默契,一般表现为卡特尔的形式;第二,纵向限制行为,主要包括纵向价格限制和纵向非价格限制两种形式。前者是指上游生存厂商对下游销售厂商的转售价格作出相应规定,如限制最低价格等。后者则指上游生存厂商对销售商的经营地域产品范围以合同形式施加限制,如地域专卖、排他性经营等;第三,优势企业滥用市场势力的行为,主要指掠夺性定价等策略性行为。

## 二、产业结构安全

### (一)内涵

产业结构安全是指一国各产业部门处于相互适应、协调发展、持续增长的状态,支柱产业和战略产业具有较强的国际竞争力且是由本国资本控制的,该国的产业结构升级不过度依赖于外国产业的转移,而是通过自身不断升级来抵御国内外的不利因素对本国的冲击。产业结构安全直接关系到一国经济在国际竞争中的实力和潜力。当生产要素在各个产业部门的配置比例失衡、产业之间的协调能力差和关联程度低抑或产业演进缓慢甚至停滞时,产业结构就处于非安全状态。因此要想保证产业结构的安全,还需要对我国产业结构进行调整和优化。

### (二)影响因素

#### 1. 资源供给结构和社会需求结构

供给结构是指在一定价格条件下作为生产要素的资本、劳动力、技术、自然资源等在国民经济各产业间可以供应的比例,以及这种供给关系为联结纽带的产业关联关系。因此,当产业发展所需要的经济资源无法积累或分布失衡,都会导致结构层面的风险。除供给层面外,产业结构安全还受到市场规模和需求结构的影响。如果市场容量相对有限、需求明显不足,产业内企业将受制于市场规模与需求无法进一步发掘自身潜力,就有可能积极向国外市场拓展,可能会对东道国竞争产业的生存与发展构成威胁。另外,需求的发展也会引导和拉动生产,合理的需求结构会带动产业结构优化和升级,而需求结构失衡则必然会导致经济结构的失衡。

#### 2. 国际贸易

随着经济对外开放程度的不断加强,国际贸易与产业部门之间的联系日益密切,二者之间的相互影响也日益复杂。国际贸易主要通过国际利益比较机制来促进产业结构的升级和合理化。例如,当资产或新技术密集的产业的经济收益高于劳动密集产业时,那么产业结构便会从劳动密集型向资本密集型变化;国际贸易中成本比较低的专业生产会具备竞争优势,低成本有益于国内的生产制造资源聚集到具备优势的产业当中,进而推动产业结构的调整。在国际贸易往来中,发展中国家需要避免过度依赖国外,造成国内产业出现"空心化"问题,进而引发产业结构不安全及国民经济内部机制失控。另外,国际贸易带来的摩擦也会对产业结构安全造成影响,对于集中在少数市场、遭受贸易摩擦的劳动密集型产品,如果不能有效控制损失,及时化解贸易摩擦,就有可能对产业结构安全产生较大的负面影响。

### 3. 国外资本

外国资本主要通过国际债务、国际投机资本、外商直接投资三个途径对国内产业安全造成影响。第一,国际债务途径。当外债持有者是幼稚产业,且这些产业持有外债期限极不合理,即短期外债过多,偿债时间比较集中,产业使用外债的增值效益又不足以偿还外债时,外债会直接对产业安全产生一定程度的影响。第二,国际投机资本途径。投机资本是指没有固定的投资领域,为追逐短期高额利润而在各市场之间频繁移动的资本。投机资本具有高投机性与隐蔽性、高信息化与敏感性、高流动性与短期性、高收益性与风险性,这些特征决定了国际投机资本极大地增加了国际金融市场的不稳定性,有可能误导国际资本资源的配置。另外,其大规模流动也不利于国际收支的调节,还会对流入国证券市场造成不利影响。第三,外商直接投资途径。当国有企业在与外商合资时,双方品牌相冲突的矛盾会使国内产业遭受品牌侵蚀和低估品牌价值的双重损失,并且大量具备垄断优势的外国品牌的涌入也冲击了国内品牌。此外,外商对同一产业内的骨干产业往往通过兼收并购及系列投资来实现产业内部的一体化控制,谋求垄断地位,而且外资控股后往往会减弱甚至取消国内原有企业的技术开放机构,从而强化跨国企业内部化控制的力度,弱化东道国对合资公司技术进步影响力。

### 4. 国际产业转移

国际产业转移是基于母国产业结构调整的需要而进行的,其目的是在全球范围内实现资源的优化配置,受产业转移规律的支配和国家利益主体的影响,并不一定符合转移承接国的产业布局结构调整目标,因此被动地承接国际产业转移,可能加剧产业结构的失衡。另外,国际产业分工中产业收益的梯度性明显,在劳动力资源成本更具优势的国家往往会面临资源的大量消耗和环境资源成本的付出,具有不可持续性,也决定了其在国际产业分工中的从属和依附地位。

> **扩展阅读 12-2**

### 全球四次产业转移

第二次世界大战以后,全球化进程带动全球产业链分工,不同国家由于要素禀赋等条件的差异,逐渐形成了各自的生产优势。为了提高生产效率、实现利润最大化,各国开始在全球范围内进行产业转移。历史上,共出现四次产业国际转移。

**第一次转移:19 世纪下半叶—20 世纪上半叶**

第一次工业革命后,英国的生产力水平大大提高,使其从落后国家一跃成为当时世界上最为强大的国家之一。随着英国国内市场容量的日益饱和,英国的商品开始销往海外,美国和欧洲各国均出现了英国的商品。这其中,美国由于在土地、自然资源、市场等方面的优势,吸引了大批英国企业在当地进行投资。这之后,美国工业迅速发展并繁荣,并在19世纪60年代主导了以电器广泛应用为标志的"第二次工业革命",超过英国成为新的世界霸主。

**第二次转移:20世纪50—60年代**

第二次工业革命以及第二次世界大战的爆发,使美、德等国发展迅速,工业产值位居世界第一、二位,并由此逐步形成在科技方面的优势地位,进一步带动了第三次科技革命。这不仅极大地推动了社会生产力的发展,还促进了社会经济结构和社会生活结构的重大变化。三次工业革命之后,第一产业、第二产业在国民经济中的比重下降,而第三产业的比重上升。为了适应科技的发展,资本主义国家普遍加强国家对科学领域研究的支持,大大加强对科学技术的扶持和资金投入。而与此同时,传统的劳动密集型的产业逐步向德、日等国家转移,促使其成为新一代的"世界工厂"。

**第三次转移:20世纪60—70年代**

日本和德国作为产业承接国,经历了一个快速发展的阶段,紧接着开始效仿英、美进行产业升级和转型。20世纪60—70年代,日本、德国大力发展科技,同时将轻纺、机电等附加值较低的劳动密集型产业向部分拉美国家转移,这些地区具有人口资源优势,因而劳动力成本较低,成为新的产业转入国。

**第四次转移:20世纪80年代后**

改革开放以后,中国积极引入外资、推动国内市场化改革。在这一背景之下,海外资本大量涌入、纷纷投资建厂,充分利用中国劳动力、土地等生产要素方面的优势,将劳动密集型产业和低技术、高消耗产业向中国转移,这就是第四次全球范围的产业转移。对我国来说,这次产业转移对推动我国成为世界制造中心具有重要意义,但与此同时也会带来一定的冲击。

就目前发展来看,全球产业再次出现转移的迹象。近年来,我国正逐步在东南亚布局产业,以缓解劳动力、土地等成本的不断增加,由此推动了新一轮的产业转移。这不仅是积极适应产业发展趋势,也是我国产业结构调整和升级的客观需要。对于我国来说,这既是挑战,也是机遇。

资料来源:蔡梦苑,郝一凡.宏观策略专题报告:新形势下的全球产业转移之路[R].华宝证券,2022.

# 三、产业布局安全

## (一)内涵

产业布局安全是指产业在一国或一地区空间范围内进行的,通过降低交易费用,促进知识、制度和技术的创新和扩散,实现产业和产品的更新换代来建立生产成本,产品差异化、区域营销以及信息费用等方面的竞争优势以实现产业结构优化、产业竞争力提升,并且有利于抵御外部经济侵袭的组合和空间。

### （二）影响因素

#### 1. 国内外政治环境

任何国家的经济发展都必须有良好的国际、国内政治环境作为保障，政局不稳、动荡不安的国家，其经济很难获得发展，更无法谈及安全的产业布局。例如，当面临外国政治势力的侵扰，国家层面必然会采取措施调整本国的产业布局，以获得安全的产业发展环境，但是新的部署并非一定符合市场规律，甚至还会使产业失去长期可持续发展的能力。因此，为避免对产业布局做出迫不得已的强制性变动，首先要保证国内外政治环境的稳定和安全。

#### 2. 市场环境变化

市场竞争可以促进生产的专业化协作和产业合理集聚，使产业布局更有利于商品流通，更具安全性。具体来说，对那些产品结构相类似的产业，竞争会使企业布局在空间上趋于分散，以缓解竞争压力和竞争冲突，而对于产品结构差异较大的产业，竞争使其布局在空间上趋于集中，以形成更好的互补性，更有效地利用资源和市场条件。此外，产业内的企业在选址过程也会考虑市场的需求总量和需求结构，并相对应地变动经营地点或转换投资方向，来保证产业布局方面的合理性。

#### 3. 公共政策指向

合理、合适的政策可以推动经济的发展和产业的合理布局；反之，则会对其产生不利影响。政府出台的政策首先会作用于企业，促使企业在指导下调整生产经营选择，这将进一步影响到产业布局和产业布局安全。例如，政府实行区域开发的战略，对区域内企业实行税收减免等优惠政策，会促使企业积极增加在该地区的投资，从而影响产业的布局，但当政府政策的制定缺乏科学性时，企业盲目地跟随就会导致产业布局缺乏竞争力，无法应对外部冲击，缺乏安全性。因此，保证产业布局安全应注重政策与主体功能区规划的有效衔接，推动实现产业在地理空间上的合理布局。

#### 4. 科学技术发展

技术的进步首先会改变各类资源的平衡状况及其地理分布，同时影响到生产过程所利用的能源和原材料，这会扩展产业布局的地域范围，从而改变产业布局的自由度。其次，技术进步也会改善产业本身的分布状况。由于生产工艺、运输技术等的进步，生产成本日益降低，使得产业时空范围更加广泛，从而改变了产业分布的面貌，这些适应技术发展的产业布局的变化将最大限度地减少变迁产生的动荡，形成更加合理、高效的产业布局。

#### 5. 人力资源因素

人力资源可以分为生产者和消费者两种类型。从生产者角度来看，劳动力资源充足的地区可以充分发展生产，因此区域内通常以劳动密集型产业为主；而人口较少地区则大多发展资源密集型产业，来弥补劳动力的不足，并且高质量的劳动力是发展新兴产业即技术密集型产业的基础。从消费者角度来看，产业布局需要适应消费群体，包括其消费需求、消费能力和消费特点等，要有针对性地选择种类和规模，最大限度地满足各种层次人口的物质文化生活。因此,人力资源的数量和质量均会影响产业布局,也会进一步保证产业布局的稳定性。

## 四、产业政策安全

### (一)内涵

产业政策安全意味着主权国家能够根据国际经济形势变化和本国产业发展的实际情况,独立、及时、正确地进行产业决策,从而保证本国产业健康、稳定、持续地发展。

### (二)影响因素

**1. 政府对产业发展的决策能力**

这首先是指国家要拥有产业决策权的完整性,即主权国家在制定本国产业发展的目标、计划、战略以及具体的宏观经济政策时能够不受别国和国际组织的影响地自主决策。其次还包括政府在面对和处理产业发展各种问题时,是否具有丰富的经验和明确的目标,能否制订得力的措施和周详的计划。一般而言,新兴市场国家对产业发展的决策能力较弱,这是因为这些国家的政府存量有限,在面对产业发展相关问题时,往往会由于经验不足而难以正确识别经济形势,最终作出不当的决策影响产业的健康发展。因此,只有政府具有较强的决策能力,才能保障产业政策的安全。

**2. 制定产业政策时获取信息的及时性和充分性**

在制定政策时信息的及时性、充分性十分重要。在经济全球化和知识经济的时代,管理层只有及时获得各种信息,才能对于环境和形势的变化作出迅速的反应、出台相应的对策,尤其在调控宏观经济时,才能够把握合适的时机,这对保证产业政策的安全具有重要意义。

**3. 产业政策决策机制的有效性**

产业政策决策机制是否有效,直接影响产业政策执行的有效性。决策机制的有效性主要包括以下几方面内容:第一,决策过程是否合理,这主要指决策层在决策时考虑是否恰当,能否不受利益集团的干扰保持决策的"中性";第二,传输渠道是否通畅,这关系到政策能否得到自上而下的贯彻执行。因此,政策的制定和实施必须考虑政策传导渠道和微观行为基础。

# 第四节 产业安全评价与预警

## 一、产业安全评价原则

产业安全是一个系统概念,不能通过单一的指标去评价分析,而应以系统的、综合性的指标体系作为依据。其基本出发点是能够客观、准确反映影响产业安全的主要因素,为了能够全面准确衡量产业安全发展状况,在进行产业安全评价时应遵守以下五个原则。

### （一）重点和准确相结合

在构建产业安全评价指标时可供选用的指标很多，体系中包含的指标越多，在一定程度上越可以提高评价的准确性、全面性，但是会影响关键因素作用的体现。因此产业安全评价指标的选择与设置必须抓住产业安全的主要方面和本质特征，从反映同一个影响因素的众多指标中挑选出具有代表性的指标，剔除那些与代表性指标相关性过高的指标，尽可能用少而准确的指标来体现评价内容。

### （二）科学性和可行性相结合

产业安全评价指标的可行性是指建立的产业安全指标体系的数据具备可得性、真实性。指标体系的科学性是确保评价结果准确合理的基础，因此建立评价指标体系不仅要考虑可行性，还要确保选取的指标科学地反映产业安全的特点。

### （三）过程指标和状态指标相结合

过程指标是指能够反映产业安全长期的、稳定的发展趋势的指标，如技术创新能力、劳动力素质等。状态指标指如国内外市场份额、市场集中度等可以反映产业安全状态的指标。过去人们比较注重状态指标，但实际上过程指标也是影响产业安全程度的重要方面，这些指标的改善或提高过程实际上是产业安全的提高过程，能够反映出产业安全的动态变化。因此，产业安全评价指标体系设计一定要将状态指标与过程指标相结合。

### （四）系统性与层次性相结合

产业安全不是孤立存在的概念，而是处于普遍联系和发展中的一个部分、一个环节，因此需要充分考虑其与各因素之间的关系。影响产业安全的因素有很多，在构造评价指标体系时，应注意各方面之间的系统平衡和各指标自身内部的系统结构，保证在空间、时间等层面逻辑的统一性，避免部分与整体的割裂以及部分与部分的重合，形成评价体系的有机统一。在此基础上，还要根据所研究产业的具体特点，划分指标体系的不同层次，使产业安全评价的各个层次特点鲜明、地位清晰，以便对产业安全的影响因素做更具体的描述。

### （五）定量分析与定性分析相结合

根据所分析的对象产业安全评价指标可以区分为量化指标与非量化指标。能够量化的指标将根据若干不同经济时期的数据资料进行统计、计量，不能量化的指标则进行分析比较，通过定性分析进行补充说明。定性分析和定量分析具有统一性，可以从不同侧面反映同一事物，只有从定性层面认识其性质、特征、影响因素和变化方向并研究定量层面各因素之间的数量变化和影响程度，才能全面、具体地衡量产业安全，结果也才能更加准确有说服力，其实用性也会相应提高。

## 二、产业安全评价指标体系

依据以上评价原则，学者们从产业生存环境、产业国际竞争力、产业对外依存度和产业控制力四个方面选取了一级评价指标，进而构建了包括 19 个二级指标、33 个三级指标的产业安全综合评价指标体系（表 12-3）。

**表 12-3　产业安全评价指标体系**

| 内容 | 一级指标 | 二级指标 | 三级指标 |
|---|---|---|---|
| 产业安全评价指标体系 | 产业生存环境 | 产业融资环境 | 资本效率 |
| | | | 资本成本 |
| | | | 负债率 |
| | | | 资本结构 |
| | | 产业劳动力要素环境 | 劳动力素质 |
| | | | 技术发明和创新人员在专业人才中的比重 |
| | | | 行业失业率 |
| | | | 劳动力成本 |
| | | 产业市场需求环境 | 国内市场需求规模 |
| | | | 国内市场需求增长速度 |
| | | 产业技术要素环境 | 研究开发费用占生产总成本的比重 |
| | | | 申请专利技术项目的数量 |
| | 产业国际竞争力 | 产业市场竞争力 | 产业世界市场份额 |
| | | | 产业国内市场份额 |
| | | | 显示比较优势系数 |
| | | | 贸易竞争指数 |
| | | 产业市场集中度 | 产业市场集中度 |
| | | 产业效益效率 | 利润率 |
| | | | 劳动生产率 |
| | | | 产品增值率 |
| | | | 产品价格 |
| | | 相关产业竞争力 | 相关产业竞争力 |
| | 产业对外依存度 | 产业进口对外依存度 | 产业进口对外依存度 |
| | | 产业出口对外依存度 | 产业出口对外依存度 |
| | | 产业资本对外依存度 | 产业资本对外依存度 |
| | | 产业技术对外依存度 | 产业技术对外依存度 |
| | 产业控制力 | 外资市场控制率 | 外资市场控制率 |
| | | 外资品牌控制率 | 外资品牌控制率 |
| | | 外资股权控制率 | 外资股权控制率 |
| | | 外资技术控制率 | 外资技术控制率 |
| | | 外资经营决策权控制率 | 外资经营决策权控制率 |
| | | 某重要企业受外资控制情况 | 某重要企业受外资控制情况 |
| | | 某外国对产业的控制程度 | 某外国对产业的控制程度 |

### 三、产业安全评价方法及模型

#### （一）产业安全评价方法

在构建产业安全评价指标体系的基础上，要采取合适的方法对指标进行赋权，以计算得到最终的安全值。针对不同的指标，其定量研究处理方法也有所不同，主要有专家评分法、层次分析法、数据包络分析法、主成分分析法、熵权法等。

**1. 专家评价法**

专家评价法是由专家根据评定等级进行分析，进一步确定各个指标的得分，最后通过加权求和的方法计算得到最终得分的方法。其优点是能够在缺乏足够统计数据和原始资料的情况下，作出定量估计。缺点是专家的权威性难以保证，同时专家评分必然带有一定的主观倾向性。

**2. 层次分析法**

层次分析法是指将一个复杂的多目标决策问题作为一个系统，将目标分解为多个目标或准则，进而分解为多指标的若干层次，通过定性指标模糊量化方法算出层次单排序和总排序，以作为目标、多方案优化决策的系统方法。该方法的优点是可以将复杂的决策问题分解成若干个子问题，使决策过程更加清晰明了，同时将主观因素和客观因素相结合，更加科学合理。其缺点是依赖于人的主观判断，容易受到个人偏见的影响；当指标过多时，数据统计量大，且权重难以确定。

**3. 数据包络分析法**

数据包络分析法的基本原理就是保持决策单元的输入或者输出不变，借助线性规划和统计数据确定相对有效的生产前沿面，通过比较决策单元偏离前沿面的程度来判断相对有效性。其特点是适用于多输入、多输出的效率评价问题；只研究输入输出数据，不对数据进行其他处理，也不需要了解数据之间的关系；并且对于权重无任何要求，只从决策单元的实际输入输出数据求出最优权重，具有很强的客观性。

**4. 主成分分析法**

主成分分析法是将原来众多具有一定相关性的指标，重新组合成一组新的互相无关的综合指标来代替原来的指标，达到降维的目的。这种方法的优点是：减少冗余信息，使数据集更易使用；计算效率高；使结果更易理解。其缺点是：对异常值敏感；解释性可能不足。

**5. 熵权法**

熵权法是一种客观赋权方法，根据各指标的数据的分散程度，利用信息熵计算出各指标的熵权，再根据各指标对熵权进行一定的修正，从而得到较为客观的指标权重。其优点是：减少了主观性对决策结果的影响；操作性较高，计算简单、直观，易于实现等。其缺点包括：对指标数据的标准化要求较高；无法考虑到指标之间的横向影响等。

#### （二）产业安全评价模型

目前，学术界在进行安全评价构建模型时，大多采用世界经济论坛（WEF）与瑞士洛桑国际管理发展学院(IMD)合作提出的国家竞争力多指标体系,该模型已被广泛应用于产业安全评价过程中。

根据该理论模型,产业安全评价模型为

$$S = \alpha X + \beta Y + \delta Z + \gamma W \tag{12-1}$$

$$X = \sum a_i x_i \tag{12-2}$$

$$Y = \sum b_i y_i \tag{12-3}$$

$$Z = \sum c_i z_i \tag{12-4}$$

$$W = \sum d_i w_i \tag{12-5}$$

$$\alpha + \beta + \delta + \gamma = 1 \tag{12-6}$$

$$\sum a_i = \sum b_i = \sum c_i = \sum d_i = 1 \tag{12-7}$$

式中,$S$ 为产业安全度;$X$ 为产业生存环境评价得分;$Y$ 为产业国际竞争力评价得分;$Z$ 为产业对外依存度评价得分;$W$ 为产业控制力评价得分;$\alpha$、$\beta$、$\delta$、$\gamma$ 分别为由前文评价方法得到的各个一级指标对应的权重系数。根据以上公式,可以在得到产业安全评价的最终得分,由此判断产业安全度。

## 四、产业安全预警

产业安全预警包括预测和警报两层含义。不同于产业安全评价,预警主要针对产业安全在未来一段时间内的发展趋势而言,是建立在评价的基础上,根据观测到的评价指标变量,适时、适度地向有关主体发出警告,并协助相关部门作出应对的过程。因此产业安全预警是抵御经济风险、维护产业安全的重要环节。为了全面、科学、准确地反映产业的生存与发展,相关部门了解产业发展的最新动态,为政府制定相应的政策提供依据,为企业和行业协会的应对措施提供指导,应通过预警指标体系的构建、预警界限的确定、预警结果的输出和预警系统的执行几个步骤来建立科学的产业安全预警系统。

### (一)预警指标体系的构建

指标体系的构建首先应遵循系统性、科学性、易量化、阶段性、可控性、实用性等原则,在此基础上选择合适的指标纳入体系。其次要采用合适的方法确定各指标的权重,并根据实际需要进行标准化等处理。最后,要与时俱进地增删、替换指标,保证体系能够适应经济形势、准确地完成预测。

### (二)预警界限的确定

为了使上一步骤得到的结果充分发挥信号作用,应该给予科学的参考线,也就是要确定预警的界限。合适的预警界限可以准确地检测各项指标的变动情况,从而对产业的运行状况给出客观、中肯的判断。预警界限需要结合国际标准条例、历史经验、专家意见等综合考虑来确定,以保证其有效性和准确性。同时,随着经济形势的变动和产业发展的变化,预警线也应灵活调整。

### （三）预警结果的输出

产业安全预警的最后环节就是输出预警结果。预警系统建立的目的就是在警情出现时发出警报，而警报正是借助主预警结果的输出来实现的。当产业安全度得分低于某一临界值，将通过预警系统对有关产业发出警示，以便有关部门采取及时、合适的保障措施，做好防范、调控等工作。因此预警系统运行效果的评价直接由预警结果的输出来体现，若输出结果不能满足决策者需要，可能会影响决策制定的效率，甚至会导致决策失误。

### （四）预警系统的执行

预警系统的执行主要有三种常见的模式：单一监管模式、双轨多元模式和单轨多元模式。单一监管模式是指监管权力高度集中于中央一级的特定监管机构；双轨多元模式中双轨是指中央和地方机构都有监管权，而多元是指同一级有多个机构共同履行监管职能；单轨多元模式是指监管权集中于中央的多个机构，地方机构是中央相应监管机构的执行者和代理者。建立多元模式的预警监管执行机构，不仅能让每一个预警主题都能够"各尽其能"，而且能降低信息成本。

预警系统具体运行流程包括：第一，根据产业安全预警系统的要求，国家产业安全预警部门、行业协会和企业收集相关的数据建立产业历史指标数据库；第二，根据建立产业安全预警指标体系的原则和要求，甄别数据，并建立预警模型；第三，通过预警训练样本数据库和预警知识库综合判断，得出预警结果；第四，国家产业安全预警部门、行业协会和企业等组织专家对预警结果进行分析，提出解决措施；第五，预控对策处理结果自动反馈给对策库，以不断更新和改进对策，如图12-3所示。

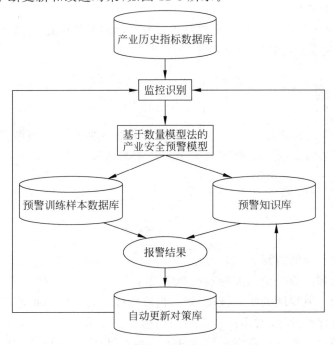

**图12-3 产业安全预警系统流程**

## 本章要点

1. 产业安全是指本国自主产业的生存和发展不受威胁的状态。

2. 产业安全具有综合性、紧迫性、层次性及策略性等特征。

3. 产业控制力的实现，不仅可以决定产品的定价权，控制财富的流量，实现产业的生存安全，还可以改变产业的进程和发展方向，实现产业的发展安全。

4. 一国产业的国际竞争力可以利用波特钻石模型从生产要素，需求条件，企业战略、结构和同业竞争，相关支持产业，机会以及政府六个因素去衡量。

5. 产业损害包括对进口国相关产业的直接损害、间接损害以及对进口国消费倾销商品的产业和生产相似产品的产业的损害。

6. 对于能够迅速有效地吸收创新成果、满足大幅增长的市场需求，具有实现规模经济的巨大潜力的产业，可以在一定时期内采取适度的保护措施来维护产业安全。

7. 只有安全的产业组织才能促进生产要素的自由流动，进而有效提升产业内企业的市场竞争力、控制力和影响力，保证产业整体安全。

8. 产业结构安全是一国各产业部门处于相互适应、协调发展、持续增长的状态。

9. 保证产业的结构安全可以促进产业结构的优化、产业竞争力的提升，并且有利于抵御外部经济侵袭。

10. 政府对产业发展的决策能力、制定产业政策时获取信息的及时性和充分性、产业政策决策机制的有效性决定了产业政策是否处于安全状态。

11. 产业安全评价体系主要包括产业生存环境、产业国际竞争力、产业对外依存度以及产业控制力四个方面。

12. 产业安全预警系统的构建流程包括预警指标体系的构建、预警界限的确定、预警结果的输出和预警系统的执行四个步骤。

## 关键术语

产业安全　产业控制力　产业竞争力　产业损害　倾销　反倾销　产业保护　产业组织安全　产业结构安全　产业布局安全　产业政策安全　产业安全评价　产业安全预警

##  习题

1. 阐述产业安全的内涵。

2. 简要概括和产业安全相关的理论与学说。

3. 结合我国产业发展的实际情况，谈谈行政性壁垒如何影响我国产业安全。

4. 根据产业保护理论，举出产业保护的实例并分析其对产业安全的影响。

5. 在产业理论框架下产业安全可以分为哪些方面？其内涵和影响因素包括哪些？

6. 比较产业安全评价的几种方法,讨论其各自特点。

7. 分析比较产业安全评价与产业安全预警的异同。

8. 结合本章内容,谈谈如何维护我国产业安全。

 **即测即练**

第五篇

产业政策

在经济运行过程中,市场机制通过价格信号引导生产者和消费者行为,实现产业资源的合理配置。然而,市场机制并不是完美的,存在不能充分地发挥作用而导致的资源配置缺乏效率的失灵情形。各国政府为了实现一定的经济目标和社会目标,普遍对产业的形成和发展进行干预,一方面弥补市场缺陷和纠正市场失灵以有效配置资源;另一方面保护幼小和新兴产业成长,发挥后发优势以助推战略性产业赶超。本篇将按照产业结构、产业空间、产业升级和产业安全的顺序,分别介绍产业政策的目标、特征和原则,考察每一类产业政策的类型和措施,针对中国产业政策的实践进行拓展分析。

# 第十三章 产业结构政策

产业结构政策既是现代经济增长的内在要求,又是各国经济发展战略的集中体现。积极制定和实施产业结构政策,不仅是发达国家保持自身优势地位的重要法宝,也是发展中国家实现赶超目标的必由之路。本章主要讨论产业结构政策的内涵、类型、特征、功能、目标与设置原则,阐释主导产业的选择政策、战略性新兴产业的扶植政策、衰退产业的调整政策以及幼稚产业的保护政策。

## 第一节 产业结构政策概述

### 一、产业结构政策的内涵、类型与特征

#### (一)产业结构政策的内涵

所谓产业结构政策,是指政府制定的通过影响与推动产业结构的调整和优化促进经济增长的产业政策。其实质在于从推动产业结构的合理演进中实现经济增长和资源配置效率的改善。产业结构政策的含义有以下四个基本点:一是产业结构政策的目的是促进产业结构优化;二是产业结构政策制定的主要理论依据是产业结构的演进规律;三是产业结构政策的制定主体是政府;四是产业结构政策的实施对象是企业。

#### (二)产业结构政策的类型

按照政策目标和措施的不同,产业结构政策可以划分为多种不同的类型,主要包括主导产业的选择政策、战略性新兴产业的扶植政策、衰退产业的调整政策、幼稚产业的保护政策等。四种类型的政策分别针对四种不同类型的产业,通过有针对性的结构规划和政策措施,提高产业结构的转换能力,在此基础上调节供给结构,协调供给结构与需求结构的矛盾,最终实现经济的持续、稳步、高质量的快速增长。下文中我们将展开论述。

#### (三)产业结构政策的特征

一般地,产业结构政策具有以下三方面特征。

**1. 明确的指导性**

产业结构政策作为旨在促进和加快经济发展的政策体系,一方面给企业指明了宏观经济环境的变化方向,向企业指明哪些产业是具有发展前途的、哪些产业是面临衰退的,

企业可以在相同环境中比较有把握地作出自己的选择,防止决策的盲目性和造成资源投入的浪费;另一方面,有助于财政、金融、外贸、法律等部门根据产业政策的指导决定采取何种相应的经济杠杆和法律手段,对各类不同产业和企业的生产经营活动实行差别化的政策措施。

**2. 时序性和动态性**

如同收入水平随着经济增长呈现出从低到高的时序性一样,产业结构政策的内容和形式也会随着经济的发展和世界经济环境的变化而变化,不同国家或同一国家不同发展阶段的产业结构政策可能存在根本性的区别。因此,产业结构政策具有时序性和动态性特征。

**3. 体系的协调性**

产业结构政策具有体系的协调性。由于产业和产业之间存在着各种投入产出关系,每一项生产活动又总是和流通、消费、分配、技术进步等其他经济活动具有一定的相关性,因此各项产业结构政策之间具有关联性并且是相互协调的。除此之外,一个国家或地区的经济政策不仅有产业结构政策,还包括财政政策、金融政策等,产业结构政策和其他经济政策之间也应协调一致、互相促进、相辅相成。

## 二、产业结构政策的功能

产业结构政策的总体功能是促进产业结构的合理化和高级化,促进社会经济持续、稳定和协调发展。具体来说,产业结构政策主要有以下功能。

### (一)促进产业协调发展

产业结构政策具有促进不同层次产业协调发展的功能。在一定的经济发展阶段,产业结构内各产业因发展程度和作用不同而处于不同的地位,形成产业间有序的排列组合,产业结构具有明显的层次性。产业结构政策应分清轻重缓急和主次,对新兴的具有高增长率的未来主导产业进行选择培育,对薄弱的基础产业进行弥补,对弱小产业进行扶植,对衰退产业进行调整。政府通过这些政策措施促使不同层次的产业保持协调发展。例如,针对我国钢铁行业存在的粗钢产量连创新高、一些产能集中投产、产能转移科学论证不够等突出问题,国家发展改革委办公厅、工业和信息化部办公厅于 2020 年 1 月发布了《国家发展改革委办公厅 工业和信息化部办公厅关于完善钢铁产能置换和项目备案工作的通知》,明确提出各地区自 2020 年 1 月 24 日起,不得再公示、公告新的钢铁产能置换方案,不得再备案新的钢铁项目等。

### (二)促进产业结构优化

产业结构政策具有促进产业结构优化的作用,即产业结构从较低级型结构向较高级型结构转变。实现产业结构优化主要依靠两种力量,即市场力量和政府干预力量。前者体现在,当市场需求发生变化时,价格信号会引导资源在产业间流动,从而导致传统产业的衰退和新兴产业的壮大,逐步实现产业结构优化。后者体现在,政府可以通过实施强有力的产业结构政策,采用调整、保护、扶植、改造、淘汰等措施,加速产业结构的优化升级。此外,产业结构政策可以通过各种措施提高产业的技术集约化程度,推进产业结构的高级化。例如,为推动产业结构调整和优化升级,2005 年我国政府发布了《促进产业结构调整暂行规定》,并自 2005 年开始发布《产业结构调整指导目录》作为其配套文件,目前最新版为《产业结构调整指导目录(2024 年本)》。

### (三)推动产业技术水平提高

用高新技术武装和改造传统产业,大力发展高新技术产业,是产业结构政策的重要内容。传统产业的改造和高新技术产业的发展,不仅能够提高产业的技术集约化程度、促使以劳动密集型产业为主的产业结构向以技术密集型产业、集约型产业为主的产业结构转变,实现产业结构升级,而且可以推动产业技术的进步、高新技术的普及和运用,提高各产业的技术水平。当前,以人工智能为代表的创新性产品、以 5G(第五代移动通信技术)为代表的创新性互联网技术、以新金融新媒体为代表的新兴服务业成为我国以创新驱动现代化产业体系建设的重要支撑,特别是我国在 5G 方面处于世界领先地位,不断推动着我国产业技术水平的提高。

### (四)引导资源配置结构合理化

产业结构的差别最终体现在资本、劳动力、技术等生产要素在不同产业间的配置差异上。一般来说,在市场经济条件下,由于价格机制的作用,通过产业间利润率的动态差异,市场机制会自行引导资源的流向,提高资源的配置效率,但是在垄断、外在因素、信息不对称等条件下又会产生市场失灵。特别是发展中国家市场发育比较迟缓,市场配置资源效率较低,因而更需要有资源配置导向的结构政策。政府通过产业结构政策可以弥补市场失灵,将资源配置给具有比较优势的产业,有利于资源的优化配置和产业结构的优化升级。

## 三、产业结构政策目标及其设置原则

### (一)产业结构政策的目标

产业结构政策的目标是在一定时期内,政府根据本国的地理环境、自然资源条件、经济发展阶段、科技水平、人口规模以及国际经济政治条件,通过对产业结构进行动态调整,以保持各产业向协调化和高级化发展,其核心是在尊重市场功能的基础上,对市场不能调节和无力调节的领域进行政策性引导。也就是说,产业结构政策的目标是在市场机制调节的基础上,通过政府采取各种必要手段和措施,对主导产业进行正确选择、对战略性新兴产业实行扶植、对衰退产业及时调整、对幼稚产业实行保护,从而实现产业结构调整和推进产业结构升级。

### (二)产业结构政策目标的设置原则

#### 1. 符合经济持续发展

产业结构政策是根据一定时期内经济发展战略制定的,是经济发展战略的具体化政策措施,其本身具有中长期发展战略意义。这要求产业结构政策目标的制定过程充分考虑各个方面的产业结构政策的相互配套和相互协调,以保证经济发展战略的有效实施。同时,产业结构政策目标的设置要有利于资源的节约以及生态和环境的保护。为了避免在发展中付出惨痛的代价,可持续发展模式是产业结构政策目标的必然选择。而要处理好环境与发展的关系,不能单纯依靠市场的力量,必须制定并实施正确的产业结构政策,以提高产业的整体环境适应能力和协调能力,实现经济与社会、资源、环境的协调发展,走可持续发展之路。

### 2. 实现产业结构高级化

产业结构政策的制定必须保证技术的发展和不断更新。经济全球化趋势使一个国家的产业技术含量和创新能力成为其在国际竞争中取得优势的关键因素,各国为取得更有利的国际分工地位,竞相调整产业结构中的技术结构,对高新技术领域加大开发投入、扩大应用领域,并加快科技成果转化为现实生产力的步伐。通过制定科学的产业结构政策,重点扶植和培育对经济社会发展具有全局性、先导性、产业关联度大的产业以及适应经济现代化趋势的产业,有助于提升产业技术水平、增强国际竞争力。

### 3. 促进产业结构合理化

产业结构合理化调整是指根据本国国情、资源条件、科技水平、人员素质、劳动力数量、国内经济与国际经济的关系等因素,通过政府对产业政策的干预和对市场的引导,使各产业协调、健康发展。一个国家的产业结构是否合理,可以从以下几个方面去判断:①各产业产出水平是否平衡,是否存在"瓶颈"产业;②社会资源是否得到了合理开发与利用;③国内外的成熟技术是否得到了充分的推广与应用;④是否具有较高的产业结构转换能力和产业素质不断提高的能力;⑤资源的配置是否合理,是否获得了较高的结构效益;⑥劳动力是否充分就业;⑦生态环境是否得到保护,产业是否具有可持续发展能力;⑧外贸收支是否平衡。

### 4. 坚持创新和特色

创新对于产业结构转型升级和国家的经济发展具有重要的作用,因此产业结构政策要坚持因地制宜、具有创新性和特色。具体地,产业结构政策的制定要考虑以下主要因素:①历史上已经形成的产业水平和结构状况;②现有的资源禀赋状况、各种要素的成本和质量、要素配置的效率和效益;③市场整体需求水平和由需求特征决定的对特定产业及市场的需求水平及层次;④社会性质、经济体制以及国家对经济及社会功能的定位;⑤由特定环境所形成的对特定产业发展的约束和促进条件;⑥国家和地区的开放程度、产品的竞争优势和竞争范围等。

## 第二节　主导产业选择政策

主导产业选择政策是指政府为了引导、促进主导产业的合理发展,从整个经济发展的目标出发,运用经济政策、经济法规、经济杠杆以及必要的行政手段、法律手段来影响主导产业发展的所有政策的总和。

## 一、主导产业概述

### （一）主导产业的内涵

主导产业是指对一个产业结构系统的未来发展具有决定性引导作用的产业。具体地，主导产业是指经济发展到一定阶段，本身成长性很高并且具有很高的创新率，能迅速引入技术创新，对一定阶段的产业技术进步和产业结构升级转换具有重大的关键性的导向作用和推动作用，对国民经济增长具有很强的带动性和扩散性的产业。

### （二）主导产业的特征

作为引领产业结构系统发展方向的主导产业，为达成其目标，具有明显的特征。

#### 1. 具有较强的关联效应

主导产业对产业结构系统的引导功能是通过带动作用实现的，而带动作用的实现则依赖于关联效应。因此，主导产业对产业结构系统的引导功能的发挥，最终取决于其有无较强的关联效应。一个产业是否具有较强的关联效应，被认为是能否成为主导产业的最根本特征。因为如果一个产业具有了关联效应或扩散效应，它就可能带动其他产业的发展，引导整个产业结构的发展方向；反之，就至多只能得到自身的发展。

#### 2. 能创造出新的市场需求

产业结构的升级与发展，总是伴随着结构总量的扩张。而一个产业结构系统的产出，又直接受制于社会的需求。若不能不断地开发潜在的需求，结构总量的扩张就无法实现。因而一个主导产业只有创造出新的市场需求，才能满足结构总量扩张的要求。

#### 3. 具有较高的生产效率和高附加价值

产业结构的升级是有序的，表现为对需求的更大满足和对资源的更有效利用。而要达成这一目标，产业技术必须不断得到提升。主导产业作为产业结构升级的"领头羊"，必然要求其能够迅速吸收先进的科学技术成果，提升自身的产业技术水平。

## 二、主导产业选择政策的主要内容

在市场经济条件下，主导产业政策的实施要求科学界定政府行为与市场行为、中央政府行为与地方政府行为的作用范围与职权范围，要协调好它们之间的利益关系，明确规定政府拥有的资源与权力，建立政府行为的约束机制和相应的规范政府行为的规章制度。在完善的市场经济条件下，科学的主导产业政策要考虑以下内容。

### （一）产业环境协调政策

政府在规划主导产业、培育和扶植主导产业发展时，要通过采用各种有效手段尽可能地协调主导产业与产业环境之间的矛盾，解除主导产业发展的约束条件，减少这些约束条件的消极影响，创造一种比较完善、有利于主导产业成长的市场条件和有利于主导产业发展的产业环境，减少阻滞市场机制发挥作用的各种行政壁垒。例如，为了打赢打好污染防治攻坚战,我国政府逐渐加强对环保产业的引导和扶持,大力鼓励企业采用环保技术和设备,推广以清洁生产、节能减排为核心的现代工业模式。

## (二)产业扶植和保护政策

对某些国内市场潜力巨大、技术先进、产业关联度高的产业,在它成长到具有国际竞争力之前,需要政府在国际贸易协定许可的范围内,通过适当的财政金融扶植政策和贸易保护政策对其进行适度的扶植与保护。亚洲一些国家与地区政府针对高科技园区的发展颁布了相关法令,如日本继《筑波研究学园城市建设法》后颁布了《高技术工业智密区开发促进法》和《技术城法》;完全市场化的发达工业国家如美国、英国等虽没有针对高科技园区的特殊立法,但有多种涉及科技活动和企业创新的相关法律,如1976年美国的《国家科学技术政策、机构和优先目标法》;我国现已将高新技术产业视为朝阳产业,在资金投入、税收、进出口、原材料供应等方面实行特殊的产业倾斜政策,给予重点扶持和引导。

## (三)优先发展基础产业政策

基础产业对主导产业具有巨大的支持能力,因此,政府对主导产业的扶植可以通过加大对基础产业的扶植力度、提升基础产业对主导产业的支持能力,来避免主导产业在发展过程中由于受到基础产业和基础设施的制约而得不到高速发展。如美国政府一直对能源、交通行业给予大力支持。再如,20世纪90年代,由于加工工业的市场化程度高于基础产业且加工工业的市场需求旺盛,出现了基础产业的发展"瓶颈",因此,上海加大了对能源、交通、通信等部门的投资;同时,将工业的一些低附加值部门(如纺织业、传统钢铁工业)关停或转移到长三角和国内其他省市。随着科技的发展,基础产业也在发生着变化,中国提出今后要优先发展两个核心基础产业,即新一代信息技术产业和新材料产业。

## (四)技术引导政策

主导产业的技术水平要求高、投资需求大,在实施主导产业政策时,要充分考虑通过产业技术政策优化主导产业的产品结构,制定有利于主导产业成长的技术进步政策,完善科技信息流通体制,加强产业界的科技队伍建设,并建立有利于促进主导产业发展的投融资体系,增加研发投入,促进高新技术产业化。早在21世纪初,日本就将信息技术和生化技术确定为新世纪重点发展领域,通产省制定了《产业技术战略》,通过技术创新和研究开发,提高日本主导产业的技术创新能力和经济竞争力。

## 三、中国主导产业选择政策的实践

21世纪以前,《90年代国家产业政策纲要》的制定将机械业、电子业、石油化工业、汽车制造业和建筑业列为主导产业,期望通过这些产业的发展来带动国民经济的全面发展和产业结构的升级换代。进入21世纪后,传统产业的改造、农业现代化、信息产业、生物技术、新材料、先进制造技术和航空航天领域的发展日益受到重视。

### （一）"十五"规划时期

国家"十五"计划指出中国已进入以汽车、家用电器为主导产业的发展时期。为解决能源、原材料、交通运输等基础产业对主导产业发展的"瓶颈"制约问题,应把改善产业环境、解决产业结构失衡问题作为主导产业政策的重点,为主导产业的发展打下基础。在"十五"期间,随着社会主义市场经济体制的逐步确立,虽然在发展主导产业的过程中市场行为的主导作用逐步增强,但是政府行为的参与和调控必不可少。在依赖市场推进主导产业发展的同时,还应利用"后发"优势,通过政府的间接参与来积极推动主导产业的发展。

### （二）"十一五"规划时期

国家"十一五"规划继续强调要坚持以市场为导向、以企业为主体,把增强自主创新能力作为中心环节,加快发展高技术产业(提升电子信息制造业、培育生物产业、推进航空航天产业和发展新材料产业)及振兴装备制造业(振兴重大技术设备、提升汽车工业水平和壮大船舶工业实力)。

### （三）"十二五"规划时期

国家"十二五"规划明确提出要改造和提升制造业的战略导向,推进重点产业结构调整。装备制造业要提高基础工艺、基础材料、基础元器件的研发和系统集成水平,加强重大技术成套装备的研发和产业化,推动装备产品智能化。汽车工业要强化整车研发能力,实现关键零部件的技术自主化,提高节能、环保和安全技术水平。电子信息业要提高研发水平,增强基础电子的自主发展能力,向产业链高端延伸。建筑业要推广绿色建筑、绿色施工,着力用先进建筑材料、信息技术优化结构和服务模式。

### （四）"十三五"规划时期

国家"十三五"规划提出以创新、壮大、引领为核心,坚持走创新驱动发展道路,促进一批新兴领域发展壮大并成为支柱产业,持续引领产业中高端发展和经济社会高质量发展。大幅提升产业科技含量,加快发展壮大网络经济、高端制造、生物经济、绿色低碳和数字创意五大领域,实现向创新经济的跨越。加快推进重点领域和关键环节改革,持续完善有利于汇聚技术、资金、人才的政策措施,创造公平竞争的市场环境,全面营造适应新技术、新业态蓬勃涌现的生态环境,加快形成经济社会发展新动能。

### （五）"十四五"规划时期

2021—2025年是我国"十四五"规划时期,也是"两个一百年"奋斗目标的历史交汇期,对我国国民经济和社会发展具有重要的意义。我国已经从重化工业为主导的工业化中期阶段迈入以创新驱动为主导的工业化后期阶段。2020年,党的十九届五中全会审议通过了《中共中央关于制定国民经济和社会发展第十四个五年规划和二○三五年远景目标的建议》,围绕"科技创新"这一核心产业政策主线,将"科技创新"提到了前所未有的高度。"十四五"期间,产业升级的核心目标是加快发展现代产业体系,将交通强国、能源革命、数字化发展作为三大突破点,将制造业升级、高质量供给、数字经济发展作为三大方向。

# 第三节 战略性新兴产业扶植政策

## 一、战略性新兴产业概述

### (一)战略性新兴产业的内涵

战略性新兴产业是指对国民经济具有全局和长远影响的、有可能在未来成为主导产业或支柱产业的新兴产业。成为战略性新兴产业有两方面的决定因素:首先,产业本身的技术特点、市场前景、成长潜力;其次,国家资源的特定条件、现有的产业结构状况、产业本身获取资源的能力。战略性新兴产业强调从国家的整体利益出发,即战略性新兴产业的发展不仅关系到一般意义上的利润,而且与国家安全紧密相连,关系到国家、民族在世界经济、政治、军事事务中的战略行动能力。

### (二)战略性新兴产业的特征

#### 1. 创新驱动性

战略性新兴产业在成长过程中要能够始终代表新技术的发展方向,在产业内能够形成有紧密技术关联的部门群体,并能够在相当长的一段时期内保持较强劲的技术竞争力;该产业还应具有巨大的市场潜力和市场拓展能力,并能够有效地吸收创新成果,能满足大幅增长的市场需求,从而在其成长过程中能够获得较高的产业增长速度。

#### 2. 全局长期性

战略性新兴产业在成长过程中要具有长期的经济效益,这种经济效益是指规模经济性的不断提高。生产体制的大量建立和本国生产要素的资源优势两个方面的作用,使该产业经过一段时间的保护和扶植之后,产业竞争力不断增强,最终成长为具有国际竞争优势的产业。而且,战略性新兴产业的长期经济性还要求其在成长过程中,在不断向具有比较优势的产业转换的基础上,使在保护期和扶植期内所导致的社会福利损失能由未来的社会福利增加所补偿。

#### 3. 关联带动性

战略性新兴产业在国家经济发展中具有较高的产业地位,即战略性新兴产业的成长对国家经济增长的贡献率要达到较高的水平。这就要求战略性新兴产业具有较强的产业关联效应,能有效地带动其他相关产业的发展,在使战略性新兴产业自身产出高效增加的同时,还能带动其他产业共同创造就业机会、提高社会消费水平、改善国家贸易条件、提升产业高度,从而使国家总体经济实力得以增强。

### (三)中国战略性新兴产业的主要领域

立足我国国情、科技和产业基础,现阶段我国重点培育和发展的战略性新兴产业主要有节能环保、新一代信息技术、生物、高端装备制造、新能源、新材料、新能源汽车等产业；《"十三五"国家战略性新兴产业发展规划》提出还要重点发展数字创意产业以及超前布局战略性产业。数字创意产业是现代信息技术与文化创意产业逐渐融合而产生的一种新经济形态，以 CG（Computer Graphics，计算机图形学）等现代数字技术为主要技术工具，强调依靠团队或个人通过技术、创意和产业化的方式进行数字内容开发、视觉设计、策划和创意服务等。数字创意产业的应用主要体现在会展领域、虚拟现实领域、产品可视化领域等。

超前布局战略性产业主要涵盖空天海洋领域、信息网络领域、生物技术领域和核技术领域。空天海洋领域显著提升空间进入能力，加快发展新型航天器；信息网络领域研究构建绿色带宽、智能安全的新型网络，推动电子器件变革性升级换代；生物技术领域构建基于干细胞与再生技术的医学新模式；核技术领域加快开发新一代核能装备系统，加快推动铅冷快堆、钍基熔盐堆等新核能系统试验验证和实验堆建设。

## 二、战略性新兴产业扶植政策的主要内容

战略性新兴产业政策是培育具有创新能力和市场竞争力的企业的政策，在未来促进国家经济发展的同时，提高中国在全球产业链中的地位。只有正确地制定和积极地实施战略性新兴产业政策，才能促使战略性新兴产业快速成长为主导产业和支柱产业，实现产业结构向高级化方向发展。战略性新兴产业扶植政策的主要内容如下。

### （一）贸易保护政策

贸易保护政策为国内战略性新兴产业的成长创造了一个相对有利的外部环境，这种外部环境可以通过各种金融、公共财政等措施对国内需求进行适当的刺激来创造，同时战略性新兴产业本身具有的高回报率以及政府的各种鼓励措施，使生产要素可以有效地向战略性新兴产业转移，从而促进战略性新兴产业的成长。

### （二）经济、法律、行政措施

经济、法律、行政措施使战略性新兴产业不仅在投入大量生产要素的基础上获得较高的增长速度，而且更重要的是，在技术进步的基础上战略性新兴产业由于效率的提高和有效供给的增加而获得高速增长和规模扩张。当然，战略性新兴产业的扩张规模和增长速度要在国家主导产业和支柱产业的目标范围内进行。

### （三）战略性新兴产业调整政策

战略性新兴产业调整政策是指产业政策要依据战略性新兴产业的成长程度和国际竞争力的强弱而不断加以调整；而且要依据与国际经济关系有关的各种要求开放市场、减轻产品和价格歧视的压力并取消有关贸易报复性行为的规定，不断调整对战略性新兴产业扶植的手段与措施。

### （四）实现产业结构高级化的政策

注重对战略性新兴产业的培育，重点扶植与培养新的经济增长点，促使其采用先进的

技术和工艺,并在政府产业政策的指导下,迅速形成自身的创新能力,并使这种创新能力形成产业集聚效应,通过其"强关联"效应,有序地带动其他产业升级,从而大大加速产业结构的转换,以提高其他产业的技术创新能力,带动其他产业的发展。

### 三、中国战略性新兴产业扶植政策的实践

为了尽快形成我国在战略性新兴产业领域的领先优势,中央和各级地方政府密集出台了一系列旨在优化战略性新兴产业政策环境、加快战略性新兴产业培育发展的产业政策。

#### (一)加大财政支持力度

在整合现有政策资源和资金渠道的基础上,设立战略性新兴产业发展专项资金,建立稳定的财政投入增长机制,增加中央财政投入,创新支持方式,着力支持重大关键技术研发、重大产业创新发展工程、重大创新成果产业化、重大应用示范工程、创新能力建设等。加大政府引导和财政支持力度,加快高效节能产品、环境标志产品和资源循环利用产品等的推广应用。例如,"十二五"期间广东省财政集中投入 220 亿元用于支持战略性新兴产业的发展。资金扶持的具体方式包括贷款贴息、担保贴息、无偿补助、以奖代补、股权债权投资等财政和金融手段。

#### (二)完善税收激励政策

在全面落实现行各项促进科技投入和科技成果转化、支持高技术产业发展等方面的税收政策的基础上,结合税制改革方向和税种特征,针对战略性新兴产业的特点,研究完善鼓励创新、引导投资和消费的税收支持政策。如 2023 年,为支持新能源汽车产业发展,促进汽车消费,财政部、税务总局、工业和信息化部发布《关于延续和优化新能源汽车车辆购置税减免政策的公告》,对特定日期内的新能源汽车免征车辆购置税,进一步发挥税收政策激励作用,引导有关方面抢抓发展机遇,推动技术创新和产品创新,不断提升产业核心竞争力,扩大新能源汽车消费,助力新能源汽车产业高质量发展。

#### (三)鼓励金融机构加大信贷支持

引导金融机构建立适应战略性新兴产业特点的信贷管理和贷款评审制度,对战略性新兴产业的发展具有重要意义。积极推进知识产权质押融资、产业链融资等金融产品创新。加快建立包括财政出资和社会资金投入在内的多层次担保体系。积极发展中小金融机构和新型金融服务。综合运用风险补偿等财政优惠政策,促进金融机构加大支持战略性新兴产业发展的力度。

#### (四)积极发挥多层次资本市场的融资功能

进一步完善创业板市场制度,支持符合条件的企业上市融资。推进场外证券交易市场的建设,满足处于不同发展阶段的创业企业的需求。完善不同层次市场之间的转板机制,逐步实现各层次市场间的有机衔接。大力发展债券市场,扩大中小企业集合债券和集

合票据发行规模,积极探索开发低信用等级高收益债券和私募可转债等金融产品,稳步推进企业债券、公司债券、短期融资券和中期票据的发展,拓宽企业债务融资渠道。

### (五)大力发展创业投资和股权投资基金

建立和完善促进创业投资和股权投资行业健康发展的配套政策体系与监管体系。在风险可控的范围内为保险公司、社保基金、企业年金管理机构和其他机构投资者参与新兴产业创业投资和股权投资基金创造条件。发挥政府新兴产业创业投资资金的引导作用,扩大政府新兴产业创业投资规模,充分运用市场机制,带动社会资金投向战略性新兴产业中处于创业早中期阶段的创新型企业。例如,为了鼓励民间资本进入创业投资领域,加快培育和发展战略性新兴产业,2013年,广东省颁布了《广东省战略性新兴产业创业投资引导基金管理暂行办法》。

# 第四节　衰退产业调整政策

衰退产业调整政策是产业结构高级化过程中具有重大现实意义的基本政策,其出发点是帮助衰退产业实行有秩序的转型,并引导其资本存量向高增长率产业部门有序转移。我国也正依靠相关政策推进我国衰退产业的转型与转移,以实现我国"优化产业结构、走新型工业化道路"的发展战略。

## 一、衰退产业概述

### (一)衰退产业的内涵

衰退产业是指在正常情况下,在一定时期内,一个国家或地区的某一产业处于产业自身生命周期的衰退期,由于技术进步或需求变化等因素致使市场需求减少,生产能力过剩且无增长潜力,在国民经济中的地位趋于下降的产业。

### (二)衰退产业的特征

衰退产业的基本特征是需求增长减缓甚至停滞。具体来说,衰退产业具有以下特征。

(1)产业内拥有众多达不到最小有效规模的企业,每个企业都没有在边际成本以上控制价格的能力。

(2)产业内主导企业的固定成本相对于平均成本而言具有较高的比例,一旦销售量达不到盈亏分界点,就容易出现大面积亏损。

(3)生产传统产品,产品需求增长率下降较快,其产业所提供的产值在 GDP 中的比重呈下降或者加速下降的趋势,因而新进入企业不断减少,原有企业不断退出。

(4)产业生产率较低,技术进步缓慢,技术创新停滞,但由于存在退出产业的社会经济障碍,如因劳动密集型的特征,大量解散员工存在社会风险,企业按市场原则退出该类产业比较困难。

(5)产品需求的价格弹性和收入弹性非常低,因行业生产能力过剩、需求不足,容易导致价格低于边际成本的恶性竞争,价格战较频繁,产业利润受到价格战的影响日趋下降。

(6) 产业受到新兴产业替代的威胁。有的衰退产业将被新兴产业替代,其产品淘汰在即;有的虽然没有完全被新兴产业替代,但产品市场不断萎缩。

### (三) 衰退产业形成的原因

根据产业的一般演进规律,造成一个产业衰退并陷入困境的主要因素有消费结构的变化、技术停滞、竞争不力、自然资源枯竭等。但不论是什么原因,衰退产业都会表现出一些共性。例如:全行业生产能力明显过剩,开工率严重不足;全行业收益率很低,甚至出现严重亏损;由于退出壁垒较高,企业长期处于过度竞争状态。

#### 1. 资源

资源原因主要是指资源密集型产业的资源枯竭所引起的产业衰退。世界经济发展过程表明,资源非但没有成为工业化的"福音"(blessing),反而成为经济发展的"诅咒"(curse)。以中国为例,新中国成立后,根据国家的整体布局,中国各地形成了以自然资源采掘和开发为主要产业的工业基地。目前,这些城市赖以生存的主导资源产业大多已步入资源开发的中后期,面临资源枯竭的困境。伴随着资源的枯竭,相关的主导产业也进入衰退期。

#### 2. 需求变化

波特教授认为"在持续的一段时间内产品的销售量绝对下降的产业就是衰退产业"。随着经济的发展和人均收入水平的提高,某些产业会因产品需求收入弹性下降而出现衰退。而引起消费需求锐减或消失的原因又有多种,如收入水平的上升、生活方式的改变等。随着收入水平的上升,人们的消费需求将发生变化,对一些需求收入弹性小于1的商品的需求量会减少,生产这些商品的产业就将最先成为衰退产业。生活方式的改变会引起人们消费观念的变化。而消费观念的变化将加速传统商品市场需求的锐减,从而引起相应产业的衰退。生活方式的改变可能源于收入水平的提高,也可能是消费的示范效应所致。

#### 3. 国际竞争

在经济全球化的背景下,由于国际分工格局的变化,某种有比较优势的产业会因竞争优势丧失而被转移到其他国家,因而会使本国原来具有比较优势的产业趋于衰退,从而形成衰退产业。

## 二、衰退产业调整政策的主要内容

衰退产业的政策就是收缩、转移、改造、淘汰衰退产业的政策,发端于1928年的英国。此后,各国在调整和改造衰退产业的过程中充分发挥市场和政府的双重调控功能,注重产业结构调整、财税、金融等各种政策工具组合的协同作用。

### (一) 淘汰与升级传统产业

淘汰比较优势完全丧失、增长潜力小的传统产业部门,是部分国家采取的做法。如西班牙政府和该国的贸易联盟共同制定了《煤炭开采规划和开采区替代发展战略规划（1998—2005）》，规定逐渐减少煤矿数量，煤炭开采量由 1997 年的 1 970 万吨减少到 2005 年的 1 300 万吨。加强对传统产业部门的技术改造，提高其市场竞争力，是促进衰退产业进入一个新发展阶段的可行路径。如美国东北部衰退产业区加强对汽车、钢铁工业的技术改造，大幅降低生产成本，提高产品质量，增强传统产品的市场竞争力。英国政府并没有把纺织、采矿、钢铁等衰退产业简单地归为"夕阳产业"加以冷落，而是依托不断的技术改造、创新和经营改革，使这些产业获得新的生机。

### （二）培育发展高新技术产业

充分挖掘衰退产业的潜在价值，培育发展高新技术产业，是部分国家可以借鉴的做法。德国鲁尔区利用特殊的土地改造计划新建了大学、产业园区和科技中心，大力发展新材料、IT 等高新技术产业，增加了该地区的就业机会。德国鲁尔区运用国际博览会的形式开发工业旅游，打造了由工业旅游景点、国家级博物馆和工业城镇组成的"工业遗产之路"，极大地改善了鲁尔区的区域形象。英格兰西北部衰退产业区制定并实施了新兴产业计划以增强中小企业的竞争力，为已有中小企业提供增长所需的资金支持，并向新兴的和处于扩张期的中小企业投资。奥地利施蒂里亚地区的煤炭、钢铁等传统产业急剧衰退，当地政府利用格拉茨技术大学、乔安妮姆研究所（Joanneum Research）等科研院所开展应用性很强的专业教育和技术培训，知识的创造和扩散系统为汽车生产和金属制品产业集群的发展提供了强大的动力，使这两类产业集群成为该地区新的增长"引擎"。

### （三）实施倾斜性财税政策

通过倾斜性财税政策降低衰退产业的运用负担以谋求社会稳定，是部分国家的做法。德国在《煤矿改造法》中规定政府向在鲁尔北区投资建厂的企业提供相当于投资总额 10% 的就业赠款。日本政府对设立在九州工业开发区内的企业实施财税优惠政策，减少甚至免除企业负担的地方税和法人税，减少对废旧设备出售的税收，对雇用失业煤矿工人的企业给予资助等。法国政府对在洛林、诺尔—加莱重点改革区投资并能创造就业机会的企业，在 3 年内免征地方税、企业所得税、劳工税以及其他各种社会杂税和分摊，使这两个地区成为"无税特区"。

### （四）完善金融支持体系

为了促进衰退产业改造升级，部分国家在衰退产业区增设金融机构、加大政策性信贷支持力度、推动融资创新和利用国有资本带动社会投资等方式振兴衰退产业区的金融支持体系。德国在鲁尔区增设了大量金融分支机构，如德意志银行、德累斯顿银行、德国商业银行以及巴伐利亚联合银行。此外，德国鲁尔区成立了土地融资专门机构，在评估矿区土地的基础上，根据区位优势及环境特点进行土地利用规划，政府事先对旧的工业用地进行改造和升级，再将升级后的土地出卖或出租，从中获得改造资金。法国政府组建"支持矿区再工业化金融公司"作为国家支持转型地区的金融手段，同时，矿区产业化基金会和北加莱海峡金融公司等也以贷款形式积极向衰退产业区和法国煤炭公司投资，支持企业向矿区迁移并参与矿区开发。

### （五）建立稳定的、低成本的资金渠道

面对衰退产业的融资困境，部分国家通过设立专项基金为衰退产业区提供稳定充足的资金供给。欧洲区域发展基金主要用于援助经济发展滞后于欧盟其他成员国的区域，还包括那些面临经济转型和结构困难的衰退产业区。英格兰西北部衰退工业区改造的所有项目资金均由欧洲区域发展基金支持，2006 年获得 8 083.3 亿欧元的援助资金，主要用于基础设施改善、科技援助、就业机会创造等方面。德国联邦政府和州政府为衰退产业提供了专项资金补贴，1983 年联邦政府和州政府分别为钢铁工业改造提供了 30 多亿马克和 1.5 亿马克的资金援助。同时，德国政府还为衰退产业提供低息贷款和就业赠款。1968 年颁布的《煤矿改造法》规定由德国政府向购买废弃矿井工地的企业提供低息贷款。另外，德国政府还通过低息贷款大幅提高采煤作业的机械化程度和生产效率。

## 三、中国衰退产业调整政策的实践

针对不同的衰退产业，我国实行了差异化的政策，主要包括纺织业的撤让政策和资源型产业的调整政策。

### （一）中国纺织产业的撤让政策

我国执行衰退产业撤让政策主要针对纺织产业。作为传统的支柱产业，到 1995 年，我国纺织产业的总产值占全国工业总产值的 15%，实现利税约占全国工业利税总额的 8%，出口创汇额约占全国出口创汇额的 30%，纺织职工人数占全国职工人数的 13.9%。但是，一些城市的纺织企业由于原料不足和设备陈旧等原因，逐渐陷入困境。此外，纺织业中的初加工企业之间由于过度竞争形成了过剩的生产能力，大量设备闲置或是低效使用。由于加工能力的过度膨胀，20 世纪 90 年代以后，市场纺织品开始供大于求，各种结构性矛盾开始暴露。为此，纺织工业部明确提出了控制总量、调整结构的任务。一些先行地区在调整中取得了初步成效。例如，北京市结合城市整体规划，以开发建设纺织一条街为突破口，积极利用级差地租来盘活资产存量。北京三环路内原有的 46 家纺织企业已有 20 家转移生产，剩下的效率更高的企业成为北京纺织业的新经济增长点。广东省纺织产业针对珠江三角洲的经济发展特点和纺织产业的现状，一方面通过技术改造扶植起一批优势企业，重点发展高附加值、高起点、高出口创汇、高技术含量的产品；另一方面，有计划、有步骤地淘汰了一批落后设备，将传统加工工业和劳动密集型工业向山区和边远地区转移。这一对淘汰类纺织工艺设备转移的行为在 2006 年被禁止。

### （二）中国资源型产业的调整政策

资源型产业在为国家现代化建设作出巨大贡献的同时，也产生了一系列困难和问题。几十年形成的矿业、矿城、矿山、矿工"四矿"问题日趋尖锐。依赖于资源型产业发展起来的资源型城市也随着资源型产业的衰退而衰败。由于缺乏统筹规划和资源衰减等原因，这些城市在发展过程中积累了许多矛盾和问题，主要是经济结构失衡、失业和贫困人口较

多、接续替代产业发展乏力、生态环境破坏严重、维护社会稳定压力较大等。

资源型产业的转型是一项复杂的系统工程,必须综合各种根源和影响因素,综合性地解决问题,形成"标本兼治"的政策思路。《国务院关于促进资源型城市可持续发展的若干意见》强调,在资源型城市转型中,要建立资源开发补偿机制、衰退产业援助机制,培育壮大接续替代产业、加大政策支持力度以及优化设计资源税政策。

具体地,一是在资源开采过程中,遵循市场规律,采取法律、经济和必要的行政措施,引导和规范各类市场主体合理开发资源,承担资源补偿、生态环境保护与修复等方面的责任和义务。二是因地制宜、减少社会动荡。对资源已经或濒临枯竭的产业,各级人民政府要实行有针对性的扶持政策,帮助解决资源枯竭企业因破产引发的经济衰退、职工失业等突出矛盾和问题。三是对资源开采开始衰减的产业,加强资源综合评价,开发利用好各种伴生资源,充分挖掘本地资源潜力,拓宽资源开发领域,重视开发利用区外、境外资源,为本地资源型企业寻找后备基地,同时抓紧培育发展成长性好、竞争力强的接续替代产业。对于资源已经或濒临枯竭的产业,选择好产业转型方向,重点用高新技术、先进技术改造传统产业,因地制宜,尽快形成新的主导产业。四是进一步加大对资源枯竭型产业的一般性和专项转移支付力度,增强其基本公共服务保障能力,重点用于完善社会保障、教育卫生、环境保护、公共基础设施建设和专项贷款贴息等方面。五是优化设计扶持资源枯竭型产业转型的税收政策。借鉴国外征收资源权利金和资源租金税的经验,积极启动对部分资源税实行从价定率征收的改革,由现行的从量征收改为从价征收,建立资源税收入随资源收益变动的调节机制,并适当提高税率水平。

# 第五节　幼稚产业保护政策

## 一、幼稚产业概述

### （一）幼稚产业的内涵

幼稚产业,是指在工业后发国家的产业结构体系中,相对于工业先行国家成熟的同行产业而言,处于"幼小稚嫩"阶段的产业。

在开放的产业结构系统中,一个新产业的形成和发展,必然会受到来自系统外部同行竞争的压力。工业后发国家为了加速本国的工业化进程,发展民族产业,势必要采取支持其发展的政策,而保护制度是使落后国家在文化上取得与那个优势国家同等地位的唯一方法。

### （二）幼稚产业的特征

#### 1. 新生性

幼稚产业在工业后发国家往往处于起步阶段,而在工业先行国家则已经具有一定的发展基础和较强的产业竞争力。因此,在自由竞争的市场环境中,这些产业难以生存,更谈不上发展壮大。

### 2. 成本递减性

被保护的幼稚产业在本国往往具有良好的市场前景。随着时间的推移,生产规模将不断扩大,其生产成本将会越来越小,一定时期后其平均成本、销售成本会低于进口价格。而且其成熟后给社会带来的收益,能够弥补社会为保护而付出的成本。

### 3. 外部经济性

此特征一般具有两种形式:一是技术性外部经济,即幼稚产业在某些发展过程中能够形成全国范围内的知识基础;二是需求性外部经济,即幼稚产业的发展能为本国的专业化劳动和供应商提供更广阔的市场。

### 4. 潜在的动态比较优势

被保护的幼稚产业是有发展前途的产业,从国际贸易角度看,具有潜在的比较优势。

### 5. 潜在支柱性

一方面,幼稚产业的发展关系到相关产业的发展及本国潜在资源的利用;另一方面,幼稚产业是未来一个时期内潜在的主导产业,在国内具有较高的需求收入弹性和技术进步率。

### 6. 暂时性

对幼稚产业的保护只是暂时性的,一旦该产业的产品具有足以和外国同类产品竞争的能力,该产业就不再需要保护。

## 二、幼稚产业保护政策的主要内容

### (一)贸易保护政策

贸易保护政策的主要目的是限制国外有关产品的进口,以削弱进口产品在国内市场上的竞争力,为本国幼稚产业的生存和发展提供一个适宜的环境。主要的贸易保护政策包括以下两类。

### 1. 关税壁垒

关税壁垒是工业后发国家在对幼稚产业进行保护时采用的最常见的手段。实施时应研究关税结构,设置对幼稚产业有利的关税结构。为提高关税的有效保护率,通常根据同类产品国内企业的生产成本而定,使得进口产品在市场上的价格高于国内同类产品的价格。通过关税对幼稚产业进行保护,其效果是相当显著的。但关税壁垒通常会违反WTO规则,所以使用时应非常慎重。

### 2. 非关税壁垒

非关税壁垒是指除关税以外的各种直接和间接的以限制国外产品进口为目的的政策法律措施。要适时适度地使用WTO所允许的非关税壁垒,并且将WTO框架中对发展中国家的优惠条款用足、用好。非关税壁垒虽然不对进口产品进行限制,但它通过相关的政策法律同样可以起到限制进口的目的。常见的直接性的非关税壁垒有进口额配制、进口许可证制等。

### （二）扶植政策

**1. 财政扶植政策**

通过税种的设立、税率的确定和税收的减免,为幼稚产业的长期发展创造自我积累的能力和良好的发展环境;通过财政补贴,弥补幼稚产业在成长时期因技术开发或市场开拓等方面出现的暂时性亏损;通过制定特殊折旧方法,促进幼稚产业的技术水平迅速提高;通过政府在基础设施方面的直接投资,为幼稚产业的发展提供必要的基础保证,使其能获得较多的外部经济效应等。

**2. 金融扶植政策**

金融扶植政策包括组建专门的开发银行,为幼稚产业的发展提供融资渠道;对幼稚产业实行优惠的贷款利率;实行外汇管制政策,直接或间接地支持幼稚产业的发展;为幼稚产业向商业银行贷款提供信誉担保等。

**3. 技术扶植政策**

技术扶植政策体现在,一方面,组建政府与企业合作的技术开发体系,分担企业的技术开发风险;另一方面,政府直接投资于技术开发领域,将开发成果在同行业企业中推广,促进产业的技术进步;此外,还可以结合财政、金融手段,支持企业的技术引进等。

**4. 直接管制扶植政策**

最为常见的直接管制扶植政策是通过行政或立法的手段,干预企业的组织结构,以增强幼稚产业的竞争能力。例如,1997 年 12 月,我国颁布了《当前国家重点鼓励发展的产业、产品和技术目录(试行)》,加强了全社会对发展、保护和扶持幼稚产业的重视,推动了幼稚产业的成长。

### （三）市场环境优化政策

良好的市场环境有利于产业的发展和竞争。国内市场竞争越充分,越有利于产业在国际市场的生存。但如果国内市场环境直接影响到公平竞争环境的建立,如政府的职能"越位"、地区市场的壁垒等,就要优化市场环境,努力消除市场失灵引起的对幼稚产业发展的障碍,完善市场体制,理顺市场体系,为幼稚产业提供良好的发展环境。

## 三、中国幼稚产业保护政策的实践

### （一）改革开放到中国加入 WTO 时期：高关税壁垒

改革开放后到中国加入 WTO 之前,我国依靠丰富的劳动力资源在劳动密集型产业获得比较优势,服饰、雨伞等产业成为较成熟的产业被鼓励加大出口,而电子、汽车等幼稚产业还需要国家实施一定的政策加以扶持。以汽车产业为例,在 20 世纪末,国家把汽车产业当作我国的幼稚产业进行扶持,在产业发展初期运用了较高的关税税率去保护产业的发展。有学者研究表明,近半个世纪的高关税保护无意中创造了李斯特式追赶型工业化的必要条件,这不仅是中国在 2001 年加入 WTO 之前"中国奇迹"的重要成因,而且也为加入 WTO 之后仍保持高速增长奠定了基础。

在这一时期,虽然我国汽车产业的产量在逐年增加,但其国际竞争力并不是很强,落后于美国、德国和日本等国家。其中很重要的原因有三个:一是我国对于汽车产业保护时间过长,导致国内汽车生产企业缺乏改进自身的动力,给汽车产业的经济效益带来很大的损失;二是还需要进一步提升自主研发的能力,许多技术靠合资企业引进,合资企业转让的技术一般来说比较落后;三是投资分散、行业集中度低,这样不利于形成产业规模经济效益。

### (二)中国加入 WTO 以后时期:非关税壁垒

2001 年我国加入了 WTO,这一阶段绝大部分工业部门发展已经趋于成熟。然而,一些技术密集型产业还需要国家的培育和发展,比如计算机、通信和其他电子设备、电气机械和器材制造业、通用设备制造业、化学原料和化学制品制造业、医药制造业等。根据世界贸易组织相关规定,我国需要在进口关税上作出相应的变化,因此我国逐步降低关税总水平,以使各国之间能够友好往来,实现在商品上互通有无、在技术水平上互帮互助。自从加入 WTO,我国进口关税算术平均税率基本稳定在 9.8%,税率与改革开放之初相比大大减少。在这之后,主要的产业政策的工具开始发生转变,由原来的关税壁垒转移到非关税壁垒,如补贴、市场准入等。

税率的降低使得我国关税收入占财政收入比重由 1992 年的 6.1% 变为 2010 年的 2.4%。一方面,较低的关税使消费者在收入一定时可以拥有更多的消费选择,提高国家的消费水平;另一方面,更多的国外商品进入国内市场能够使本国的企业有动力去不断调整自己的经营管理模式,提高劳动生产率,加快促进产业升级,从而保持甚至扩大市场占有率。

**扩展阅读 13-1**

#### 幼稚产业保护:中国对直升机产业的扶持

由于直升机具有垂直起降、空中悬停、前后左右飞行的能力,在美国、俄罗斯、英国、法国、日本等发达国家的军民用领域已非常广泛地使用。与国外民用直升机相比,我国民用直升机的使用水平非常低,尚属幼稚产业。

从国外直升机产业发展的历程来看,发展初期都离不开国家的大力支持。借鉴国外的先进经验,我国直升机产业的扶植政策应包括以下几个方面:加大对军用直升机型号研制和技术预研的支持力度;国家支持建设必要的试验设施,并针对我国民用直升机安全性、舒适性、经济性、适用性和适航取证等薄弱环节组织技术攻关,支持解决制约我国直升机产业化发展的技术"瓶颈";在保证直升机安全性条件下,我国直升机适航取证条例应与我国直升机技术的发展水平相适应;将直升机纳入国家紧急救灾体系建设中,用公共财政采购一批国产直升机用于抢险救灾、公安执法、医疗救护等公共事业;制定相应的金融、财税、空域管制等优惠政策,鼓励通用航空企业的发展和国产直升机的销售,促进我国直升机"技术研究—型号研制—销售—空/地勤人员培训—使用—维护保障"产业链的形成和发展。

资料来源：我国直升机还属于幼稚产业 亟需国家扶持[EB/OL].（2008-07-20）. https://news.sohu.com/20080720/n258252520.shtml.

## 本章要点

1. 产业结构政策，是指政府制定的通过影响与推动产业结构的调整和优化来促进经济增长的产业政策，具有明确的指导性、时序性和动态性、体系的协调性三方面的特征。其实质在于从推动产业结构的合理演进中求得经济增长和资源配置效率的改善。

2. 产业结构政策可以划分为多种不同的类型，主要包括主导产业的选择政策、战略性新兴产业的扶植政策、衰退产业的调整政策、幼稚产业的保护政策等。

3. 产业结构政策主要有促进产业协调发展、促进产业结构优化、推动产业技术水平提高、引导资源配置结构合理化的功能。

4. 产业结构政策目标的设置要遵循符合经济持续发展、实现产业结构高级化、促进产业结构合理化、坚持创新和特色的原则。

5. 主导产业是指对一个产业结构系统的未来发展具有决定性引导作用的产业，具有较强的关联效应、能创造出新的市场需求、具有较高的生产效率和高附加价值。

6. 主导产业选择政策的主要内容包括产业环境协调政策、产业扶植和保护政策、优先发展基础产业政策以及技术引导政策。

7. 战略性新兴产业是指对国民经济具有全局和长远影响的、有可能在未来成为主导产业或支柱产业的新兴产业，具有创新驱动性、全局长期性和关联带动性的特征。

8. 战略性新兴产业扶植政策的主要内容包括贸易保护政策，经济、法律、行政措施，战略性新兴产业调整政策，实现产业结构高级化的政策。

9. 衰退产业是指在一定时期内，一个国家或地区的某一产业处于产业自身生命周期的衰退期，由于技术进步或需求变化等因素致使市场需求减少，生产能力过剩且无增长潜力，同时在国民经济中的地位趋于下降的产业。衰退产业的产生主要是资源、需求变化以及国际竞争原因。

10. 衰退产业调整政策的主要内容包括淘汰与升级传统产业、培育发展高新技术产业、建立倾斜性财税政策、完善金融支持体系、建立稳定的、低成本的资金渠道。

11. 幼稚产业，是指在工业后发国家的产业结构体系中，相对于工业先行国家成熟的同行产业而言，处于"幼小稚嫩"阶段的产业，具有新生性、成本递减性、外部经济性、潜在的动态比较优势、潜在支柱性以及暂时性特征。

12. 幼稚产业保护政策的主要内容包括贸易保护政策、扶植政策以及市场环境优化政策。

## 关键术语

产业结构政策　主导产业　战略性新兴产业　衰退产业　幼稚产业　产业结构合理

化　产业结构高级化

 **习题**

1. 产业结构政策的基本内涵是什么？主要有哪些类型？
2. 简述产业结构政策的基本特征。
3. 简述产业结构政策的主要功能。
4. 产业结构政策的设置原则有哪些？
5. 什么是主导产业？
6. 简述主导产业选择政策的主要内容。
7. 什么是战略性新兴产业？
8. 简述战略性新兴产业扶植政策的主要内容。

 **即测即练**

# 第十四章 产业空间政策

为了使产业空间分布更加合理,政府部门会制定产业布局、产业集聚和产业转移政策,以优化配置地区空间资源。产业空间政策既是产业政策体系的重要内容,又是区域政策体系的核心组成部分。在产业空间布局的调整过程中,产业集聚和产业转移起到了抓手作用,是促进区域分工合理化、实现经济循环畅通无阻的重要方式。本章将探讨产业空间政策的主要内容,分别介绍宏观产业布局政策与区域产业布局政策,梳理产业集聚政策和产业转移政策的主要内容与我国的实践经验。

## 第一节 产业布局政策

### 一、产业布局政策概述

#### (一)产业布局政策的内涵

产业布局政策是国家根据产业布局理论与实践经验,通过区域产业发展战略和产业规划及相关措施,统筹部署、调整或实现不同产业的各种要素在不同地域空间的配置和组合的产业政策,一般指的是政府机构根据产业的经济技术特性、国情国力状况和各类地区的综合条件,对若干重要产业的空间分布进行科学引导和合理调整的各种相关措施。产业布局政策是产业结构政策的衍生政策之一。从实质上来讲,产业布局合理化的过程也就是地区分工协作合理化、资源地区配置和利用合理化的过程。需要特别指出的是,产业布局政策既是宏观产业政策体系不可或缺的重要内容,同时又是区域政策体系非常重要的组成部分,而且后者更加侧重于建立和完善地区间的产业分工关系。

#### (二)产业布局政策的目标及原则

##### 1. 产业布局政策的目标

产业布局政策是政府通过战略布局、规划及相关的政策措施,引导和干预产业整体布局、局部布局和个体布局,从而实现国民经济各区域间协调发展,促进国民经济稳定增长、社会稳定和生态平衡的目标所制定的产业政策。和其他经济政策一样,产业布局政策有其特定目标,一般表现为经济、社会、生态三个方面。

1)经济增长目标

经济增长目标具体包括三个方面:一是提高综合国力。不合理的产业布局,必然影响区域经济发展,进而影响综合国力的增强。实施产业布局政策能够实现产业合理布局,并使各种生产要素在适宜的区域进行优化组合,形成产业地理集中和合理的分工专业化与协作,产生集聚效应或离散效应,促进区域经济增长及其国民经济发展目标的实现。二是平衡产业地理分布。区域经济的发展对综合国力是有影响和制约作用的。在经济发展的初级阶段,区域不平衡发展可能是促进经济增长或提高综合国力的途径和政策目标之一。而当这种目标到一定阶段,随着区域需求收入弹性的增强和经济增长,平衡性产业布局就逐渐成为区域经济政策的重要目标。三是协调区域间经济利益。不同的产业布局政策会给不同区域和不同产业部门带来不同的经济利益。通过各种政策手段来协调区际经济利益,避免产业总体布局中的区域雷同化现象和区域经济发展差距,协调各地区和各产业部门的经济利益关系,便构成了产业布局政策的重要目标。

2) 社会稳定目标

社会稳定目标主要包括:一是促进民族团结和社会稳定。我国是个多民族国家,加强民族团结的一条重要措施就是要高度重视少数民族地区的经济发展,并以经济发展来促进社会文化事业在这些地区的同步发展。二是消灭贫困,即通过合理的产业布局,更好地开发利用各区域的生产要素资源,使落后地区摆脱贫困。三是充分就业,即在农业产业化、农村城市化和工业现代化的进程中,妥善处理城乡大量的剩余劳动力。四是国防安全,这是促进社会发展的一个特殊政策目标,是实现其他政策目标的重要保障。产业布局政策的制定既要求各产业在和平时期有利于社会、经济的发展,又要求其在战争时期有利于战略部署和战略转移,即在产业布局问题上正确处理集中与分散、分开与隐蔽、民用与军用等关系。

3) 生态平衡目标

生态平衡目标主要包括两个具体的政策目标:一是对自然生态环境的保护,即通过制定科学的产业布局政策,淘汰或限制对自然生态环境有害的产业,同时因地制宜,落实可持续性资源配置;二是对社会聚居环境的改善,即通过区域产业布局政策促进地区基础设施的建设,引领绿色高效的产业发展。产业布局政策的生态平衡目标,就是要通过合理的布局,从制度、法律上制止无视自然规律的违法行为,实现自然环境和人类聚居环境的可持续发展。

**2. 产业布局政策的原则**

第一,经济效益优先。市场经济社会中,一切生产活动均应以经济效益为优先原则,做到效率优先、兼顾公平。产业布局关系到能否实现资源配置的优化与高效利用,能否以最小的投入获得最大的产出,因此产业布局政策需要秉持经济效益优先原则,将经济效益放在首位。

第二,比较优势。针对各个地区的比较优势进行产业布局配置,有利于发挥各地优势,降低产业发展的不确定性,促使产业获得较快的发展速度,并形成错位发展、互促互动的良性格局,从而保障产业实现较好的发展效益、拥有良好的发展前景。

第三,分工协作。立足于区域资源禀赋及差异,体现劳动地域分工与地区综合发展相结合、地区生产专门化与多样化相结合的关系。根据分工协作进行产业布局,不仅能充分发挥各地区优势,最大限度地节约社会劳动,促进商品的流通和交换,而且能加速各地区经济一体化的进程,促进整个经济的快速发展。

第四,全局性与长远性结合。产业布局的全局性视角,要求充分发挥各地区的比较优势,同时协调地区发展与全局发展的关系,处理好局部利益与全局利益的矛盾与冲突。产业布局的长远性视角,要求协调当前与长远的关系,根据各个发展时期、阶段的要求来进行产业布局,同时又兼顾长远的发展需要,在当前利益与长远利益存在矛盾时做到前者服从后者。

第五,可持续发展。产业的可持续发展是经济可持续发展的基础,合理的产业布局有利于产业实现可持续发展。这要求产业布局在坚持经济效益优先原则的前提下,实现经济效益、生态效益和社会效益的统一。产业布局不仅应追求最佳经济效益,而且要重视对生态环境的保护与治理,重视产业发展的社会效益。

## 二、产业布局政策的类型与实施手段

### (一)产业布局政策的类型

产业布局政策作为调整国家产业布局宏观结构、改善区域间经济发展不均衡状况的产业政策,在面对不同的经济发展目标时,政策导向也有不同的侧重。总体上,产业布局政策可以依据实施目的分为三类,分别是产业布局扶持政策、产业布局调整政策以及产业布局保护政策。

#### 1. 产业布局扶持政策

在经济发展的各个阶段,一个地区总是存在一个或者若干个具有比较优势的产业部门。政府对区域拥有相对优势的产业实施产业扶持政策,能够促进区域重点产业的倾斜发展,充分发挥各地区的比较优势,加速地区经济增长,增强地区经济实力。产业布局扶持政策主要包括创造良好的投资和发展环境、直接投资、给予各种优惠等措施。例如对优势产业提供财政补贴、实施税收优惠、提供技术支持和研发资金、出台扶持性的土地或场地政策、提供金融支持等。

#### 2. 产业布局调整政策

国民经济发展与产业结构优化并不是同步的,往往会出现产业结构不合理问题,需要实施产业布局调整政策。如出台相关政策对衰退产业进行区域转移和行业转移,对污染环境的产业予以限制,对资源消耗过多的产业实行改造,压缩长线产业,发展短线产业等,以优化区域资源配置、推动产业布局的合理化。产业布局调整政策不仅有利于产业有序转移与承接,促进产业区域梯度转移、区域联动等,而且对区域协调发展的产业布局战略起到了至关重要的指导作用。

#### 3. 产业布局保护政策

在经济发展的过程中,有些产业在发展初始阶段缺乏应有的竞争力,但从长远来看又具有发展前途,若不保护其发展,将不利于地区经济的持续发展,甚至可能使地区经济运行缺乏稳定性,从而削弱地区经济对经济波动或其他不利影响的抗干扰能力。因此需要出台相关的产业布局保护政策,采取设置壁垒、排除竞争的措施,保护本地区的弱小产业。

当然，保护政策须适度，否则会形成地方保护主义，引起地区产业结构趋同化，不利于整个国民经济的协调、高效发展。

### （二）产业布局政策的实施手段

#### 1. 经济手段

政府通过财政拨款、发行国家债券、引进外资等方式筹集资金，根据产业布局的要求，恰当选择投资地区，直接投资兴建基础设备，发展高新技术产业，兴办必要的国有企业，以改变地区资源配置状况、调整产业分布的格局；采用税收、金融、采购、工资、就业等经济手段，通过影响各地区和企业的利益得失，间接地引导产业的扩张和收缩及其在某些地区的进退，实现产业布局政策的目标。

#### 2. 规制手段

政府通过法律制度、政策规定，采用行政方法，直接限制某些产业的发展和在某些地区的布点，强行收缩某些地区过度膨胀的产业，淘汰某些地区落后的过剩生产能力；通过及时收集、整理、发布有关各地区产业分布发展现状、前景预测、国家规划、优惠或限制政策等各方面的信息，对地区和企业在产业选择方面进行干预，防止地方产业结构趋同，促进产业布局的合理化。

## 三、产业布局政策的主要内容

### （一）宏观产业布局政策的主要内容

宏观产业布局政策是指中央政府为实施国家产业政策而对产业布局进行的总体谋划，主要是区域产业布局战略与规划及相应政策措施。其内容包括：一是重点区域的选择及其关系的统筹安排与协调；二是区域主导产业的选择及区域间产业分工与协作关系的统筹安排与协调。

在区域发展重点产业的选择上，宏观产业布局政策主要侧重以下几方面：第一，制定国家产业布局战略，确定整体布局的框架，规定战略期内国家重点支持发展的地区，同时设计重点发展地区的经济发展模式和基本思路；第二，划分经济区带，明确各地区的专业化发展方向以及在全国整体布局中的地位；第三，以国家直接投资方式，支持重点发展地区的交通、能源和通信等基础设施乃至直接投资介入当地有关产业的发展；第四，利用各种经济杠杆形式，对重点地区的发展进行刺激，以加强该地区经济自我积累的能力；第五，通过差别性的地区经济政策，使重点发展地区的投资环境显示出一定的优越性，进而引导更多的资金和劳动力等生产要素投入该地区的发展。

在产业集中发展战略方面，产业布局政策手段大致包括：第一，通过政府规划的形式，确立有关具体产业的集中布局区域，以推动产业的地区分工，并在一定意义上发挥由产业集中所导致的集聚经济效益；第二，建立有关产业开发区，确定国家级经济开发区的布局，将产业政策重点发展的产业集中于开发区内，既使其取得规模集聚效益，又方便政府扶持政策的执行。

### （二）区域产业布局政策的主要内容

区域产业布局政策主要是指地方政府为实现本地区产业布局的合理化，在国家宏观总体布局政策指导下采取的局部性产业布局政策。这种政策的目标与任务是通过区域优势和区域内部的分工协作，加强区际竞争与合作，实现布局的合理化。

区域产业布局政策的主要内容包括：一是根据总体产业布局规划，制订区域产业发展计划，确定具有比较优势和竞争优势的区域产业结构；二是选择适合区域特点的产业结构和产业组织结构，并确定区域不同规模和类型的产业发展基地和城镇体系的布局，根据优势区位确定重点开发区；三是确定与区域产业布局相适应的产业技术体系和区域环境保护措施。

## 四、我国产业布局政策实践

新中国成立以来，我国产业布局先后经历了均衡、非均衡、区域协调、海外布局等发展阶段，产业布局政策也在不断调整。

### （一）均衡发展的产业布局政策（1949—1978 年）

新中国成立初期，中国地区产业布局极不平衡：大多数工业集中在沿海地区，中西部现代化产业较为薄弱。面对地区产业的畸形状况以及美国等国家实施经济封锁的国内外严峻形势，国家确立了以平衡工业布局和备战为目的的均衡区域发展目标。在"加快中西部地区经济发展，统一规划，合理布局，统筹兼顾，发挥优势，均衡发展"的战略指导下，通过实施"156 项项目"与三线建设，初期先是把经济建设重点放在了华北、东北和西北地区，后又根据当时战略需要实施"三线建设"，将建设项目重点布局在西部地区，从而平衡了产业在沿海与内地的布局。

20 世纪 50 年代初以及"一五"时期，中国为突破外部经济封锁积极向苏联寻求援助，逐步实施了"156 项项目"。为保障国防安全，项目建设以优先发展重工业为原则，将重工业产业重点向中部、西部，其次是东北部地区进行部署，改变了中华人民共和国成立之初产业在沿海和内地分布不均衡的格局，促进了产业空间分布的均衡化。"二五"时期则进一步确定了充分利用沿海工业基地和大力发展内地工业的方针，加强了宏观产业布局的均衡化。

1966 年到 1975 年，即"三五""四五"时期，政府根据当时的国防战略需要实施了"三线建设"。三线建设是我国从 1964 年到 1980 年在内地的十几个省（自治区）开展的一场以备战为中心、以工业交通和国防科技为基础的大规模基本建设。该政策将建设项目重点布局在西部地区，以备战为中心将全国与大军区相对应划分为西南、西北、华北和东北等 10 个经济协作区，要求每个协作区建成"各自为战"的经济体系。在此时期，均衡建设进一步发展为分散均衡布局。

改革开放前的均衡发展的产业布局政策带动了中西部地区的发展，平衡了沿海与内地产业布局状况。但也需要认识到，这种产业布局战略转移是以抑制和延缓东部地区的生产规模增长速度为代价,从整体上影响了中国经济的效益和发展速度。另外,均衡布局和平均分布生产力使中国各地区产业结构趋同,缺乏地区间分工协作,没能充分发挥各地区的比较优势。

### (二)非均衡发展的产业布局政策(1978—1988 年)

由于改革开放前实施的"三线建设"等政策形成了中国各区域各自为战的产业布局,无法进行区域间的产业分工协作,产业发展效率低下。为解决上述矛盾,改革开放后,中国政府对地区经济发展战略和产业布局政策做了重大调整,把效率原则放在优先地位,提出了以梯度发展为指导的非均衡产业发展战略,即实施"向东倾斜,梯度推进"的非均衡发展战略。其核心就是按照经济发展规律和价值规律的要求,注重宏观经济效益,利用东部地区的区域优势和较雄厚的经济基础,使其首先发展起来。因此在整个 20 世纪 80 年代和 90 年代前期,国家产业布局由过去主要强调备战和缩小地区差异,逐步转变为提高经济效益,以市场取向为中心,向沿海地区倾斜。

在"六五"计划和"七五"计划中,产业布局政策体现为四个层面:第一,加大对东部沿海地区的投资倾斜。加大投资是促进某地区发展的重要前提,政府在"六五"计划和"七五"计划中都明确提出要利用既有优势,加强对东部沿海地区的投资。"七五"计划将全国产业的地区布局明确分为东部沿海地带、中部地带和西部地带,并提出在发展上呈现出由东向西推进的客观趋势,无论是引进外资、国家投资或优惠政策方面,产业布局政策都倾向于东部,特别是加强基础建设,以及其他大项目的投资,促进东部地区的率先发展。第二,加大对东部沿海地区发展的税收、财政和信贷等优惠,主要体现在 1988 年出台的沿海地区经济发展战略中。第三,沿海地区采取"对外开放""外引内联"的政策,先后设立了 5 个经济特区,优先开放 14 个沿海城市,给予这些地区产业发展的各方面优惠政策,以沿海开放带动内陆发展。第四,努力形成梯度的区域产业布局,将东部定位为外向型经济,着力发展附加价值高的技术密集型产业,中西部地区则将发展重点放在能源和原材料领域。

### (三)区域协调发展的产业布局政策(1988—2013 年)

随着改革开放的不断深入,中西部发展滞后、地区经济差距拉大的问题日渐突出。为此,中央着手构建以效率优先、兼顾公平、充分发挥各地区比较优势为显著特征的区域协调发展格局。

从编制"八五"计划开始,国家就着手对区域经济发展政策进行调整。"八五"计划恢复了沿海与内陆的划分模式,提出了促进地区经济朝着合理分工、各展所长、优势互补、协调发展的方向前进。要求沿海地区根据经济技术水平较高而资源缺乏的特点,致力于发展高、精、尖、新等层次较高的产业的出口创汇产品,加快产业结构合理化步伐,并首次提出应大力发展第三产业;内陆地区要加快能源、原材料工业建设和农牧业的开发,在经济条件较好的地区积极发展知识技术密集型产业。

进入"九五"时期后,国家更加重视区域发展差距不断拉大的问题,同时进一步促进区域经济协调发展。1996年人大会议通过"九五"计划,将"坚持区域经济协调发展,逐步缩小地区发展差距"作为九条重要指导方针之一,并指出从"九五"时期开始将更加支持内地的发展,开始实施的一系列促进内地经济发展的政策,有力缓解了东部沿海地区与中西部地区差距扩大的趋势。

"十五"时期我国开始实施西部大开发战略,颁布了《国务院关于实施西部大开发若干政策措施的通知》。在之后的时期,除继续推进西部大开发外,我国也逐步实施了振兴东北地区等老工业基地、促进中部崛起等一系列产业布局战略举措,着力形成区域经济协调发展的局面。

在"十一五"期间,2005年《中共中央关于制定国民经济和社会发展第十一个五年规划的建议》明确提出,我国产业布局要逐步形成以东带西、东中西共同发展的格局,为此,产业布局政策制定有以下几方面重点:第一是鼓励东部地区率先发展,从而带动中西部地区发展。第二是推进西部大开发。西部地区政策的着力点在于稳步提高自我发展能力,支持资源优势转化为产业优势。第三是振兴东北地区等老工业基地。我国于2007年正式发布了《东北地区振兴规划》。第四是促进中部地区崛起。2006年,中部崛起的纲领性文件《中共中央 国务院关于促进中部地区崛起的若干意见》正式出台,强调中部地区发展以省会城市为中心的增长极,进一步调整产业结构,在承接东部地区产业转移的同时提升自主创新能力。

### (四)"走出去"与区域协同发展的产业布局政策(2013年至今)

2015年《中共中央关于制定国民经济和社会发展第十三个五年规划的建议》提出了坚持创新、协调、绿色、开放、共享发展的五个发展战略。提出以"一带一路"建设、京津冀协同发展、长江经济带建设为引领,形成沿海沿江沿线经济带为主的纵向横向经济轴带,并发挥城市群辐射带动作用。

2021年《中华人民共和国国民经济和社会发展第十四个五年规划和2035年远景目标纲要》正式出台,在"走出去"与"引进来"战略方面,提出要加快构建以国内大循环为主体、国内国际双循环相互促进的新发展格局;在区域产业布局方面提出要深入实施区域协调发展战略,即深入推进西部大开发、东北全面振兴、中部地区崛起、东部率先发展,支持特殊类型地区加快发展,在发展中促进相对平衡。

随着区域协调发展战略的实施,各地区基础设施进一步完善,点轴开发持续深化,空间结构不断优化。中部地区形成了武汉都市圈、长株潭城市群、中原城市群等极核结构,沿长江经济带、沿陇海经济带、沿京广和京九经济带的作用日益突出。西部地区初步形成了成渝城市群、关中城市群、北部湾城市群等增长极。东北地区的辽宁沿海经济带、哈大齐经济带作用日益凸显。都市圈、城市群和经济带的建设,整合了区域空间,扩大了市场规模,有效地拉动了中西部和东北地区的发展,促进了区域协调发展。此外,沿海和内地的梯度差异,在中国国土空间内部形成了雁阵模式。这种空间结构有利于挖掘中国内需潜力,有利于降低国际贸易保护主义的影响,有利于加大和提升中国经济的回旋余地、韧劲与持续发展能力。

# 第二节　产业集聚政策

## 一、产业集聚政策概述

### （一）产业集聚政策的内涵

一般而言，产业集聚政策是某国或地区产业政策、科技政策和区域发展政策等的综合和延伸，其作用是保持和促进集群的健康发展并发挥集群对繁荣当地经济的带动效应。产业集聚政策不同于传统的产业政策，后者只关注国民经济的重要部门或企业，产业集聚政策的目标则是从一般的产业部门升级到集群所包含的更广泛的网络价值链，其作用方式也与传统产业政策"由上而下"的强迫执行不同，而是采取"由下而上"的主动接受方式。

### （二）产业集聚政策的目标及原则

#### 1. 产业集聚政策的目标

产业集聚政策的目标通常包括以下四个方面内容：第一，实现区域经济发展政策的发展目标。产业集聚政策通过建立和完善产业集群发展的软硬件环境，如基础设施和中介服务机构等，来促进地区经济的发展。第二，作为国家产业政策的一部分协助实现产业结构调整。第三，提升国家和区域的创新能力。产业集聚影响着创新能力提升，作为区域内技术扩散和知识溢出的重要渠道促进学习型区域的形成。第四，消除地方性的经济发展壁垒。

#### 2. 产业集聚政策的原则

第一，促进和帮助。尽管许多地区采用自上而下的方法，通过政府主导来创建产业集聚和集群，但这样的集群往往缺乏发展潜力，以及稳定性和持久性。从成功的实践来看，大部分发展势头较好的产业集群都是在市场需求背景下遵循一定的演进规律自发聚集形成的，出台的政策往往以支持性政策为主，起到促进和帮助的作用。

第二，市场导向。产业集聚政策依托先进科学的集群制度安排激发市场潜力，实现集群内部结构优化及其外延扩张，达到产业集群升级的目的。政策制定要遵循市场导向原则，以市场运行规律为依托并促进跨区域合作，避免因行政区的人为划分来限制市场流通，从而出现市场分割现象。

第三，分类扶持。由于集群中的政府行为多发生在企业之间、企业与其他机构之间，如为企业、中介服务组织以及科研院校搭建沟通交流的平台等，这就要求政府根据产业集群的实际情况，充分调研各个产业集群自身特有的产生条件、产业性质、规模程度、发展阶段以及区域文化背景等，分类设计相关政策措施，不能完全抄袭和照搬一些地区产业集群的做法。

## 二、产业集聚政策的类型与实施手段

### （一）产业集聚政策的类型

#### 1. 主导统筹性政策

政府主导统筹性的政策大多是从规划层面对产业集聚的发展提出全方位、多角度的指导意见。随着各地产业集群的发展，中央政府和地方政府分别制定了产业集群发展规划与指导意见。中央政府制定政策的如国家发展改革委 2007 年出台的《关于促进产业集群发展的若干意见》，从区域和产业布局、集约型发展、壮大中小微企业、增强自主创新能力、推进循环经济、实施区域品牌、发展生产性服务业和引导区域产业转移八个方面，系统地提出了我国产业集群发展的总体思路和政策措施。同时，地方政府也因地制宜制定政策，体现了政策的针对性和可行性。如浙江省人民政府办公厅 2009 年发布的《浙江省人民政府办公厅关于加快块状经济向现代产业集群转型升级的指导意见》，对浙江的块状经济向现代产业集群的转型升级制定总体部署。

#### 2. 扶持推动性政策

产业集聚的主体是企业，对于高新技术企业以及中小企业，存在市场不确定性强、缺少资金和人才、自主创新能力缺乏、面临风险较高等劣势，从而需要借助外部力量的扶持推动。政府扶持推动性政策是通过对企业的直接支持，促进企业创新，减少企业负担，帮助企业成长。扶持的方式有财政扶持、税收优惠、融资支持等多个方面。例如，财政扶持有对产业集群中的中小企业的专项补贴、对自主创新产品的政府采购，以及创业园区的高素质人才补贴等措施。税收优惠有助于促进高新技术产业的发展，根据《国家重点支持的高新技术领域》政策，对高新技术企业的所得税按 15% 税率征收，新办的高新技术企业，从投产年度起，两年内免征所得税。

#### 3. 约束规范性政策

产业集聚的发展需要考虑生态环境的承载能力，当产业集聚规模超过了生态环境的承载能力时就会产生负效应。因而产业集群的发展也需要和生态环境相协调，需要约束规范性政策以发展循环经济。在我国现行产业集聚有关政策中，如《关于促进产业集群发展的若干意见》提出了切实推进发展循环经济和生态型工业约束规范性的目标指向，要求贯彻实施《中华人民共和国清洁生产促进法》和《中华人民共和国节约能源法》等法律法规，通过清洁生产、资源节约、污染治理和淘汰落后等手段，推动高消耗高污染型产业集群向资源节约和生态环保型转变。对于排放集中、污染严重的产业集群区，探索集中治理方式，推广节能减排共性技术，降低企业治理成本。在产业集群中实施改善环境的政策既有约束作用也有规范作用，对推进我国建设成为环境友好型社会有重要的影响。

#### 4. 准入限制性政策

准入限制性政策是指国家对于特定产业的发展进行限制或是放宽某些产业准入条件的政策。在产业结构不断调整的过程中，一些产业因为环境污染、产能过剩、淘汰低端要求等而被国家限制发展。2011 年，国家出台颁布了《产业结构调整指导目录》，在不同时期对各个行业发展的鼓励类产品和限制类产品都进行了规定。而随着改革开放的不断深化,为促进市场经济的充分发展,对于一些原先被限制发展的产业,国家也慢慢放宽限制。例如深圳前海深港现代服务业合作区是未来现代服务业的集聚区,政府为了支持其创新与发展给予其特殊的优惠政策、放宽准入条件限制,具体方式如支持在CEPA(《内地与香港关于建立更紧密经贸关系的安排》)框架下适当降低香港金融企业的准入条件、支持前海试点设立创新型金融机构和要素交易平台等。

### (二)产业集聚政策的实施手段

#### 1. 规划集群布局

制定本区域重点产业集群发展战略和规划,推动重点产业集群示范建设。例如在全国推动一批重点产业集群示范建设,加强产业基地和产业园建设,制定切实可行的相关扶持政策,重点支持产业规模大、研发能力强、骨干企业相对集中的产业基地和产业园发展,集聚当地和外部的优势资源,引导产业垂直整合,推动国家产业基地和特色园区成为行业自主创新的主体;通过政府大规模投资或者行政命令下的优势企业搬迁来促进地区产业集群的形成;通过设立诸如政府研究园等形式来开发和培育产业集群。

#### 2. 财政资金支持

通过政府采购等公共购买形式拉动产业集群内的产业需求,在有条件的地区设立产业集群发展专项资金,对明确支持的研发项目设立优先支持研发的政策框架,为R&D(科学研究与试验发展)项目合作提供贷款,为使用商业设施提供补贴,对新雇用技术人员、创新管理人员的企业提供补贴。在硬件方面,支持设立孵化器、技术中心,扶持企业或大学的技术商业化计划协助建立技术转移机构。

#### 3. 构筑公共服务平台

通过财政专项资金对产业集群公共服务平台和龙头企业进行支持,搭建公共的专业技术服务平台和产业集群信息交流平台,通过发布信息尤其是技术信息来提升企业对潜在机会的识别能力。同时,建立健全产业集群的统计监测体系,加强产业集群与各类金融机构的对接与合作,完善对外投资、进出口信贷和出口信用保险等支持措施,建立面向用户的合作创新中心平台,为群内企业实施创新培训提供技术经济信息。

## 三、我国产业集聚政策实践

### (一)产业集聚初步形成阶段:以重工业为主(1949—1978年)

新中国成立后,为适应社会经济发展需要,我国按照各地资源禀赋进行了产业布局规划,先后启动了"156项项目"与"三线建设",选取一些重点城市建设大型基础工业项目,形成了以钢铁、石油化工、重型机械等企业为核心,以重工业项目为主的区域产业综合体。从区域分布看,"156项项目"初步形成的产业集群大部分分布于华北和东北地区,根据"一五"计划、"二五"计划的产业布局部署,除了扩大东北、上海等城市已有的工业基础,还积极建设了华北、西北、华中等新的工业基地。"三五"计划、"四五"计划时期,建设重点放在西南和西北地区以及部分中南地区,其中西部地区为"三线建设"的重点区域,如铁路修建的布局。

在政策的主导下,改革开放的产业建设时期为形成区域产业集聚奠定了基础,在中国基本形成了由国防科技产业、机械工业、原材料产业、能源工业等构成的工业体系,有效地拉动了中西部和东北地区产业集聚的发展。例如在四川等金属矿产丰富的地区形成了以矿产开采和加工为主的产业集群。这一阶段的产业集群以政策性产业集群为主,根据国家经济和政治规划通过行政指令的方式形成产业集群,产业集群以重工业为主。这些产业集群的建设和发展为我国奠定了良好的工业基础,极大地促进了地区经济发展和就业,也推动了城镇化进程。

### (二)产业集聚发展转型阶段:以轻工业为主(1978—1991年)

改革开放后,在经济特区"三来一补"的政策推动下,沿海地区利用优惠政策、临海优势、廉价劳动力资源吸引外资,承接国外制造业转移,形成了以轻工业加工贸易出口为主的产业集群。此外,民营经济合法性的确立,使大批民营企业家依托本地丰富的自然资源发展了集群经济。随着小商品市场的开放,如1982年浙江义乌开放小商品市场,在龙头企业的示范带动下,小商品市场凭借其技术含量低、投入资金少,集聚化降低了交易成本和不确定性,一些"家庭作坊"逐渐发展成为中小企业,后又通过"一乡一品"以及"一县一产"的发展模式形成了小型化、分散化的"块状经济",如绍兴纺织产业集群、诸暨轻纺产业集群以及永康五金产业集群等地区特色产业集群。20世纪80年代末,东莞市利用自己处于改革开放的前沿地带、靠近香港的区位优势和优惠政策,以及土地和劳动力的低成本优势,大量引进"三来一补"型的电子信息制造企业,以出口加工贸易的模式参与全球电子信息产业的国际分工并快速发展。

该阶段的产业集群虽然也是由国家政策推动的,但政府在产业集群形成中的角色逐渐转变,市场的推动力量开始占据主导地位。沿海地区依托良好的区位优势、劳动力优势、市场优势以及国家支持民营经济的政策优势,形成了一大批以轻工业、小商品制造业为主的产业集群,产业集群的规模也逐步积累扩大,为地区经济增长、扩大地区就业提供了强大动力。但该阶段集群数量和规模较小,集群规模、集群经济增长还十分缓慢,且新兴产业集群主要集中于沿海开放地区,产业集群的辐射带动作用还十分有限。此时中国的产业集群地区分布呈现出北方重工业大型产业集群与沿海地区轻工业小型产业集群并存的特点。

### (三)产业集聚快速发展阶段:以建设产业园区为主(1991—2012年)

在积极推动沿海地区改革开放的同时,各级政府力图通过建立高科技产业园区的方式促进产业集群的转型升级。1991年国务院下发了《国务院关于批准国家高新技术产业开发区和有关政策规定的通知》后,公布了全国首批27个国家级高新技术产业开发区,1992年又新增25个,涵盖了新能源、装备制造、生物医药、电子信息等多个高科技领域。1992年党的十四大提出建立社会主义市场经济体制的目标,制度上的改革为产业集群的发展提供了强大动力,科技及经济园区建设的加快吸引了大量相关企业聚集在特定区域,园区型产业集群开始出现并快速发展。在产业园区内,企业间分工与协作日渐加强,产业链条不断延伸,集群内初步呈现网络结构的产业生态形式。

在国家政策的大力支持下,各地政府大力发展高新技术产业园区,通过科学规划完善园区基础设施吸引高新技术公司进入园区,形成了若干高新技术产业集群和以园区为载体的产业集群。随着集群产品市场占有率的提高,地方逐渐形成了具有地区特色的"区域品牌"。例如嘉兴各地通过经济开发区和工业园区发展了具有块状经济特点的产业集群后,海宁皮革、濮院毛衫、嘉善木业等传统产业集群获得了由行业协会所颁发的"中国皮革之都""中国毛衫第一市""中国实木复合地板之都"等称号。

鉴于产业集群在促进经济发展中发挥着越来越重要的作用,国家针对如何使产业集群又好又快发展,出台了一系列直接或间接的政策。其中,2005年国务院发布的《国务院关于鼓励支持和引导个体私营等非公有制经济发展的若干意见》(又称《非公经济36条》)等政策鼓励支持了非公有制经济的发展,间接引导了产业集群。由于产业集群内的企业多数是非公有制企业,因此《非公经济36条》既是国家鼓励和支持非公有制经济发展的政策,同时也是间接引导产业集群的发展的政策。2007年国家发展改革委出台的《关于促进产业集群发展的若干意见》明确提出了促进产业集群发展的总体思路和措施,成为日后直接引导产业集群发展的重要政策指导。

该阶段产业集聚发展的形式主要是以高新技术产业园区带动新型产业集群的建设和发展,创新要素开始聚集在产业集群内,产业集群的发展重心也明显从华北地区转移至东南沿海地区。而在东南沿海地区推动产业集群优化升级、大力发展创新型产业集群的同时,我国中西部地区劳动力不断回流、承接产业不断增加,促进了中西部地区城镇化水平的加速发展。

### (四)产业集聚战略升级阶段:以高新技术产业为主(2012年至今)

随着高新技术产业在整个产业体系中的地位日益凸显,国家发展改革委在2009年发布了《国家发展改革委关于加快国家高技术产业基地发展的指导意见》,以促进高技术产业集群化发展为重点,加大了对国家高技术产业基地发展支持力度。2014年《国家发展改革委关于加快国家高技术产业基地创新发展的指导意见》提出要通过5~10年的努力,形成一批自主创新能力强、产业技术领先、具有国际竞争优势的高技术产业和战略性新兴产业集群。2019年,国家发展改革委下发了《关于加快推进战略性新兴产业产业集群建设有关工作的通知》,公布了第一批国家级战略性新兴产业集群建设名单。2020年,《关于扩大战略性新兴产业投资 培育壮大新增长点增长极的指导意见》提出深入推进国家战略性新兴产业集群发展工程。2021年《中华人民共和国国民经济和社会发展第十四个五年规划和2035年远景目标纲要》提出,持续推动战略性新兴产业融合化、集群化、生态化发展。

**扩展阅读 14-1**

#### 虚拟产业集群

在数字化转型浪潮的进程中,2020年7月,国家发展改革委等13部门联合印发了

《关于支持新业态新模式健康发展 激活消费市场带动扩大就业的意见》，提出了支持数字经济15种新业态新模式的一系列政策措施，其一就是打造跨越物理边界的虚拟产业园和产业集群。

虚拟产业集群（园区），是通过企业虚拟化和网络虚拟平台的搭建，推动不局限于统一地理区域、具有产业链和价值链内在联系的企业和机构，基于一定契约和规则而形成的虚拟空间集聚，从而实现线下"实体"与线上"虚拟"有机结合、充分竞争、共同发展的虚拟集合体。虚拟产业集群（园区）是数字经济时代产业集群推动数字化转型的必然选择，促进产业范式从传统的基于地理空间集中向新型的基于虚拟平台集聚转变，演进路径从"数量集中—质量提升—研发和品牌创新主导"向"平台驱动—社区化运作—无边界发展"转变，产业边界从融入本地分工体系向融入全球一体化分工体系深度扩展，从而实现规模、能力和效益的整体提升。

"虚拟产业集群"的首次提出是在1997年，由巴西圣保罗大学、英国纽卡斯尔大学等7所大学组成网络化研究课题组，提出虚拟产业集群是具有各自专长的企业集合体，是快速构建与运作虚拟企业的基础平台，成员通过提供核心能力、参与虚拟运作，分享市场。在具体实践中，有以政府主导的制造业创新网络、乌镇虚拟产业园，也有以企业主导的阿里淘工厂、猪八戒网、海尔"海立方"、中航工业"爱创客"等代表性虚拟产业集群（园区）。

目前我国在促进数字化虚拟产业集群发展方面的政策有以下几个重要实践历程。一是国家发展改革委、中央网信办在2020年印发《关于推进"上云用数赋智"行动 培育新经济发展实施方案》的通知，以及同年印发的《关于支持新业态新模式健康发展 激活消费市场带动扩大就业的意见》支持在产业集群、园区等建立公共型数字化转型促进中心，打造跨越物理边界的"虚拟产业园"和"虚拟产业集群"。二是2022年《"十四五"数字经济发展规划》提出要引导产业园区加快数字基础设施建设，推动共享制造平台在产业集群落地和规模化发展，推动产业园区和产业集群数字化转型。

目前，"虚拟产业集群"发展势头正盛，但仍有阶段性的问题。例如集群治理手段尚不成熟。虚拟产业集群（园区）是基于一定的产业关联和社会网络关系而形成的企业虚拟化集聚，建立在相互信任和互动的基础上，内生协调机制较为松散，亟须在政府部门的促进沟通、集群内领导企业各层级间的协调管理、集群创新资源的开放性交流以及集群行业的自律监督激励等方面加强建立配套治理机制。另外，集群运营能力仍有待提升。大多数虚拟产业集群（园区）仍处于规模化发展的初级阶段，创新链、服务链与产业链并未形成有机衔接，基于数据流打通的"虚""实"集群建设进展缓慢，虽然初步形成企业在线规模化集聚，但企业间通过"结网和互动"、以数据为驱动的网络化协同机制并未充分发挥作用。

资料来源：高婴劢.数字经济新业态新模式发展研究之虚拟产业集群篇[J].中国计算机报,2020(35)：14.

# 第三节　产业转移政策

## 一、产业转移政策概述

### （一）产业转移政策的内涵

产业转移政策是政府根据经济发展规律的客观要求和一定时期内本地区产业发展的现状和趋势，综合运用经济手段、法律手段以及必要的行政手段，通过产业转移促进区域协调发展的政策体系。从分类上讲，由于产业转移可以推动发达地区产业结构调整、欠发达地区产业发展，因此产业转移政策属于产业布局和产业结构政策体系。从理论上讲，由于市场本身的特征及其区域之间差异的存在，现实中仅仅依靠市场，难以实现增长极的扩散效应和区域协调发展的目标，而政策可以弥补市场不足，因此，产业转移政策是政府为弥补市场缺陷而对相关产业转移活动进行干预的政策总称。从实践而言，产业转移政策是为了帮助落后地区实现经济赶超所采取的政策总和。从内容上讲，产业转移政策包括推动产业转移的财税政策、金融政策、投资政策、土地政策、商贸政策、科教文化政策等。

### （二）产业转移政策的类别

#### 1. 对外产业转移政策

对外产业转移政策分为完善制度和促进联通两类。在完善引进外资的制度方面，我国侧重于完善外商投资的法律制度。如 1979 年颁布了《中华人民共和国中外合资经营企业法》（以下简称《中外合资经营企业法》），1988 年出台了《中华人民共和国中外合作经营企业法》（以下简称《中外合作经营企业法》）；1995 年出台了《外商投资产业指导目录》，后续经过多版修订，自 2023 年 1 月 1 日实施《鼓励外商投资产业目录（2022 年版）》。此类政策的出台为促进我国引进外资、承接国外产业转移奠定了法律制度基础。在促进国际互联互通方面，我国于 2001 年加入世界贸易组织，2015 年提出了《推动共建丝绸之路经济带和 21 世纪海上丝绸之路的愿景与行动》，2020 年正式签署《区域全面经济伙伴关系协定》（RCEP），2023 年签署了《关于高质量实施〈区域全面经济伙伴关系协定〉（RCEP）的指导意见》。这些对外开放政策的实施充分开发了我国不同地区的区位优势，深化了与沿线国家的产业合作，拓宽了承接国际产业转移的渠道与方式。

#### 2. 国内产业转移政策

国内产业转移政策分为宏观指导和区域规划两类。宏观指导性的政策文件如《产业发展与转移指导目录（2018 年本）》《中华人民共和国国民经济和社会发展第十四个五年规划和 2035 年远景目标纲要》《关于促进制造业有序转移的指导意见》等贯彻了国家区域协调发展战略，统筹协调东北和东中西部四大板块，推动了国内产业有序转移。对东部地区而言，一些传统产业外迁可以释放土地等要素空间，为引进培育高技术制造业提供支撑，通过"腾笼换鸟"实现转型升级。对中西部地区和东北地区来说，积极承接产业转移，能够充分发挥低成本劳动力和充沛能源资源等优势，助推经济增长。区域规划方面，在

《国务院关于中西部地区承接产业转移的指导意见》下,东部省区相继出台《京津冀产业转移指南》和《关于推动产业有序转移促进区域协调发展的若干措施》,意在加强区位产业连接优势,促进东部过剩产能向中西部、东北部梯度转移,西部地区出台《皖江城市带承接产业转移示范区规划》和《湘南湘西承接产业转移示范区总体方案》等,对承接产业转移的梯度区位作出整体规划。

## 二、我国产业转移政策实践

改革开放至今,我国产业转移政策实践历程可以划分为四个阶段,分别是以初步支持沿海地区承接产业转移为主的第一阶段、以逐渐深化沿海地区承接产业转移为主的第二阶段、以促进中西部承接沿海地区产业转移为主的第三阶段,以及以促进国内产业海外转移与国内协调发展为主的第四阶段。

### (一)初步支持沿海地区承接产业转移的实践(1978—1991年)

在第一阶段,我国港台地区承接了世界第三次产业转移的红利,改革开放政策出台后,又进一步由周边东部沿海地区承接了劳动密集型产业的转移。此阶段政策的出台以完善制度基础,支持港台及东部沿海区域经济发展的政策为主。

宏观上,为吸引国际产业转移提供了政策支持环境,1979年出台《中外合资经营企业法》,为引进外资奠定了法律基础,1985年《长江、珠江三角洲和闽南厦漳泉三角地区座谈会纪要》中提出一系列对外资的优惠支持措施,如提供优惠的外汇贷款、对外商的一部分作为投资进口的用于企业生产和管理的资源免征关税和进口产品税等。对于在第三次世界产业转移中先发展起来的香港、台湾地区,政府也出台了相应的支持政策以引进台资、港资,1980年商业部颁布《购买台湾产品的补充规定》:凡持有台湾产地证明的货品,其进口视同境内贸易,免征关税。国务院于1983年公布了《台胞经济特区投资三项优惠办法》,1986年颁布了《国务院关于台湾同胞到经济特区投资的特别优惠办法》,规定台湾厂商到特区投资办厂,一定年限内免征所得税等优惠措施。1988年7月,《国务院关于鼓励台湾同胞投资的规定》不仅从法律上对台商投资企业提供安全保障,而且在投资形式、经营期限和税收等方面为台商提供了更优惠的政策。

在世界产业递次转移的背景下,劳动密集型产业逐步由发达国家如日本、德国梯度转移到劳动力成本较低的发展中国家和地区,我国香港和台湾便首先抓住了机遇,建立比较发达的劳动密集型产业,随着对外开放政策的实施,香港主要通过"三来一补"的加工贸易方式以及"前店后厂"分工合作模式,把劳动密集型制造业转移到深圳特区和珠江三角洲,台湾也掀起了向大陆的第一次产业转移热潮,主要是以轻纺工业为代表的劳力密集型产业向大陆东南沿海地区的转移,尤其是闽、粤两省占大陆引进台资的一半以上。在这一阶段,我国东南沿海地区凭借优越的地理位置和劳动力成本优势,不断吸引国际制造业的转移,为东南沿海省份制造业的发展奠定了基础。

### (二)逐渐深化沿海地区承接产业转移的实践(1992—2000年)

在第二阶段,我国产业转移总体趋势上加深了港台和沿海地区的产业转移,由发展劳动密集型加工贸易延伸至承接技术资本密集型产业,并逐步开启西部地区产业布局的政策规划。

在承接国际产业转移方面,我国抓住了第四次国际产业转移的机遇,完善了承接国际产业转移的制度基础。跨国公司开始在我国进行大规模、系统化的投资,中国引进外资的重点从加工贸易方式转变为外商直接投资。在 20 世纪 90 年代中期以前,外商投资企业主要将中国定位为低技术档次的加工组装基地,国内的配套率较低,内地(大陆)主要承接了来自欧美发达国家、德国日本等亚洲发达国家以及先行发展起来的香港、台湾地区转移的劳动密集型产业和一部分资本技术密集型产业。该时期跨国公司在华投资逐渐增多,集中在华东沿海地区和环渤海地区。

在国内产业转移方面,虽然至 20 世纪 90 年代中期闽、粤东南沿海地区仍是台商投资的重要区域,但随着台商投资规模的扩大以及投资产业逐渐向高科技产业转移,投资热点从过去以华南沿海地区为"主战场"逐步向北转移。进入 21 世纪,长江三角洲地区成为台湾以电子信息产业为主的高科技产业的投资重心,一批著名台湾电子信息企业先后落户苏南,从而形成群聚长江三角洲地区的态势。台湾还大幅提高了高科技产业在江苏和广东两省的投资集中度,珠江三角洲地区的深圳、东莞、佛山、广州等地也在这一时期形成了台商电子信息产品出口基地。

### (三)促进中西部承接沿海地区产业转移的实践(2001—2011 年)

在第三阶段,一方面,我国不断加强与其他国家的经贸联系,积极承接技术、资本密集型产业以及服务产业的转移;另一方面,国内产业开始在政策引导下由东部沿海地区向中西部地区进行梯度转移,产业转移政策体系也逐渐完善,不仅出台了宏观指导性的政策文件,中西部重点地区针对各自优势区位也出台了产业转移承接政策。

在承接国际产业转移方面,我国加入世界贸易组织,由此促进了与世界各国的经贸联系,市场开放和经济持续高速增长强化了对国际产业的吸引力。从 2002 年开始,我国进入承接国际产业转移新的高速增长阶段,外商在我国投资企业的国内配套率上升较快。承接国际产业转移虽然仍然集中于制造业特别是制造业的加工组装环节,但发达国家也在把已经发展成熟的技术、资本密集型产业,如电子信息、家用电器、汽车、石化产业等,向我国东部沿海地区大规模转移。国际服务业向中国的转移也有了明显加速,房地产、租赁和商务服务业、交通运输、批发和零售业等服务业吸收了较多的外资,一些跨国公司在中国设立了研发中心、采购中心和地区总部。

在承接国内产业转移方面,西部大开发战略的实施促进了西部与东中部地区的良性互动,基础设施的完善以及优势产业集聚效应的凸显,为后续承接东部产业转移奠定基础。在《"十五"西部开发总体规划》和《西部大开发"十一五"规划》实施的基础上,2010 年出台《国务院关于中西部地区承接产业转移的指导意见》,提出了一系列鼓励东部地区产业向中西部地区转移的政策,把产业园区作为承接产业转移的重要载体和平台,鼓励中西部地区通过委托管理、投资合作等多种形式与东部沿海地区合作共建产业园区,并通过推动建立省际产业转移统筹协调机制、重大承接项目促进服务机制等,引导和鼓励东部沿海地区产业向中西部地区有序转移。承接产业具体包括劳动密集型产业、能源矿产开发和加工业、农产品加工业、装备制造业、现代服务业、高技术产业、加工贸易业。指导意见公布后，各省根据特色产业以及区位优势制定产业转移政策，如河北省重点瞄准"珠三角""长三角"和京津地区承接产业转移。2010年我国出台了《皖江城市带承接产业转移示范区规划》，该示范区获批全国首个以承接"产业转移"为目标的国家级示范区，皖江城市带是实施促进中部地区崛起战略的重点发展区域，是长江三角洲地区产业向中西部地区转移和辐射最接近的区域。

### （四）国内产业海外转移与国内协调发展的实践（2012年至今）

2012年以后，我国作为核心产业转移国家参与了世界第五次国际产业转移，此阶段的国际产业转移呈现出双向变动态势。一方面，我国劳动力成本逐渐失去了相对于东南亚等后发国家和地区的成本优势，受劳动力、土地等成本因素影响较大的纺织等低技术行业开始向劳动力和土地成本、政策优惠更具优势的越南、柬埔寨、印度尼西亚、缅甸等东南亚国家转移，机械、汽车和电子元器件等劳动密集型、出口加工产业也随之跟进。另一方面，同时期的欧美国家和地区先后开启了"再工业化"战略，2012年欧盟委员会发布题为《强大的欧盟工业有利于增长和经济复苏》的报告，明确了实现"再工业化"目标，高端制造业则开始回流转移至美国、日本和欧洲等发达经济体。

在国际产业转移方面，多项政策全面展开：2012年，出台《产业转移指导目录（2012年本）》，后由工业和信息化部修订为《产业发展与转移指导目录（2018年本）》，该文件针对国家区域战略确定的东北、东部、中部和西部四大区域，分别明确了发展方向和重点承接产业，推动了产业合理有序转移；2020年，《区域全面经济伙伴关系协定》正式签署；2023年，《关于高质量实施〈区域全面经济伙伴关系协定〉(RCEP)的指导意见》引导鼓励企业以RCEP实施为契机，提升贸易和投资发展水平，扩大国际合作，提升质量标准，促进产业升级，增强参与国际市场竞争力。

在国内产业转移方面，几大区域相继颁布政策规划：第一，为深入贯彻西部大开发战略，《西部大开发"十二五"规划》于2012年颁布，《中共中央 国务院关于新时代推进西部大开发形成新格局的指导意见》于2020年出台，明确西部地区积极对接京津冀协同发展、长江经济带发展、粤港澳大湾区建设等重大战略，加强西北地区与西南地区合作互动。第二，中西部地区积极承接东部产业转移。2018年《湘南湘西承接产业转移示范区总体方案》的出台，推进了作为中西部地区承接产业转移的领头雁的湘南湘西地区有力有序有效承接东部沿海地区产业转移，积极融入长江经济带发展和粤港澳大湾区建设。第三，京津冀地区协同发展。2016年出台的《京津冀产业转移指南》通过重点建设五区五带五链引导京津冀产业有序转移，以产业园区为产业转移的主要承接载体，对每个园区优先承接的产业作出了规定。第四，长三角一体化发展和川渝合作的持续深入引领长江经济带产业转移。2018年，四川省（川）和重庆市（渝）共同签署《深化川渝合作深入推动长江经济带发展行动计划（2018—2022年）》，鼓励长江经济带中游地区积极承接邻近区域的产业转移。第五，粤港澳大湾区建设引领产业转型升级。2019年，广东省出台《中共广东省委广东省人民政府关于贯彻落实〈粤港澳大湾区发展规划纲要〉的实施意见》和《广东省推进粤港澳大湾区建设三年行动计划（2018—2020年）》，明确粤港澳地区的转型升级以部分产业向外转移输出为依托,鼓励湖南省、江西省和广西壮族自治区等周边省、区、市积极对接,主动承接产业转移。2023年,广东省印发《关于推动产业有序转移促进区域协调发展的若干措施》,提出建立"1＋N"的产业转移政策体系,共建一批产业转移合作园区,支持打造双向"飞地经济"模式等措施,支持并引导粤东、粤西、粤北地区更好承接珠三角地区产业有序转移。

## 本章要点

1. 产业布局政策是政府为实现产业分布的合理化而采取的政策手段的总和,是实现产业合理分布的重要手段。

2. 产业布局合理化的过程也就是地区分工协作合理化、资源地区配置和利用合理化的过程。

3. 产业布局政策在宏观产业政策和区域政策体系中都具是非常重要的组成部分。宏观产业布局政策指导全国产业布局的战略规划。区域产业布局政策则根据全国总体产业布局战略规划,针对本地区的条件和特点制定具体的产业战略和规划。

4. 产业布局政策的实践可分为四个阶段,分别经历了均衡、非均衡、区域协调、海外布局等实践历程。

5. 产业集聚政策是某国或地区产业政策、科技政策和区域发展政策等的综合和延伸,其作用是保持和促进集群的健康发展并发挥集群对繁荣当地经济的带动效应。

6. 产业集聚政策作用方式与传统产业政策"由上而下"的强迫执行不同,采取的是"由下而上"的主动接受方式。

7. 产业集聚政策以发展产业基地和产业园建设为主,并辅之以构建公共服务平台,各级政府实施财政扶持、税收优惠、融资支持等措施以支持产业集群发展。

8. 产业转移政策是一个国家的中央政府或地方政府为了推动增长极扩散效应和区域协调发展目标的实现,而主动干预产业转移活动的各种政策的总和。

9. 我国产业转移政策类别上可分为对外的国际产业转移政策以及对内的国内产业转移政策。对外产业转移政策的制定大体侧重于完善制度和促进联通,国内产业转移政策的制定则侧重于宏观指导和区域规划两方面。

## 关键术语

产业布局政策　宏观产业布局政策　区域产业布局政策　非均衡发展政策区域协调发展政策　产业集聚政策　产业集群　产业园区　产业转移政策　国际产业转移国内产业转移　中西部承接　产业转移　区域一体化

## 习题

1. 阐述产业布局政策的概念。

2. 阐述产业布局政策的目标与原则。

3. 概述产业布局政策实践四个阶段的主要特点。

4. 阐述产业集聚政策的概念。

5. 产业集聚政策主要的类型和实施手段有哪些？

6. 阐述产业转移政策的概念。

7. 我国产业转移政策的制定在对外和对内两个方向上都有哪些侧重？

8. 概述我国产业梯度转移的走向，并论述政策是如何引导产业逐步实现梯度转移的。

 **即测即练**

# 第十五章 产业升级政策

产业升级政策是以产业升级为导向,通过技术进步使某一行业的比较优势由依赖于传统资源禀赋向高端要素转变,旨在实现由低技术水平、低附加价值向高新技术、高附加价值生产状态变迁的一系列政策措施的综合。积极制定与实施产业升级政策是促进经济发展方式转变最为重要的途径。本章将围绕产业创新政策、产业融合政策和产业绿色发展政策进行分析,介绍其主要内容和实施手段,并总结其在中国的具体实践。

## 第一节 产业创新政策

### 一、产业创新政策概述

#### (一)产业创新政策的内涵

产业创新政策是对产业的技术创新体系实施激励、引导、选择、促进与控制政策的总和,其目的是服务于产业的总体优化升级,扶持和推进高科技产业的优先发展。产业创新政策是在产业政策引导下,推动创新政策适应于特定的技术和产业结构环境而形成的,符合技术创新成长规律,能有效解决市场失灵和创新成果产业化问题,提高创新政策的实施效果。产业创新政策能够将产业的基本属性及技术知识基础与产业创新过程结合起来,是保障产业创新和产业协调发展的重要手段,对产业结构升级存在着深刻的影响。

#### (二)产业创新政策的必要性

**1. 创新的外部性**

由于创新成果具有公共产品的性质,创新成本与社会收益之间存在不对称关系,个人收益率总是低于社会收益率,创新活动的正外部性十分明显。企业在进行创新决策时只考虑私人收益,而不考虑社会收益率,因此完全依赖市场机制将导致投资与开发的积极性不足。在科学技术研究领域,有许多企业不愿或难以提供的公共产品,如技术标准的制定、基础理论研究、人才培养等,需要政府从经济发展或产业发展的全局出发予以支持。政府可以通过提供这些公共产品,引导和促进产业整体创新水平的提高。

**2. 创新的风险性**

在自由竞争的市场机制下,企业创新成果只有获得市场的认可才能转化为经济利润。只有当企业看到创新活动潜在的市场价值及其能带来的经济利润时,才愿意进行创新活动。然而,创新行为存在技术与商业的双重风险,将限制社会的创新速度。一方面,受自身技术装备水平、科研力量的限制,创新过程中许多因素处于不确定状态,可能会出现技术失败、技术停滞、技术转化不足等问题;另一方面,在技术成果转让或转化、技术成果商品化及进入市场阶段,接收方对技术成果的需求及评价也具有很大的不确定性,可能无法获得预期的市场回报。因此,需要政府通过具有战略性目标的产业创新政策,降低企业创新的风险,引导社会创新行为的扩张,推动社会创新浪潮的产生。

### 3. 创新的高成本

创新是一个高投入过程,需要大量的人力、物力和财力,具有投资多、周期长、见效慢的特点。创新活动大大增加了企业的成本、降低了企业创新的积极性,需要政府通过财政补贴等方式为企业创新活动提供资金支持。同时,现代经济发展越来越依赖于连续、高效、大规模和有组织的技术创新,其所需要的设备和基础条件具有整体性,一般企业尤其是中小企业难以承担此类技术创新,在缺乏政府介入的情况下,单纯依靠市场机制会导致创新不足的问题。因此,需要政府以适当的政策手段对技术开发与推广应用进行有效的指导、组织、扶植和协调。

## (三)产业创新政策的作用

### 1. 缓解市场失灵

产业创新政策能够缓解创新这一公共物品提供过程中存在的"市场失灵"问题,对于引导和激励企业开展技术创新意义重大。产业创新政策能够通过为创新企业提供信贷支持、财政补贴、税收减免等方式,提高其私人收益或降低其创新成本,缩小企业研发的私人收益与社会收益的差距,将企业技术创新的正外部性内部化,促使企业有更强烈的意愿进行创新活动。同时,产业创新政策能够通过技术支持、需求引导等方式,降低企业创新过程中的技术风险和商业风险,增强企业创新的积极性。

### 2. 配置创新资源

政府所能使用的资源是有限的,无法对所有的技术创新和可能的产业升级都提供帮助。产业创新政策能够通过资源配给和行政指导,将有限的创新资源配置到边际效率更高的产业和企业上,减少和避免资源的闲置和浪费、提高企业资源使用效果,进而加快产业转型升级速度、提高产业综合竞争力。此外,产业创新政策还能够通过科学合理的创新资源配置,营造良好的自主创新制度环境,提升产业间以及产业组织内部的竞争活力,从而更好地促进企业创新。

### 3. 降低信息不对称

技术创新的独特性与产权保护的不完善使得企业对于研发项目相关信息的披露较为谨慎,加剧了外部投资者与创新企业之间的信息不对称。产业创新政策凝聚了政府的信息优势和能力优势,能够向市场主体传递有价值的信息。一方面,通过公布重点发展行业以及行业重点发展对象等信息,向企业传递鼓励创新发展的积极信号;另一方面,通过政府信用传递企业创新发展的利好信息,降低外部投资者和企业之间的信息不对称以及企业与技术合伙人之间技术合作的不确定性,为创新活动提供资金和技术支持。

## 二、产业创新政策的类型和手段

### （一）产业创新政策的类型

#### 1. 技术引进政策

技术引进政策主要指国家通过贸易或技术经济合作的途径，从其他国家获得先进的技术支持，从而促使本国某些产业的技术升级或换代的政策。要使技术引进政策发挥作用，一要根据本国实际需求有选择地进行技术引进，二要重视对引进技术的深入研究，并加以推广、改进和革新，实现引进、消化、吸收和创新之间的良性循环。其相应的配套政策措施有：加强政府在技术引进方面的指导作用，以税收、外贸、外汇等优惠政策支持多种方式的引进，用经济、法规和必要的行政手段鼓励引进关键技术，做好引进技术的消化吸收工作。

#### 2. 研究与开发援助政策

研究与开发援助政策主要指政府通过给予融资、税收或其他政策支持，弥补企业研究和开发能力的不足，促进企业自主创新能力的提升的政策。研究与开发援助政策包括技术开发的鼓励和保护政策，如知识产权保护政策、鼓励新技术的发明和创造政策、专利政策等；促进新技术开发、传播和扩散的政策；协调基础研究、应用研究和发展研究的政策；提高新技术、新工艺、新产品普及率的政策。

#### 3. 科技成果产业化政策

科技成果产业化政策主要指政府为了促进科技成果尽快转化和应用，出台的一系列法规和政策。科技成果产业化是基于提高生产力水平的目标，对具有实用价值的科技成果所进行的后续试验、开发、应用、推广直至形成新产品、新工艺、新材料。宏观调控是确保科技成果产业化有序开展不可或缺的因素，通过政府的发展规划和公共政策进行合理干预和规制，整合创新资源，弥补市场缺陷，为科技成果产业化营造良好的环境。科技成果产业化政策的主要手段包括产学研合作、产权保护、税收减免和其他经费补贴等。

### （二）产业创新政策的手段

根据产业创新政策实施手段的功能，可将其分为供给侧手段、需求侧手段和环境侧手段，如图 15-1 所示。其中，供给侧手段主要是指通过政策手段增加各种要素的供给以支持创新；需求侧手段主要是指通过政策手段引导市场需求，进而激励企业创新；环境侧手段主要是指借助外部因素，打造有利于政策落地和产业创新的宏观环境。

#### 1. 供给侧手段

第一，人才队伍建设。政府通过出台人才培养、人才引进、人才管理等一系列举措，加强人才队伍建设，为人才提供适宜的创新环境，激发人才创新潜能，增强科技创新的核心竞争力。第二，基础设施建设。政府通过加强对科技基础设施、实验室体系、工程中心、企业技术中心等创新基础设施的建设，保障科学研究、技术开发及产品研制的正常进行，为激发科技创新动能提供强大支撑。第三，科技公共服务。政府通过提供科普教育、技术咨

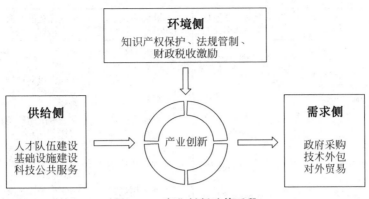

图 15-1　产业创新政策手段

询、技术培训、统筹协调等科技服务,为企业创新活动提供技术支持,降低企业创新难度及进入门槛,营造良好的科技创新氛围。

**2. 需求侧手段**

第一,政府采购。政府以创造或者扩大对创新产品的市场需求为目标,择优购买高新技术产品,通过向创新者提供一个能够预期的、稳定的公共购买市场,降低其创新过程中来自市场方面的不确定性,刺激企业创新。第二,技术外包。政府将部分研究开发计划委托给企业或者民间科研机构,直接增加其创新需求,通过扩大创新产品的市场规模,带动科技创新。第三,对外贸易。政府采取与对外贸易相关的管制措施,鼓励与自主创新有关的外国直接投资及进出口贸易,拉动创新的海外需求,增强企业创新的动力。

**3. 环境侧手段**

第一,知识产权保护。政府对知识产权进行保护,给予知识产权人一定期限内独占市场的权利,使其收回投资成本并取得利润,保证知识创新具有足够的私人投资,从而达到鼓励知识和技术创新的目标。第二,法规管制。政府设立有关创新环境规范、创新机制体制建设等法规制度,通过维护创新市场秩序,保障市场主体间的公平竞争,为科技创新营造良好的环境,促进科技创新活动的开展。第三,财政税收激励。政府以税收优惠、减免或研究开发财政拨款、补贴等形式向创新企业提供支持,通过降低企业研发投入的成本鼓励企业创新活动,促进产业创新发展。

## 三、中国产业创新政策实践

以中国市场化改革发展历程为主线,根据中国产业创新政策的重点内容和实施情况,可将其划分为以下四个阶段:改革探索阶段(1978—1992 年)、改革全面深化阶段(1992—2001 年)、改革继续深化阶段(2001—2012 年)、全面深化改革新阶段(2012 年至今)(图 15-2)。

### (一)改革探索阶段(1978—1992 年)

邓小平在全国科学大会上提出"科学技术是生产力",开启了中国科技发展的新纪元。

| 改革探索阶段<br>(1978—1992年) | 改革全面深化阶段<br>(1992—2001年) | 改革继续深化阶段<br>(2001—2012年) | 全面深化改革新阶段<br>(2012年至今) |
|---|---|---|---|
| • 覆盖面窄<br>• 计划、行政色彩<br>• 技术设施不足<br>• 产学研联动不足<br>• 知识产权保护缺乏 | • 主要依赖行政手段<br>• 扶持性政策导致不平衡 | • 政策具有倾向性，民营企业动力不足 | ✓ 强调以科技创新引领现代化产业体系建设<br><br>✓ 重视战略性新兴产业<br><br>✓ 将现代技术与制造业深度融合作为发展重点<br><br>✓ 政策手段从间接干预向引导发展转型 |
| ✓ 探索科技与经济的结合之路 | ✓ 直接干预的行政手段减少<br>✓ 更加重视企业主体和市场导向 | ✓ 企业融入全球产业分工体系<br>✓ 重视企业技术创新<br>✓ 主要采用经济手段 | |

**图 15-2　中国产业创新政策发展历程**

这一阶段，中国科技改革已跳出封闭的科技体系，在宏、微观层面实施了一系列改革措施，以更广阔的视野探索科技与经济的结合之路。但是中国制造业企业发展的重心仍然是规模的扩张而非技术创新能力的提升，政策鼓励的创新主体仍为国有企业，总体覆盖面比较窄，政策手段仍具有较浓厚的计划和行政色彩，难以适应各种不同规模和不同类型企业的技术创新需求。同时，这一阶段中国技术设施建设不足，政、产、学、研、企之间联动不够，知识产权保护缺乏、创新文化淡薄等，导致制造业企业自主创新意愿不强、技术开发能力薄弱。

1978年颁布的《1978—1985年全国科学技术发展规划纲要》（以下简称《纲要》）提出要建成全国科学技术研究体系，但制订的一些发展目标和发展计划不切实际，违背了发展科学技术的初衷。1984年颁布的《1986—2000年科学技术发展规划》，总结了此前《纲要》的失败经验，强调科技与经济的结合，提出要发展具有中国特色的科学技术体系，中国科技政策逐渐过渡到面向经济建设的轨道上来。1985年颁布的《中共中央关于科学技术体制改革的决定》，对科技管理体制、科研机构的组织结构、人事制度等方面进行了改革，标志着中国科技体制进入竞争与市场的阶段。这一时期，国家科技政策也开始强调促进新兴技术和新兴产业发展。1985年颁布的《中国技术政策》明确了集成电路、电子计算机等14类技术政策要点。同时，一批重大科技计划开始实施，1985年和1988年发布的"一体两翼"的"星火计划"和"火炬计划"，形成调整科技资源配置方向、面向经济建设的两个主要突破口，1986年面向前沿高技术领域的"863计划"正式启动，国家重点新产品计划、国家科技成果重点推广计划、国家级重点新产品试制鉴定计划等先后推出。

## （二）改革全面深化阶段（1992—2001年）

以邓小平南方谈话和党的十四大为标志，中国进入从计划经济体制向社会主义市场经济体制转变的新阶段，打开了经济发展的崭新局面，也为中国科学技术的发展注入新的生机。在此背景下，产业创新政策也相应调整，直接干预的行政手段减少，更加重视企业主体和市场导向。政府对企业创新行为起到了规范和引导作用，并出台了一系列支持科技型中小企业和高新技术企业发展的政策措施。但是，这一阶段中国仍主要依赖行政手段进行科技体制改革，并未形成良好的"科技长入经济"的政策环境，且产业政策带有选择性扶持的特性，使东部沿海地区的部分企业和高技术产业获得了更多的发展机会，造成了其他产业和企业创新机会较少和创新动力不足的问题。

1993年我国通过了《中华人民共和国科学技术进步法》，这是中国第一部关于科技进步的具有基本法性质的法律，为中国科技法制的建设奠定了重要基础。1994年颁布了中国第一个市场经济条件下的产业政策文件《90年代国家产业政策纲要》，提出要加快高新技术产业发展的步伐。同年，还颁布了《国务院关于进一步加强知识产权保护工作的决定》，开始重视知识产权保护。1995年颁布的《关于加速科学技术进步的决定》确立了"科教兴国"的战略方针，并提出要将发展高技术及其产业作为重点任务之一，为后续创新政策制定找准了定位。1996年颁布的《中共中央关于制定国民经济和社会发展"九五"计划和2010年远景目标的建议》指出，要积极发展高技术及其产业，并确立企业为技术开发主体。1999年颁布的《中共中央、国务院关于加强技术创新，发展高科技，实现产业化的决定》，提出要加强关键和共性高新技术创新，加速高技术产业尤其是具有战略意义的新兴产业的发展，并强调发挥市场的基础性作用，鼓励社会力量参与技术创新。1999年中国政府正式提出"打破垄断"的原则，且支持科技型中小企业发展的产业政策也被首次写进中央文件。

## （三）改革继续深化阶段（2001—2012年）

中国加入世界贸易组织后，更是加快了市场化和国际化步伐，在广泛参与国际合作的同时也面临着越发激烈的国际竞争，产业竞争以技术竞争为主，必须依靠技术创新来增强国际竞争力。这一阶段，中国全面融入全球产业分工体系，产业政策目标更加关注和重视企业技术创新，财税、信贷、价格等经济手段成为引导产业发展的主要手段，制造业企业技术创新能力不断提升。但是，在一些关键领域，政策手段的行政色彩依旧浓厚；在规模上"重大轻小"、在身份上"重公轻私"、在地域上"先内后外"的倾向也导致企业特别是民营企业创新动力不足、能力不够的问题突出。

2001年中国颁布《中华人民共和国国民经济和社会发展第十个五年计划纲要》首次提出"建设国家创新体系"及"建立国家知识创新体系"的宏伟战略。2002年我国首次制定《国家产业技术政策》，并提出从制度环境出发建设以企业为主体的国家技术创新体系。2006年颁布的《国家中长期科学和技术发展规划纲要（2006—2020）》，从"提高装备设计、制造和集成能力""积极发展绿色制造"和"用高新技术改造和提升制造业"三个方面指明了中国制造业的发展思路，并强调要以促进企业技术创新为突破口。同年颁布的《中华人民共和国国民经济和社会发展第十一个五年规划纲要》指出，要坚持以市场为导向、企业为主体，把增强自主创新能力作为中心环节，促进工业由大变强。这一时期的政策重点在于完成以公共科研机构为中心的创新体系向以企业为主体的创新体系的转变。2010年中国公布《国务院关于加快培育和发展战略性新兴产业的决定》，将战略性新兴产业提升到国家产业发展战略层面，提出要用20年使节能环保、新一代信息技术等七大产业达到世界先进水平，力图抢占经济、科技的制高点。

### （四）全面深化改革新阶段（2012年至今）

党的十八大提出实施创新驱动发展战略，构建以企业为主体、市场为导向、产学研相结合的技术创新体系，企业技术创新主体地位被进一步强化。这一阶段，政府出台的产业创新政策更加强调以科技创新引领现代化产业体系建设，将在发达国家也属于创新探索期的战略性新兴产业放在突出位置，将现代技术与制造业深度融合作为发展重点，推动制造业向高质量发展转变。这一时期，产业创新政策手段也从间接干预向引导发展转型，以弥补产业发展中的"市场失灵"为出发点的功能性政策受到重视。

2012年，《关于深化科技体制改革加快国家创新体系建设的意见》正式颁布，对于加快国家创新体系和创新型国家建设具有重大指导意义。2013年，《"十二五"国家自主创新能力建设规划》全面分析了进入"十二五"阶段国家所面临的形势，对创新基础条件布局、重点领域创新能力、创新主体实力、区域创新能力布局以及创新环境等方面作出部署。2015年，《中共中央 国务院关于深化体制机制改革加快实施创新驱动发展战略的若干意见》以及《深化科技体制改革实施方案》提出对国家现有科技计划进行整合与优化。2016年，《"十三五"国家科技创新规划》从上游的加强原始创新，到中游的技术创新，再到下游的技术推广和产业化，立体地对创新的全链条进行了规划。2017年，党的十九大强调创新是引领发展的第一动力，是建设现代化经济体系的战略支撑，指出要着力加快建设实体经济、科技创新、现代金融、人力资源协同发展的产业体系。2018年，国家发展改革委印发《国家产业创新中心建设工作指引（试行）》，指出要在战略性领域建立若干国家产业创新中心，培育壮大经济发展新动能，支撑供给侧结构性改革。2022年，党的二十大指出，必须坚持科技是第一生产力、人才是第一资源、创新是第一动力，深入实施科教兴国战略、人才强国战略、创新驱动发展战略，开辟发展新领域新赛道，不断塑造发展新动能新优势。2022年科学技术部及财政部印发《企业技术创新能力提升行动方案（2022—2023年）》，落实《科技体制改革三年攻坚方案》关于实施企业技术创新能力提升行动的部署要求。

（扩展阅读 15-1）

### 日本开放式创新政策演变

《科学技术基本计划》是理解日本政府科技创新政策的重要文本，从日本政府发布的第1期至6期计划也大致可以感受到日本开放式创新政策的变化。在实施开放式创新改革的初期，日本政府依然将重点置于深化产学合作，希望通过技术流动提高研发效率、增进经济价值。此后，日本开始从宏观上致力于打通组织对组织的产学合作，并尝试通过对高等教育、国立研究机构进行管理体制的调整，将政策重点逐步转移到培育创新生态系统和应对"少子老龄化"等社会问题的挑战，进而打造新型智能社会上来。在第4期《科学技术基本计划》中，"开放式创新"一词被正式提出。相较于此前以深化生命科学、信息通信、环境、纳米材料等重点领域为政策目标的第3期计划，第4期计划开始以解决地球温化、促进经济成长为政策目标。而在2016年发布的第5期计划中，日本进一步明确了通过开放式创新打造未来社会的政策愿景,并提出"社会 5.0"的超智能社会概念。

"社会 5.0"是指继原始狩猎社会、农业社会、工业社会、信息社会之后的新社会形态。在这种新的社会发展阶段,网络空间和虚拟空间高度融合,人工智能将消灭性别、年龄、地域和语言的差别,政府和企业可以提供满足各种需求和潜在需求的商品及服务,在实现经济发展的同时解决各种社会问题。围绕如何建设"社会 5.0",经团联从 2016 年开始发表了一系列报告书,代表日本产业界提出具体目标和步骤。这一系列报告中特别强调社会所有主体应超越各自领域,跨越从基础研究到市场出口,从研究、开发、实证到市场化的整个阶段,共同构建创新体系。简言之,当前日本对开放式创新的探讨已经朝向以创新应用、共有价值、创新生态体系建设的新型范式转变。这种新的范式强调企业、大学及研究机构、政府、市民和用户形成共识,合作形成创新循环生态系统,其目的在于创新经济发展并解决社会问题。

资料来源:刘平,陈建勋. 日本新一轮科技创新战略:"新层次日本创造"与"社会 5.0"[J]. 现代日本经济,2017(5):1-8.

# 第二节 产业融合政策

## 一、产业融合政策概述

### (一)产业融合政策的内涵

产业融合政策是促进不同产业之间或者相同产业不同行业之间相互渗透、交叉重组,实现产业融合发展的政策。产业融合政策主要通过促进技术融合、产品融合、市场融合、管理及组织融合实现产业融合发展。产业融合政策具有促进产业自身发展、促进产业融合以及促进经济、社会、环境等可持续发展的多重目标。深化产业融合日益成为推动产业转型升级、培育产业竞争新优势的重要着力点,为不断拓展培育新产业新业态新模式、抢占产业竞争制高点提供了新路径。

### (二)产业融合政策的必要性

#### 1. 市场需求

随着国民经济和居民消费水平的提高,市场需求特征发生了变化。消费者不再满足于大众化、单纯化的产品消费,转而对消费的质量、时间、环境、服务甚至整个消费过程有所追求。单一产业的产品难以满足多元化的市场需求,需要产业融合推动新产品进入市场。同时,随着竞争压力的增加,产业需要对自身进行调整以提升核心竞争力。产业融合可以帮助产业更好地满足市场需求,有效增强融合产业的竞争优势。因此,各产业间催生出融合发展的需求,产业融合政策势在必行。

#### 2. 产业壁垒

不同产业往往由不同管理主体进行管制,存在着明显的界限,具有一定的进入壁垒。

产业进入壁垒的存在增加了企业进入新产业的成本,约束了企业跨产业经营和并购等行为,降低了企业参与产业融合的积极性。尤其是政府行政干预造成的产业行政壁垒,使其他企业难以进入某产业进行公平竞争,限制了产业融合的客观条件。因此,实现产业融合需要政府合理放松管制,允许更多的市场主体加入融合产业当中,增强产业融合的可行性。政府也能够通过制度及要素供给为产业融合提供政策支持。

**3. 技术基础**

企业作为产业融合的主体,需要强大的技术基础才能使融合后的新产品、新服务更好地满足市场新需求。然而,许多企业尤其是中小企业的创新能力不强,缺乏在融合市场的竞争能力,不得不退出融合市场。同时,融合技术的研发需要长期且大量的人力、财力、物力等资源的投入,且具有极大的不确定性,降低了企业参与产业融合的积极性。产业融合主体的缺失将阻碍其进程,不利于产业融合发展。因此,需要政府为产业融合提供技术支持,降低企业参与产业融合的技术门槛,激发其在融合市场的活力。

## (三)产业融合政策的作用

**1. 打破产业进入壁垒**

产业融合政策能够通过放松对产业的准入、价格、投资及服务等方面的规制,打破产业进入壁垒。政府管制的放松降低了企业进入新产业的难度,使其他相关产业的业务加入产业的竞争中,为产业融合提供了外部条件。产业进入壁垒的减弱能够推动产业内的不同行业及原本独立的产业的技术溢出,大大缓解了产业融合相关企业及项目的成本及风险压力,能够吸引更多企业参与到产业融合之中,激发产业融合主体的活力,推动产业融合发展。

**2. 实现资源合理配置**

产业融合政策能够通过财政工具等手段发挥导向功能,不仅能吸引更多的企业参与到产业融合之中,还能从不同方面减轻产业融合企业或项目的资金压力,降低产业融合的风险,从而提高金融机构、民间资本等投资主体的投资动力,逐步实现资金的合理配置。进一步,产业融合政策能够加速资金、技术、信息在不同产业之间的流动,引导闲置资源或低效投资转向效率更高、效益更好、更具发展前景的互动融合产品和项目中来,提高资金和资源的有效利用率,实现资金和资源的合理配置。

**3. 维护市场公平竞争**

产业融合政策能够通过建设有利于产业融合的外部环境,保障企业间的公平竞争,使市场发挥出自身的调节功能,推动产业融合的健康持续发展。然而,市场自发的调节机制也不是万能的,垄断性、外部性和信息不对称的存在将导致市场失灵,此时,仅依靠市场供需调节无法解决产业融合过程中出现的垄断、恶意竞争、资源浪费等问题,需要产业融合政策发挥调节市场的功能。产业融合政策能够及时调整产业融合的发展方向,提高产业融合的层次和质量,降低市场失灵带来的负面影响。

## 二、产业融合政策的类型和手段

### （一）产业融合政策的类型

#### 1. 产业融合的组织政策

产业融合的组织政策是政府为促进产业融合市场有序竞争、防止出现垄断及不正当竞争而出台的一系列规划、目录、纲要及法律法规等政策的总称。产业融合的组织政策的主要内容如下：一是通过控制市场上融合产业的企业数量及规模，调节市场竞争程度；二是加大市场监督部门对于互动融合市场的监管力度，规范融合市场主体行为；三是通过适当的干预和引导，直接改善融合市场上不合理的资源配置。

#### 2. 产业融合的结构政策

产业融合的结构政策是政府通过对融合系统中某些重要产业的扶持增加其在融合市场中的比重，提升重点产业与其他产业融合的能力，为产业融合提供动力的政策。产业融合的结构政策主要包括两方面内容：一是产业融合的结构合理化，促使产业自身的发展程度满足另一产业的需求，形成匹配的融合基础。二是产业融合的结构高度化，促使产业融合发展向技术知识密集型、资金密集型演进。

#### 3. 产业融合的布局政策

产业融合的布局政策是政府结合各区域的区位优势和比较优势，对融合系统中某些重要产业进行空间分布的引导和调整，合理安排融合产业之间的分布状况及资源配置的各项政策。产业融合的布局政策主要包括两方面内容：一是对产业融合集聚度高的区域实行限制进入政策，从而缓解资源过度集聚造成的损失与浪费问题。二是通过税收优惠等政策，吸引企业进入产业集聚不足的地区，为该地区产业融合带来更多的融合机遇、更低的交易成本等。产业融合的布局政策通过产业集聚与转移的合理规划，为互动融合提供更大的发展空间，促进两产业互动融合发展。

#### 4. 产业融合的技术政策

产业融合的技术政策是政府制定有利于产业融合的技术发展目标及规划，促进相关技术发展的一系列政策的总称，包括对产业融合的技术支持及科技环境支持等。产业融合过程中的技术开发以及技术成果转化需要长期大量的资金、人员等方面的投入。并且由于技术研发及成果转化的周期较长，在研发过程中，市场对于融合型产品的需求很有可能会发生变化。因此产业融合技术研发及技术成果转化在面临研发风险的同时还存在着强烈的市场前景的不确定性，需要制定并实施技术政策进行支持。

### （二）产业融合政策的手段

#### 1. 供给侧手段

产业融合政策的供给侧手段直接作用于生产要素，通过人才培养、产业培育、技术支持等方式为产业融合提供要素支持，推动产业融合发展。

第一，人才培养。政府通过建立学科交叉的融合型研究制度，对不同学科和部门的资源进行整合，打造学科技术交叉融合的科研集聚地，培养跨部门和跨产业的复合型人才，加快建立多层次、体系化、高水平的人才队伍，为产业融合提供人才保障。第二，产业培育。政府通过建立产业集聚区、创新园区等方式支持产业集聚发展，形成集群化、网络化的协同分工格局，提高产业集中度，为技术融合、业务融合、市场融合创造便利的产业内模仿扩散途径，促进产业融合。第三，技术支持。政府加大对重点领域融合型科技创新项目的支持力度，利用科技创新平台协调融合系统内的科技创新资源，推进产业间共性技术的研发，促进产业间的技术融合，为产业融合提供技术支持。

### 2. 需求侧手段

产业融合需求侧手段主要作用于市场方面，通过政府采购和产品推广等方式，扩大融合产品的市场需求，拉动企业积极参与产业融合。

第一，政府采购。政府增大对产业融合产品、技术等的采购规模，扩大市场对于融合产品及技术的需求，为产业融合产品提供初始市场，降低企业参与产业融合的风险，激活产业融合的主体活力。第二，产品推广。政府通过直接对融合产品消费终端的财政补贴，或间接进行消费者宣传、标签等方式，深化对产业融合产品的应用与推广，提升市场对产业融合产品和技术的认识，拉动私人需求。

### 3. 环境侧手段

供给侧手段和需求侧手段呈现出一种推拉作用，而环境侧手段则发挥间接影响作用。环境侧手段主要通过打造有利于产业融合的健康环境，对产业融合起到潜移默化的影响和渗透作用。环境侧手段主要包括规制改革、监管融合和财税激励。

第一，规制改革。政府通过产业规制改革，放宽对产业准入、运营、定价等方面的规制，协调不同部门和产业之间的关系，提高不同部门和产业之间通用技术和通用资源的流动性和整合效率，保障产业准入的通畅性，为产业融合提供良好的外部环境。第二，监管融合。政府考虑各监管部门及其监管产业的目标及特征，减少传统产业设置下的监管壁垒，构建以产业融合为基础的统一监管框架，有效节约监管成本，提高监管效率，防范行业风险。第三，财税激励。政府通过增加财政投资、鼓励多渠道投资和融资方式创新等方式为产业融合系统提供充足资金，通过在增值税、营业税、关税和所得税等方面给予融合主体相应的减、抵、免政策，减轻各融合主体的税负压力。

## 三、中国产业融合政策实践

中国高度重视推动产业融合，并将其作为增强产业核心竞争力、培育现代产业体系、实现高质量发展的重要途径。国家出台了一系列政策推动不同产业融合发展。根据产业融合政策作用的产业主体不同，中国产业融合政策实践可以划分为两化融合、两业融合、农村一二三产业融合及文旅融合四个部分。

### （一）两化融合

党的十六大报告提出"以信息化带动工业化，以工业化促进信息化"，此后，党的十七大报告首次提出"两化融合"的概念,即信息化与工业化融合,走新型工业化的道路。两化融合是信息化和工业化两个历史进程的交汇与创新,是中国特色新型工业化道路的集中体现。自两化融合提出以来,国家出台了一系列政策,推动两化融合从起步建设,到制造业与互联网深度融合,再到新一代信息技术与制造业融合发展。

2008 年,国务院设立工业和信息化部,加快推进信息化和工业化融合发展。2011 年,工业和信息化部等多部门联合发布《关于加快推进信息化与工业化深度融合的若干意见》,提出了"十二五"时期推进两化融合的发展目标。2012 年,国家颁布了《国务院关于大力推进信息化发展和切实保障信息安全的若干意见》,提出要推动信息化和工业化深度融合,提高经济发展信息化水平。同年,工业和信息化部制定和印发了《2012 年信息化和工业化深度融合专项资金项目指南》,提出采用项目补助方式支持两化深度融合重点项目。2013 年,工业和信息化部发布《信息化和工业化深度融合专项行动计划(2013—2018年)》,明确了两化融合的总体要求、主要行动和保障措施。2014 年,工业和信息化部发布《信息化和工业化融合管理体系 要求(试行)》,明确了两化融合的管理体系、管理职责、基础保障、实施过程,以及测评与改进。2016 年,《国务院关于深化制造业与互联网融合发展的指导意见》指出,要以建设制造业与互联网融合"双创"平台为抓手,营造融合发展新生态,充分释放"互联网+"的力量。2022 年,工业和信息化部《"十四五"信息化和工业化深度融合发展规划》,全面部署"十四五"时期两化深度融合发展工作重点,加速制造业数字化转型。2023 年,《信息化和工业化融合 数字化转型 价值效益参考模型》等 4 项两化融合国家标准正式发布,这是立足新发展阶段,深入推进两化深度融合、加速数字化转型的成果,对加快新型工业化发展具有重要意义。

### (二)两业融合

两业融合的概念于《关于推动先进制造业和现代服务业深度融合发展的实施意见》中首次提出。两业融合是先进制造业和现代服务业的融合,即价值链、产业链与创新链、供应链、信息链、资金链、人才链等紧密结合,以数字技术改造传统的制造业,打造工业 4.0 版的中国制造业。先进制造业和现代服务业融合是顺应新一轮科技革命和产业变革,增强制造业核心竞争力、培育现代产业体系、实现高质量发展的重要途径。

2020—2021 年,国家发展改革委先后在全国范围内遴选出 40 个区域和 80 个企业,组织开展了两批国家级"两业融合"试点,各试点单位立足区域特点和行业特色,自主开展试点示范,探索可复制可推广的业态模式和融合路径,取得显著成效。2021 年,"十四五"规划纲要明确提出要推动制造业优化升级,发展服务型制造新模式,同时也提出要推动生产性服务业融合化发展,向专业化和价值链高端延伸。同年,国家发展改革委等 13 部门联合印发的《关于加快推动制造服务业高质量发展的意见》指出,要从提升制造业创新能力、优化制造业供给质量、提高制造业生产效率、支撑制造业绿色发展、增强制造业发展活力、推动制造业供应链创新应用等方面,加快推动制造服务业发展,以高质量的服务供给引领制造业转型升级和品质提升。2023 年,全国"两业融合"工作现场交流会在江苏省苏州市召开,系统总结了近年来"两业融合"试点工作成效,发布"两业融合"典型案例汇编,交流好经验好做法,部署下一步工作,促进"两业融合"高质量发展。

### （三）农村一二三产业融合

农村一二三产业融合的概念在《中共中央 国务院关于加大改革创新力度加快农业现代化建设的若干意见》中首次提出。农村一二三产业融合发展就是要在做强农业的同时，通过有效的组织方式和紧密的利益联结机制，把农村一二三产业紧密结合起来，融为一体，相互促进，实现共赢。推进农村一二三产业融合发展，是拓宽农民增收渠道、构建现代农业产业体系的重要举措，是加快转变农业发展方式、探索中国特色农业现代化道路的必然要求。自农村一二三产业融合首次提出至今，国家出台了一系列政策，从发展战略、思路目标、保障措施等多方面为农村一二三产业融合发展提供支持。

2016年，《国务院办公厅关于推进农村一二三产业融合发展的指导意见》提出要着力构建农业与二三产业交叉融合的现代产业体系，形成城乡一体化的农村发展新格局。农业部印发《全国农产品加工业与农村一二三产业融合发展规划（2016—2020年）》对"十三五"期间全国农产品加工业和农村一二三产业融合发展的思路目标、主要任务、重点布局、重大工程、保障措施等作出全面部署安排。同年，农村产业融合发展"百县千乡万村"试点示范工程启动，为进一步做好农村产业融合发展试点示范工作，国家发展改革委办公厅发布《国家发展改革委办公厅关于进一步做好农村一二三产业融合发展试点示范工作的通知》。2018年，《农业农村部关于实施农村一二三产业融合发展推进行动的通知》明确了农村一二三产业融合发展的重要意义、总体要求、目标任务和保障措施。2019年，农业农村部组织开展农村一二三产业融合发展先导区创建工作，确认了153个先导区创建单位。2021年，《自然资源部 国家发展改革委 农业农村部关于保障和规范农村一二三产业融合发展用地的通知》指出，要顺应农村产业发展规律，保障农村一二三产业融合发展合理用地需求，为农村产业发展壮大留出用地空间。2022年，《中共中央 国务院关于做好2022年全面推进乡村振兴重点工作的意见》提出要持续推进农村一二三产业融合发展，加快落实保障和规范农村一二三产业融合发展用地政策。

### （四）文旅融合

文化产业与旅游产业两者具有综合性与包容性的本质特征，容易引发两者产业边界模糊甚至重叠的现象。文旅融合主要指文化产业与旅游产业之间发生相互渗透、关联，最后形成新的产业。加强文化和旅游的深度结合，有助于推进文化体制改革，加快文化产业发展，促进旅游产业转型升级，满足人民群众的消费需求；有助于推动中华文化遗产的传承保护，扩大中华文化的影响，提升国家软实力，促进社会和谐发展。中国出台了一系列政策鼓励旅游业纳入文化内涵，并成立文化和旅游部，推动文化产业和旅游产业一体化发展。

2009年发布的《文化部 国家旅游局关于促进文化与旅游结合发展的指导意见》指出要高度重视文化与旅游的结合发展。2010年，文化部和国家旅游局展开《国家文化旅游重点项目名录——旅游演出类》申报评选工作，经过组织专家评审及社会公示评选出35台旅游演出项目进入第一批名录，对于丰富人民群众的文化娱乐生活，促进文化体制改革和艺术创新，推动文化旅游的融合发展起到了重要的示范引导作用。2015年，《国务院办公厅关于进一步促进旅游投资和消费的若干意见》鼓励依托中医文化及乡村文化开发旅游产品。2018年，国务院将文化部、国家旅游局的职责整合，组建文化和旅游部，文旅融合进入新纪元。2019年，文化和旅游部印发《关于促进旅游演艺发展的指导意见》，着力推进旅游演艺转型升级、提质增效，充分发挥旅游演艺作为文化和旅游融合发展重要载体的作用。2021年，文化和旅游部印发《"十四五"文化和旅游发展规划》及《"十四五"文化和旅游市场发展规划》，提出要推进文化和旅游融合发展，建立现代文化和旅游市场体系，培育文化和旅游融合发展新业态。2022年，《国务院关于印发"十四五"旅游业发展规划的通知》强调着力推动文化和旅游深度融合，将文化内涵融入旅游业发展全过程，推进"旅游＋"和"＋旅游"。2023年，文化和旅游部印发《国家级文化产业示范园区（基地）管理办法》，以提升国家级文化产业示范园区和国家文化产业示范基地建设发展水平，规范示范园区、示范基地命名和管理工作，更好发挥示范引领和辐射带动作用。

扩展阅读 15-2

### 意大利促进中小企业数字化

亚马逊网站发布的报告显示，2021年意大利中小企业在该电商平台上出口的商品总额达到8亿欧元，增幅25%。其中，超过6000万欧元的销售额来自欧盟以外的市场。目前，越来越多的意大利中小企业正在积极拥抱数字化浪潮。以亚马逊为例，入驻该平台的意大利中小企业总数超过两万家，创造工作岗位约6万个。预计到2025年，入驻该平台的意大利中小企业出口总额可达12亿欧元。

中小企业在意大利经济中扮演着十分重要的角色。根据欧盟委员会和欧洲投资银行共同发布的报告，2021年意大利全国共有440万家中小企业，占意活跃企业总数的99%；中小企业贡献了该国70%以上的经济增加值以及80%以上的就业岗位。报告同时指出，较之德、法等国的同类型企业，意大利中小企业的生产效率仍然偏低，而数字化程度不高是重要原因。

为支持中小企业加快数字化转型，意大利政府采取了一系列举措。2017年，其通过法律，规定符合条件的中小企业可向政府申请优惠贷款，贷款总额最高可达200万欧元；当企业投资涉及云计算、增强现实等先进技术时，贷款额度可再提升30%。此外，为支持中小企业发展工业4.0技术，意大利经济发展部在全国多地设立数字创新中心，助力中小企业加快数字化转型。

为进一步提振经济，意大利政府于2021年启动国家复苏计划，将创新和数字化等目标作为六大任务之一，为此投资的500亿欧元除了进行数字基础设施建设外，还将帮助中小企业实现数字化转型。根据意大利咨询公司安布罗塞蒂2022年发布的调查报告，过去5年，意大利中小企业的数字化增速在欧盟成员国中排名第八位，在电子发票和在线支付等方面进步明显。

意大利金融机构和高校也对中小企业数字化给予更多关注。意大利联合圣保罗银行与政府于2021年启动"数字意大利驱动"倡议，为意大利中小企业提供40亿欧元的数字化转型资金，并为申请新型数字贷款的企业提供优惠利率。都灵理工大学与那不勒斯等地的高校展开合作,为全国中小企业提供智能交通系统和物联网等领域的可持续发展方案。相关项目于 2022 年被欧洲数字创新中心评为卓越项目,意大利政府和欧盟将对其进行全额资助。

资料来源:谢亚宏. 意大利促进中小企业数字化[N]. 人民日报,2022-12-02(16).

# 第三节　产业绿色发展政策

## 一、产业绿色发展政策概述

### (一)产业绿色发展政策的内涵

产业绿色发展政策是指中央政府或地方政府为促进经济发展,纠正市场机制的缺陷及失败,对绿色产业活动以干预和引导的方式施加影响,进而促进国民经济快速、协调增长的同时,实现经济社会可持续发展的产业政策。产业绿色发展政策具有经济和社会的双重目标,一般来说产业绿色发展政策既要在获得较高的经济增长速度的同时,保证克服资源配置的市场缺陷,加快资源配置的优化过程,又要保证社会稳定、经济公平,促进整个社会的持续、稳定和健康发展,更要注重环境保护,降低碳排放,实现绿色发展。

### (二)产业绿色发展政策的必要性

**1. 资源约束**

自然资源的稀缺和不可再生性,是推动产业绿色发展的外部经济因素。在传统产业发展观下,生产能力的扩张是以资源和能源的大量消耗为代价。由于资源是稀缺的,特别是化石能源等资源具有不可再生性,资源瓶颈将制约经济发展。20 世纪末尤其进入 21 世纪,全球资源尤其自然资源紧张的形势日益严重,自然资源成为制约一国国力和可持续发展的关键要素。如何快速降低资源消耗,开发新能源替代传统能源,已经成为各国关注的重点,产业绿色发展势在必行,也是未来经济发展的动力源和增长点。

**2. 环境约束**

环境和生态修复的长期性和不可逆性,是产业绿色发展的外部诱因。人类的发展不仅对自然资源的消耗日益增加,而且对生态环境的破坏也与日俱增。工业品规模扩大和种类增多的同时,大量废弃物的排放严重污染了人类的生存空间。然而生态环境的修复具有长期性,且物种灭绝、水资源枯竭、土壤破坏等生态环境的破坏具有不可逆性,修复生态环境困难重重。因此,尽可能地减少经济发展对生态环境的破坏,尤其是不可逆的破坏刻不容缓。

**3. 环境污染负外部性**

环境资源作为一种公共品,其典型特征表现为非排他性和非竞争性。这种"无产权"性质导致所有人都可以无偿自由享用和无节制地争夺稀缺环境资源,从而造成环境资源的过度开发利用。企业不会将污染排放的社会成本纳入自身的生产成本中,进而导致污染物过度排放并造成环境污染,因此企业的污染行为表现出负外部性。由于污染的成本难以纳入经济主体的优化决策中,经济增长对能源的过度依赖行为不能得到有效抑制,环境污染负外部性将产生较高的生产效率损失。在环境污染负外部性作用下,单纯依靠市场本身并不能有效解决环境问题,相反,甚至会带来更为严重的环境污染和生态破坏。因此,生产活动与生态环境的平衡需要由国家进行监督、管理和保护,产业绿色发展政策势在必行。

### (三)产业绿色发展政策的作用

#### 1. 保护与建设生态环境

产业绿色发展政策有助于保护与建设生态环境。一方面,产业绿色发展政策能够促使企业减少污染排放。无论是以法律法规、制度管理等命令式手段对企业污染排放进行限制,还是通过污染许可证、排污费等市场型手段将企业污染的负外部性内部化以促使企业减少污染排放,都有助于从源头上控制污染,减少对生态环境的破坏。另一方面,产业绿色发展政策的引导功能也能够提升全社会绿色环保意识,实现绿色生产、绿色生活及绿色消费等,统筹自然、人、社会、经济和谐发展。

#### 2. 合理开发与利用能源

产业绿色发展政策能够优化能源结构,促进能源的合理开发与利用。一方面,产业绿色发展政策能够提高能源利用效率。政府通过支持新能源和可再生能源的发展,不断改进能源生产结构,同时研发节能降耗技术,鼓励新能源和清洁能源的消费,能够从能源的生产和消费上提高能源的利用效率。另一方面,产业绿色发展政策能够优化产业结构。政府通过提高高耗能产业的准入门槛、支持低耗能产业的发展,不断优化产业结构,降低能源强度,减轻经济增长对资源的依赖以及对环境的损害。

#### 3. 激励绿色技术创新

产业绿色发展政策能够从供给侧、需求侧、环境侧三个方面激励绿色技术创新。供给侧方面,产业绿色发展政策能够通过资金投入、技术研发等方式为企业绿色技术创新提供要素支持;需求侧方面,产业绿色发展政策能够通过政府采购等方式拉动绿色需求,扩大绿色市场规模,从而鼓励企业绿色创新;环境侧方面,产业绿色发展政策对企业污染排放的要求会倒逼企业进行绿色技术创新,同时,政策手段创新和理念创新也能为产业绿色发展创造良好的制度保障条件。

## 二、产业绿色发展政策的类型和手段

### (一)产业绿色发展政策的类型

#### 1. 结构减排政策

结构减排政策是政府通过发展方式的转变和宏观产业结构的调整,以实现节能减排以及产业绿色发展的各项政策。其中,宏观产业结构调整包括两层含义:一是政府借助财税、价格等政策,支持服务业关键领域、薄弱环节发展,并积极吸收国际先进经验,提升服务业的质量和水平,加快促进单位能耗较低的服务业的发展,通过优化三次产业结构,实现产业绿色发展的目标;二是政府采取各种措施,调整同一产业内部不同行业,以及同一行业内部不同亚行业、同一亚行业内部不同企业比例关系。通过这些调整,实现从高消耗、高污染产业占优势向低消耗、低污染产业占优势演进,从而达到产业绿色发展的目标。

### 2. 工业技术节能政策

工业技术节能政策是促进工艺技术的不断改进,降低生产过程中资源消耗及环境污染的政策。工业技术节能政策包括:一是淘汰落后技术装备,实现企业规模经济发展的政策。例如:通过企业技术改造,加快淘汰落后产业,支持节能减排项目建设;通过设立技术改造专项资金,重点支持高耗能产业、企业的节能降耗和减排等。二是促进循环经济发展的政策。例如,通过促进产业关联、环保关联的工业园区建设,实施产业集聚、优化组合,实现资源、能源的综合利用和循环使用等。三是清洁生产和资源综合利用的政策。例如,通过工业清洁生产审核、工业先进适用清洁生产技术指南、清洁生产水平评价标准等,把减排和治污结合在一起,控制污染源,实现少排放、零排放。

### 3. 新能源替代政策

新能源替代政策是促进风电、太阳能、生物质能、先进核能等新能源发展的各项政策。新能源替代政策包括促进新能源技术研发、引导新能源产品投资、培育和扩大新能源市场的各项政策措施。与传统能源相比,新能源对环境的污染很小,发展新能源能够有效地缓解环境污染问题、推动经济可持续发展。新能源的发展也具有重要的战略意义,积极制定和实施新能源替代政策,推动新能源发展,不仅关乎国家的能源安全问题,也关乎国家提高国际竞争力、抢占未来发展制高点的重大战略部署。

### (二)产业绿色发展政策的手段

产业绿色发展政策的手段可分为命令控制型手段、市场型手段及自愿参与型手段,各类型手段的特征、执行成本及具体内容如表 15-1 所示。

表 15-1　产业绿色发展政策手段类型

| 手段类型 | 特　征 | 执行成本 | 具体内容 |
| --- | --- | --- | --- |
| 命令控制型 | 以强制性的行政命令规定企业环境行为方式与行为边界 | 很高 | 立法管制、环境规制 |
| 市场型 | 未明确规定企业环境行为标准,通过市场信号激励社会主体的环境保护行为 | 较高 | 环境税费、排污权交易、财税政策、绿色金融 |
| 自愿参与型 | 以企业环境行为的自我约束为主导,不具有法律约束力,但能体现企业的社会责任履行情况 | 较低 | 自愿达成的协议、信息手段、公众参与 |

### 1. 命令控制型手段

第一,立法管制。政府制定与环境污染治理相关的法律法规,以立法方式严格规范企业行为、政策执行机构的工作程序、政策目标与措施等,以保障产业绿色发展和生态环境可持续发展目标的实现。第二,环境规制。政府对企业技术标准和环境绩效进行规制,对能源消耗和污染排放进行总量和强度的控制以限制企业对环境的影响程度,形成"倒逼机制"促进企业绿色发展。

### 2. 市场型手段

第一,环境税费。政府通过征收资源税、能源税、排污税和碳排放税等,减少企业污染物的排放,推进企业绿色可持续生产。第二,排污权交易。政府制定标准并分配给排污企业排放污染物的权利。在污染物排放总量不超过允许排放量的前提下,企业通过有偿交换的方式相互调剂排污量,从而达到减少排污量、保护环境的目的。第三,财税政策。政府通过财政补贴和税收优惠对企业给予绿色生产的支持,同时对购买绿色产品的消费者进行补贴,以起到鼓励绿色生产及绿色消费的作用。第四,绿色金融。政府通过差别化的金融货币政策,如优惠利率政策、信贷倾斜政策和资本市场融资政策引导资金投向,促进能产生环境效益以支持可持续发展的投融资活动,鼓励产业绿色发展。

### 3. 自愿参与型手段

第一,自愿达成的协议。企业基于自身价值观导向及社会责任感自愿与政府达成环境保护协议,用以指导和约束自身生产行为。第二,信息手段。政府通过环境管理体系认证、环境标志等信息披露的方式,在鼓励消费者绿色消费行为的同时,鼓励企业在生产过程中采用绿色技术工艺。第三,公众参与。政府通过推广环境听证、环境宣传教育等方式,加强公众环境保护意识,提高公民在环境保护事业中的参与度,发挥公民在环境保护中的监督作用。

## 三、中国产业绿色发展政策实践

改革开放以来,中国产业绿色发展政策的特征如图 15-3 所示。根据中国产业绿色发展政策在各阶段存在的主要问题及政策特征,可将其划分为四个阶段:重发展轻环保阶段(1978—1992 年)、产业绿色发展启蒙阶段(1992—2001 年)、产业绿色发展政策萌芽阶段(2001—2012 年)、产业绿色发展政策初步发展阶段(2012 年至今)。

### (一)重发展轻环保阶段(1978—1992 年)

第一阶段,产业政策更多关注产业规模的发展,忽视产业发展给环境所带来的不利影响。环境保护政策地位有所上升,但发展仍是主基调。这一阶段,政府主要通过行政命令进行污染防治,缺乏激励机制,造成污染的持续恶化;同时执法和监管的不足削弱了政策的有效性。

从改革开放到 20 世纪 90 年代初,中国的工作重心是推动经济发展,各项产业政策基本围绕经济建设来展开。然而,重发展轻环保的粗放式经济发展模式带来了严重的环境污染与生态破坏。环境问题成为经济发展过程中必须面对的一项重大挑战。为此,中国逐步将"环境保护"列为基本国策,并建立相对完备的环境治理法律框架和行政体系。1972 年,中国派团参加了联合国人类环境大会,迈出了我国环境保护的第一步。随后,我国成立了国务院环境保护领导小组这一最早的环保机构。1979 年,我国制定了第一部环

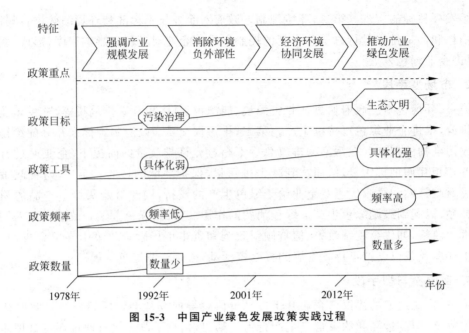

图 15-3　中国产业绿色发展政策实践过程

保法律《中华人民共和国环境保护法(试行)》,这是我国环境保护规范化的开端。1983年,第二次全国环境保护会议将"环境保护"确立为我国的一项基本国策。在此背景下,各类以环境保护为核心的政策工具相继涌现。20世纪80—90年代,以煤炭为主的化石能源消费量增长迅速,这一时期,环境政策的重点在于污染防治与节约能源。在政策工具的选择上,命令控制型居于主导地位,市场化手段以及自愿协商型手段发展缓慢。

### (二) 产业绿色发展启蒙阶段(1992—2001年)

第二阶段,环境保护政策逐步发展,环境政策工具体系日益完善,逐步认识和接受绿色产业,但仍欠缺环境与经济的协调性。这一阶段,产业绿色发展政策逐步由行政手段向市场化及自愿参与型手段过渡,但仍主要聚焦于局部治理,缺乏对工业生产全过程或全领域的思考。

20世纪90年代以来,随着市场经济体制的完善,中国环境政策转变为命令-控制型手段、市场化手段以及自愿参与型手段相结合的环境政策工具体系。1994年,中国环境标志产品认证委员会成立,正式开始了"中国环境标志"的认证工作。我国于1996年颁布《国务院关于环境保护若干问题的决定》、于1997年颁布《中华人民共和国能源节约法》、1999年发布两批《淘汰落后生产能力、工艺和产品的目录》,初步建立了绿色产业和绿色产品相关的机构和规章制度。值得一提的是,虽然这一时期的环境政策种类较多,但通常政策的目标都是消除环境负外部性,并不强调经济和环境之间的协调性。只有少数环境政策考虑了经济发展的提质增效,如"三同时"制度、污染物排放标准控制以及排污收费制度等。

### (三) 产业绿色发展政策萌芽阶段(2001—2012年)

第三阶段,环境保护问题受到越来越多的关注,经济与环境协调发展问题被提上议程,环境政策逐步强化,产业绿色发展政策工具开始出现。但是,这一阶段产业绿色发展政策手段以总量控制、任务分解、行政问责、督查暗访为主,不利于调动市场创新活力。

自2001年以来,随着我国基础设施建设的加快及社会消费结构的转变,重工业发展迅速,环境问题进一步恶化,急需转变以资源要素驱动的经济发展方式。2002年,党的十六大报告提出了新型工业化道路,同一年正式通过了《中华人民共和国环境影响评价法》和《中华人民共和国清洁生产促进法》,开启了工业生产全过程治理模式,体现了由"末端治理"向"源头治理"演进的制度思路。随后,胡锦涛同志又提出"科学发展观"的指导思想,倡导大力推进以人为本、全面协调可持续的发展战略。在此背景下,政府采取多种产业政策以促进产业结构调整和提高产出效率,同时采取严格的环境政策以控制污染产生与排放,这些政策的实施一定程度上减轻了经济发展所带来的环境压力。随着温室气体排放量的不断增加,"十一五"规划中,政府提出了节能减排的社会硬约束发展目标并推出了一系列配套政策,大力推动了节能环保产业的发展,以期进一步实现可持续发展和构建"资源节约型环境友好型"社会。这一时期,中国也开始采用绿色产业政策工具,如促进环境保护产业与新能源产业发展的政策,但是总体来说环境政策仍是核心,总量控制、任务分解、行政问责、督查暗访等实施方式成为这一时期推行环境政策的重要方式,环境政策与产业政策之间缺乏协同。

### (四)绿色发展政策初步发展阶段(2012年至今)

第四阶段,绿色发展理念已深入人心,产业绿色发展政策得到了初步发展,执行机构权力集中化趋势明显,执法力度明显加大,治理透明度、可问责性以及社会主体参与度提高。但是绿色发展的实现路径尚不明确,需要构建明确的理论框架和政策实施体系;环境保护与经济发展之间的矛盾和冲突仍然突出,环境政策与产业政策之间的协调性亟待加强。

2012年,党的十八大从生态文明建设的高度对经济发展提出了更高的要求,将"绿色发展、循环发展、低碳发展"列为生态文明建设的重要着力点,成为推动我国生产方式绿色化转变的开端。2015年5月出台的《中共中央 国务院关于加快推进生态文明建设的意见》,提出大力扶持节能环保产业、新能源产业和新能源汽车产业等绿色产业。2015年9月,国务院在《生态文明体制改革总体方案》中进一步指出要推进与绿色发展相关的体制机制改革,加快建立以绿色生态为导向的绿色金融体系、农业补贴制度和统一的绿色产品体系,并研究制定将绿色发展纳入指标考核体系的办法。"十三五"规划中,绿色发展又被列为确保我国全面建成小康社会的五大发展理念之一,这也意味着党和政府对环境保护的认识由"以解决经济发展的环境负外部性"的从属问题转变为"引领新的发展模式"的主动性战略。在此基础上,为全面落实"十三五"规划纲要和《中国制造2025》战略部署,促进工业绿色发展,工业和信息化部颁布了《工业绿色发展规划(2016—2020年)》,提出要加大财税政策投入力度,集中力量支持传统产业改造、绿色制造试点示范及资源综合利用等。同时,大力推动绿色金融建设,以绿色金融支持工业绿色发展,扩大工业绿色信贷和绿色债券规模,开展绿色消费信贷业务。2017年,党的十九大将坚持人与自然和谐共生作为新时代坚持和发展中国特色社会主义的基本方略之一,将建设美丽中国作为全面建设社会主义现代化国家的重大目标,提出着力解决突出环境问题。2021年颁布的《"十四五"工业绿色发展规划》提出全面提升绿色制造水平,系统推进工业向产业结构高端化、能源消费低碳化、资源利用循环化、生产过程清洁化、产品供给绿色化、生产方式数字化六个方向转型。2022年,党的二十大强调推动经济社会发展绿色化、低碳化是实现高质量发展的关键环节,提出发展绿色低碳产业,加快节能降碳先进技术研发和推广应用,推动形成绿色低碳的生产方式和生活方式。2023年,国务院新闻办发布《新时代的中国绿色发展》白皮书,介绍了新时代中国绿色发展理念、实践与成效,强调绿色发展的重要性。

## 扩展阅读 15-3

### 欧盟加快推进绿色产业发展

基于加快能源转型、应对美国《通胀削减法案》等考量,欧盟正加紧推出自身绿色产业政策。2023年以来,欧盟持续出台政策措施,提升绿色产业在宏观产业战略中的位置,并在海上风电、太阳能、可持续交通等绿色产业领域完善政策规划,加大和鼓励资金投入,加快推进相关各领域发展,以便在全球产业转型浪潮中谋求竞争优势。

2023年2月1日,欧盟委员会公布了提高欧洲净零产业竞争力和加速气候中和转型的"绿色协议产业计划",计划放宽国家援助发放限制,鼓励绿色投融资。2023年3月,欧盟委员会又公布了该计划下的两份立法草案即《净零工业法案》和《关键原材料法案》。前者旨在简化监管框架,完善绿色技术生产的投资环境,以达到至2030年欧盟在战略性净零技术上的产能接近或达到年需求的至少40%目标。《关键原材料法案》提出至2030年,确保至少10%的战略性原材料在欧洲本土得到开采,40%在本土得到加工。

法国政府率先拟订《绿色产业法案》草案,旨在支持绿色科技产业,扭转半个世纪以来的去工业化趋势。法国经济和财政部部长勒梅尔表示:"我们有着坚定的意愿和目标重振工业,令法国成为欧洲的减碳大国。"为推动绿色产业发展,法国政府共提出15项措施,包括提供专项工业用地、简化审批程序、培养产业工人等。为鼓励环保产业在法国建厂,政府提出要简化审批手续,将程序用时缩减一半,不超过9个月;在工业用地稀缺的情况下,将投入10亿欧元净化荒地,用于为新项目提供50块"准备就绪"的用地;对于超级工厂等"重大国家利益项目",政府要求一揽子推进相关程序,同时实施"绿色产业税收抵免"政策,对电池、风能、热泵和太阳能制造商提供相当于投资额20%~45%的税收抵免。法国政府希望到2030年前为本国吸引230亿欧元的绿色投资项目,创造4万个直接就业岗位,使其成为欧盟近来放松国家补贴政策后第一个行动的国家。

近年来,欧盟国家的政策支持为绿色产业发展培育了良好土壤。西班牙政府2019年通过了《国家综合能源与气候计划(2021—2030)》,明确提出到2030年国内可再生能源电力占比达到74%;德国2020年6月推出《国家氢能战略》,计划投资90亿欧元促进氢的生产和使用,并将绿氢确定为低碳工业原料;丹麦2020年12月初公布了国家投资绿色研究、技术和创新的首项战略,旨在减少温室气体排放,加速开发绿色解决新方案和技术,推动增加绿色工作岗位;挪威2022年6月发布了促进绿色工业发展路线图,提出在全国推动绿色工业发展的100项举措,确定了海上风电、氢能、电池工业、二氧化碳处理等几大重点领域。绿色产业项目将以私人投资为主,政府提供担保、贷款和入股等多项支持。

资料来源:尚凯元. 欧盟加快推进绿色产业发展[N/OL]. 人民日报,2023-06-09(16). http://paper.people.com.cn/rmrb/html/2023-06/09/nw.D110000renmrb_20230609_2-16.htm.

## 本章要点

1. 产业创新政策是对产业的技术创新体系实施激励、引导、选择、促进与控制政策的总和。

2. 创新具有外部性、风险性及高成本性,因此需要产业创新政策给予支持。

3. 产业创新政策包括技术引进政策、研究与开发援助政策以及科技成果产业化政策。

4. 根据产业创新政策实施手段的功能,可将其分为供给侧手段、需求侧手段和环境侧手段。

5. 产业融合政策是促进不同产业之间或者相同产业不同行业之间相互渗透、交叉重组,实现产业融合发展的政策。

6. 产业融合政策具有打破产业进入壁垒、实现资源合理配置、维护市场公平竞争的作用。

7. 中国产业融合政策实践主要包括两化融合、两业融合、农村一二三产业融合以及文旅融合等。

8. 产业绿色发展政策是指中央政府或地方政府为促进经济发展,纠正市场机制的缺陷及失败,对绿色产业活动以干预和引导的方式施加影响,进而促进国民经济快速、协调增长的同时,实现经济社会可持续发展的产业政策。

9. 产业绿色发展政策包括结构减排政策、工业技术节能政策以及新能源替代政策。

10. 产业绿色发展政策的手段可分为命令控制型手段、市场型手段、自愿参与型手段。

## 关键术语

产业创新政策　技术引进政策　研究与开发援助政策　科技成果产业化政策
产业融合政策　两化融合　两业融合　农村一二三产业融合　文旅融合
产业绿色发展政策　结构减排政策　工业技术节能政策　新能源替代政策

## 习题

1. 阐述产业创新政策的内涵和必要性。

2. 产业创新政策有何作用?

3. 阐述产业创新政策的主要手段。

4．阐述产业融合政策的内涵和必要性。

5．产业融合政策有何作用？

6．阐述产业融合政策的主要手段。

7．中国产业融合政策主要包括哪些内容？

8．阐述产业绿色发展政策的内涵和必要性。

9．产业绿色发展政策有何作用？

10．阐述产业绿色发展政策的主要手段。

 **即测即练**

# 第十六章 产业安全政策

随着经济全球化的不断深入,各国之间的经济贸易关系变得十分紧密。由于经济利益的博弈,不同国家的贸易政策往往存在显著差异。为了保护本国重点产业的持续生存和发展能力,维护重点领域国家安全和重点产业链供应链的自主权,有必要实施产业安全政策。产业安全政策的目标是确保国家在国际竞争中不受国内外环境的威胁、制裁和破坏,以保护国家的经济发展和经济利益。本章将深入讨论产业安全政策的内涵和必要性,讨论其主要内容和实施手段,介绍产业安全政策在各国的实践,阐释如何制定和执行有效的产业安全政策。

## 第一节 产业安全政策概述

### 一、产业安全政策的内涵和基本特征

#### (一)产业安全政策的内涵

产业安全政策是指在经济全球化和科学技术迅猛发展的背景下,全球生产能力相对过剩,贸易摩擦加剧及保护主义逐渐抬头,国家为了给本国产业创造良好的生存环境及发展条件,使其免受进口产品不公平竞争和进口激增造成的损害或激励其进一步发展的政策及其组合。产业安全政策使本国各产业能够依靠自身的努力,在激烈竞争的市场环境中获得发展的空间,在保护国家经济安全的同时,保证国民经济和社会全面、稳定、协调和可持续发展。具体来说,产业安全政策的内涵包括以下四个方面。

第一,它强调对产业的安全保障。通过采取激励措施和政策引导,国家鼓励产业主体采取必要的安全措施,确保生产过程和产品的安全性。这包括安全生产管理、环境保护、劳动安全等方面的政策和规定,旨在预防事故和灾害的发生,保障产业的持续运行和发展。

第二,产业安全政策追求对关键产业和战略性产业的安全控制。国家通过制定相关政策和法规,加强对关键产业和战略性产业的监督和管理,确保其不受内外部威胁和破坏。这涉及产业安全风险评估、安全监测和预警机制的建立,以及安全技术和标准的制定与推广。

第三,产业安全政策注重对国家经济安全的保障。国家通过产业安全政策,防范外部威胁和风险,维护其经济安全。这包括对重要产业链和关键供应链的保护,以确保关键资

源的供应和产业的可持续发展。同时，产业安全政策也关注信息安全、知识产权保护等方面，以避免技术窃取和侵权行为对产业安全的威胁。

第四，产业安全政策强调国际合作与交流。国家通过与其他国家和国际组织的合作，分享安全信息和经验，共同应对跨国安全挑战。产业安全政策也鼓励产业主体参与国际标准制定和技术创新，从而提升产业的全球竞争力和安全水平。

### （二）产业安全政策的基本特征

#### 1. 战略性

产业安全政策是国家经济安全政策的重要组成部分，它关系到国计民生和一国经济的长远发展，关系到一国的经济权益和政治地位。要使国家经济利益不受严重侵害和威胁，就必须确保本国产业的安全发展，必须把产业安全政策纳入国家战略中去，从战略的、长远的高度去重视和研究产业安全政策。

#### 2. 系统性

产业安全是由多种要素按照一定的方式组成的大系统，涉及各产业赖以生存和发展的宏观经济、政治和国际环境等诸多方面的问题。这些要素关联，通过市场机制或其他组织机制共同对产业安全的走向产生或大或小、或直接或间接的影响。因此，产业安全政策一定要从系统思维的角度去制定，尤其是在目前世界经济一体化的大背景下，各国经济的联系前所未有的紧密，不考虑各国之间、各行业之间的内在联系，单纯制定针对某一产业的产业安全政策，不足以达到维护产业安全的目的。只有将某一产业置于整个国民经济系统之中，放在全球化的背景之下，综合考虑各方面的关系，才能制定出合理、有效的产业安全政策。

#### 3. 动态性

产业安全政策的动态性具有两层含义：其一，产业安全的问题是长期存在的，但具体到不同时期，有不同的产业安全维护对象，这是由经济发展和各国产业竞争力的相对变化所决定的。有些产业在一定时期内是安全的，不需要政府的规制或干预，而另一些产业则具有较大风险，需要政府适当规制或保护。其二，产业安全的实现手段和途径不是一成不变、静止的，而是与时俱进、动态变化的。绝大多数的产业安全保护不是永久的，政府规制的目的只是提供一个准备期，让本国产业经过此过渡期，站稳脚跟并逐步升级，形成较强的国际竞争力。

## 二、产业安全政策的必要性

### （一）维护国家经济安全的重要制度保障和参与经济全球化的必然要求

产业安全政策作为维护国家经济安全的重要制度保障，在国家开放程度不断提高的背景下扮演着至关重要的角色。随着国家在更大范围、更宽领域、更高层次参与国际经济技术合作和竞争，国家经济面临着更多的机遇和挑战。扩大市场空间带来了发展机遇，但同时也增强了经济发展的不确定性。产业国际竞争力的客观现实、愈演愈烈的单边主义以及日益增加的贸易摩擦都意味着国家经济发展和产业安全面临着潜在的风险。在这种情况下，国家需要针对因发展滞后或遭受不公平竞争等导致竞争力较差的产业采取适度的保护措施，以为这些产业赢得发展的时间和空间。

产业安全政策的适度保护有助于维护国家产业体系的完整和稳定，确保核心产业免受不良竞争的冲击，从而维护国家的经济安全。通过为竞争力较差的产业提供一定时期的保护，国家可以增强其抗风险能力、减轻经济波动带来的影响。此外，产业安全政策也是国家参与经济全球化的必然要求。在全球经济一体化的背景下，国家需要更好地融入国际经济合作和竞争，产业安全政策为国家的经济发展和国际竞争提供了坚实的支撑。通过制定和实施产业安全政策，国家可以保持在全球经济中的稳定和竞争力，实现经济的可持续发展。

### （二）平衡经济全球化与经济民族主义之间矛盾的客观需要

经济全球化是社会生产力发展的客观要求，也是科技进步的必然结果，为满足人类美好生活的需要提供了必由之路。参与经济全球化的国家可以在更广阔的市场空间交换资源和产品，发挥自身的比较优势，并享受技术创新和知识扩散的红利。然而，国家产业竞争力的客观现实使得在经济全球化过程中难以避免出现经济民族主义，引发对本国产业的过度保护和对本土就业的过度担忧。

值得强调的是，参与经济全球化并不意味着产业安全的下降和就业的减少，而过度的产业保护反而可能成为产业不安全的重要诱因。实施科学适度的产业保护，是平衡经济全球化和经济民族主义的重要手段和客观需要，更是说服经济民族主义者打消对产业安全得不到有效保护的担忧的积极策略。适度的产业保护使各国在维护国家利益、促进工业发展、确保长期繁荣稳定的同时，充分接受经济全球化带来的好处。它不仅有助于保护国家产业体系的完整和稳定，还能有效地促进本国产业的技术创新和竞争力提升。因此，在经济全球化的背景下，适度的产业保护政策是实现产业安全与经济全球化之间良性互动的关键所在。通过这一策略，国家可以更好地平衡本土产业发展与国际合作，推动产业创新和可持续发展，同时确保国家利益在全球经济中得到有效维护。只有通过科学、灵活、务实的政策措施，国家才能真正实现经济全球化和经济民族主义之间的良性互动，促进国家经济的繁荣稳定与可持续发展。

### （三）促进产业结构优化升级和高质量发展的根本保障

在经济全球化的背景下，各国产业面临着全球竞争的挑战和机遇。由于资源有限和环境压力，国家需要更加高效地利用资源，提高经济效率，以实现可持续发展。产业安全政策的实施可以促使国家产业结构优化升级，进而推动国家经济高质量发展。

一方面，产业安全政策可以促进对新兴产业的保护，鼓励创新和科技进步，使国家在未来技术领域具备竞争优势。在全球产业链中，新兴产业的地位至关重要，通过适度的产业保护，国家可以为新兴产业提供有利的发展环境，加快技术升级和创新，提高产业竞争力。

另一方面，产业安全政策也需要逐渐减少对落后产业的保护，引导资源向更具竞争力的产业转移。随着时间的推移,某些传统产业可能会面临市场竞争压力和技术更新的挑战,继续过度保护这些产业可能会限制国家产业结构优化和经济发展。因此,适度地对新兴产业进行保护需要与逐步减少对落后产业的保护相结合,引导资源向具有更好发展前景和更高附加值的产业转移,推动产业结构升级和国家高质量发展。

## 三、产业安全政策的作用

### (一)塑造公平的竞争环境

产业安全政策的实施可为公平竞争环境的塑造提供可靠保障。第一,产业安全政策针可以通过对垄断行为采取措施保护产业安全。垄断是市场竞争的严重隐患,它使少数企业掌握了市场主导地位,限制了其他企业的进入和发展。国家通过反垄断法律法规的制定和执行,建立反垄断监管机构,对涉垄断企业进行监督,保护市场竞争的公平性,维护其他企业的合法权益,以确保市场竞争的公平性和产业安全。第二,产业安全政策对不正当竞争行为进行严格打击。不正当竞争行为包括虚假宣传、价格倾销、侵害知识产权等,这些行为破坏了市场竞争的公平性,损害了其他企业的利益。国家可以设立监管机构,加强对市场行为的监测和监管,及时发现并打击不正当竞争行为,维护公平竞争的环境,保护企业的合法权益,进而维护产业安全。

### (二)保护知识产权和提升创新能力

知识产权保护和创新能力提升同样依赖于产业安全政策的实施。第一,通过完善知识产权法律框架、加大执法力度、打击侵权行为和盗窃知识产权等举措,产业安全政策可有效鼓励和保护企业的创新成果和商业机密。第二,政策推动建立创新支持体系,包括资金投入、技术研发支持和知识产权保护等方面的支持措施,以提升企业的创新能力和竞争力。通过保护知识产权和提升创新能力,产业安全政策为企业提供了稳定的市场环境,激发了创新活力,并推动了经济的持续发展和繁荣。

### (三)保护幼稚产业的发展

通过产业安全政策的制定和执行,国家可以采取一系列措施来保护和促进幼稚产业的发展。第一,政策可以提供财政支持、税收优惠和金融支持等经济手段,帮助幼稚产业解决资金短缺和融资困难的问题。第二,政策可以加强对幼稚产业的技术支持和创新引导,通过技术转移、研发支持和知识产权保护等措施,提升幼稚产业的技术水平和创新能力。第三,政策可以采取贸易保护措施,限制进口竞争,为幼稚产业提供相对稳定的市场环境,帮助其发展壮大。通过保护幼稚产业的发展,国家产业安全政策不仅能够实现经济增长和就业机会的创造,还能够促进产业结构优化和提升国家经济的多元化及可持续发展能力。

### (四)维护国家安全和经济稳定

产业安全政策通过保护和强化关键产业的安全,降低国家面临的安全风险。第一,关键产业的安全对国家的安全至关重要,因为它们直接关乎国家的独立、安全和国防能力。产业安全政策通过采取措施保障关键产业的稳定运行,减少国家面临的内外威胁,提升国家的安全保障能力。第二,产业安全政策可以帮助稳定国家的经济环境和产业发展。通过制定合适的政策和措施,产业安全政策可以减少与降低经济风险和不确定性,维护市场秩序和公平竞争,促进产业结构升级和转型升级。这有助于保持经济的稳定增长,维护就业和社会稳定。

### (五)保障人民安全和福祉

通过制定和实施产业安全政策,国家可以保障人民的基本生活需求和社会福利。第一,产业安全政策可以促进产业发展和就业机会的增加,提供稳定的就业环境和收入来源,提高人民的生活水平和社会福利。第二,产业安全政策可以推动社会公平和包容,防止产业不公平竞争和垄断行为,维护市场秩序和社会正义,保证人民的公平权益和公平机会。通过维护人民福祉和社会稳定,国家产业安全政策有助于构建和谐社会,增强社会凝聚力和稳定性,促进经济和社会的可持续发展。

## 第二节 产业安全政策的类型和措施

### 一、产业安全政策的类型

#### (一)基于政策导向的分类

以产业安全政策的政策导向为依据,可将产业安全政策分为防御型产业安全政策、竞争型产业安全政策和应急响应型产业安全政策三类。

**1. 防御型产业安全政策**

防御型产业安全政策主要针对外部引起的经济或安全损害,旨在保护本国产业主体与国外竞争对手之间的公平竞争环境。首先,防御型产业安全政策注重对外部威胁和风险的防范。国家通过建立安全监测和预警机制,及时识别和评估来自国外的经济和安全风险。通过对进口产品的质量和安全标准的检查和认证,国家可以有效防范低质量或有安全隐患的产品对本国产业的冲击。其次,防御型产业安全政策注重维护公平竞争环境。国家采取措施确保国内产业主体与国外竞争对手在市场准入、知识产权保护、贸易和投资等方面享有公平竞争的权利。通过制定反垄断法和反不正当竞争法等法律法规,国家打击垄断行为和不正当竞争行为,促进与维护市场的竞争活力和公平性。最后,防御型产业安全政策强调加强国际合作与协调。国家积极参与国际组织和多边机制,在国际层面推动制定共同规则和标准,增强国际合作和协调,共同应对全球产业安全挑战,确保产业的安全和稳定发展。

**2. 竞争型产业安全政策**

竞争型产业安全政策是指为了提升本国产业的竞争力、应对国际竞争环境中的挑战而采取的一系列政策和措施。首先,竞争型产业安全政策注重创新和技术升级。国家通过鼓励科研机构、企业和创新团队的合作，加大对技术研发和创新的支持力度。通过提供资金、设立科研基地、推动产学研合作等方式，促进产业技术水平的提升，提高产业的创新能力和竞争优势。其次，竞争型产业安全政策注重人才培养和引进。国家通过制定人才政策，鼓励本国人才在相关产业领域进行专业知识和技能的培养，提供教育和培训机会。同时，国家也鼓励引进国际高端人才和专业人士，促进知识和技术的交流，增强产业的国际竞争力。最后，竞争型产业安全政策注重市场拓展和国际合作。国家通过贸易政策和国际合作协议，推动产业的国际市场拓展和贸易便利化；同时，积极参与国际产业合作和产业链的构建，加强与其他国家和地区的经济合作，共同应对全球化带来的竞争压力和挑战。

### 3. 应急响应型产业安全政策

应急响应型产业安全政策是指在突发事件或危机情况下，为了及时应对、有效应急和保障产业的安全稳定而采取的一系列政策和措施。首先，应急响应型产业安全政策注重加强应急救援和资源保障。国家通过建立应急物资储备和供应链保障体系，提供紧急救助和资源支持，确保产业主体在突发事件中及时获得必要的资源，保障产业主体的持续运转和安全。其次，应急响应型产业安全政策注重信息共享和央地合作。在突发事件发生时，及时、准确的信息共享对于应对和应急响应至关重要。国家通过建立信息共享机制和平台，促进央地合作和信息共享，确保各级政府和产业主体之间的快速沟通和信息传递。这有助于实时掌握危机情况，采取迅速、有效的措施，协调应急响应工作，最大限度地减小突发危机对产业安全的影响。

## （二）基于政策目标的分类

以产业安全政策的目标为标准，产业安全政策可分为产业生存安全政策和产业发展安全政策两类。

### 1. 产业生存安全政策

产业生存安全政策的主要目标是确保国家产业特别是核心产业的生存和稳定运营，防止受到外部冲击的不利影响，保障产业链的稳定性和持续性。首先，产业生存安全政策注重对外部威胁和风险的防范。政府通过建立安全监测和预警机制，及时识别和评估来自国内外的经济和安全风险，采取相应措施加以应对。其次，产业生存安全政策注重对产业生存环境的保护。通过关税、限制投资、补贴、反倾销、反垄断及政府采购等措施来对国家产业的生存环境形成保护。具体而言，国家可以通过关税、限制投资和反倾销等措施限制国外竞争者的进入；国家可以通过补贴和政府采购等措施来优化产业的经营环境和盈利能力；国家可以通过反垄断等措施来限制一家独大局面的出现，以促进多元竞争与发展的格局促进与维护产业长期生存的活力和可能性。此外，国家还可以通过引导产业融合来优化生产要素组合。通过这些措施，国家可以保护产业的生存安全、促进国民经济的稳定健康发展。

### 2. 产业发展安全政策

产业发展安全政策的目标是促进产业结构优化升级，推动国家经济的高质量发展。

首先,产业发展安全政策关注产业的创新和发展。产业发展安全政策重视对创新活力的培育,国家可以通过技术补贴政策、税收抵扣、低息或无息贷款等政策引导企业加大研发投入,推动技术进步和产业升级。同时,国家可以通过义务教育等人才培养政策、国家立项科研项目及国家资金直接投入等措施鼓励社会加大对科研、教育和人才培养的投入,营造创新创业的良好环境。其次,产业发展安全政策还关注新兴产业的发展,为其提供支持和政策倾斜,以期和传统产业融合来带动传统产业发展。最后,产业发展安全政策注重适当的外资引入。通过科学地引入外资,国内产业可以吸收国外先进技术和管理经验,在弥补自身不足的同时加快产业发展的步伐。

### (三)基于政策内容的分类

以产业安全政策的内容为依据,可将产业安全政策分为产业组织安全政策、产业结构安全政策和产业布局安全政策三类。

**1. 产业组织安全政策**

产业组织安全政策是国家为保障产业运行的有序和稳定,通过对产业内部组织结构和管理机制的优化和调整来提高产业的竞争力和适应能力的政策总和。首先,产业组织安全政策注重完善产业的组织结构。国家可以通过产业整合和重组,促进产业内部的合作与协调,减少竞争过度和资源浪费。同时,国家也可以通过反垄断法等法律和监管等行政措施来规制垄断行为,避免因缺乏竞争而导致的管理落后等问题。其次,政府还可以通过建立产业联盟和协会等组织,促进企业间的交流与合作,使其共同应对外部威胁和挑战。最后,产业组织安全政策关注提高产业的管理水平。国家可以加强对产业的监管和服务,提供政策支持和指导,帮助企业提升管理水平和技术能力。政府还可以鼓励企业实施质量管理和绿色生产,提升产业的可持续发展能力。

**2. 产业结构安全政策**

产业结构安全政策是指国家通过优化和调整产业结构,促进产业转型升级,提升国家产业和经济的竞争力和抗风险能力的政策。首先,产业结构安全政策注重发展新兴产业。国家可以通过制定产业政策和提供财税支持,鼓励新兴产业的发展,推动新技术和新产业的兴起。其次,政府可以采取引入外资等措施促进传统产业的优化升级。通过技术改造和产业升级,提高传统产业的竞争力和效率。同时,产业结构安全政策也注重通过行政指导等措施消除产能过剩和产业结构失衡的问题,防范产业的风险。最后,产业结构安全还注重产业的完整性。国家在优化产业结构时,会注重整个产业链的布局和衔接,从上游到下游,从原材料到最终产品,形成一个完整的产业链,以免产业结构单一化导致的风险。通过培育多个支柱产业和壮大多个产业集群,国家可以增强产业的抗风险能力,减轻某一特定产业受到冲击而对整体经济产生严重影响的风险。

**3. 产业布局安全政策**

产业布局安全政策是指国家通过合理规划和布局产业的空间分布,推动产业的均衡发展,降低区域资源过度集中和单一产业结构的风险的政策。首先,产业布局安全政策注重合理配置产业资源。国家会根据不同地区的产业基础和特点,合理规划产业布局。通过合理配置产业资源,国家可以避免产业过度集中在特定地区而导致的风险,同时实现产业资源的优化配置,提高整体产业效率和竞争力。其次,产业布局安全政策关注区域产业的互补性和协同性。国家在制定产业布局安全政策时,会考虑不同地区产业的互补性,鼓励相互之间形成产业联动和协同效应。这样的布局可以降低产业结构单一化带来的风险,同时加强不同地区之间的合作与交流,增强产业的安全性和抗风险能力。

上述产业安全政策的具体类别如表 16-1 总结所示。

**表 16-1 产业组织安全政策的分类**

| 分类标准 | 类 别 | 功 能 |
|---|---|---|
| 政策导向 | 防御型产业安全政策 | 防范外部威胁和保护竞争环境公平 |
| | 竞争型产业安全政策 | 提升本国产业竞争力 |
| | 应急响应型产业安全政策 | 突发情境下国家对产业的救济 |
| 政策目标 | 产业生存安全政策 | 确保产业特别是核心产业的生存和稳定运营 |
| | 产业发展安全政策 | 推动产业优化升级和国家经济高质量发展 |
| 政策内容 | 产业组织安全政策 | 优化产业管理机制、产业竞争力和产业适应性 |
| | 产业结构安全政策 | 优化产业结构和维护产业完整 |
| | 产业布局安全政策 | 推动产业均衡布局,防范资源浪费 |

## 二、产业安全政策的措施

在制定和实施产业安全政策的过程中,中央和地方政府可能会综合运用经济措施、行政措施、法律措施、技术措施和救济措施。

### (一)经济措施

经济措施是保护产业安全的重要手段,通过经济手段来促进产业的健康发展、增强竞争力和抵御外部冲击的能力。其主要包括:第一,设定合理的关税政策是一项有效手段,可以限制进口商品的竞争,避免不公平竞争对本国产业的影响。第二,国家可以通过拨付专项财政资金来支持关键产业的发展,为产业安全提供资金支持和资源保障,促进产业创新和结构优化。第三,税收优惠政策也是重要举措,通过税收返还、研发经费抵扣等方式鼓励企业增加研发投入和创新活动,提高技术水平和竞争力,推动产业向高技术、高附加值方向发展。这样的政策能够减轻企业的成本负担、激发创新热情、为产业的可持续发展提供助力。第四,金融支持措施对于保护产业安全也至关重要。国家可以提供定向贷款、财务咨询、优惠利率等金融支持,帮助企业解决融资难题,增强资金实力和经营能力,推动产业的发展活力。第五,补贴措施是另一个重要手段。通过研发补贴、生产补贴、社保补贴、环保治理补贴等方式,国家向企业提供补贴支持,鼓励企业加大研发投入、改善生产条件、提高环境保护水平,从而推动产业结构的优化和可持续发展,达到保护产业安全的目标。

### (二)行政措施

行政措施是保护产业安全的重要手段,通过政府行政机构的规定和管理来促进产业的合理发展、规范市场秩序和维护国家产业安全。其主要包括：第一，国家可以明确特定产业的外商投资限制，对于关键产业和战略性产业可以设立外资的投资上限或限制外资进入。通过这种限制，国家能够保护自己的核心产业，防止外国企业对国内市场形成过度竞争，从而维护产业安全。第二，制定严格的外商投资准入条件和程序，包括技术要求、资本要求、经营范围等方面的限制。这些准入条件和程序可以确保外商投资的合法性和符合国家政策，避免不良投资对国家产业造成损害。第三，国家可以限制外商在本国企业中的出资比例，以确保本国企业的控制权和对核心技术的掌控；同时，对外商的增资扩股也可以进行管理，防止外资过度渗透本国产业，保障本国产业主体的利益和安全。第四，国家可以设立进口许可和进口配额，通过这些措施国家可以控制进口产品的类别和数量，避免过度竞争和倾销行为对国内产业造成冲击，也有助于维护国内产业的稳定和可持续发展。第五，国家可以通过政府购买来对特定产业形成直接支持。政府购买可以为本国产业提供稳定的市场需求，促进产业发展和升级，实现维护产业安全的目标。

### （三）法律措施

法律措施是指通过制定法律法规和国内国际诉讼等方式来明确产业安全的法律责任和法律义务，加强对影响产业安全行为的打击和处罚。其主要包括：第一，《中华人民共和国国家安全法》（以下简称《国家安全法》）。《国家安全法》是国家安全保障的重要法律框架，通过国家安全法，国家可以保护国家的核心利益和重要产业，维护国家安全。第二，《中华人民共和国反垄断法》（以下简称《反垄断法》）和《中华人民共和国反不正当竞争法》（以下简称《反不正当竞争法》），旨在防止市场中出现垄断行为和不正当竞争行为，确保市场竞争的公平性和效率。通过这些法律，国家可以限制垄断企业的行为，禁止虚假广告、商业诽谤等不正当竞争行为，保护其他企业的合法权益，促进产业生存和发展的安全。第三，知识产权保护相关的法律法规。其旨在保护知识产权的合法权益，鼓励创新和科技进步。通过该法律，国家可以对侵犯知识产权的行为进行制裁，保护本国企业的技术和创新成果，促进产业的升级和创新发展。第四，《中华人民共和国外商投资法》（以下简称《外商投资法》）。通过该法律，国家可以引导外商投资的方向，保护国家关键产业和战略性产业，维护产业安全和国家安全。第五，《中华人民共和国仲裁法》及 WTO 相关国际通行法律。通过这些法律，国家可以加强对跨国经济活动中的违法行为的打击，保护本国产业安全免受不公平竞争和侵权行为的侵害。此外，法律对违法行为的处罚机制也可以起到很好的震慑和预防作用。

### （四）技术措施

技术措施在保护产业安全方面具有重要作用，可以通过一系列技术检验标准和规定来管理和限制进口产品的流通和销售，以实现保护本国产业安全的目标。其主要包括：第一，技术法规与标准。通过制定技术法规和标准，要求进口产品符合特定的技术要求和规格，这些技术标准可以涵盖产品的质量和安全等方面，来限制产品进口数量。第二，合格评定程序。对于进口产品，国家可以规定合格评定程序，要求进口商提供相关的技术文件和证明，以证明产品符合国家的技术标准和法规。只有通过合格评定的产品才能获得销售和流通许可。第三,绿色壁垒。通过设立绿色壁垒,国家可以限制那些不符合环保标准的进口产品进入市场。第四,信息技术壁垒。对于涉及信息技术的产品,国家可以设立信息技术壁垒,要求进口产品符合信息安全和数据隐私保护的要求,以防止不安全的产品对本国产业造成威胁。

### (五)救济措施

救济措施是保护本国产业安全和促进本国产业发展的重要手段,它们有助于应对不公平竞争和突发情况对产业造成的冲击。其主要包括:第一,反倾销措施。反倾销措施是一种针对来自其他国家倾销行为的救济措施。当低于市场价格的倾销产品进入市场,导致本国产业受到损害时,国家可以采取反倾销措施。这些措施包括对倾销产品征收关税、实施数量限制、采取补贴措施及诉诸法律等手段,以抵消倾销造成的伤害。第二,反补贴措施。反补贴措施是为了应对其他国家对本国产业进行补贴而导致的不公平竞争。当其他国家对出口产品提供补贴、导致本国产业受到不公平竞争时,国家可以采取反补贴措施。这些措施包括对进口补贴产品征收反补贴税或特殊关税,以抵消补贴效应。第三,反垄断是针对某一产业出现垄断或垄断趋势的干预手段。当产业出现垄断行为威胁本国产业安全和竞争时,国家可以采取反垄断措施,以维护市场竞争的公平性和本国产业的发展利益。第四,国家还可以通过直接补贴来应对突发情况对产业造成的冲击。例如,面对贸易摩擦或自然灾害等突发事件,国家可以向受影响的产业提供直接补贴,减轻突发事件对产业安全的不利影响。

## 第三节　产业安全政策实践

### 一、中国产业安全政策的发展历程

以中国融入全球化经济为主线,根据中国产业安全政策的重点内容和实施情况,可将其划分为以下四个阶段:改革开放探索阶段(1978—1991 年)、改革开放深化阶段(1992—2000 年)、融入全球化阶段(2001—2011 年)、全球化深化阶段(2012 年至今)。

### (一)改革开放探索阶段(1978—1991 年)

1978—1991 年,国家出台了一系列法律和行政法规,恢复和新建了对外贸易管理制度,同时也极大地保护了中国的产业安全。1979 年,《中外合资经营企业法》颁布,规定合营企业各方签订的合营协议、合同、章程,应报中华人民共和国外国投资管理委员会审查批准。1985 年出台的《中华人民共和国涉外经济合同法》明确合同的订立,合同的履行,违反合同的责任,合同的转让,合同的变更、解除和终止,争议的解决及附则等内容。1986年出台的《中华人民共和国外资企业法》(以下简称《外资企业法》)规定:设立外资企业的申请需由国务院对外经济贸易主管部门或国务院授权机关审查批准;外商投资企业所需原材料、燃料、配套件等"应尽先在中国购买";设立外资企业,必须有利于中国国民经济的发展,并且采用先进的技术和设备,或者产品全部出口或者大部分出口;外资企业应当在中国银行或者国家外汇管理机关指定的银行开户；外资企业应当自行解决外汇收支平衡。1988 年出台的《中外合作经营企业法》规定中外合作者的一方转让其在合作企业合同中的全部或者部分权利、义务的，必须经他方同意，并报审查批准机关批准。为了完善和规范上述法律的内容和实施，《中华人民共和国中外合资经营企业法实施条例》等配套的行政法规以及《中华人民共和国进口货物许可制度暂行条例》《出口货物原产地规则》《一般商品进口配额管理暂行办法》《中华人民共和国海关法》等法律法规相继出台。

通过带有计划经济体制的行政管理手段，在引入外资和技术的同时控制外资的体量和流向的领域，以尽可能保护本国产业的安全。同时，通过提高某些消费品和国内已具备生产条件的机器设备的税率，降低国内不能生产或生产不足的原材料和零部件的税率，包括出口退税等措施，保护国内企业的生存和发展。

### （二）改革开放深化阶段（1992—2000 年）

1992—2000 年，随着中国经济体制改革的深入推进，初步建立了符合社会主义市场经济的政策体系，以适应快速发展的国际经济环境。在这一过程中，对产业安全的保护也发生了显著变化，即逐渐从行政直接控制转向以运用经济和法律手段调节为主的市场轨道。

首先，对《中外合资经营企业法》等"外资三法"进行了修订。例如，在关于外汇收支平衡问题方面，删去了"合作企业应当自行解决外汇收支平衡。合作企业不能自行解决外汇收支平衡的，可以依照国家规定申请有关机关给予协助"的内容；删去了《外资企业法》"外资企业应当自行解决外汇收支平衡。外资企业的产品经有关主管机关批准在中国市场销售，因而造成企业外汇收支不平衡的，由批准其在中国市场销售的机关负责解决"的内容。其次，出台了一系列新的政策。例如，1993 年出台的《出口商品管理临时细则》减少了需要出口许可证的产品类别。1994 年《国务院关于进一步深化对外贸易体制改革的决定》取消了外贸企业承担的无偿和有偿上缴外汇的任务。1994 年，《中华人民共和国对外贸易法》（以下简称《对外贸易法》）的出台，确立了一个我国统一的外贸管理制度，包括外贸经营者的资格取得制度，法律、行政法规规范的货物与技术的自由进出口制度，配额、许可证的规则化分配与发放制度等，并且确立了主管部门的行政管理与进出口商会的协调指导相结合的原则。1995 年《指导外商投资方向暂行规定》、1997 年《外商投资产业指导目录》等的出台进一步明确了外商投资产业鼓励类、限制类和禁止类项目。1997 年《中华人民共和国反倾销和反补贴条例》（以下简称《反倾销和反补贴条例》）等的出台，规定通过正当的程序规范防止国外企业通过不正当竞争手段对国内已建立的产业造成实质损害或威胁，并完善了反倾销、反补贴等救济制度，进一步保护了国内的产业安全。

### （三）融入全球化阶段（2001—2011 年）

加入世界贸易组织是中国参与经济全球化的里程碑，标志着中国对外开放进入历史新阶段。在更大范围、更宽领域参与国际经济活动，既扩大了中国的市场空间，也增强了我国经济的不确定性和产业的不安全性。为了在更好参与全球经济活动的同时保护我国产业安全，国家对产业安全政策进行了一系列的调整。

2004 年,中国正式颁布了修订后的《对外贸易法》,该法增加了知识产权保护、对外贸易调查和贸易救济等内容,弥补了中国作为 WTO 成员应当享受的权利,特别是在贸易转移以及国际服务贸易的贸易救济方面,为中国产业维护自身合法权利提供了更丰富的法律保障,并初步建立了产业安全预警制度,强化了对国内产业的保护功能。同时,政府进一步完善了与产业安全相关的外资并购和外资投资安全审查的部门规章和相关法律。例如,《中华人民共和国外资金融机构管理条例》及《境外金融机构投资入股中资金融机构管理办法》等规定境外金融机构投资入股中资金融机构,应当经中国银行业监督管理委员会批准。单个境外金融机构向中资金融机构投资入股比例不得超过 20%。多个境外金融机构对非上市中资金融机构投资入股比例合计达到或超过 25% 的,对该非上市金融机构按照外资金融机构实施监督管理。2004 年,《对外贸易法》的成功修订,标志我国外经贸法律框架在世界贸易组织要求下的全面建立。2006 年,财政部等五部委联合发出通知调整部分出口商品的出口退税率,下调了部分商品的出口退税税率。2008 年开始国家外汇局、商务部、海关联合实行出口收结汇联网核查,通过制度管控国际热钱的进出。通过《关于外国投资者并购境内企业的规定》《外商投资产业指导目录》《外商投资商业领域管理办法》《国务院对确需保留的行政审批项目设定行政许可的决定》及《关于经营者集中申报的指导意见》等一系列政策,国家对外商的投资行为作出了进一步的规范,同时加强了对外资的监管。此外,2007 年出台了《反垄断法》以及一系列配套规章,进一步规范了市场的竞争秩序,保护了国内产业在面临先进技术时的产业安全和发展环境。这一时期,国家产业安全政策体系进一步由行政主导向市场主导转变。

### (四)全球化深化阶段(2012 年至今)

随着经济全球化的深度嵌入,我国产业安全政策体系也不断进行调整和完善,以适应新的国际规则和市场需求。国家采取了更加开放和灵活的政策策略,将市场机制作为主导,行政手段作为辅助,以实现更高效的产业安全管理。

为了更好地应对全球化经济的挑战,我国修订了《中华人民共和国外商投资法》(2019年),相较《中外合资经营企业法》《中外合作经营企业法》和《外资企业法》更为完善,配合《外商投资安全审查办法》等一系列配套法律法规和行政规章对外国投资进行统一规范,不再将外商投资企业的组织形式和经营活动作为分类规范对象;实行国民待遇,内、外资统一适用公司法等法律法规;实施"有限许可加全面报告"准入管理,改变现有的投资事前审批制度,确定外资准入负面清单及审查程序等,明确地把外商投资企业的组织管理形式与《中华人民共和国公司法》接轨,展示了国家进一步鼓励外商投资和外资进入,进一步对外开放的决心和立法精神,极大促进了竞争环境的公平,鼓励了外资的流入,这不仅通过竞争增强了国内产业的活力,而且更加规范的外资的流入也促进了国内产业的技术升级和管理更新。对 2017 年的《反不正当竞争法》和 2022 年的《反垄断法》等进行进一步修订,以适应数字经济时代的竞争环境。修订后的法律补充了经营者不得利用数据和算法、技术、资本优势以及平台规则等从事不正当竞争行为的规定。同时,增加了国际通行的"安全港"规则,进一步加强了对重点领域的审查。此外,《禁止滥用市场支配地位行为暂行规定》《禁止垄断协议暂行规定》《关于经营者集中附加限制性条件的规定》及《关于禁止滥用知识产权排除、限制竞争行为的规定》等规章的出台,加大了反垄断执法力度,进一步维护了中国产业的安全。通过以上法律法规和部门规章的修订和制定,中国在产业安全政策方面取得了实质性的进展。这些措施和规定有助于更好地管理外资投资领域,加强对关键领域的审查,并加大了反垄断执法力度,进一步保护了中国产业的安全。

图 16-1 总结了我国产业安全政策的发展历程。

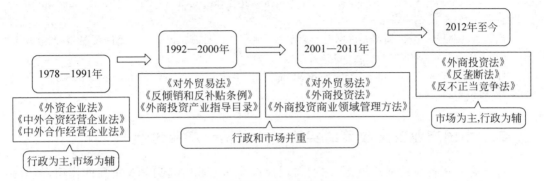

**图 16-1 我国产业安全政策的发展历程**

**扩展阅读 16-1**

## 美国产业安全政策体系

美国作为最成熟的市场经济国家之一,秉持自由竞争和市场机制的原则,主要采取宏观调控的政策措施来对产业安全加以维护。在实践中,美国建立了几乎覆盖所有领域的行业协会,形成政府、行业协会和企业之间良性互动的机制。其重点是推动高端制造业和工业产业的竞争优势,通过全面运用行政、立法和司法等手段,将国家产业安全牢牢掌控在自己手里。这样的政策体系使美国能够在经济发展过程中有效维护国家产业安全,实现产业发展的安全和经济的持续稳定增长。

首先,通过贸易保护的方式来维护产业安全。美国立法和司法机构通过立法及司法手段,如 1890 年的《麦金莱法案》、1897 年的《丁利关税法》以及 1930 年的《斯穆特·霍利关税法案》等法律法规的制定和执行,使美国适应了不同时期国家产业发展和产业安全的需要,并根据实际情况进行了及时的调整。

其次,美国严格管理外国投资,通过行政机构的管理、监督和审批权力来限制和干预外商投资。1975 年成立的外国投资委员会和外国投资办公室等机构负责分析外国投资情况,考察其对美国利益的影响。1988 年,美国立法授权总统可基于国家安全利益否决外国投资者兼并美国企业的要求。通过完善《联邦反垄断法》等并购方面的法律法规,美国构建了严密的"防护网"来保护国家产业安全。

再次,美国加大科技投入,通过领先世界的科技来实现产业安全的保护。一方面,美国重点推动研究和发展,制定许多重点攻关项目,如 1993 年的"国家信息基础设施(NII)行动计划"。另一方面,通过教育项目等促进知识传播,提高国民的科技素质,以支持产业的创新和发展。

最后，美国利用或控制国际组织来维护产业安全。通过影响世界贸易组织等国际经济组织，美国推动贸易和投资的自由化，建立符合其利益的全球贸易体系，以保障自身的产业安全。

资料来源：韩港.国外稀土产业安全政策及其启示[J].中国国情国力，2016(1)：70-72.

KILCREASE E,JIN E. Rebuild：toolkit for a new American industrial policy[EB/OL]. https://s3. us-east-1. amazonaws. com/files. cnas. org/documents/Rebuild _ OCEA _ 2022 _ Final. pdf? mtime = 20220906171734&focal=none.

刘建丽，黄骏玮，金亮.美国先进制造产业政策：演化特征与内在逻辑——兼论美国"新产业政策"的形成[J].国际经济合作，2024(1)：46-58,87.

How to get industrial policy right and wrong[EB/OL]. https://www. ft. com/content/cf959d07-33d6-48ca-8882-a649f3c3f5dc.

## 二、中国产业安全政策的实践——以稀土产业为例

稀土是不可再生的战略资源，它们在现代科技和工业中起到至关重要的作用，包括在电子产品、绿色能源技术、国防装备等领域。然而，稀土资源的开采和加工过程常常伴随着严重的环境污染，这使得稀土产业的可持续性备受关注。为了保护稀土产业的安全，我国稀土产业政策制订的目标主要集中在以下三个方面，一是严格控制稀土的采掘和开采规模，确保资源的可持续利用；二是优化稀土产业布局，实现资源与环境的协调发展。通过引导资源向具备优势条件的地区集中，实现资源的合理配置，促进稀土产业的规模化发展和结构优化，降低环境污染；三是控制我国稀土资源的出口量，增强稀土产品的国际定价主动权。由此可见，我国稀土产业政策的目标导向既有利于国防安全、资源安全、环境安全，又有利于稀土产业本身的生存和发展安全。

### （一）控制稀土的采掘和开采规模，确保资源的可持续利用

国家从20世纪90年代起就开始颁布稀土产业政策，以指导稀土资源的开采。1991年，国务院发布《国务院关于将钨、锡、锑、离子型稀土矿产列为国家实行保护性开采特定矿种的通知》，将离子型稀土矿产列入国家行政保护性开采的特定矿种。1999年，国土资源部发布《国土资源部关于对稀土等八种矿产暂停颁发采矿许可证的通知》，不再继续对新上马项目审批、批复采矿许可证，约束稀土资源过快的开采与生产。从2000年开始，国家稀土配额制度正式颁布与实施，从总数量上进行管控，管理企业配额，制约企业过度开采。2005年，政府发布《国务院关于全面整顿和规范矿产资源开发秩序的通知》，要求规范稀土开采管理，提高资源开采质量。2006年，国土资源部首次以国土资发〔2006〕63号文件下达了当年稀土开采总量控制指标。2007年稀土生产工作计划会议提出政府有权根据市场供需调节与控制稀土生产规模，由此国家对稀土生产计划由指导性计划调整为指令性计划。2008年，国家发布《全国矿产资源规划（2008—2015年）》，对稀土等保护性开采特定的矿种实行规划调控、限制开采、严格准入和综合利用。2009年，政府发布了《2009—2015年稀土工业发展规划》等规章，要求稀土产业进一步控制产能，并且不再颁布新的开采许可证。通过稀土的开采配额制度和战略资源的储备制度，我国稀土的消

耗速度大大降低,同时,这也防止了稀土资源的过度开采,从而实现了对我国稀土资源的有效保护。

### (二)优化稀土产业布局,实现资源与环境的协调发展

2006 年,国务院下发文件《国务院办公厅转发国土资源部等部门对矿产资源开发进行整合意见的通知》,首次官方地、正式地提出稀土产业整合事宜。2006 年,由国土资源部等九部委联合制定的《对矿产资源开发进行整合的意见》,确定了实施稀土产业整合的基调。2011 年,国务院发布《关于促进稀土行业持续健康发展的若干意见》,意见分 22 条对维护稀土产业安全,实现稀土产业健康发展的具体定位、方向、措施进行了详细说明。2012 年,工业和信息化部出台《稀土行业准入条件》,系统设置了稀土企业的生产规模。此后,我国拥有稀土采矿权的企业逐渐减少,并逐渐形成了以内蒙古包头、四川凉山和以江西赣州为代表的南方五省三大生产基地,加强了稀土产业的集中度、行业管理规范性和资源供应的稳定性,也降低了稀土开采和加工造成的环境污染,促进了资源与环境的协调发展。

### (三)控制稀土资源的出口量,增强稀土产品的国际定价主动权权

1985 年,国务院为促进经济发展,批转财政部《关于批准对进出口产品征、退产品税或增值税的报告》,刺激了稀土资源的出口。2003 年到 2006 年期间,国家出台一系列政策,出口退税一再下调甚至取消,稀土资源的出口鼓励力度降低。2006 年到 2012 年期间,国家出台《国务院关税税则委员会关于调整部分商品进出口暂定税率的通知》等政策,逐年提高稀土资源的出口关税并扩大覆盖范围。此后三年继续扩大稀土资源的出口关税覆盖范围。与之相辅相成的是逐年降低的出口配额,在关税和出口配额的双重作用下,我国对稀土资源的国际定价主动性得到了一定的增强。2015 年,受 WTO 等影响,国务院关税税则委员会发布《国务院关税税则委员会关于调整部分产品出口关税的通知》取消稀土类产品的出口关税,商务部、海关总署发文《2015 年出口许可证管理货物目录》取消稀土出口配额管理。

总体而言,我国稀土产业安全政策取得了良好的效果,不仅降低了稀土资源的消耗速度,加大了稀土资源的保护力度,提高了稀土产业的集聚程度,并且增强了国际定价的主动权。

扩展阅读 16-2

**美国稀土产业安全政策实践**

美国不仅拥有丰富的稀土资源,还是世界上主要的稀土消费国之一。为保障稀土安全,美国稀土产业高度重视技术的升级。利用本国先进技术,积极开发国外的稀土资源,立足于全球格局来制定稀土产业安全政策。同时,根据国际供应情况,灵活调整国内稀土的开发与生产。这样的策略有效地保护了美国稀土安全,使其在稀土领域保持领先地位,同时也减少了对稀土进口的依赖。通过技术升级和全球战略的结合,美国稀土产业在国

际竞争中保持了优势,确保了本国稀土资源的稳定供应和可持续发展。

第一,美国注重稀土产业的技术开发和升级。自 2005 年起,美国国家科学基金会开始资助多项稀土资源的研究,其中既涉及基础研究,也涉及应用领域,形成了较为全面的稀土技术开发格局。2010 年,美国国家科学基金会大学联合研究中心建立了资源回收和再循环中心,专注于稀土金属生产和回收方面的研究,进一步提高了美国稀土产业的技术。

第二,为确保资源供应,美国转变了生产模式,从国内生产转向国际进口,并加强了稀土资源储备。1946 年,《战略储备法案》的通过标志着储备制度的常态化,稀土资源被纳入储备物资之列,以确保军事紧急状态下的原材料供应。20 世纪 80 年代,由于社会公众对稀土生产环境污染的担忧,美国政府实行严格的监管措施,甚至关闭国内部分稀土矿。同时,中国稀土产业的崛起导致稀土价格暴跌,美国稀土产业竞争力下降,不得不逐渐减产甚至停产。为了应对这一局面,美国调整了稀土储备策略,转而依赖国外进口(主要来自中国)。这一策略保证了美国获得所需的稀土原料。尽管国际进口确保了稀土的供应,但美国仍应着力提高本国稀土产业的竞争力和技术升级,以减少对外依赖。此举将使美国在稀土领域保持竞争优势,确保稀土资源的稳定供应和安全发展。

第三,立足全球格局规划稀土产业布局。美国通过企业并购的方式来实现稀土产业的全球布局。具体而言,美国钼矿业公司(Molycorp)2011 年收购了当时欧洲最大稀土公司 Silmet AS,此后又收购了美国稀土合金企业 Santoku America,Inc.。美国 GTSO 公司则是积极与蒙古稀土公司 REE 洽谈并购事宜。此外,美国政府积极对发展中国家提供资金和技术援助以取得这些国家稀土资源的稳定供应,进一步提高了美国稀土产业的安全。

第四,利用国际组织,应对不利局势。在中国限制稀土出口之后,美国联合日本、欧美等国家向 WTO 提出抗议,旨在促使中国重新提高稀土资源的出口来维护美国等国家的利益和产业安全。

资料来源:刘建伟.大国战略竞争背景下美国稀土产业链的重建及其影响[J].太平洋学报,2022,30(12):52-63.

韩港.中国稀土产业安全研究[D].北京:北京交通大学,2018.

Department of Commerce Releases Report on Critical Minerals[EB/OL].(2019-06-04).https://2017-2021.commerce.gov/news/press-releases/2019/06/department-commerce-releases-report-critical-minerals.html.

Final list of critical minerals 2018[EB/OL].(2018-05-18).https://www.federalregister.gov/documents/2018/05/18/2018-10667/final-list-of-critical-minerals-2018.

A federal strategy to ensure secure and reliable supplies of critical minerals[EB/OL].(2019-06-04).https://www.commerce.gov/data-and-reports/reports/2019/06/federal-strategy-ensure-secure-and-reliable-supplies-critical-minerals.

A federal strategy to ensure secure and reliable supplies of critical minerals[EB/OL].https://www.commerce.gov/sites/default/files/2020-01/Critical_Minerals_Strategy_Final.pdf.

## 三、中国产业安全政策的发展方向

### (一)建立健全产业安全预警体系

通过建立健全产业安全预警体系,国家可以及时识别和应对产业安全风险,提高产业的安全性和稳定性。预警体系的建立需要政府、企业和相关利益相关者的共同努力与合作，形成一种预警与响应的良好机制。

第一，产业安全预警体系应具备提前感知和评估产业安全风险的能力。通过建立信息收集、监测和分析的机制，及时获取相关产业安全风险的信息，对产业发展中可能出现的威胁进行预警和评估。这有助于政府和企业及早采取相应的防范和措施，降低产业安全事件的发生概率和影响程度。

第二，产业安全预警体系应该具备预警信息的传递和沟通能力。预警信息需要及时准确地传递给政府部门、企业和相关利益相关者，以便他们及时采取行动。建立起信息共享和沟通机制，提供透明、高效的预警信息流通渠道，加强各方之间的合作和协调，形成共同应对产业安全风险的合力。

第三，产业安全预警体系应该具备预警指导和应急响应的能力。一旦产业安全风险被预警和评估确认，相应的预警指导和应急响应措施应该得以制定与实施。政府部门需要与企业和相关机构合作，制定具体的预警指导和行动计划，确保在产业安全事件发生时快速响应和应对，最大限度地减少损失和风险。

第四，产业安全预警体系需要持续改进和优化。随着产业发展和安全风险的变化，预警体系需要不断更新和完善。政府部门应该密切关注新的安全威胁和技术发展，及时调整和改进预警机制和方法，提高预警的准确性和敏感性。

### （二）健全产业安全管理体制

通过健全产业安全管理体制，国家可以加强对产业安全的管理和保障，提升政策的执行效果和产业安全的整体水平，也可以促进政府、企业和社会各界的合作与参与，形成共同维护产业安全的良好局面。

第一，明确政府的责任和职能，设立专门的产业安全管理机构或部门，并建立相应的组织结构和人员配备。该机构或部门应负责制定、协调和监督产业安全政策的执行，推动产业安全管理的各项工作。

第二，产业安全管理体制应具备科学、规范的管理制度和程序。这包括制定和修订相关的法律法规、标准和规范，确立明确的产业安全管理要求和操作流程。

第三，建立监测、评估和报告机制。对产业安全风险进行定期的检查和评估，及时报告和应对潜在的安全问题。

第四，产业安全管理体制需要强化信息共享和协同合作机制。政府、企业和相关利益相关者之间应建立起有效的信息共享和沟通渠道，及时交流产业安全风险信息、管理经验和最佳实践，共同推动产业安全管理的实施和改进。

第五，产业安全管理体制需要加大监督和执法力度。建立有效的监督和执法机制，加强对产业安全政策执行情况的监督和检查。对于违反产业安全政策的行为，要依法严肃处理，并公开曝光，以起到震慑和警示作用。同时，加强对产业安全管理人员的培训和能力建设，提高他们的专业素养和执法水平。

### （三）完善产业安全法律法规

通过完善产业安全的法律法规，国家可以加强对产业安全的保护和管理，提高政策的可执行性和产业的安全性。

第一，制定和完善与产业安全相关的法律、法规和规章，确保法律法规的系统性、科学性和可操作性，法律法规应覆盖不同领域和层级的产业安全问题，包括但不限于安全生产、环境保护、知识产权保护、网络安全等方面。

第二，加大产业安全法律法规的执行和监管力度。建立健全执法机构和执法体系，明确各部门的职责和协作机制。加强对产业安全法律法规执行情况的监督和检查，及时纠正和处理违法行为。加大对违法行为的处罚力度，提高违法成本，形成威慑效应。

第三，加强对产业安全法律法规的宣传和教育工作。强化对政府部门、企业和公众的产业安全法律法规知识培训和宣传，提升他们的法律意识和法律素养。加强对产业从业人员的专业培训，提升法律遵从能力和安全意识。

第四，积极参与国际合作和借鉴国际经验，不断提升产业安全法律法规的国际化水平。与其他国家和地区建立交流与合作机制，分享经验和最佳实践，共同应对产业安全挑战和威胁。

### （四）建立健全产业救济援助体系

第一，通过设立专门的产业救济援助基金、政府直接提供资金支持、政府指导定向贷款等措施，用于应对突发事件或危机情况下产业的损失和困难，帮助受影响的产业恢复和重建，维护其稳定运转。

第二，建立产业救济援助政策和程序。政府应制定明确的产业救济援助政策，明确救助对象、救助标准和救助流程。建立快速响应机制，以便在紧急情况下迅速启动救助措施，为受灾产业提供急需的支持和帮助。

第三，加强产业救援的组织和协调机制。政府应设立专门的产业救援机构或部门，负责组织和协调相关的救援行动。与企业、行业协会和社会组织建立合作机制，共同参与产业救援工作，形成合力。

第四，加强产业救济援助的宣传和教育工作。强化对企业和公众的产业救济援助政策的宣传和教育，提升产业安全意识。建立信息公开和沟通机制，及时向受灾产业和公众发布相关救援信息，增加透明度和可信度。建立健全产业救济援助体系，在面对突发事件或危机时提供及时、有效的支持和援助，保障受灾产业的生存和发展。

### （五）完善基础科学攻关和成果转化体系

第一，加大对基础科学研究的投入，培育一批具有自主知识产权和核心技术的创新成果。通过资助科研项目、设立科研基地和实验室，鼓励科学家深入探索产业发展的关键技术和难题，提高产业安全的自主控制能力。完善科研项目评估和监督机制，确保科研经费的高效使用，避免资源浪费。

第二，加强科技成果的转化与应用。建立科技成果转化平台，促进科研成果与产业需求的对接，提供资金支持和税收优惠等政策，加速科技成果转化为实际生产力。健全知识产权保护和激励机制，鼓励创新企业申请专利并依法保护其知识产权，确保科技成果在市场上得到合理回报。

第三,加强科技创新人才队伍建设。培养一批高水平、有经验的科研人才,推动产业安全的技术升级和创新发展。政府可以提供奖励措施、优惠政策等,吸引更多人才投身于产业安全领域的科研和创新工作。

## 📋 本章要点

1. 产业安全政策是一国在对外开放条件下,为了保护国家的民族产业的持续生存和发展能力,以及维护本国资本对产业主体的控制权,而采取的一系列政策和措施。

2. 产业安全政策强调对产业的安全保障、对关键产业和战略性产业的安全控制、对国家经济安全的保障以及国际交流和合作。

3. 产业安全政策的特征主要体现在战略性、系统性和动态性三个方面。

4. 产业安全政策的必要性在于维护国家经济安全、平衡经济全球化和经济民族主义之间的矛盾以及促进产业结构化升级和高质量发展三个方面。

5. 产业安全政策的作用体现在塑造公平的竞争环境、保护知识产权和提升创新能力、保护幼稚产业的发展、维护国家安全和经济稳定、保障人民安全和福祉。

6. 以产业安全政策的导向为依据,产业安全政策可分为防御型产业安全政策、竞争型产业安全政策以及应急响应型产业安全政策三类。

7. 以产业安全政策的目标为标准,产业安全政策可分为产业生存安全政策和产业发展安全政策。

8. 以产业安全政策的内容为依据,产业安全政策可分为产业组织安全政策、产业结构安全政策和产业布局安全政策三类。

9. 产业安全政策的措施可分为经济措施、行政措施、法律措施、技术措施和救济措施五种。

10. 中国产业安全政策的未来发展在于建立健全产业安全预警体系、健全产业安全管理体制、完善产业安全法律法规、建立健全产业救济援助体系、完善基础科学攻关和成果转化体系。

## ✒ 关键术语

产业安全政策　防御型产业安全政策　竞争型产业安全政策　应急响应型产业安全政策　产业生存安全政策　产业发展安全政策　产业组织安全政策　产业结构安全政策　产业布局安全政策　反补贴　反垄断　反不正当竞争　外资管理　关税　政府购买　知识产权　产业安全预警　产业安全管理体制　产业安全法律法规　产业救济援助

## 📋 习题

1. 简述产业安全政策的内涵。
2. 简述产业安全政策的基本特征。

3. 简述产业安全政策的必要性

4. 简述产业安全政策的分类及内容。

5. 简述产业安全政策的实施方式。

6. 简述中国产业安全政策的发展历程

7. 简述产业安全政策在稀土产业的实践。

8. 简述对中国产业安全政策的未来构想。

9. 简述常见的两种产业安全政策及其维护产业安全的方式。

10. 简述碳中和对我国能源安全的影响及对策。

# 参 考 文 献

[1] 马歇尔.经济学原理[M].朱志泰,译.北京:商务印书馆,1983.

[2] 胡佛.区域经济学导论[M].王翼龙,译.北京:商务印书馆,1990.

[3] 鲍宏礼.产业经济学[M].北京:中国经济出版社,2018.

[4] 蔡梦苑,郝一凡.宏观策略专题报告:新形势下的全球产业转移之路[R].华宝证券,2022.

[5] 曹秋菊.经济开放条件下中国产业安全问题研究[D].长沙:湖南大学,2007.

[6] 常明,何海燕.反倾销中产业损害确定的理论与方法[J].经济管理,2007(5):27-30.

[7] 戴伯勋.现代产业经济学[M].北京:经济管理出版社,2001.

[8] 樊海林,程远.产业生态:一个企业竞争的视角[J].中国工业经济,2004(3):29-36.

[9] 冯居易,魏修建.基于投入产出法的中国互联网行业经济效应分析[J].统计与决策,2021,37(15):123-127.

[10] 干春晖,吴一平,余典范.产业经济学:教程与案例[M].2版.北京:机械工业出版社,2015.

[11] 高志刚.产业经济学[M].北京:中国人民大学出版社,2022.

[12] 葛和平.香港产业转移对两地经济的影响及合作策略[D].南京:河海大学,2005.

[13] 龚三乐,夏飞.产业经济学[M].成都:西南财经大学出版社,2018.

[14] 龚晓菊,刘祥东.产业区域梯度转移及行业选择[J].产业经济研究,2012(4):89-94.

[15] 龚仰军,应勤俭.产业结构与产业政策[M].上海:立信会计出版社,1999.

[16] 龚仰军.产业结构研究[M].上海:上海财经大学出版社,2002.

[17] 关爱萍,李娜.金融发展、区际产业转移与承接地技术进步——基于西部地区省际面板数据的经验证据[J].经济学家,2013(9):88-96.

[18] 管顺丰,徐文广,祁华清.产业创新理论研究与实证分析[M].武汉:湖北人民出版社,2005.

[19] 国家工业信息安全发展研究中心.中国产业转移年度报告(2019—2020)[M].北京:电子工业出版社,2020.

[20] 韩港.中国稀土产业安全研究[D].北京:北京交通大学,2018.

[21] 韩艳红.中国欠发达地区承接发达地区产业转移问题研究[D].长春:吉林大学,2013.

[22] 郝洁.中国区域产业转移的动力机制分析[J].全国流通经济,2022(25):104-107.

[23] 何维达.中国"入世"后的产业安全问题及其对策[J].经济学动态,2001(11):41-44.

[24] 何维达,等.全球化背景下国家产业安全与经济增长[M].北京:知识产权出版社,2016.

[25] 何燕子,宾厚.战略性新兴产业生态化发展研究——以湖南省为例[M].北京:中国原子能出版社,2019.

[26] 何勇亭.产业融合:中国产业升级的新动力[M].北京:中国商业出版社,2018.

[27] 洪银兴,安同良,孙宁华.创新经济学[M].南京:江苏人民出版社,2017.

[28] 胡安俊.产业布局原理:基础理论、优化目标与未来方向[M].北京:中国社会科学出版社,2021.

[29] 胡安俊.中国的产业布局:演变逻辑、成就经验与未来方向[J].中国软科学,2020,360(12):45-55.

[30] 胡查平,汪涛.制造企业服务化:服务提供真的能够改善企业绩效?[J].经济管理,2013,35(10):68-76.

[31] 黄汉权.新中国产业结构发展演变历程及启示[N].金融时报,2019-09-16(1).

[32] 黄群慧,黄速建,王钦,等.中国产业发展和产业政策报告(2013—2014)[M].北京:经济管理出版社,2016.

[33] 黄群慧,黄速建,王钦,等.中国产业发展和产业政策报告(2015—2016)[M].北京:经济管理出版社,2017.

［34］ 黄志勇，王玉宝.FDI与我国产业安全的辨证分析［J］.世界经济研究，2004（6）：35-41.

［35］ 钱纳里，鲁宾逊，赛尔奎因.工业化和经济增长的比较研究［M］.吴奇，译.上海：上海人民出版社，1995.

［36］ 江小涓.论我国产业结构政策的实效和调整机制的转变［J］.经济研究，1991（2）：9-15.

［37］ 金帆，张雪.从价值链到价值生态系统：云经济时代的产业组织［M］.北京：经济管理出版社，2019.

［38］ 匡明.非均衡发展时期我国产业布局政策及其成效［J］.当代经济（下半月），2007，189（9）：66-67.

［39］ 李爱军，王成文.安徽省农村一二三产业融合度测算及影响因素分析［J］.宿州学院学报，2018，33（7）：1-7.

［40］ 李波.贸易便利化、产业集聚与企业绩效［D］.昆明：云南大学，2016.

［41］ 李成威.低碳产业政策［M］.上海：立信会计出版社，2011.

［42］ 李春艳，刘晓静，高瑞静.关于产业创新政策一些问题的探讨［J］.东北师大学报（哲学社会科学版），2014（6）：1-5.

［43］ 李海舰，田跃新，李文杰.互联网思维与传统企业再造［J］.中国工业经济，2014（10）：135-146.

［44］ 李佳洺，张文忠，余建辉.我国重大生产力布局的历史沿革与“十四五”时期优化策略［J］.中国科学院院刊，2020，35（7）：825-834.

［45］ 李孟刚.产业安全理论研究［M］.北京：经济科学出版社，2012.

［46］ 李孟刚.产业政策安全论［M］.北京：北京交通大学出版社，2016.

［47］ 李晓华，叶振宇，方晓霞，等.新工业革命条件下的中国产业布局发展趋势研究［M］.北京：经济管理出版社，2022.

［48］ 李晓萍，张亿军，江飞涛.绿色产业政策：理论演进与中国实践［J］.财经研究，2019，45（8）：4-27.

［49］ 林云.创新经济学：理论与案例［M］.杭州：浙江大学出版社，2019.

［50］ 刘红光，刘卫东，刘志高.区域间产业转移定量测度研究——基于区域间投入产出表分析［J］.中国工业经济，2011（6）：79-88.

［51］ 刘家顺，杨洁，孙玉娟.产业经济学［M］.北京：中国社会科学出版社，2006.

［52］ 刘建国.商业模式创新、先动市场导向与制造业服务化转型研究［J］.科技进步与对策，2016，33（15）：56-61.

［53］ 刘诗瑶.中美贸易摩擦下中国先进制造业技术追赶路径研究［D］.哈尔滨：哈尔滨理工大学，2022.

［54］ 刘友金，向国成，仇怡，等.中部地区承接沿海产业转移政策措施研究论纲［J］.湖南科技大学学报（社会科学版），2010，13（6）：81-84.

［55］ 刘志彪.产业经济学［M］.北京：机械工业出版社，2019.

［56］ 娄飞鹏.国际贸易对产业布局的影响研究［M］.成都：西南财经大学出版社，2015.

［57］ 陆斌.转型经济中的产业价值链升级［J］.科技进步与对策，2012，29（12）：63-69.

［58］ 罗斯托.从起飞进入持续增长的经济学［M］.贺力平，等译.成都：四川人民出版社，1988.

［59］ 罗仲伟，李先军，宋翔，等.从“赋权”到“赋能”的企业组织结构演进——基于韩都衣舍案例的研究［J］.中国工业经济，2017（9）：174-192.

［60］ 马健.产业融合理论研究评述［J］.经济学动态，2002（5）：78-81.

［61］ 波特.国家竞争优势［M］.李明轩，邱如美，译.北京：华夏出版社，2002.

［62］ 波特.竞争优势［M］.陈小悦，译.北京：华夏出版社，2005.

［63］ 青木昌彦，安藤晴彦.模块时代：新产业结构的本质［M］.上海：上海远东出版社，2003.

［64］ 邱跃华.科学发展观视域下我国产业生态化发展研究［D］.长沙：湖南大学，2013.

［65］ 芮明杰，张琰.产业创新战略［M］.上海：上海财经大学出版社，2009.

［66］ 芮明杰.产业经济学［M］.上海：上海财经大学出版社，2016.

[67] 芮明杰,等.产业创新理论与实践[M].上海：上海财经大学出版社,2019.

[68] 沈立,倪鹏飞.中国工业发展空间格局演变：历史、现状及趋势[J].河北经贸大学学报,2022,43(2)：49-58,99.

[69] 沈小平,谭玲菁.转型时期我国产业集群政策效应分析[J].区域经济评论,2013,6(6)：19-22.

[70] 史忠良.产业经济学[M].2版.北京：经济管理出版社,2005.

[71] 宋凌云,王贤彬.重点产业政策、资源重置与产业生产率[J].管理世界,2013(12)：63-77.

[72] 苏东水.产业经济学[M].北京：高等教育出版社,2000.

[73] 孙晓华,郭旭,王昀.产业转移、要素集聚与地区经济发展[J].管理世界,2018,34(5)：47-62,179-180.

[74] 孙晓霞.绿色产业政策[M].北京：中国环境出版社,2016.

[75] 田秀娟,李睿.数字技术赋能实体经济转型发展——基于熊彼特内生增长理论的分析框架[J].管理世界,2022,38(5)：56-71.

[76] 王丙毅.产业经济学教程[M].北京：北京大学出版社,2016.

[77] 王军,杜莹,张子涵.我国工业空间格局演化的脉络特征与启示[J].中国名城,2019(5)：75-82.

[78] 王俊豪.产业经济学[M].3版.北京：高等教育出版社,2016.

[79] 王牧.FDI与我国产业安全政策选择[D].南京：南京航空航天大学,2011.

[80] 王孝松,陈金至,武皖,等.汇率波动、全球价值链嵌入与中国企业出口[J].中国工业经济,2022(10)：81-98.

[81] 王业强,魏后凯.中国产业集群战略与政策考察[J].经济研究参考,2009,2255(55)：2-19.

[82] 王莹莹.台湾地区20世纪八九十年代经济转型期的宏观经济政策研究[J].台湾研究,2017,148(6)：53-61.

[83] 王允贵.产业安全问题与政策建议[J].开放导报,1997(1)：27-32.

[84] 危旭芳.生态产业集群的基本模式及其构建路径[J].江西社会科学,2008(5)：194-198.

[85] 克里斯塔勒.德国南部中心地原理[M].常正文,王兴中,译.北京：商务印书馆,1998.

[86] 吴建伟,楼永,张鑫.产业经济学[M].北京：清华大学出版社,2016.

[87] 徐树龙,张洪.产业布局学原理[M].昆明：云南大学出版社,1991.

[88] 徐铁.从"非均衡"到协调发展——改革开放以来我国区域政策的变迁[J].宏观经济管理,2008,299(11)：46-48.

[89] 徐盈之,孙剑.信息产业与制造业的融合——基于绩效分析的研究[J].中国工业经济,2009(7)：56-66.

[90] 姚丽娟.我国产业布局演变规律研究[J].西北成人教育学院学报,2020,150(6)：71-74.

[91] 于刃刚,李玉红.论技术创新与产业融合[J].生产力研究,2003(6)：175-177.

[92] 于新东.产业保护和产业安全的理论分析[J].上海经济研究,1999(11)：33-37.

[93] 虞震.我国产业生态化路径研究[D].上海：上海社会科学院,2007.

[94] 郁德强,左世全.国际产业转移对我国产业安全的影响[J].国际经济合作,2011(7)：19-22.

[95] 熊彼特.经济发展理论[M].郭武军,吕阳,译.北京：华夏出版社,2015.

[96] 张辉.全球价值链动力机制与产业发展策略[J].中国工业经济,2006(1)：40-48.

[97] 张晋晋.新型城镇化与产业集聚互动发展研究[D].北京：首都经济贸易大学,2020.

[98] 张磊.产业融合与互联网管制[M].上海：上海财经大学出版社,2001.

[99] 张辽.要素流动、产业转移与区域经济发展[D].武汉：华中科技大学,2013.

[100] 张培刚.农业与工业化[M].北京：中国人民大学出版社,2014.

[101] 张雪梅.西部地区产业生态化提升体系研究[M].北京：经济科学出版社,2017.

[102] 张勇.论构建中国产业安全法律制度[D].北京：对外经济贸易大学,2006.

[103] 张玉冰,许罗丹.产业经济学[M].北京：机械工业出版社,2013.

[104]　赵世洪.国民产业安全概念初探[J].经济改革与发展,1998(3):15-18.

[105]　赵玉林,汪芳.产业经济学原理及案例[M].5版.北京:中国人民大学出版社,2020.

[106]　赵玉林.创新经济学[M].北京:中国经济出版社,2006.

[107]　中国人民大学区域经济研究所.产业布局学原理[M].北京:中国人民大学出版社,1997.

[108]　中国社会科学院工业经济研究所《产业经济学》学科组.产业发展的热点与焦点问题[M].北京:
经济管理出版社,2019.

[109]　周大鹏.制造业服务化对产业转型升级的影响[J].世界经济研究,2013(9):17-22,48,87.

[110]　周振华.产业结构优化论[M].上海:上海人民出版社,1992.

[111]　朱瑞博.价值模块整合与产业融合[J].中国工业经济,2003(8):24-31.

[112]　朱钟棣,孙瑞华.入世后评价产业安全的指标体系[J].世界贸易组织动态与研究,2006(5):
1-10.

[113]　庄卫民,龚仰军.产业技术创新[M].北京:中国出版集团,2005.

[114]　左晓利.基于区域差异的产业生态化路径选择研究[D].天津:南开大学,2010.

[115]　ABERNATHY W J,UTTERBACK J M. Patterns of industrial innovation[J]. Technology
review,1978,80(7):40-47.

[116]　AGARWAL R,GORT A M. The evolution of markets and entry,exit and survival of firms[J].
Review of economics & statistics,1996,78(3):489-498.

[117]　DURANTON G,OVERMAN H G. Testing for localization using micro-geographic data[J]. The
review of economic studies,2005(4):1077-1106.

[118]　ELLISON G,GLAESER E L. Geographic concentration in U. S. manufacturing industries:a
dartboard approach[J]. Journal of political economy,1997(5):889-927.

[119]　KILCREASE E,JIN E. Rebuild:toolkit for a new American industrial policy[N]. Center for a
new American security,2022-09-08.

[120]　FAI F,TUNZELMANN N V. Industry-specific competencies and converging technological
systems:evidence from patents[J]. Structural change and economic dynamics,2001,12(2):141-170.

[121]　HAGGETT P. Scale components in geographical problems[M]. London:Methuen,1965.

[122]　HERFINDAHL O C. Concentration in the steel industry[D]. New York,NY:Columbia
University,1950.

[123]　HOOVER E M. Spatial price discrimination[J]. The review of economic studies,1937,4(3):
182-191.

[124]　JACOBS J. The economy of cities[M]. New York:Vintage,1969.

[125]　KLEPPER S,GRADDY E. The evolution of new industries and the determinants of market
structure[J]. RAND journal of economics,1990,21(1):27-44.

[126]　KRUGMAN P. Increasing returns and economic geography[J]. Journal of political economy,
1991,99(3):483-499.

[127]　MAUREL F,SÉDILLOT B A. Measure of the geographic concentration in french manufacturing
industries[J]. Regional science and urban economics,1999(5):575-604.

[128]　MICHAEL G,STEVEN K. Time paths in the diffusion of product innovations[J]. Economic
journal,1982(367):630-653.

[129]　UTTERBACK J M,ABERNATHY W J. A dynamic model of process and product innovation
[J]. Omega,1975,3(6):639-656.

# 教师服务

感谢您选用清华大学出版社的教材！为了更好地服务教学，我们为授课教师提供本书的教学辅助资源，以及本学科重点教材信息。请您扫码获取。

## 教辅获取

本书教辅资源，授课教师扫码获取

## 样书赠送

**经济学类**重点教材，教师扫码获取样书

 清华大学出版社

E-mail: tupfuwu@163.com

电话：010-83470332 / 83470142

地址：北京市海淀区双清路学研大厦 B 座 509

网址：https://www.tup.com.cn/

传真：8610-83470107

邮编：100084